高等职业教育"双高"院校"十五五"规划新形态一体化特色教材

供药学、药品生产技术、化学制药技术、生物制药技术、药品质量与安全、药品服务与管理等专业使用

药物检测技术

(活页式教材)

主　编　陈　敏(铜仁职业技术大学)
副主编　杜秀园(铜仁职业技术大学)
　　　　汤永奎(铜仁职业技术大学)
编　者　(按姓氏笔画排序)
　　　　付仕娅(铜仁职业技术大学)
　　　　刘彦彦(铜仁职业技术大学)
　　　　汤永奎(铜仁职业技术大学)
　　　　孙晓军(贵州省三合检验检测有限公司)
　　　　杜秀园(铜仁职业技术大学)
　　　　张　尧(贵州泰邦生物制品有限公司)
　　　　张丽慧(铜仁职业技术大学)
　　　　张家俊(铜仁职业技术大学)
　　　　陈　敏(铜仁职业技术大学)
　　　　孟艳林(铜仁职业技术大学)
　　　　胡　超(铜仁职业技术大学)
　　　　唐文文(清远职业技术学院)
　　　　谢体波(贵州勤邦食品安全科学技术有限公司)

华中科技大学出版社
http://press.hust.edu.cn
中国·武汉

内 容 简 介

本教材是高等职业教育"双高"院校"十五五"规划新形态一体化特色教材。

本教材共分为十个模块,内容包括认识药物检测技术、药物检测技术基础、药物的性状及鉴别、药物杂质检查技术、药物制剂常规检查技术、药物生物检查技术、药物的含量测定技术、原料药检测技术、片剂检测技术和实训项目。

本教材可供药学、药品生产技术、化学制药技术、生物制药技术、药品质量与安全、药品服务与管理等专业的学生使用。

图书在版编目(CIP)数据

药物检测技术:活页式教材/陈敏主编. -- 武汉:华中科技大学出版社,2025.8.
ISBN 978-7-5772-2181-6

Ⅰ. R927.1

中国国家版本馆 CIP 数据核字第 2025CS0070 号

药物检测技术(活页式教材)
Yaowu Jiance Jishu(Huoyeshi Jiaocai)

陈 敏 主编

策划编辑:史燕丽

责任编辑:李 佩

封面设计:原色设计

责任校对:张会军

责任监印:周治超

出版发行:华中科技大学出版社(中国·武汉) 电话:(027)81321913
　　　　　武汉市东湖新技术开发区华工科技园 邮编:430223

录　　排:华中科技大学惠友文印中心

印　　刷:武汉科源印刷设计有限公司

开　　本:787mm×1092mm　1/16

印　　张:20.25

字　　数:464 千字

版　　次:2025 年 8 月第 1 版第 1 次印刷

定　　价:69.90 元

本书若有印装质量问题,请向出版社营销中心调换
全国免费服务热线:400-6679-118　竭诚为您服务
版权所有　侵权必究

网络增值服务

使 用 说 明

欢迎使用华中科技大学出版社医学资源网 yixue.hustp.com

1 教师使用流程

（1）登录网址：http://yixue.hustp.com （注册时请选择教师用户）

注册 → 登录 → 完善个人信息 → 等待审核

（2）审核通过后，您可以在网站使用以下功能：

下载教学资源　建立课程　管理学生　布置作业　查询学生学习记录等

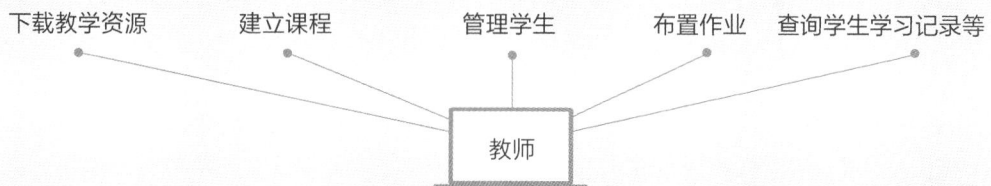

2 学生使用流程

（建议学生在PC端完成注册、登录、完善个人信息的操作）

（1）PC端操作步骤

　①登录网址：http://yixue.hustp.com（注册时请选择普通用户）

注册 → 登录 → 完善个人信息

　②查看课程资源：（如有学习码，请在个人中心-学习码验证中先验证，再进行操作）

首页课程 → 课程详情页（选择课程）→ 查看课程资源

（2）手机端扫码操作步骤

手机扫码 → 登录 → 查看数字资源
　　　　　↑
　　　　 注册

前言

药物检测技术是药学类相关专业的核心专业课程。为贯彻落实党的二十大精神，更好地培养爱党报国、德才兼备、敬业奉献的高素质技术技能人才，本教材立足我国改革发展、党的建设实际，坚持学思用贯通、知信行统一，充分挖掘课程思政元素，在遵循职业教育规律的基础上，以"够知识、强技能"为原则，以提高学习兴趣为切入点，以就业为导向，以学生能力为本位，以典型药物为载体，从简单到复杂，基于工作过程进行编写，并对内容进行了改革创新。

本教材紧跟《中华人民共和国药典》(2020年版)与《中国药品检验标准操作规范》(2019年版)的标准和要求，结合执业药师资格考试等考点要求，对接QA、QC等质检工作岗位需要，广泛征求医药相关企业、行业专家意见，注重对学生基本实验操作技能的训练。学生通过专项药物检验综合实例学习，可加深对实际工作的感性认识，初步具备独立完成药物检验工作的能力。

本教材既可作为药学类相关专业的药物检测技术课程教材，也可用于医药行业的职业培训或药物检验初级工、中级工、高级工的考试培训，同时对广大药物检验工作者以及兽药、化妆品及食品等行业的检验工作者也具有一定的参考价值。

本教材在编写过程中得到了企业和同行的大力支持，在此表示诚挚的谢意。本教材在编写过程中参考了很多教材及专著，在此向这些教材及专著的作者一并致谢！

为了适应高职高专教育发展的需要，使教材内容更加贴近工作实际，我们在编写体例与内容上做了一些创新。由于编者水平有限，书中难免存在错误或不妥之处，敬请广大读者批评指正。

编　者

目 录

模块一 认识药物检测技术

项目 药物检测技术认知 /4
- 任务一 药物检测的工作性质和任务 /4
- 任务二 药物检测技术及应用概况 /4
- 任务三 药物检测技术主要学习内容及学习目标 /5
- 任务四 药物检测工作的职业要求 /5

模块二 药物检测技术基础

项目一 药品标准的认知 /11
- 任务一 药品标准分类 /11
- 任务二 《中国药典》的认知与使用 /12
- 任务三 国外常用药典认知 /14
- 任务四 药品标准正文内容 /15
- 任务五 药物检测标准操作规程 /19

项目二 药物检测工作专业术语的认知 /20
- 任务一 项目与要求 /20
- 任务二 检测方法和限度 /22
- 任务三 标准品和对照品 /22
- 任务四 计量 /23
- 任务五 精确度 /25
- 任务六 试药、试液、指示剂 /26
- 任务七 动物实验 /26

项目三 药品检验机构与检验程序认知 /27
- 任务一 药品检验机构 /27
- 任务二 药品检验程序 /28
- 任务三 超标结果调查 /30

模块三 药物的性状及鉴别

项目一 药物的性状 /39
- 任务一 性状检查 /39
- 任务二 物理常数的测定 /41

项目二 药物的鉴别 /50
- 任务一 化学鉴别法的认知与训练 /50
- 任务二 光谱法的认知与训练 /52
- 任务三 色谱法的认知与训练 /58

模块四 药物杂质检查技术

项目一 杂质的认知 /79
- 任务一 杂质的来源 /79
- 任务二 杂质的分类 /80
- 任务三 杂质限量与检查方法 /81

项目二 一般杂质检查技术 /84
- 任务一 氯化物检查法的认知与训练 /84
- 任务二 硫酸盐检查法的认知与训练 /85
- 任务三 铁盐检查法的认知与训练 /86
- 任务四 重金属检查法的认知与训练 /88
- 任务五 砷盐检查法的认知与训练 /90
- 任务六 干燥失重测定法的认知与训练 /94
- 任务七 水分测定法的认知与训练 /95
- 任务八 炽灼残渣检查法的认知与训练 /101
- 任务九 易炭化物检查法的认知与训练 /102
- 任务十 溶液颜色检查法的认知与训练 /103
- 任务十一 澄清度检查法的认知与训练 /106

项目三 特殊杂质检查技术 /110
- 任务一 物理法的认知与训练 /110
- 任务二 化学法的认知与训练 /111
- 任务三 紫外-可见分光光度法的认知与训练 /111
- 任务四 薄层色谱法的认知与训练 /112
- 任务五 高效液相色谱法的认知与训练 /114

模块五 药物制剂常规检查技术

项目一 主要剂型及其常规检查项目认知 /125
- 任务一 片剂 /125
- 任务二 胶囊剂 /125

    任务三　注射剂　　　　　　　　　　　　　　　/126
    任务四　糖浆剂　　　　　　　　　　　　　　　/126
    任务五　颗粒剂　　　　　　　　　　　　　　　/126
  项目二　药物制剂常规检查项目　　　　　　　　　　/127
    任务一　片剂重量差异检查法的认知与训练　　　/127
    任务二　注射剂的装量检查法的认知与训练　　　/129
    任务三　颗粒剂粒度检查法的认知与训练　　　　/130
    任务四　崩解、溶散时限检查法的认知与训练　　/131
    任务五　片剂脆碎度检查法的认知与训练　　　　/134
    任务六　溶出度与释放度检查法的认知与训练　　/135
    任务七　含量均匀度检查法的认知与训练　　　　/145
    任务八　可见异物检查法的认知与训练　　　　　/147
    任务九　不溶性微粒检查法的认知与训练　　　　/152

模块六　药物生物检查技术

  项目一　药物生物检查技术认知　　　　　　　　　　/163
    任务一　药物生物检查法　　　　　　　　　　　/163
    任务二　微生物实验室的质量管理　　　　　　　/163
    任务三　检查项目与标准　　　　　　　　　　　/163
  项目二　热原检查法的认知与训练　　　　　　　　　/165
  项目三　细菌内毒素检查法的认知与训练　　　　　　/168
    任务一　细菌内毒素检查法　　　　　　　　　　/168
    任务二　细菌内毒素标准品　　　　　　　　　　/168
    任务三　细菌内毒素检查用水和器皿的要求　　　/168
    任务四　供试品溶液的制备　　　　　　　　　　/169
    任务五　检查方法　　　　　　　　　　　　　　/170
    任务六　结果判定　　　　　　　　　　　　　　/174
  项目四　无菌检查法的认知与训练　　　　　　　　　/176
    任务一　培养基和菌种　　　　　　　　　　　　/176
    任务二　试验前准备　　　　　　　　　　　　　/177
    任务三　方法适用性试验　　　　　　　　　　　/178
    任务四　供试品的无菌检查　　　　　　　　　　/178
    任务五　结果判定　　　　　　　　　　　　　　/180
    任务六　注意事项　　　　　　　　　　　　　　/181
  项目五　微生物限度检查法的认知与训练　　　　　　/182
    任务一　试验前准备　　　　　　　　　　　　　/182
    任务二　微生物计数法　　　　　　　　　　　　/182
    任务三　控制菌检查法　　　　　　　　　　　　/184

  任务四 注意事项 /190

模块七 药物的含量测定技术

项目一 含量测定方法的认知与验证 /195
  任务一 含量测定方法的认知 /195
  任务二 药品质量标准分析方法验证 /197
项目二 容量分析法 /202
  任务一 容量分析法的认知与训练 /202
  任务二 碘量法的认知与训练 /207
  任务三 亚硝酸钠法的认知与训练 /208
  任务四 酸碱滴定法的认知与训练 /210
项目三 光谱法 /212
  任务一 光谱法概述 /212
  任务二 紫外-可见分光光度法的认知与训练 /212
项目四 色谱法 /219
  任务一 薄层色谱扫描法的认知与训练 /219
  任务二 高效液相色谱法的认知与训练 /220
  任务三 气相色谱法的认知与训练 /224

模块八 原料药检测技术

项目一 原料药质量标准的查阅 /232
  任务一 找出对乙酰氨基酚的质量标准 /232
  任务二 解读对乙酰氨基酚质量标准 /232
项目二 对乙酰氨基酚的质量检测 /235
  任务一 取样 /235
  任务二 性状检查 /235
  任务三 真伪鉴别 /237
  任务四 杂质检查 /239
  任务五 含量测定 /244
项目三 质量检验报告书的书写 /246

模块九 片剂检测技术

项目一 片剂药品标准的查阅 /252
  任务一 找出片剂制剂通则 /252
  任务二 解读维C银翘片的质量标准 /254
  任务三 片剂检测的特点 /258
项目二 维C银翘片的质量检测 /259
  任务一 取样 /259

任务二　性状检查　/259
　　任务三　真伪鉴别　/260
　　任务四　制剂检查　/262
　　任务五　含量测定　/264
项目三　质量检验报告书的书写　/270

模块十　实训项目

实训项目一　查阅《中国药典》　/275
实训项目二　诺氟沙星的薄层色谱法的鉴别　/277
实训项目三　葡萄糖注射液的pH检查　/279
实训项目四　纯化水的质量检查　/281
实训项目五　葡萄糖注射液的特殊杂质检查　/285
实训项目六　葡萄糖注射液的含量测定　/287
实训项目七　片剂重量差异检查　/289
实训项目八　胶囊剂装量差异检查　/292
实训项目九　片剂崩解时限检查　/295
实训项目十　片剂脆碎度检查　/297
实训项目十一　片剂溶出度测定　/299
实训项目十二　可见异物检查　/301
实训项目十三　呋塞米片含量测定　/305
实训项目十四　对乙酰氨基酚片的含量测定　/307
实训项目十五　高效液相色谱仪的使用与维护
　　　　　　——阿莫西林的含量测定　/310

参考文献　/313

模块一 认识药物检测技术

项目 药物检测技术认知

扫码看 ppt

素质目标:
1. 树立质量第一的质量意识;
2. 培养团队合作精神和沟通能力;
3. 持续学习,保持对新知识、新技术的好奇心

知识目标:
1. 掌握药物检测技术的概念;
2. 掌握药物检测工作的职业要求;
3. 熟悉药物检测的工作性质和任务;
4. 熟悉药物检测的学习内容。

能力目标:
1. 能根据药物的质量要求树立正确的药品质量意识和观念;
2. 具备查阅相关文献、标准和法规的能力,以获取最新的药物检测技术和方法信息。

案例导入

2022年10月16日至10月22日,中国共产党第二十次全国代表大会在北京召开,开幕式于10月16日在人民大会堂举行。习近平代表第十九届中央委员会向大会作了题为《高举中国特色社会主义伟大旗帜 为全面建设社会主义现代化国家而团结奋斗》的报告。习近平总书记在报告中指出,青年强,则国家强。当代中国青年生逢其时,施展才干的舞台无比广阔,实现梦想的前景无比光明。

讨论:作为当代中国青年,如何将个人"小目标"融入党和国家事业的"大蓝图"?

药物检测技术即药物分析,主要运用物理、化学、物理化学或生物化学的方法和技术,研究化学结构已经明确的合成药物或天然药物及其制剂的质量控制方法,同时也研究中药制剂和生化药物及其制剂的质量控制方法。药物检测技术是研究药物性状检测、药物化学组成鉴定、药物杂质限量检查以及药物含量测定的原理和方法的一门应用学科,即研究药物的性状、鉴别、检查和含量测定的一门综合性应用学科,它是药学科学领域中的一门重要分支。

根据《辞海》的描述,药物是指能影响机体生理、生化和病理过程,用于预防、诊断、治疗疾病和规划生育的化学物质。药品则指用于预防、治疗、诊断人的疾病,有目的地调节人的生理机能并规定有适应证或者功能主治、用法和用量的物质,包括中药材、中药饮片、中成药、化学原料药及其制剂、抗生素、放射性药品、血清、疫苗、血液制品和诊断药品等。"药物"一词所表达的内涵通常比"药品"更广。药物质量的优劣,直接影响到预防与治疗的效果和人民的生命安危。因此,加强药品质量监督,确保人民群众用药安全、有效,是每位药学工作者的神圣职责。

项目　药物检测技术认知

任务一　药物检测的工作性质和任务

药物检测就是按照规定的方法检测原辅料、中间体或半成品、成品及药物的质量特性，与规定的药品标准进行比较，从而对药物是否符合标准做出判定的质量控制活动。药物检测是生产、经营企业质量管理和质量保证体系的主要支柱，是保证药物质量的重要手段，因此必须强化药物检测工作，使其充分发挥监督药品质量的作用。

药物检测的主要任务是根据药品标准的规定及药品生产管理规范的有关规定，全面控制药品生产质量，保证药品的安全和有效。首先，为了全面控制药品的质量，药物检测工作者应与生产单位紧密配合，积极开展药物及其生产全程的质量控制，严格控制中间体的质量，并研究对药品质量产生关键影响的工艺流程，从而优化生产工艺条件，促进生产并提高质量；其次，药物检测工作者也应与经营企业密切联系，注意药品在贮藏过程中的质量与稳定性考察，以便采取科学合理的贮藏条件和管理方法，保证药品的质量；再次，药物检测工作者还应与药品监督管理部门密切协作，跟踪药品市场的安全；最后，药物检测工作者还需与药品使用单位密切合作，以指导合理用药。

从药物研究的角度来看，在新药研制开始，如化学合成原料药和生化药物的纯度测定、中药提取物中有效化学成分的测定等，都离不开具有高分离效能、高灵敏度的分析方法。研究药物的吸收、分布、代谢过程中，以及研究药物的作用特性和作用机制，会对药物分析提出各种各样的任务和要求，都需要药物检测工作者的密切协作和配合。从方法学的角度来看，不断改进和提高现有的药物分析技术，不断创立新的药物检测方法，以满足生产和科研的需求，也是药物检测的任务。

药物检测的任务，已不再局限于静态的常规检验，而是要将现代分析的方法和技术，深入药物生产工艺流程、反应历程、生物体内代谢过程和综合评价的动态分析监控中。

任务二　药物检测技术及应用概况

药物检测技术包括化学基本操作技术、一般检测技术和现代仪器检测技术。化学基本操作技术包括玻璃仪器的选择、校正和使用，试液的配制，供试品的称量，供试品溶液的配制及前处理等。一般检测技术包括物理常数的测定、一般鉴别试验、一般杂质检查技术、药物制剂常规检查技术及含量测定技术等。现代仪器检测技术包括电化学分析法、光谱分析法和色谱分析法。

药物检测包括静态检测和动态检测。静态检测包括药品的静态检测和药品标准的研究与制定；动态检测包括药物进入生物体内的综合评价及生产过程中的在线质量监控。

我国在制定药品标准时,不断加强与国际的交流与合作,广泛吸纳了国内外的先进技术和试验方法,如离子色谱法、核磁共振波谱法、拉曼光谱法、高效液相色谱-质谱联用技术,不断提高专属性强的红外分光光度法、高效液相色谱法的比重,提高了药品标准控制水平,淘汰了落后的标准与工艺,促进了我国药品标准的国际化。

在新药研发过程中,药物检测技术可用于评估药物的疗效和安全性,为新药上市提供科学依据;通过检测药物的成分、杂质含量以及药效学和药动学参数,可以确保新药的质量和安全;通过对原材料、中间体以及成品进行检测,可以及时发现并纠正生产过程中的质量问题,保障公众用药安全。在药物流通环节,药物检测技术可用于对药品进行质量抽查,确保市场上的药品符合国家相关标准;这有助于维护市场秩序,保障消费者的合法权益。在临床用药过程中,药物检测技术可用于对患者的药物浓度进行监测,确保用药效果和安全;同时,还可以用于评估药物的生物利用度和药动学行为,为个体化用药提供依据。

任务三 药物检测技术主要学习内容及学习目标

本课程主要学习内容包括药物检测基础知识、药物性状与鉴别技术、杂质检查技术、制剂常规检查技术、安全性检查技术、含量测定技术、典型药物检测及相关实训。药物检测基础知识包括药品标准、药物检测的机构与程序。药物性状与鉴别技术、杂质检查技术、制剂常规检查技术、安全性检查技术及含量测定技术是药物检测的专项技术,可为典型药物的质量检测学习奠定基础。

本课程的学习能强化学生的职业道德、环保意识、安全意识和思辨意识等,使学生树立较强的药物质量控制观,形成科学严谨的工作作风。学习完本课程,学生可熟练掌握药物检测技术,提高试验操作技能;能根据任务,实事求是、科学合理地独立完成药物检测;能处理试验中遇到的异常现象及异常数据,能深入思考与分析;在使用水、电、试剂的过程中,体现经济、安全、环保、成本意识;在团队工作中,分工合作明确,共同解决问题,体现团队精神和合作意识;在个人评价时,能实事求是、客观公正地评价自己。

任务四 药物检测工作的职业要求

药物检测工作者,必须达到以下职业要求:一是具备质量第一、质量为本的工作意识,遵守医药企业的相关管理规定,有效履行工作职责;二是具备良好的沟通与合作能力,高效、高质地开展工作;三是掌握药物检测基本知识和技术,能按照企业有关药物质量的管理规定,及时有效地完成药物检测工作任务;四是具备与时俱进、精益求精的工作态度,不断更新知识和提高业务水平;五是具备科学严谨、客观公正的工作作风,能实事求是地报告检测结果,不弄虚作假;六是具备果断处理药物质量问题的能力,能及时制止质量事故的发生,有效保证药物质量。

知识累积

1. 药物检测技术是研究药物性状检测、药物化学组成鉴定、药物杂质限量检查以及药物含量测定的原理和方法的一门应用学科,即研究药物的性状、鉴别、检查和含量测定的一门综合性应用学科。
2. 药物检测技术包括化学基本操作技术、一般检测技术和现代仪器检测技术。
3. 本课程主要学习内容包括药物检测基础知识、药物性状与鉴别技术、杂质检查技术、制剂常规检查技术、安全性检查技术、含量测定技术、典型药物检测及相关实训。
4. 课程思政要点:树立质量第一、质量为本的工作意识;具备与时俱进、精益求精的工作态度;具备科学严谨、客观公正的工作作风;养成勤俭节约、爱护公物、保护环境的好习惯。

扫码看答案

目标检测

一、单项选择题

1. 药物检测技术是药学领域的一个重要组成部分,其研究的目的是(　　)。
   A. 提高药物检测技术研究水平　　B. 提高药物的经济效益
   C. 保证用药的安全性和有效性　　D. 保证药物的绝对纯净
   E. 提高药物的疗效
2. 制造与供应不符合药品标准规定的药品是(　　)。
   A. 违法行为　　　B. 不道德行为　　　C. 错误行为
   D. 可谅解行为　　E. 合法行为
3. 药品是指可以调节人的生理机能的物质,主要作用是(　　)。
   A. 预防、治疗、诊断　　B. 治疗　　　C. 防治
   D. 改善体质　　　　　　E. 诊断
4. 为了保证药品质量,国家对药品强制执行的是(　　)。
   A. 质量标准　　　　　B. 药品标准　　　　　C. 药品规定标准
   D. 药品的质量要求　　E. 药品市场管理条例

二、多项选择题

1. 药物检测技术研究的内容有(　　)。
   A. 性状　　B. 鉴别　　C. 检查　　D. 含量测定　　E. 规格
2. 药物检测的对象有(　　)。
   A. 原料　　B. 辅料　　C. 半成品　　D. 成品　　E. 包装材料
3. 药物检测技术的一般检测技术包括(　　)。
   A. 物理常数的测定　　　B. 一般鉴别试验
   C. 一般杂质检查技术　　D. 药物制剂常规检查技术　　E. 含量测定技术

4. 药物检测工作者必须达到的职业要求有（　　）。
A. 质量第一、质量为本的工作意识　　　B. 良好的沟通与合作能力
C. 与时俱进、精益求精的工作态度　　　D. 科学严谨、客观公正的工作作风
E. 果断处理药物质量问题的能力

三、简答题

1. 药物检测技术的概念是什么？
2. 药物检测的主要任务有哪些？
3. 请谈一谈进行药物检测的意义。
4. 请谈一谈在今后的学习和工作中如何才能达到药物检测工作的职业要求。

模块二　药物检测技术基础

项目一　药品标准的认知
项目二　药物检测工作专业术语的认知
项目三　药品检验机构与检验程序认知

 学习目标

扫码看 ppt

素质目标：
1. 树立质量第一、质量为本的工作意识；
2. 药物检测必须做到有法可依、有章可循、有据可查。

知识目标：
1. 掌握药品标准的组成；
2. 掌握《中华人民共和国药典》(简称《中国药典》)的基本结构及内容；
3. 熟悉我国现行的药品标准；
4. 熟悉药物检测标准操作规程；
5. 了解《中国药典》的历史沿革。

能力目标：
1. 具备查阅《中国药典》的能力；
2. 能填写药品质量检验原始记录表和检验报告书。

案例导入

2019 年底，突如其来的新型冠状病毒感染疫情席卷全球。生命重于泰山，疫情就是命令，防控就是责任。2020 年 1 月 25 日，国家药品监督管理局党组召开扩大会议，会议强调一要进一步加强有关药品、医疗器械的质量监管，坚决杜绝质量不合格的产品流入市场，确保疫情防控用药用械安全；二要全力支持疫情防控所需疫苗药品、医疗器械的科研攻关；三要强化部门协作配合，在联防联控工作机制中主动作为，服从工作安排，无缝隙衔接，确保防控工作有力有序有效开展；四要加强舆情动态监测和分析研判，及时准确发布权威信息，加强用药用械科普宣传，增强群众自我防病意识；五要加强对药品监督工作人员特别是工作在一线人员的安全防护，保障自身安全，以饱满的精神和昂扬的斗志投入疫情防控工作中去。

讨论：党的二十大以来，在全面建设社会主义现代化国家的新征程中，我们如何杜绝质量不合格的产品流入市场呢？进行药物检测的意义是什么？

项目一 药品标准的认知

药品标准是根据药物自身的理化与生物学特征,按照来源处方、制法和运输、贮藏等条件所制定,用于检测药品质量是否达到用药要求并衡量其质量是否稳定均一的技术规定。药品标准是药品生产、经营、使用和检验、监督管理部门共同遵循的法定依据,是药品的组分、纯度、成分含量、生物有效性、疗效、毒副作用、热原度、无菌度、物理化学性质以及杂质含量的综合表现。

药品标准对能够达到药品质量控制要求的技术指标均规定了一定的限度范围。药品标准中还规定了技术指标的检验方法,检验时应按照药品标准规定的方法进行检验。随着科学技术的进步和生产工艺的改进,药品标准会发生变化,并逐步提高。在参考《美国药典》《欧洲药典》《英国药典》等国际标准的基础上,《中国药典》(2020年版)不断借鉴和采用国际先进检测技术,完善检测方法,提高检测方法的专属性、灵敏度和稳定性。通过检测方法的完善,为进一步建立严格的质量标准,提高药品安全性和有效性奠定基础。

药品标准工作应当贯彻国家的有关方针、政策、法律、法规,符合国家制定的药品行业发展规划和产业政策。应坚持科学先进、实用规范的原则,确保公开、公正、公平,促进药品质量提高,推动药品技术进步,优化产业结构,使药品标准工作适应科学监管,保障人民用药安全,提高社会经济效益和促进医药产业健康发展。

任务一 药品标准分类

药品标准包括国家药品标准、药品注册标准,以及各省级药品监督管理部门制定的地方药材标准、中药饮片标准或炮制规范、医疗机构制剂标准等。药品标准又可分为法定标准和非法定标准。法定标准包括《中国药典》在内的国家药品标准等;非法定标准包括行业药品标准、企业药品标准等。法定标准具有强制性,是药品质量的最低标准;企业药品标准只能作为企业内部控制标准,各项指标均不得低于国家药品标准。

一、《中国药典》

《中国药典》属于法定药品质量标准,由国家药典委员会负责编纂,经国家药品监督管理局批准颁布实施,《中国药典》一经颁布实施,其所载同品种或相关内容的上一版药典标准或原国家标准即同时停止使用。《中国药典》的颁布实施体现了我国的用药水平、制药水平和监管水平,是国家为保证药品质量,保证人民用药安全有效、质量可控而制定的药品法典。它是国家药品标准的组成部分,也是国家药品标准的核心。

二、药品注册标准

药品注册标准属于法定药品标准,是指国家药品监督管理局批准给申请人特定药品的标准,生产该药品的企业必须严格执行该注册标准。药品注册标准应符合《中国药典》的通用技术要求,并不得低于国家药品标准的规定。它也属于国家药品标准范畴。

三、地方药品标准

地方药品标准包括医疗机构制剂标准,以及国家药品标准没有规定的地方药材标准、中药饮片标准或炮制规范。地方药品标准由省、自治区、直辖市药品监督管理部门负责制定和修订,并在标准发布后30日内将地方药品标准批准证明文件、地方药品标准文本及编制说明报送国家药品监督管理部门备案。

四、企业药品标准

企业药品标准属于非法定药品标准,由药品生产企业自行制定,主要用于控制其药品质量,仅在本企业的管理中具有约束力,具有一定的局限性和保密性,一般在制定时其标准高于法定药品标准,其在企业竞争及严防假冒等方面可以发挥重要的作用。企业药品标准通常有两种情况:一是检验方法尚不够成熟,但能达到某种程度的质量控制;二是检验方法高于法定标准,通常增加了检验项目或提高了限度标准。

任务二 《中国药典》的认知与使用

《中国药典》的英文全称为 Pharmacopoeia of the People's Republic of China,英文简称为 Chinese Pharmacopoeia,缩写为 ChP。现行版本为《中国药典》(2020年版),自2020年12月1日开始正式实施,由中国医药科技出版社出版,编纂单位为国家药典委员会。《中国药典》(2020年版)是新中国成立以来的第11版药典。《中国药典》(2020年版)分为四部,共收载品种5911种,比2015年版《中国药典》新增319种,修订3177种,不再收载10种,因品合合并减少6种。《中国药典》(2020年版)在品种收载上坚持以临床需求为导向,进一步扩大国家基本药物目录和国家基本医疗保险用药目录品种的收载范围,并进一步保障临床常用药品的质量,同时,及时收载生物药康柏西普、脊髓灰质炎灭活疫苗等品种,充分体现了我国医药创新研发最新成果。

《中国药典》(2020年版)一部收载药材和饮片、植物油脂和提取物、成方制剂和单味制剂等,共2711种,其中新增117种、修订452种。

《中国药典》(2020年版)二部收载化学药品、抗生素、生化药品、放射性药品等,共2712种,其中新增117种、修订2387种。

《中国药典》(2020年版)三部收载生物制品,共153种,其中新增20种、修订126种;新增生物制品通则2个、总论4个。

《中国药典》(2020年版)四部收载通用技术要求、药用辅料等;收载通用技术要求361个,其中制剂通则38个(修订35个)、检测方法及其他通则281个(新增35个、修订51个)、指导原则42个(新增12个、修订12个);药用辅料收载335种,其中新增65种、修订212种。

《中国药典》(2020年版)一、二、三部主要由凡例、品名目次、正文及索引四个部分构成,四部主要由凡例、通用技术要求、药用辅料、索引四个部分构成。其是药品研制、生产、经营、使用和监督管理等均应遵循的法定依据,所有药品标准应当符合《中国药典》(2020年版)凡例及通则的相关要求。

一、凡例

凡例是为正确使用《中国药典》进行质量检定的基本原则,对品种正文、通用技术要求以及药品质量检验和检定中有关共性问题的统一规定和基本要求,以避免在全书中重复说明。凡例中的规定具有法定约束力,凡例和通则中采用的"除另有规定外"这一用语,表示若存在与凡例或通则有关规定不一致的情况,则在正文中另作规定,并按此规定执行。

《中国药典》(2020年版)一、二、三、四部均收载有凡例,但内容有区别。一部凡例分类项目有名称及编排,检验方法和限度,对照品、对照药材、对照提取物、标准品,计量,精确度,试药、试液、指示剂,说明书、包装、标签等,共48条。药品检验工作者在按照《中国药典》进行质量检定时,必须掌握和正确理解凡例的内容,并在检验过程中切实遵照执行。

二、品名目次

《中国药典》(2020年版)一、二、三、四部均收载有品名目次。品名目次按笔画顺序排列药品或辅料的中文名,便于查阅正文的内容。

三、正文

《中国药典》(2020年版)一、二、三、四部均收载有正文。一、二、三部的正文是根据药物自身的理化与生物学特性,按照批准的处方来源、制法、运输及贮藏等条件所制定的、用于检测药品质量是否达到用药要求并衡量药品质量是否稳定、均一的技术规定。四部中正文收载的是辅料。

《中国药典》(2020年版)一部正文中,每一品种项下根据品种和剂型不同,按顺序可分别列有:①品名;②来源;③处方;④制法;⑤性状;⑥鉴别;⑦检查;⑧浸出物;⑨特征图谱或指纹图谱;⑩含量测定;⑪炮制;⑫性味与归经;⑬功能与主治;⑭用法与用量;⑮注意;⑯规格;⑰贮藏;⑱制剂;⑲附注等。

《中国药典》(2020年版)二部正文中,每一品种项下根据品种和剂型的不同,按顺序分别列有:①品名(包括中文名、汉语拼音名与英文名);②有机药物的结构式;③分子式与分子量;④来源或有机药物的化学名称;⑤含量或效价规定;⑥处方;⑦制法;⑧性状;⑨鉴别;⑩检查;⑪含量或效价测定;⑫类别;⑬规格;⑭贮藏;⑮制剂;⑯标注;⑰杂质信息等。

四、索引

索引包括中文索引和英文索引,便于查阅。一部列有中文、汉语拼音、拉丁学名索引,二、三部列有中文、英文索引。中文索引按汉语拼音顺序排列,英文索引按英文名和中文名对照索引排列。

五、通则

通则涵盖了通用性要求、检验方法、指导原则以及试剂和标准物质等药品标准的共性要求,是药典标准的基础。通则不但反映了我国药品质量控制整体状况和药品检验技术水平,同时也在规范药品研究、生产、检验,加强药品监管方面发挥重要作用。《中国药典》(2020年版)四部通用性附录整合后,按照原理、目的、属性、作用、方法、特性等将通则分为15大类,实现了通则编码的唯一性、科学性、扩展性和稳定性。鉴于生物制品特性检定通则较多,为方便使用,《中国药典》(2020年版)三部同步收载生物制品个性检测方法。除生物制品收载个性通则外,一部、二部不再单独收载通则,而是将中药和生物制品的特殊性检定方法通则予以单独列出。《中国药典》(2020年版)四部共收载通用技术要求361个,其中制剂通则38个,检测方法及其他通则281个,指导原则42个。

任务三　国外常用药典认知

目前世界上多个国家编制了国家药典,具有代表性的药典有以下几种:《美国药典》《英国药典》《日本药局方》《欧洲药典》。

一、《美国药典》

《美国药典》是美国政府对药品质量标准和检验方法做出的技术规定,是唯一由美国食品药品监督管理局(FDA)强制执行的法定标准,其全称是美国药典-国家处方集(USP-NF)。目前USP-NF分为三卷,第一卷包括前言、凡例、通则、试剂、各论、参考图表、食品补充剂、NF以及索引等;第二卷和第三卷主要包括USP凡例和各论的内容。

二、《英国药典》

《英国药典》(British Pharmacopoeia,BP)是英国药品委员会(British Pharmacopoeia Commission)的正式出版物,是英国制药标准的重要来源。《英国药典》不仅为读者提供了药用和成药配方标准以及公式配药标准,还向读者展示了许多分类明确并可参照的欧洲药典专著。《英国药典》目前最新的版本为2024版,《英国药典》(2024版)共六卷,第一卷和第二卷均有凡例和正文,正文品种主要收载原料药、药用辅料;第三卷和第四卷正文品种收载制剂通则、药物制剂、血液制品、免疫制品、放射性药品、手术用品、植物药物和辅助治疗药品;第五卷收载标准红外光谱图、附录、辅助性指导原则及索引;第六卷收载兽药。

三、《日本药局方》

《日本药局方》(又称《日本药典》,Japanese Pharmacopoeia,JP)是由日本厚生劳动省在听取了药品事务和食品卫生委员会(PAFSC)的意见后制定和发布的。《日本药局方》每5年修订出版1次,目前最新版本为第18版,于2021年6月正式生效。JP18分为两部。一部收载原料药及其基础制剂,包括通则、制剂总则、一般试验法和医药品各论(主要为化学药品、抗生素、放射性药品以及制剂)。制剂包括气雾剂、液体制剂、溶液剂、浸膏、胶囊剂、颗粒剂和丸剂等27种剂型,新增加了经皮吸收制剂;一般试验法下列出了各类测定方法,类似于《中国药典》通则的内容编排。二部主要收载生药、家庭药制剂和制剂原料,包括通则、生药总则、制剂总则、一般试验方法、医药品各论(主要为生药、生物制品、调剂用附加剂等),以及原子量表、附录和索引。

四、《欧洲药典》

《欧洲药典》(European Pharmacopoeia,EP 或 Ph. Eur.)由欧洲药品质量管理局(EDQM)编辑出版,现行《欧洲药典》为第11版,即 EP11.0,于2022年7月出版,2023年1月正式生效。

《欧洲药典》的基本构成有凡例、通用分析方法(包括一般鉴别试验,一般检查方法,常用物理、化学测定法,常用含量测定方法,生物检查和生物分析,生药学方法)、容器和材料、试剂、正文和索引等。正文品种的内容包括品名(英文名称,拉丁名)、分子结构式、分子式与分子量、化学名称及含量限度、性状、鉴别、检查、含量测定、贮藏、可能的杂质结构等。

任务四 药品标准正文内容

一、药品标准正文内容

药品标准由凡例、正文及其引用的通则共同构成,药品标准正文主要包括以下内容或项目。

1. 名称 《中国药典》(2020年版)二部正文品种的药品名称包括中文名称、英文名称和化学名称。

2. 结构式 药品化学结构式采用世界卫生组织(World Health Organization,WHO)推荐的药品化学结构式书写指南进行书写。

3. 制法 制法项下主要记载药品的重要工艺要求和质量管理要求。所有药品的生产工艺应经过验证,并经国家药品监督管理部门批准,生产过程均应符合《药品生产质量管理规范》的要求。

4. 性状 性状项下记载药品的外观、臭、味、溶解度以及物理常数等。外观性状是对药品的色泽和外表感观的规定,溶解度是药品的一种物理性质。性状是药品质量的重要表征之一。

5. 鉴别 鉴别项下规定的试验方法,是根据反映该药品某些物理、化学或生物学等特性所进行的药物鉴别试验,但不完全代表对该药品化学结构的确证。一般有化学鉴别法、光谱鉴别法、色谱鉴别法、生物鉴别法等。

6. 检查 检查项下包括反映药品安全性与有效性的试验方法和限度、均一性与纯度等制备工艺要求等内容;除另有规定外,各类制剂均应符合制剂通则项下有关的各项规定。

7. 含量测定 含量测定项下规定的试验方法,用于测定原料及制剂中有效成分的含量,一般有化学、仪器测定法或生物测定法。药品的含量是评价药品质量、保证药品疗效的重要指标。

8. 类别 类别是按药品的主要作用与主要用途或学科的归属进行划分的。

9. 制剂规格 制剂规格指每一支、片或其他每一个单位制剂中含有主药的重量(或效价)、含量(%)或装量。如对乙酰氨基酚片的规格为"0.5 g",表示每片对乙酰氨基酚片含主药对乙酰氨基酚($C_8H_9NO_2$)0.5 g;维生素 C 注射液的规格为"2 ml:0.1 g"表示 2 ml 注射液中含有主药维生素 C 0.1 g;对于列有处方或标有浓度的制剂,也可同时规定装量规格。

10. 贮藏 正文贮藏项下的规定,系为避免污染和降解而对药品贮存与保管的基本要求,以确保药品质量稳定和安全、有效。常用下列名词表示:遮光、避光、密封、熔封或严封、阴凉处、凉暗处、冷处以及常温(室温)等。

11. 制剂 制剂是指为适应治疗或预防的需要,按照一定的剂型要求所制成的,可以最终提供给用药对象使用的药品。如片剂、胶囊剂、口服液、注射液等。原料药在"制剂"项下列出相应的剂型,如原料药维生素 C 制剂项下列出"维生素 C 片、维生素 C 泡腾片、维生素 C 泡腾颗粒、维生素 C 注射液、维生素 C 颗粒"。

在药品质量标准的以上项目中,性状(外观、物理常数等)、鉴别、检查、含量测定四大项目属于法定检测项目,而类别、制剂规格、贮藏、制剂等则属于指导性条文。

二、药品质量标准正文示例

1. 原料药——对乙酰氨基酚的质量标准正文

对乙酰氨基酚
Duiyixian'anjifen
Paracetamol

$C_8H_9NO_2$ 151.16

本品为 4′-羟基乙酰苯胺。按干燥品计算,含 $C_8H_9NO_2$ 应为 98.0%~102.0%。

【性状】 本品为白色结晶或结晶性粉末;无臭。本品在热水或乙醇中易溶,在丙酮中溶解,在水中略溶。

熔点 本品的熔点(通则 0612 第二法)为 168~172 ℃。

【鉴别】 (1) 本品的水溶液加三氯化铁试液,即显蓝紫色。

(2) 取本品约 0.1 g,加稀盐酸 5 ml,置水浴中加热 40 min,放冷;取 0.5 ml,滴加亚硝酸钠试液 5 滴,摇匀,用水 3 ml 稀释后,加碱性 β-萘酚试液 2 ml,振摇,即显红色。

(3) 本品的红外光吸收图谱应与对照的图谱(光谱集 131 图)一致。

【检查】 **酸度** 取本品 0.10 g,加水 10 ml 使溶解,依法测定(通则 0631),pH 应为 5.5~6.5。

乙醇溶液的澄清度与颜色 取本品 1.0 g,加乙醇 10 ml 溶解后,溶液应澄清无色;如显浑浊,与 1 号浊度标准液(通则 0902 第一法)比较,不得更浓;如显色,与棕红色 2 号或橙红色 2 号标准比色液(通则 0901 第一法)比较,不得更深。

氯化物 取本品 2.0 g,加水 100 ml,加热溶解后,冷却,滤过,取滤液 25 ml,依法检查(通则 0801),与标准氯化钠溶液 5.0 ml 制成的对照液比较,不得更浓(0.01%)。

硫酸盐 取氯化物项下剩余的滤液 25 ml,依法检查(通则 0802),与标准硫酸钾溶液 1.0 ml 制成的对照液比较,不得更浓(0.02%)。

对氨基酚及有关物质 临用新制。取本品适量,精密称定,加溶剂[甲醇-水(4:6)]制成每 1 ml 中约含 20 mg 的溶液,作为供试品溶液;取对氨基酚对照品适量,精密称定,加上述溶剂溶解并制成每 1 ml 中约含对氨基酚 0.1 mg 的溶液,作为对照品溶液;精密量取对照品溶液与供试品溶液各 1 ml,置同一 100 ml 量瓶中,用上述溶剂稀释至刻度,摇匀,作为对照溶液。照高效液相色谱法(通则 0512)试验。用辛基硅烷键合硅胶为填充剂;以磷酸盐缓冲液(取磷酸氢二钠 8.95 g,磷酸二氢钠 3.9 g,加水溶解至 1000 ml,加 10% 四丁基氢氧化铵溶液 12 ml)-甲醇(90:10)为流动相;检测波长为 245 nm;柱温为 40 ℃;理论板数按对乙酰氨基酚峰计算不低于 2000,对氨基酚峰与对乙酰氨基酚峰的分离度应符合要求。精密量取对照溶液与供试品溶液各 20 μl,分别注入液相色谱仪,记录色谱图至主峰保留时间的 4 倍。供试品溶液色谱图中如有与对氨基酚保留时间一致的色谱峰,按外标法以峰面积计算,含对氨基酚不得过 0.005%,其他单个杂质峰面积不得大于对照溶液中对乙酰氨基酚峰面积的 0.1(0.1%),其他各杂质峰面积的和不得大于对照溶液中对乙酰氨基酸峰面积的 0.5(0.5%)。

对氯苯乙酰胺 临用新制。取对氨基酚及有关物质项下的供试品溶液作为供试品溶液;另取对氯苯乙酰胺对照品与对乙酰氨基酚对照品各适量,精密称定,加溶剂[甲醇-水(4:6)]溶解并制成每 1 ml 中约含对氯苯乙酰胺 1 μg 与对乙酰氨基酚 20 μg 的混合溶液,作为对照品溶液。照高效液相色谱法(通则 0512)试验。用辛基硅烷键合硅胶为填充剂;以磷酸盐缓冲液(取磷酸氢二钠 8.95 g,磷酸二氢钠 3.9 g,加水溶解至 1000 ml,加 10% 四丁基氢氧化铵溶液 12 ml)-甲醇(60:40)为流动相;检测波长为 245 nm;柱温为 40 ℃;理论板数按对乙酰氨基酚峰计算不低于 2000,对氯苯乙酰胺峰与对乙酰氨基酚峰的分离度应符合要求。精密量取对照品溶液与供试品溶液各 20 μl,分别注入液相色谱仪,记录色谱图。按外标法以峰面积计算,含对氯苯乙酰胺不得过 0.005%。

干燥失重 取本品,在 105 ℃ 干燥至恒重,减失重量不得过 0.5%(通则 0831)。

炽灼残渣 不得过 0.1%(通则 0841)。

重金属 取本品 1.0 g,加水 20 ml,置水浴中加热使溶解,放冷,滤过,取滤液加醋酸盐缓冲液(pH 3.5)2 ml 与水适量使成 25 ml,依法检查(通则 0821 第一法),含重金属不得过百万分之十。

【含量测定】 取本品约 40 mg,精密称定,置 250 ml 量瓶中,加 0.4% 氢氧化钠溶液 50 ml 溶解后,加水至刻度,摇匀,精密量取 5 ml,置 100 ml 量瓶中,加 0.4% 氢氧化钠溶液 10 ml,加水至刻度,摇匀,照紫外-可见分光光度法(通则 0401),在 257 nm 的波长处测定吸光度,按 $C_8H_9NO_2$ 的吸收系数($E_{1cm}^{1\%}$)为 715 计算,即得。

【类别】 解热镇痛、非甾体抗炎药。

【贮藏】 密封保存。

【制剂】 ①对乙酰氨基酚片;②对乙酰氨基酚咀嚼片;③对乙酰氨基酚泡腾片;④对乙酰氨基酚注射液;⑤对乙酰氨基酚栓;⑥对乙酰氨基酚胶囊;⑦对乙酰氨基酚颗粒;⑧对乙酰氨基酚滴剂;⑨对乙酰氨基酚凝胶。

2. 制剂——阿莫西林胶囊的质量标准正文

阿莫西林胶囊

Amoxilin Jiaonang

Amoxicillin Capsules

本品含阿莫西林(按 $C_{16}H_{19}N_3O_5S$ 计)应为标示量的 90.0%~110.0%。

【性状】 本品内容物为白色至黄色粉末或颗粒。

【鉴别】 (1)取本品的内容物适量(约相当于阿莫西林,按 $C_{16}H_{19}N_3O_5S$ 计 0.125 g),加 4.6% 碳酸氢钠溶液使溶解并稀释制成每 1 ml 中约含阿莫西林(按 $C_{16}H_{19}N_3O_5S$ 计)10 mg 的溶液,滤过,作为供试品溶液;照阿莫西林项下的鉴别(1)项试验,显相同的结果。

(2)在含量测定项下记录的色谱图中,供试品溶液主峰的保留时间应与对照品溶液主峰的保留时间一致。

以上(1)(2)两项可选做一项。

【检查】 有关物质 取本品的内容物适量,精密称定,加流动相 A 溶解并定量稀释制成每 1 ml 中含阿莫西林(按 $C_{16}H_{19}N_3O_5S$ 计)2.0 mg 的溶液,滤过,取续滤液,照阿莫西林项下的方法测定。单个杂质不得过标示量的 1.0%,杂质总量不得过标示量的 5.0%。

阿莫西林聚合物 取本品内容物,混匀,精密称取适量(约相当于阿莫西林,按 $C_{16}H_{19}N_3O_5S$ 计 0.2 g),置 10 ml 量瓶中,加 2% 无水碳酸钠溶液 5 ml 使溶解并用水稀释至刻度,摇匀,滤过,立即取续滤液作为供试品溶液,照阿莫西林项下的方法试验。含阿莫西林聚合物的量不得过标示量的 0.2%。

水分 取本品的内容物,照水分测定法(通则 0832 第一法 1)测定,含水分不得过 16.0%。

溶出度 取本品,照溶出度与释放度测定法(通则 0931 第一法),以水 900 ml 为溶出介质,转速为 100 r/min,依法操作,45 min 时,取溶液适量,滤过,精密量取续滤液适量,用水定量稀释成每 1 ml 中约含阿莫西林(按 $C_{16}H_{19}N_3O_5S$ 计)130 μg 的溶液,照紫外-可见分光光度法(通则 0401),在 272 nm 的波长处测定吸光度;另取装量差异项下的内容物,混合均匀,精密称取适量(约相当于平均装量),按标示量加水溶解并稀释成每 1 ml 中约含 130 μg 的溶液,滤过,取续滤液,作为对照溶液,同法测定,计算每粒的溶出量。限度为80%,应符合规定。

其他 应符合胶囊剂项下有关的各项规定(通则0103)。

【含量测定】 取装量差异项下的内容物,混合均匀,精密称取适量(约相当于阿莫西林,按 $C_{16}H_{19}N_3O_5S$ 计0.125 g),加流动相溶解并定量稀释成每1 ml中约含阿莫西林(按 $C_{16}H_{19}N_3O_5S$ 计)0.5 mg的溶液,滤过,取续滤液,作为供试品溶液,照阿莫西林项下的方法测定,即得。

【类别】 同阿莫西林。

【规格】 按 $C_{16}H_{19}N_3O_5S$ 计算:①0.125 g;②0.25 g;③0.5 g。

【贮藏】 遮光,密封保存。

任务五 药物检测标准操作规程

药物检测标准操作规程(standard operation procedure,SOP),是为有效完成检测任务,针对每一个检测工作环节或具体工作任务而制定的标准或详细的书面规程。如取样标准操作规程、玻璃仪器清洗标准操作规程等。

药物检测SOP应写明操作程序,其内容应明确、详细。药物检测SOP的内容一般包括目的、依据、范围、责任、正文等内容。其中,操作方法必须规定检测所用试药、设备和仪器、操作原理和方法步骤、计算公式及允许误差等内容。药物检测SOP的制定和修订应按规定的程序进行,必须经过质量部门负责人审核、企业分管负责人批准并签章后方可执行。制定内容及修订原因,应保存原始制定和修订记录并存档。

需制定药物检测SOP的项目有仪器与设备的使用、通用的药品检验技术与方法、专用的药品检验技术与方法、动物及动物室的管理、试剂及试药溶液的配制与管理等。原辅料取样标准操作规程示例见二维码内容。

知识累积

(1)药品标准包括国家药品标准、药品注册标准以及各省级药品监督管理部门制定的地方药材标准、中药饮片标准或炮制规范、医疗机构制剂标准等。

(2)现行版《中国药典》为2020年版,共分为四部,包括凡例、品名目次、正文、索引、通则。

(3)药物检测标准操作规程(SOP),是为有效完成检测任务,针对每一个检测工作环节或具体工作任务而制定的标准或详细的书面规程。如取样标准操作规程、玻璃仪器清洗标准操作规程等。

(4)课程思政要点:具备保证药品质量,保障人民用药安全、有效的责任意识。

项目二 药物检测工作专业术语的认知

任务一 项目与要求

一、性状

性状项下记载药品的外观、臭、味,溶解度以及物理常数等,在一定程度上反映药品的质量特性。

1. 外观性状 外观性状是对药品的色泽和外表感观的规定,其中臭与味指药品本身所固有的性状,可供制剂开发时参考。

2. 溶解度 溶解度是药品的一种物理性质。各品种正文项下选用的部分溶剂及药品在该溶剂中的溶解性能,可供精制或制备溶液时参考;对在特定溶剂中的溶解性能需做质量控制时,应在该品种检查项下另做具体规定。药品的近似溶解度以下列名词术语表示。

极易溶解:溶质 1 g(ml)能在溶剂不到 1 ml 中溶解。

易溶:溶质 1 g(ml)能在溶剂 1~<10 ml 中溶解。

溶解:溶质 1 g(ml)能在溶剂 10~<30 ml 中溶解。

略溶:溶质 1 g(ml)能在溶剂 30~<100 ml 中溶解。

微溶:溶质 1 g(ml)能在溶剂 100~<1000 ml 中溶解。

极微溶解:溶质 1 g(ml)能在溶剂 1000~<10000 ml 中溶解。

几乎不溶或不溶:溶质 1 g(ml)在溶剂 10000 ml 中不能完全溶解。

试验方法:除另有规定外,称取研成细粉的供试品或量取液体供试品时,应置于 25 ℃±2 ℃ 一定体积的溶剂中,每隔 5 min 强力振摇 30 s;观察 30 min 内的溶解情况,如无目视可见的溶质颗粒或液滴,即视为完全溶解。

3. 物理常数 物理常数包括相对密度、馏程、熔点、凝点、比旋度、折光率、黏度、吸收系数、碘值、皂化值和酸值等;其测定结果不仅对药品具有鉴别意义,还反映了药品的纯度,是评价药品质量的主要指标之一。

二、鉴别

鉴别项下规定的试验方法,是根据反映该药品的某些物理、化学或生物学等特性所进行的药物鉴别试验,不完全代表对该药品化学结构的确证。

三、检查

检查项下包括反映药品安全性与有效性的试验方法和限度、均一性、纯度等制备工艺要求等内容;对于规定中的各种杂质检查项目,是指该药品在按既定工艺进行生产和正常贮藏过程中可能含有或产生,并需要控制的杂质(如残留溶剂、有关物质等);改变生产工艺时需另考虑增修订有关项目。

对于生产过程中引入的有机溶剂,应在后续的生产环节予以有效去除。除正文已明确列有"残留溶剂"检查的品种必须依法进行该项检查外,其他未在"残留溶剂"项下明确列出的有机溶剂与未在正文中列有此项检查的各品种,如生产过程中引入或产品中残留有机溶剂,均应按药典附录"残留溶剂测定法"检查并符合相应的限度规定。

直接分装成注射用无菌粉末的原料药,应按照注射剂项下的要求进行检查,并符合规定。

除另有规定外,各类制剂均应符合各制剂通则项下有关的各项规定。

四、含量测定

含量测定项下规定的试验方法,用于测定原料及制剂中有效成分的含量,一般可采用化学、仪器或生物测定方法。

五、制剂的规格

制剂的规格,是指每一支、片或其他每一个单位制剂中含有主药的重量(或效价)或含量(%)或装量;注射液项下,如为"1 ml:10 mg",是指 1 ml 中含有主药 10 mg;对于列有处方或标有浓度的制剂,也可同时规定装量规格。

六、贮藏

贮藏项下的规定,是为避免污染和降解而对药品贮存与保管的基本要求,以下列名词术语表示。

遮光:用不透光的容器包装,如采用棕色容器或黑纸包裹的无色透明、半透明容器。

避光:避免日光直射。

密闭:将容器密闭,以防止尘土等异物进入。

密封:将容器密封以防止风化、吸潮、挥发或异物进入。

熔封或严封:将容器熔封或用适宜的材料严封,以防止空气与水分的侵入,并防止污染。

阴凉处:温度不超过 20 ℃。

凉暗处:避光且温度不超过 20 ℃。

冷处:2～10 ℃。

常温:10～30 ℃。

除另有规定外,贮藏项下未规定贮藏温度的一般指常温。

由于注射剂与眼用制剂等的包装容器均直接接触药品,可视为该制剂的组成部分,因而可写为"密闭保存"。

任务二 检测方法和限度

一、检测方法

药典正文收载的所有品种,均应按规定的方法进行检验;如采用其他方法,应将该方法与规定的方法做比较试验,根据试验结果选择使用,但在仲裁时仍以药典规定的方法为准。

二、限度

药典中规定的各种纯度和限度数值以及制剂的重(装)量差异,是包括上限和下限两个数值本身及中间数值。规定的这些数值不论是百分数还是绝对数字,其最后一位数字都是有效位。

试验结果在运算过程中,可比规定的有效数字多保留一位数,而后根据有效数字的修约规则进舍至规定有效位。计算所得的最后数值或测定读数值均可按修约规则进舍至规定的有效位,取此数值与标准中规定的限度数值比较,以判断是否符合规定的限度。

原料药的含量(%),除另有注明者外,均按重量计。如规定上限为100%以上时,是指用本药典规定的分析方法测定时可能达到的数值,它为药典规定的限度或允许偏差,并非真实含有量;如未规定上限,是指不超过101.0%。

制剂的含量限度范围,是根据主药含量、测定方法误差、生产过程不可避免的偏差和贮存期间可能产生降解的可接受程度而制定的,生产中应按标示量的100%投料。如已知某一成分在生产或贮存期间含量会降低,生产时可适当增加投料量,以保证在有效期内含量能符合规定。

任务三 标准品和对照品

标准品和对照品指用于鉴别、检查、含量或效价测定的标准物质。标准品指用于生物检定或效价测定的标准物质,其特性量值一般按效价单位(或 μg)计,并以国际标准物质进行标定;对照品指采用理化方法进行鉴别、检查或含量测定时所用的标准物质,其特性量值一般按纯度(%)计。

标准品与对照品的建立或变更批号,应与国际标准品或原批号标准品或对照品进行对比并经过协作标定,然后按照国家药品标准物质相应的工作程序进行技术审定,确认其质量能够满足既定用途后方可使用。

标准品与对照品均应附有使用说明书,一般应标明批号、特性量值、用途、使用方法、贮藏条件和装量等。

标准品与对照品均应按其标签或使用说明书所示的内容使用或贮藏。

> **课堂活动**
> 什么是对照药材和对照提取物?

任务四 计 量

一、药典采用的计量单位

(1) 法定计量单位名称和符号如表 2-1 所示。

表 2-1 法定计量单位名称和符号

名 称	符 号
长度	米(m)、分米(dm)、厘米(cm)、毫米(mm)、微米(μm)、纳米(nm)
体积	升(L)、毫升(ml)、微升(μl)
质(重)量	千克(kg)、克(g)、毫克(mg)、微克(μg)、纳克(ng)、皮克(pg)
物质的量	摩尔(mol)、毫摩尔(mmol)
压力	兆帕(MPa)、千帕(kPa)、帕(Pa)
温度	摄氏度(℃)
动力黏度	帕秒(Pa·s)、毫帕秒(mPa·s)
运动黏度	平方米每秒(m^2/s)、平方毫米每秒(mm^2/s)
波数	厘米的倒数(cm^{-1})
密度	千克每立方米(kg/m^3)、克每立方厘米(g/cm^3)
放射性活度	吉贝可(GBq)、兆贝可(MBq)、千贝可(kBq)、贝可(Bq)

(2) 药典使用的滴定液和试液的浓度,以 mol/L(摩尔/升)表示者,需精密标定浓度的滴定液,用"XXX 滴定液(YYY mol/L)"表示;不需精密标定其浓度的溶液,用"YYY mol/L XXX 溶液"表示,以示区别。

(3) 有关温度的描述,一般以下列名词术语表示:

水浴温度:除另有规定外,均指 98～100 ℃。

热水:70～80 ℃。

微温或温水:40～50 ℃。

室温(常温):10～30 ℃。

冷水:2～10 ℃。

冰浴:约 0 ℃。

放冷:放冷至室温。

(4) 符号"%"表示百分比,是指重量的比例;但溶液的百分比,除另有规定外,是指溶液 100 ml 含有溶质若干克;乙醇的百分比,是指在 20 ℃时容量的比例。此外,根

据需要可采用下列符号:

%(g/g):表示溶液 100 g 中含有溶质若干克。

%(ml/ml):表示溶液 100 ml 中含有溶质若干毫升。

%(ml/g):表示溶液 100 g 中含有溶质若干毫升。

%(g/ml):表示溶液 100 ml 中含有溶质若干克。

(5) 缩写"ppm"表示百万分比,是指重量或体积的比例。

(6) 缩写"ppb"表示十亿分比,是指重量或体积的比例。

(7) 液体的滴,是指在 20 ℃时,以 1.0 ml 水为 20 滴进行换算。

(8) 溶液后记示的"(1→10)"等符号,是指固体溶质 1.0 g 或液体溶质 1.0 ml 加溶剂使成 10 ml 的溶液;未指明用何种溶剂时,均是指水溶液;两种或两种以上液体的混合物,名称间用半字线"-"隔开,其后括号内所示的":"符号,是指各液体混合时的体积(重量)比例。

(9) 药典所用药筛,选用国家标准的 R40/3 系列,其分等如表 2-2 所示。

表 2-2 药筛分等

筛　　号	筛孔内径(平均值)	目　　号
一号筛	2000 μm±70 μm	10 目
二号筛	850 μm±29 μm	24 目
三号筛	355 μm±13 μm	50 目
四号筛	250 μm±9.9 μm	65 目
五号筛	180 μm±7.6 μm	80 目
六号筛	150 μm±6.6 μm	100 目
七号筛	125 μm±5.8 μm	120 目
八号筛	90 μm±4.6 μm	150 目
九号筛	75 μm±4.1 μm	200 目

粉末分等如下。

最粗粉:能全部通过一号筛,但混有能通过三号筛不超过 20% 的粉末。

粗粉:能全部通过二号筛,但混有能通过四号筛不超过 40% 的粉末。

中粉:能全部通过四号筛,但混有能通过五号筛不超过 60% 的粉末。

细粉:能全部通过五号筛,并含能通过六号筛不少于 95% 的粉末。

最细粉:能全部通过六号筛,并含能通过七号筛不少于 95% 的粉末。

极细粉:能全部通过八号筛,并含能通过九号筛不少于 95% 的粉末。

(10) 乙醇未指明浓度时,均是指 95%(ml/ml) 的乙醇。

二、其他计量单位

计算分子量以及换算因子时,所用的原子量均依据最新国际原子量表的推荐值。

任务五　精　确　度

一、"称重"或"量取"

试验中供试品与试药等"称重"或"量取"的量,均以阿拉伯数码表示,其精确度可根据数值的有效数位来确定,如称取"0.1 g"是指称取重量可为 0.06~0.14 g;称取"2 g",是指称取重量可为 1.5~2.5 g;称取"2.0 g",是指称取重量可为 1.95~2.05 g;称取"2.00 g",是指称取重量可为 1.995~2.005 g。

学习实例

在对维生素C片进行片剂重量差异检查时,称得第一片药片的重量为 0.3000 g,应该记录为(　　)。

A. 0.3 g　B. 0.30 g　C. 0.300 g　D. 0.3000 g

解析:D。0.3000 g 中,3 后面的三个 0 是有效数字,不能随意省略。

"精密称定"是指称取重量应准确至所取重量的千分之一;"称定"是指称取重量应准确至所取重量的百分之一;"精密量取"是指量取体积的准确度应符合国家标准中对该体积移液管的精确度要求;"量取"是指可用量筒或按照量取体积的有效数位选用量具。取用量为"约"若干时,是指取用量不得超出规定量的－10%~10%范围。

二、恒重

恒重,除另有规定外,是指供试品连续两次干燥或炽灼后称重的差异在 0.3 mg 以下的重量;干燥至恒重的第二次及以后各次称重均应在规定条件下继续干燥 1 h 后进行;炽灼至恒重的第二次称重应在继续炽灼 30 min 后进行。

三、按干燥品(或无水物,或无溶剂)计算

试验中规定"按干燥品(或无水物,或无溶剂)计算"时,除另有规定外,应取未经干燥(或未去水,或未去溶剂)的供试品进行试验,并将计算中的取用量按检查项下测得的干燥失重(或水分,或溶剂)扣除。

四、空白试验

试验中的"空白试验"是指在不加供试品或以等量溶剂替代供试品溶液的情况下,按同法操作所得的结果;含量测定中的"并将滴定的结果用空白试验校正",是指按供试品所耗滴定液的量(ml)与空白试验中所耗滴定液的量(ml)之差进行计算。

五、试验时的温度

试验时的温度,未注明者,是指在室温下进行;温度高低对试验结果有显著影响者,除另有规定外,应以 25 ℃±2 ℃为准。

任务六 试药、试液、指示剂

一、试药

除另有规定外,均应根据通则试药项下的规定,选用不同等级并符合国家标准或国务院有关行政主管部门规定的试剂标准。试液、缓冲液、指示剂与指示液、滴定液等,均应符合通则的规定或按照通则的规定制备。

二、试液

试验用水,除另有规定外,均是指纯化水。酸碱度检查所用的水,均是指新沸并放冷至室温的水。

三、指示剂

酸碱性试验时,如未指明用何种指示剂,均是指石蕊试纸。

任务七 动物实验

动物实验所使用的动物应为健康动物,其管理应按国务院有关行政主管部门颁布的规定执行。动物品系、年龄、性别、体重等应符合药品检定要求。随着药品纯度的提高,凡是有准确的化学和物理方法或细胞学方法能取代动物试验进行药品质量检测的,应尽量采用,以减少动物实验。

知识累积

(1)药物检测工作的专业术语:项目与要求,检验方法和限度,标准品和对照品,计量,精确度,试药、试液、指示剂,动物实验。

(2)课程思政要点:对药物检测工作的专业术语进行对比分析、思考总结,为科学严谨开展药物检测工作奠定基础。

项目三 药品检验机构与检验程序认知

任务一 药品检验机构

我国法定药品检验机构有中国食品药品检定研究院,省、自治区、直辖市食品药品检验所及地市县(自治州、盟)食品药品检验所。其他检验机构包括药品生产企业、药品经营企业及医疗机构的药品检验部门。

一、中国食品药品检定研究院

中国食品药品检定研究院(以下简称"中检院")的前身是1950年成立的中央人民政府卫生部药物食品检验所和生物制品检定所。1961年,两所合并为卫生部药品生物制品检定所。1998年,该机构由卫生部成建制划转为国家药品监督管理局直属事业单位。2010年,经中央机构编制委员会办公室(简称"中央编办")批准更名为中国食品药品检定研究院,并加挂国家食品药品监督管理局医疗器械标准管理中心的牌子,对外使用"中国药品检验总所"的名称。2018年,根据中央编办关于国家药品监督管理局所属事业单位机构编制的批复,中检院(国家药品监督管理局医疗器械标准管理中心、中国药品检验总所)为国家药品监督管理局所属公益二类事业单位,并保留正局级。中检院是国家检验药品和生物制品质量的法定机构和最高技术仲裁机构,主要承担食品、药品、医疗器械、化妆品及有关药用辅料、包装材料与容器(以下统称为食品药品)的检验检测工作,组织开展药品、医疗器械、化妆品抽验和质量分析工作,负责相关复验、技术仲裁,组织开展进口药品注册检验以及上市后有关数据收集分析等工作;承担药品、医疗器械、化妆品质量标准、技术规范、技术要求、检验检测方法的制修订以及技术复核工作,组织开展检验检测新技术、新方法、新标准的研究,承担相关产品严重不良反应和严重不良事件原因的试验研究工作;负责医疗器械标准管理相关工作;承担生物制品批签发相关工作;承担化妆品安全技术评价工作;组织开展有关国家标准物质的规划、计划、研究、制备、标定、分发和管理工作;负责生产用菌毒种、细胞株的检定工作,承担医用标准菌毒种、细胞株的收集、鉴定、保存、分发和管理工作;承担实验动物饲育、保种、供应和实验动物及相关产品的质量检测工作;承担食品药品检验检测机构实验室间比对以及能力验证、考核与评价等技术工作;负责研究生教育培养工作,组织开展对食品药品相关单位质量检验检测工作的培训和技术指导。

二、省、自治区、直辖市食品药品检验所

分别承担各辖区内的食品、药品、生物(血液)制品、药包材、保健品、化妆品的监督

检验、注册检验、强制检验、复验、委托检验以及国家和省级计划的抽样检验工作;负责收集、整理、综合上报和反馈相关质量信息,提供监督管理所需的技术数据;承担食品药品质量标准、检验方法等领域的科学研究工作;承担相关技术咨询和技术服务工作,为食品药品生产、经营企业和基层食品药品检验机构提供业务指导。

三、地市县(自治州、盟)食品药品检验所

负责本辖区的药品生产、经营、使用单位的药品检验和技术仲裁;起草本辖区药品抽验计划,承担核定的抽验任务,提供本辖区药品质量公报所需的技术数据和质量分析报告;指导本辖区内的药品生产、经营、使用单位及药品质量检验机构的业务技术工作;培训有关的技术人员;综合上报和反馈药品质量情报信息;执行本地市县药品监督管理机构交办的监督任务。

四、药品生产企业、药品经营企业及医疗机构的药品检验部门

接受当地药品监督管理部门设置的药品检验机构的业务指导,并承担本单位的药品检验任务,确保药品安全、有效。

任务二 药品检验程序

药品检验程序一般为接受检验任务与检验前准备、取样、检验并记录、结果判定与处理、复核、填写与发送检验报告书、留样。

一、接受检验任务与检验前准备

1. 接受检验任务 批号表示生产的编号,用于识别、追溯和审查药品的生产史。药品应按生产批号进行检测,即每批药品生产完毕后,生产车间应填写请检单。每批原辅料进厂后也应由仓库填写原辅料请检单,并通知质量检测部门接受检验任务。

2. 检验前准备 检验人员应熟悉和掌握检品的质量标准和相应的检验操作规程,明确检验目的、项目和要求。

【知识链接】
××企业
请检单

二、取样

取样是指从批量物料中抽取能够代表物料特性的样品或平均试样。合理取样是保证检验结果准确的前提,应按取样标准操作规程(SOP)抽取样品。

取样一般由专职取样员进行操作,也可由车间工人或者中间控制实验室人员根据SOP取样,然后由取样员进行收集,但抽样人员必须经过适当的培训和考核,以避免差错,保证抽样的代表性。现场抽样时,由2人执行抽样。抽样人员应当用"药品封签"将所抽样品签封,由抽样人员和被抽样单位有关人员签字,并填写记录。抽样结束后,抽样资料与检测记录、检测结果应一并保存。

抽取的样品总量一般不得少于检验用量的3倍,其中,1/3供检验,1/3供复核,1/3供留样。

三、检验并记录

收到样品和文件后依据检验规程进行检验前准备,包括配制试剂、试液、滴定液、标准液,进行仪器、设备的校正和调试,登记原始记录表。

检验人员在规定的检验条件下,按检验 SOP 对抽取的样品进行检验,所得到的检验数据与检验结果必须在误差限度范围内,并如实填写检验原始记录和检验报告书。检验完毕后,检验人员应将剩余样品、检验规程、检验原始记录、请检单移交分样人。分样人将剩余样品交留样管理员,放在样品柜中保存并记录。复核人核对原始记录(含请检单、检验原始记录、检验报告书)完整无误后,将原始记录交分样人。分样人将原始记录和一份检验报告书装订在一起,存档。

【知识链接】
检验记录表填写规范与要求

四、结果判定与处理

将样品的检验结果与质量标准相比较,确定是否符合质量标准的要求,并据此对整批产品进行质量判定,得出结论。

五、复核

检验结束,检验人员确认检验原始记录无误后,在检验人栏内签名并交给复核员进行复核。复核员核对无误后,在复核栏内签名,以示对测试数据负责。复核员由质保部授权人担任,应具有一定的专业基础知识和操作技能,熟悉复核岗位或项目的工作内容。在审核过程中,任何人无权更改分析测试数据,即使发现错误,也应由测试人员负责更改签章后,重新履行审批。

复核内容:①检验项目完整不得缺项;②书写工整、正确,改错正确(必要时加以说明);③检验依据应符合规定;④计算公式、计算数值均正确;⑤检验记录填写完整、正确;⑥检验原始记录符合规定要求,有检验人员签名;⑦复核结果若不符合规定,复核员应退回,待检验人员改正后再复核签名;⑧属于复核内容范畴内的项目发生错误时,由复核员负责,属操作差错等其他问题由检验人员负责。

六、填写与发送检验报告书

根据检验结果填写检验报告书,并出具合格证书或不合格证书。一般包括:

(1)对合格的产品,填写检验报告,签发合格证,准予放行。

(2)对不合格的产品,填写不合格检验报告,说明质量问题。不合格产品应立即转入规定存放间放置,挂上红色牌。此外,还应查明原因,提出书面处理意见并报技术质量部审核批准。

(3)将质量检验信息及时反馈给有关部门或领导,促使有关部门改进质量。

【知识链接】
检验报告书书写规范与要求

七、留样

留样是在制取供检验用样品的同时获得的用于复查检验、仲裁检验和溯源检验质量等的备份样品,它具有和样品同等的物料特性。留样既是检测实验室的实物档案,也是监控实验室检测结果有效性的内控物质。其目的和作用如下。

【知识链接】
甲硝唑片成品检验报告书

1. 复查检验用 当检验人员对检验数据有异议且结果难以判定,或者检验用样品出现异常情况(如被污染、包装严重损坏)时,需要启用留样进行复查检验。

2. 仲裁检验用 根据《中华人民共和国药品管理法》规定,当事人对药品检验机构的检验结果有异议的,可以向各级药品监督管理部门设置或者确定的药品检验机构申请复验,其留样是实验室仲裁检验的依据,但留样必须在有效期内,且性能稳定,保存完好。

3. 溯源检验质量用 实验室可以用留样制作盲样,并组织实验室内部或者实验室之间进行比对,以评价实验室检验人员之间的检测能力和验证不同实验室间同种仪器的检测效果及试剂的可靠性,从而有效反映实验室检测结果的准确性,实现检验质量的可追溯性。

4. 仪器设备核查用 只要留样的样品性能稳定,可用留样再测作为仪器设备的期间核查。

5. 培训新进检验人员用 留样可以作为对新进检验人员进行操作培训的实物原料和对照品。

6. 科研项目用 对留样的某个项目进行持续定期再检,以了解样品质量在贮存过程中的变化情况,观察该样品的稳定性,为制药企业提供参考;也可按照非标准检测思路进行检测、探索,以分析出此类药品更科学、准确、简便的检测方法。

留样室的要求

任务三 超标结果调查

超标结果(out of specification,OOS)这个概念最早来自药品生产企业,当时主要是指在药品生产过程中,起始原料、中间产物和终产品检验分析结果超出了质量标准规定限度范围的情况。出现OOS后,药品生产企业要对OOS进行全面详细调查,找到具体原因,以决定如何处置OOS产品,针对原因制定并落实纠正和预防措施(corrective action and preventative action,CAPA),以提高生产水平,保证产品质量。

随着世界各国药品监管机构力量的加强以及国家药品质量控制实验室的建设和发展,越来越多的政府机构利用国家药品质量控制实验室对上市后药品质量进行抽样监测,这一举措成为药品监管的重要手段。在监管机构实验室大量的检验工作中,也会出现很多OOS(即常说的不合格结果)。药品质量控制实验室和生产企业对OOS调查的侧重点有所不同,出现OOS结果后,生产企业认为产品有问题,对问题产品的整个生产环节进行详细检查,以找出原因,提高产品质量。

随着监管科学的发展,OOS的概念也由最初的"异常检验结果"这一特定范围逐渐向广义延伸。目前美国FDA、英国药品和健康产品管理局(MHRA)和欧洲药品质量管理局(EDQM)颁布的OOS调查指导原则中提到的OOS均是广义的OOS概念,即指一切与质量标准规定或期望结果之间具有明显差异的"非正常"检验结果。这一广义概念既包含了OOS,还包含了超趋势结果(out of trend results,OOT结果)。

①不合格检验结果：检验结果不在质量标准规定的限度范围，这里的质量标准可以是企业的内控标准或申报标准，也可以是药典标准或者药品监管部门颁发的标准。

②超趋势结果：一般出现在产品稳定性考察中。主要是指在稳定性试验中，检验结果虽然符合质量标准规定的限度要求，但与预期的稳定性趋势不相符合，或与之前批次的稳定性结果趋势不相匹配。对于药品质量控制实验室来说，不符合趋势结果一般是指在对特定的生产企业的某个特定品种积累一定历史检验数据的基础之上，发现某个或某些批次的检验结果与前期数据所呈现的趋势不相匹配，进而提示实验室的质量管理体系的某个环节可能出现了问题，或者该批次产品出现了问题。

③异常检验结果：检验结果虽符合标准规定，但是呈现异常、存在可疑性或者与预期值存在显著偏离。

一、OOS 调查指导思想

出现 OOS 后，药品质量控制实验室需要展开调查，调查的核心目的是通过对实验室进行本次检验的各个环节（人、机、料、法、环等）进行详细检查，以期发现实验室质量管理体系方面的缺陷，找出原因，进一步提高实验室质量管理水平和检验检测能力，保证检验结果的准确可靠。因此，在调查过程中，最主要的目的是"找原因"，最关键的一点是首先要假定被测样品是符合质量标准要求的，在此基础上，遵循由"简"到"难"的顺序，对人、机、料、法、环等各个有可能造成 OOS 的环节和因素进行详细调查，必要时采取"假设试验"以排除法进行原因查找，以从实验室"自身"查找造成 OOS 的原因。如果调查的最终结果表明实验室操作无误，则可进一步评估样品本身是否存在问题，并采取重新取样进行检验的方式进行确认。在 OOS 的调查过程中，实验室首先要有一个内容明确的 SOP，SOP 中要明确以下几个要素：①哪些情况不适用于 OOS 调查？②OOS 调查的思路、程序和流程图（图 2-1）。③OOS 调查核对清单（二维码内容），即在对人、机、料、法、环等各个有可能造成 OOS 的环节和因素进行详细调查时，需要有一个"核对清单"，边调查边逐项进行打钩确认。④如果要采用"假设分析"以试验排除法来查找原因，则需要制定"假设试验"方案。⑤调查报告中应该包括调查过程简述、调查结论以及建议的后续 CAPA。

二、OOS 调查程序

目前国际上常用的指导原则中，推荐的 OOS 调查程序一般分为三个阶段。

1. 第一阶段调查 严格来说，第一阶段调查分为初步调查和进一步调查两部分。确认出现 OOS 结果后，检验人员应该立即报告实验室组长/主任，启动第一阶段的初步调查。第一阶段初步调查的主要目的是通过实验室组长/主任与检验人员之间的交谈回顾试验过程，来确定试验中是否存在明显的错误。常见的明显错误包括计算（公式）错误、仪器参数设定错误（比如检测波长设定错误），如果发现存在明显错误，那么检验人员和实验室组长/主任就要进行记录，说明检验结果无效，需要重新进行检验。

OOS 调查核对清单

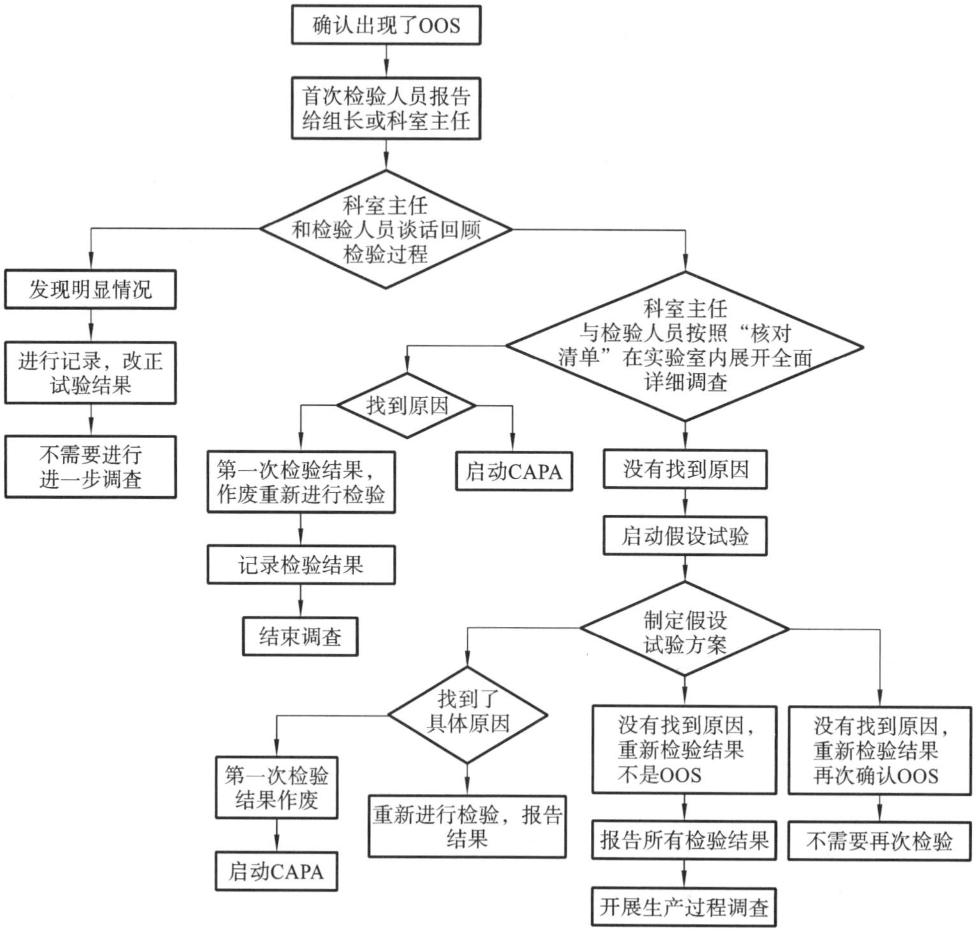

图 2-1 OOS 调查流程图

另外一种特殊情况是在检验进行中出现了明显故障,比如断电、仪器突然出现故障、溶液出现遗洒等。出现了这种情况,检验人员应该立即报告实验室组长/主任,两者共同记录并标注故障现象,说明该检验结果无效,需要重新进行检验。

如果通过实验室组长/主任与检验人员的交谈,没有发现检验过程中存在明显的错误,这时实验室组长/主任与检验人员就需采用"核对清单"来开展进一步的 OOS 调查。实验室组长/主任与检验人员来到实验室,按照"核对清单"上所列出的每一项内容,共同逐项核对,并在"核对清单"上打钩确认。这里需要注意的一点是,当实验室出现 OOS 结果时,检验人员要注意保留试验过程中使用的所有试剂、溶液、玻璃器皿以及其他试验用品,以备 OOS 调查时核对检查。如果在核对过程中找到了出现 OOS 的原因,则实验室组长/主任与检验人员应一起对原因进行记录,作废第一次检验结果,并安排人重新进行检验(第二次检验人员的职称/工作资历不得低于第一次检验人员),第二次检验完毕后,记录并出具检验结果,并形成 OOS 调查报告,完成 OOS 调查。与此同时,针对找到的原因,启动 CAPA。

2. 第二阶段调查(假设试验) 如果第一阶段调查没有发现造成OOS的明显原因,那么调查就进入第二阶段。第二阶段调查的核心是基于第一阶段的调查,针对怀疑有可能出现问题的环节,进行假设试验调查,采用排除法,每次只变动一个因素,进行试验确认,以找出造成OOS的原因。比如怀疑溶液的稀释过程可能有问题,那么在假设试验时,可使用首次试验的母液重新进行稀释进样,保持其他试验条件不变,以确认是否为稀释的问题导致OOS。以此类推,针对每个怀疑的因素都进行假设试验来确认。如果在假设试验过程确认了具体原因,那么实验室组长/主任与检验人员应一起对原因进行记录,作废第一次检验结果,并安排人重新进行检验(第二次检验人员的职称/工作资历不得低于第一次检验人员),第二次检验完毕后,记录并出具检验结果,并形成OOS调查报告,完成OOS调查。与此同时,针对找到的原因,启动CAPA。

如果假设试验没有发现具体原因,则应考虑样品本身可能存在问题,并评估是否需要重新进行检验。在决定进行重新检验时,需要注意以下几点问题:①重新检验的样品必须是造成OOS结果的同批次样品,不得更换批次重新检验;②如果留样的数量不够再次检验所需数量,需要更换批次检验,则必须和质量管理人员进行商议和讨论;③重新检验的决定必须建立在科学的基础之上,在重新检验开始之前,必须提前制定好重新检验方案;④重新检验方案应基于分析方法学验证数据(包括准确度、精密度和中间精密度等),科学设定重新测定的次数,重新测定的次数必须有统计学意义,比如重测5次、7次或9次;⑤应该更换人员进行重新检验,进行重新检验的人员的资质和工作经历不得低于首次检验人员。

3. 第三阶段调查 对于药品质控实验室来说,OOS调查基本在第二阶段结束。第三阶段的调查主要针对生产企业,生产企业要对整个生产环节进行检查,以从生产工艺和流程的角度找出造成总产品OOS的原因。

知识累积

(1) 我国法定药品检验机构有中国食品药品检定研究院,省、自治区、直辖市食品药品检验所及地市县(自治州、盟)食品药品检验所。其他检验机构包括药品生产企业、药品经营企业及医疗机构的药品检验部门。

(2) 药品检验程序一般为接受检验任务与检验前准备、取样、检验并记录、结果判定与处理、复核、填写与发送检验报告书、留样。

(3) 检验报告书应由检验人员签名,专业技术人员复核,且要经质量管理部门负责人审核签名并加盖质量管理部门专用公章。

(4) 产生OOS结果,严格按照三个阶段开展调查,学会分析、思考存在的问题,对人、机、料、法、环等各个有可能造成OOS的环节和因素进行详细调查,分析并找出原因,对引起的原因进行纠正,并采取有效的措施防止类似情况再次出现。

(5) 课程思政要点:在药品检验过程中,坚持诚信原则,不伪造数据,不隐瞒问题,确保检验结果的客观性和真实性。

目标检测

扫码看答案

一、单项选择题

1. 盐酸氯丙嗪的含量测定操作中要求"取本品约 0.2 g,精密称定",检验时应选用( )天平。
   A. 感量为 0.01 mg 的天平　　　　　　B. 感量为 0.1 mg 的天平
   C. 感量为 1 mg 的天平　　　　　　　　D. 感量为 0.01 g 的天平
   E. 感量为 0.1 mg 的天平

2. ( )是指含有单一成分或混合组分,用于生物检定、抗生素或生化药品中效价、毒性或含量测定的国家药品标准物质。
   A. 标准品　　　　　　B. 对照品　　　　　　C. 对照药材
   D. 对照提取物　　　　E. 对照浸出物

3. 《中国药典》规定"按干燥品(或无水物,或无溶剂)计算"是指( )。
   A. 取经干燥的供试品进行试验
   B. 取除去溶剂的供试品进行试验
   C. 取经过干燥失重的供试品进行试验
   D. 取未经干燥的供试品进行试验,再根据测得的干燥失重在计算时从取样量中扣除
   E. 取经干燥的供试品进行试验,再根据测得的干燥失重在计算时从取样量中扣除

4. 《中国药典》规定取用量为"约"若干时,是指取用量不得超过规定量的( )。
   A. ±0.1%　　B. ±5%　　C. ±1%　　D. ±10%　　E. ±7.5%

5. 《中国药典》规定,称取"1.00 g"是指( )。
   A. 称取重量可为 0.5~1.5 g　　　　　　B. 称取重量可为 0.95~1.05 g
   C. 称取重量可为 0.995~1.005 g　　　　D. 称取重量可为 0.999~1.000 g
   E. 称取重量可为 0.99~1.01 g

6. 对《中国药典》中所用名词(如试药、计量单位、溶解度、贮藏、温度等)做出解释的,属药典( )的内容。
   A. 通则　　B. 凡例　　C. 制剂通则　　D. 正文　　E. 品名目次

7. 《中国药典》(2020 年版)凡例中规定"称定"是指称取重量应准确至所取重量的( )。
   A. 十分之一　　B. 百分之一　　C. 千分之一　　D. 万分之一　　E. 十万分之一

8. 《中国药典》(2020 年版)中,甲硝唑注射液的"含量测定"收载在( )。
   A. 一部凡例　　B. 一部正文　　C. 二部凡例　　D. 二部正文　　E. 四部通则

9. 《中国药典》(2020 年版)凡例中规定原料药的含量限度,如未规定上限时,是指上限不超过( )。

A. 95.0%　　B. 99.0%　　C. 100.0%　　D. 101.0%　　E. 105.0%

10. 《中国药典》的现行版是(　　)。
A. 2010 年版　B. 2015 年版　C. 2018 年版　D. 2020 年版　E. 2021 年版

11. 《中国药典》的英文简称为(　　)。
A. BP　　B. ChP　　C. CP　　D. USP　　E. JP

12. 《中国药典》(2020 年版)规定"阴凉处"是指(　　)。
A. 室温避光处　　　　　　　B. 避光、温度不超过 20 ℃
C. 温度不超过 20 ℃　　　　 D. 阴暗处且温度不超过 20 ℃
E. 温度不超过 25 ℃

13. 正文品种按中文药品名称(　　)排列。
A. 笔画顺序　B. 拼音顺序　C. 字数多少　D. 药品种类　E. 英文字母

14. 我国现行药品质量标准有(　　)。
A. 中国药典和部颁标准　　　B. 中国药典、国家药监局标准和地方标准
C. 中国药典和国家药品标准　D. 中国药典、国家药品标准和部颁标准
E. 中国药典和地方标准

15. 药品检验工作的基本程序一般包括哪些项？(　　)
A. 取样、鉴别、检查　　　　B. 取样、鉴别、检查、含量测定
C. 取样、鉴别、检查、含量测定、写出检验报告
D. 取样、鉴别、含量测定　　E. 取样、鉴别、含量测定

16. 药品检验报告书的表头栏目报告日期应填写(　　)。
A. 抽样的日期　　　　　　　B. 检验完成的日期
C. 业务管理室主任审签的日期　　D. 报告寄出的日期
E. 授权签字人审定签发报告书的日期

17. 在国内生产并销售的药品必须符合(　　)。
A. 国家药品标准　　　B. 国际药品标准　　　C. USP
D. 行业标准　　　　　E. 地方标准

二、多项选择题

1. 在药品检验工作中,检验报告必须具有如下哪些内容？(　　)
A. 检品名称　　　B. 检验原始数据　　　C. 检验依据
D. 送检日期　　　E. 检验人签名或盖章

2. 恒重的定义及有关规定包括(　　)。
A. 供试品连续两次干燥后的重量差值在 0.5 mg 以下的重量
B. 连续两次干燥或炽灼后的重量差值在 0.3 mg 以下的重量
C. 干燥至恒重的第二次及以后各次称重应在规定条件下继续干燥 1 h 后进行
D. 炽灼至恒重的第二次及以后各次称重应在规定条件下炽灼 30 min 后进行
E. 干燥或炽灼 3 h 后的重量

3. 《中国药典》(2020 年版)的内容包括(　　)。
A. 凡例　　B. 通则　　C. 正文　　D. 索引　　E. 品名目次

4. 药品质量检查的项目有(　　)。
A. 性状　　　　B. 鉴别　　　　C. 检查　　　　D. 含量测定　　　E. 制剂
5. 以下属于物理常数的有(　　)。
A. 相对密度　　B. 熔点　　　　C. 比旋度　　　D. 折光率　　　　E. 吸收系数

三、问答题

1. 药品的概念是什么？对药品进行质量检查的意义是什么？
2. 药品质量标准分为几类？分别包含哪些标准？
3. 什么叫空白试验？
4. 药品检验工作的基本程序是什么？

模块三　药物的性状及鉴别

项目一　药物的性状
项目二　药物的鉴别

 **学习目标**

扫码看 ppt

素质目标：
1. 形成严把质量关的意识及严谨的科学态度；
2. 形成实事求是的工作作风及工匠精神的职业素养。

知识目标：
1. 掌握原料药、制剂的外观，以及药物的物理常数；
2. 掌握药物鉴别的方法及意义；
3. 熟悉原料药物理常数的测定方法；
4. 了解一般鉴别与专属鉴别的区别。

能力目标：
1. 能够按质量标准鉴别药物真伪；
2. 具备熔点、相对密度、比旋度、pH 测定的能力；
3. 能正确填写药品质量检验原始记录。

案例导入

患者王女士于 2019 年 4 月 11 日 17 时 44 分到某院就诊，入院诊断后给予补液等对症处理。4 月 12 日 6 时 20 分左右，医护人员发现输注的 10% 葡萄糖注射液已过期，立即终止输液。同时，由值班医师陪同患者前往上级医院就诊，经检查，患者无不良反应。该地市场监管局和卫生健康局联合对当时输注的 10% 葡萄糖注射液进行认定，确属过期药品，随后，对该院库房、药房 300 余种药品进行了全面排查，均在有效期内。

经查，出现上述问题的原因一是由于药房人员将前期柜台的过期液体和新补充的液体混放，工作中履职不到位、不细致，存在未按规定操作的失职问题；二是当班护士未按规范操作，工作中存在严重失职；三是医院在管理过程中存在制度不严、监管不力。针对此事，该地卫生健康局将持续关注患者健康，做好医疗服务；该地卫生健康局对该院涉事的院长停职、分管副院长免职；其余 8 人正在按照相关规定严肃追责。该地卫生健康局以此事件为教训，举一反三，对全区各医疗机构进行全面排查整治，确保人民群众的医疗安全。

讨论：如何对药物的质量进行检查？

项目一 药物的性状

药物的性状反映了药物的物理性质,是药物质量的重要表征之一。只有性状符合规定的供试品,方可继续进行鉴别、含量测定等项目的检查。药物的性状包括外观、臭、味、溶解度、一般稳定性及物理常数等,反映了药物的物理性质。这些参数往往能直接反映药物的内在质量,在药物的鉴别及纯度的控制中有着极为重要的意义。其中外观和物理常数属于法定检测项目;臭、味、溶解度、一般稳定性属于一般性描述。

任务一 性状检查

一、外观

外观性状是对药品的色泽和外表感观的规定,包括药品的聚集状态、晶型、色泽及臭、味等性质,在一定程度上可以反映药物的内在质量。

1. 原料药 原料药的性状包括聚集状态、晶型、色泽、臭、味及一般稳定性。

原料药的聚集状态是指药物呈固体、半固体、液体或气体状态。如左旋多巴的"结晶性粉末",去氧胆酸的"疏松状粉末",七氟烷的"澄清液体",二甲硅油的"油状液体"等。

原料药的晶型是指固体药物呈结晶型还是无定型。结晶型药物可呈不同的形态,如针状结晶、鳞片状结晶、结晶性粉末等。晶型是影响药品疗效的重要因素。化学药品中存在多晶现象,当不同晶型状态对药品的安全性或有效性产生影响时,应对其晶型进行研究,必要时应在标准中对其有效晶型予以规定。如硫酸氢氯吡格雷是多晶型类药物,有Ⅰ型、Ⅱ型、Ⅲ型、Ⅳ型及无定型,但是作为药用的晶型只能是Ⅰ型和Ⅱ型结晶。

原料药的色泽是指药物的颜色及光泽,应用白色、类白色、微黄色、淡黄色、浅黄色、黄色进行描述。如左氧氟沙星的"类白色至淡黄色结晶性粉末";丝裂霉素的"深紫色结晶性粉末";加巴喷丁的"白色或类白色结晶或结晶性粉末"。

原料药的臭是指液态或低熔点的固体药物本身所具有的特殊之臭。药物中混有特臭的杂质或残留溶剂时也会有臭味。如异戊巴比妥的"无臭";克拉维酸钾的"微臭";环扁桃酯的"有特臭"等。

原料药的味是指其固有的感官属性,其中"毒、剧、麻、精"类药物不做描述。如那格列奈的"味苦";苯丙醇的"气芳香"。考虑到检验者的防护及安全,《中国药典》(2020年版)对大部分品种(主要为原料药)性状中的"味"进行了删除。

原料药的一般稳定性是指药物的引湿性、风化性、光解特性,可作为选择药品包装和贮存条件的参考依据。如克拉维酸钾的"极易引湿";利血平的"遇光色渐变深";青霉素钾的"有引湿性;遇酸、碱或氧化剂等即迅速失效,水溶液在室温放置易失效";丝裂霉素的"遇酸、碱及日光照射均不稳定"。

2. 制剂 制剂的性状包括样品的外形和颜色。如片剂应描述是什么颜色的压制片或包衣片(包薄膜衣或糖衣),除去包衣后片芯的颜色,以及片剂的特殊形状,如异形片。注射液一般为澄明液体(水溶液),也有混悬液或黏稠性溶液,需注意对颜色进行描述,另外还应考察贮藏过程中性状是否发生变化。如艾司奥美拉唑镁肠溶片的"本品为薄膜衣片,除去包衣后显白色或类白色,内含多个肠溶微囊";布洛芬缓释胶囊的"本品内容物为白色球形小丸";布洛芬糖浆的"本品为淡黄棕色的澄清黏稠液体,有芳香气味"等。

二、溶解度

溶解度是药品的一种物理性质,在一定程度上反映了药品的纯度、晶型或粒度,也可供精制或制备溶液时参考。药品的溶解度检查不符合规定,提示其纯度可能存在问题。一种化合物的表观溶解度是其各个组分的溶解度的加权和。尽管其含量测定可能是符合规定的,但是溶解度的不符合规定提示了其中的一种或几种相关杂质比较大地影响其表观溶解行为也可能是由药品的晶型和粒度的差异造成的。《中国药典》(2020年版)采用"极易溶解、易溶、溶解、略溶、微溶、极微溶解、几乎不溶或不溶"等术语来表示。

三、物理常数

物理常数是表示药物的物理特性的重要特征常数,在一定条件下是完全不变的,是评价药品质量的主要指标之一。其测定结果不仅对药品具有鉴别意义,也反映了该药品的纯度。

实例分析1:对乙酰氨基酚原料药及制剂的性状。

(1) 对乙酰氨基酚:本品为白色结晶或结晶性粉末;无臭;本品在热水或乙醇中易溶,在丙酮中溶解,在水中略溶。

(2) 对乙酰氨基酚片:本品为白色片、薄膜衣或明胶包衣片,除去包衣后显白色。

(3) 对乙酰氨基酚咀嚼片:本品为着色片。

(4) 对乙酰氨基酚泡腾片:本品为白色片。

(5) 对乙酰氨基酚注射液:本品为无色或几乎无色略带黏稠的澄明液体。

(6) 对乙酰氨基酚栓:本品为乳白色至微黄色栓。

(7) 对乙酰氨基酚颗粒:本品为白色或类白色颗粒。

(8) 对乙酰氨基酚滴剂:本品为着色的澄清液体。

(9) 对乙酰氨基酚凝胶:本品为淡黄色半透明半固体凝胶。

实例分析2:倍他米松的性状。

本品为白色或类白色结晶性粉末;无臭。

本品在乙醇中略溶,在二氧六环中微溶,在水或三氯甲烷中几乎不溶。

比旋度:取本品,精密称定,加二氧六环溶解并定量稀释成每 1 ml 中约含 10 mg 的溶液,依法测定(通则0621),比旋度为+115°~+121°。

吸收系数:取本品,精密称定,加乙醇溶解并定量稀释制成每 1 ml 中约含 10 μg 的溶液,照紫外-可见分光光度法(通则0401),在 239 nm 波长处测定吸光度,吸收系数($E_{1cm}^{1\%}$)为382~406。

实例分析3:吗氯贝胺的性状。

本品为白色或类白色结晶或结晶性粉末,无臭。

本品在甲醇、乙醇或三氯甲烷中易溶,在丙酮中溶解,在水中微溶,在冰醋酸中易溶。

熔点:本品的熔点(通则0612第一法)为136~140 ℃。

任务二 物理常数的测定

一、熔点的测定

熔点是指物质由固体熔化成液体的温度、熔融同时分解的温度或在熔化时自初熔至全熔的一段温度,是物质的一项物理常数。"初熔"是指供试品在毛细管内开始局部液化出现明显液滴时的温度。"全熔"是指供试品全部液化(澄清)时的温度。

根据被测物质的不同性质,在《中国药典》(2020年版)"熔点测定法"项下列有三种不同的测定方法,分别用于测定易粉碎的固体药品、不易粉碎的固体药品、凡士林或其他类似物质,并在正文各品种项下明确规定应选用的方法。遇有在正文中未注明方法时,均系指采用第一法。在第一法中,又因熔融时是否同时伴有分解现象,而规定有不同的升温速度和观测方法,由于测定方法的受热条件和判断标准的不同,常导致测得的结果有明显差异,因此在测定时必须根据药典正文该品种项下的规定选用方法,并严格遵照该方法中规定的操作条件和判断标准进行测定,才能获得准确的结果。

1. 仪器与用具

(1) 熔点测定仪。

(2) 熔点测定管(毛细管):中性硬质玻璃管,长9 cm以上,内径0.9~1.1 mm,壁厚0.10~0.15 mm。第一法要求一端熔封;第二法管端不熔封。

2. 传温液与标准品

(1) 水:用于测定熔点80 ℃以下者。用前应先加热至沸点脱气,并放冷。

(2) 液状石蜡或硅油:用于测定熔点80 ℃以上者。液状石蜡或硅油长期使用后,液状石蜡色泽易变深而影响熔融过程的观察,硅油的黏度易增大而不易搅拌均匀,应注意更换传温液。

(3) 标准品:标准品熔点见表3-1,用前在研钵中研细,在规定条件下干燥后,置五氧化二磷(P_2O_5)干燥器中避光保存备用。

表3-1 标准品的熔点

标 准 品	熔点/℃	干燥处理方法
偶氮苯	69	五氧化二磷干燥器干燥
香草醛	83	五氧化二磷干燥器干燥
乙酰苯胺	116	五氧化二磷干燥器干燥
非那西丁	136	105 ℃干燥
磺胺	166	105 ℃干燥

续表

标 准 品	熔点/℃	干燥处理方法
磺胺二甲嘧啶	200	105 ℃干燥
双氰胺	210.5	105 ℃干燥
糖精	229	105 ℃干燥
咖啡因	237	105 ℃干燥
酚酞	263	105 ℃干燥

3. 测定方法

(1) 第一法:测定易粉碎的固体药品。

取供试品适量,研成细粉,除另有规定外,应按照各品种项下干燥失重的条件进行干燥。若该品种为不检查干燥失重、熔点范围低限在 135 ℃以上、受热不分解的供试品,可采用 105 ℃干燥;熔点在 135 ℃以下或受热分解的供试品,可在五氧化二磷干燥器中干燥过夜或用其他适宜的干燥方法干燥,如恒温减压干燥。

分取供试品适量,置熔点测定用毛细管(简称毛细管,由中性硬质玻璃管制成,长 9 cm 以上,内径 0.9～1.1 mm,壁厚 0.10～0.15 mm,一端熔封;当所用温度计浸入传温液 6 cm 以上时,管长应适当增加,使露出液面 3 cm 以上)中,轻击管壁或借助长短适宜的洁净玻璃管,垂直放在表面皿或其他适宜的硬质物体上,将毛细管自上口放入自由落下,反复数次,使粉末紧密集结在毛细管的熔封端。装入供试品的高度为 3 mm。另将温度计(分浸型,具有 0.5 ℃刻度,经熔点测定用对照品校正)放入盛装传温液(熔点在 80 ℃以下,用水;熔点在 80 ℃以上,用硅油或液状石蜡)的容器中,使温度计汞球部的底端与容器的底部距离 2.5 cm 以上(用内加热的容器,温度计汞球与加热器上表面距离 2.5 cm 以上);加入传温液以使传温液受热后的液面处在温度计的分浸线处。将传温液加热,待温度上升至低于规定的熔点低限约 10 ℃时,将装有供试品的毛细管浸入传温液,贴附在温度计上(可用橡皮圈或毛细管夹固定),位置须使毛细管的内容物处在温度计汞球中部;继续加热,调节升温速度至每分钟上升 1.0～1.5 ℃,加热时须不断搅拌使传温液温度保持均匀,记录供试品在初熔至全熔时的温度,重复测定 3 次,取其平均值,即得。

测定熔融同时分解的供试品时,方法如上所述,但调节升温速度至每分钟上升 2.5～3.0 ℃;供试品开始局部液化时(或开始产生气泡时)的温度作为初熔温度;供试品固相消失全部液化时的温度作为全熔温度。遇有固相消失不明显时,应以供试品分解物开始膨胀上升时的温度作为全熔温度。某些药品无法分辨其初熔、全熔温度时,可以其发生突变时的温度作为熔点。

(2) 第二法:测定不易粉碎的固体药品(如脂肪、脂肪酸、石蜡、羊毛脂等)。

取供试品,注意用尽可能低的温度熔融后,吸入两端开口的毛细管(同第一法,但管端不熔封)中,使供试品高约 10 mm。在 10 ℃或 10 ℃以下静置 24 h,或置冰上放置不少于 2 h,凝固后用橡皮圈将毛细管紧缚在温度计(同第一法)上,使毛细管的内容物位于温度计汞球中部。照第一法将毛细管连同温度计浸入传温液中,供试品的上端应低于传温液液面约 10 mm;小心加热,待温度上升至低于规定的熔点低限约 5 ℃时,调节升温速度使每分钟上升不超过 0.5 ℃,当供试品在毛细管中开始上升时,检读温度计上显示的温度,即得。

(3)第三法:测定凡士林或其他类似物质。

取供试品适量,缓缓搅拌并加热至温度达 90~92 ℃时,放入一平底耐热容器中,使供试品厚度达到 12 mm±1 mm,放冷至高于规定的熔点上限 8~10 ℃;取刻度为 0.2 ℃、汞球长 18~28 mm、直径 5~6 mm 的温度计(其上部预先套上软木塞,在塞子边缘开一小槽),使其冷却至 5 ℃后擦干,并小心地将温度计汞球部垂直插入上述熔融的供试品中,直至碰到容器的底部(浸没 12 mm),随即取出,直立悬置,待黏附在温度计汞球部的供试品表面浑浊,将温度计浸入 16 ℃ 以下的水中 5 min,取出,再将温度计插入一外径约 25 mm、长 150 mm 的试管中,塞紧,使温度计悬于其中,并使温度计汞球部底端距试管底部约为 15 mm,将试管浸入约 16 ℃ 的水浴中,通过软木塞在试管口处调节试管的高度使温度计的分浸线同水面相平;加热使水浴温度以每分钟 2 ℃ 的速度升至 38 ℃,再以每分钟 1 ℃ 的速度升温至供试品的第一滴脱离温度计;检读温度计上显示的温度,即可作为供试品的近似熔点。再取供试品,照前法反复测定数次;若前后 3 次测得的熔点相差不超过 1 ℃,可取 3 次的平均值作为供试品的熔点;若 3 次测得的熔点相差超过 1 ℃,可再测定 2 次,并取 5 次的平均值作为供试品的熔点。

(4)结果的判定。

①结果判定为合格的情况。经修约后初熔、全熔或分解突变时的温度均在各品种"熔点"项规定的范围内时。

②结果判定为不合格的情况。有如下情况之一均判为不合格:初融温度低于规定范围的低限;全熔温度高于规定范围的高限;分解或熔点温度超出规定范围;初熔前出现严重的"发毛""收缩""软化""出汗"现象,且过程较长,并与正常的该供试品做对照比较后有明显差异者。

4. 注意事项

(1)对第一法中的初熔、全熔或分解突变时的温度,以及第二法中熔点的温度都要估读到 0.1 ℃,并记录突变时或不正常的现象。每份供试品至少要重复测定 3 次,若 3 次测定数值极差不超过 0.5 ℃ 且不在合格与不合格边缘,取 3 次测定结果的平均值作为最终测定结果。若 3 次测定数值极差超过 0.5 ℃,或在合格与不合格边缘,应重复测定 2 次,并取 5 次的均值加上温度计的校正值作为熔点测定结果。

(2)测定结果的数据应按修约间隔为 0.5 进行修约,即 0.1~0.2 ℃ 舍去,0.3~0.7 ℃ 修约为 0.5 ℃,0.8~0.9 ℃ 修约为 1 ℃,并以修约后的数据报告。但当标准中规定的熔点范围有效数位为个位数时,其测定结果数据应按修约间隔为 1 进行修约。

> **课堂活动**
>
> 1.《中国药典》(2020 年版)收载了几种熔点的测定方法?比较这几种方法的异同点。
>
> 2.举例说明如何记录与报告熔点的测定结果。

二、比旋度的测定

平面偏振光通过含有某些光学活性化合物的液体或溶液时,能引起旋光现象,使偏振光的平面向左或向右旋转。旋转的度数,称为旋光度。偏振光透过长 1 dm 且每 1 ml 中含有旋光性物质 1 g 的溶液,在一定波长与温度下测得的旋光度称为比旋度。偏振光向右旋转者为右旋,以"＋"表示;偏振光向左旋转者为左旋,以"－"表示。通常测定温度为 20 ℃,使用钠光谱的 D 线(589.3 nm),表示为 $[\alpha]_D^{20}$。测定比旋度(或旋光度)可以区别或检查某些药品的纯杂程度,亦可用于测定含量。

1. 仪器与用具

(1) 全自动旋光测定仪。

(2) 旋光管:鼓泡式旋光管(1 dm,2 dm),漏斗式旋光管(1 dm,2 dm)。

2. 测定方法 测定旋光度时,将测定管用供试品溶液或溶液(取固体供试品,按各品种项下的方法制成)冲洗数次,缓缓注入供试品溶液或溶液适量(注意勿产生气泡),置于旋光计内检测读数,即得供试品溶液的旋光度。使偏振光向右旋转者(顺时针方向)为右旋,以"＋"表示;使偏振光向左旋转者(反时针方向)为左旋,以"－"表示。用同法读取旋光度 3 次,取 3 次的平均值,照下列公式计算,即得供试品的比旋度。

$$\text{固体供试品} \quad [\alpha]_D^{20} = \frac{\alpha}{c \times l}$$

$$\text{液体供试品} \quad [\alpha]_D^{20} = \frac{\alpha}{d \times l}$$

式中:α 为旋光度;c 为固体供试品的浓度,g/ml;l 为比旋管长度,dm;d 为液体供试品的相对密度。

3. 注意事项

(1) 物质的比旋度与测定光源、测定波长、溶剂、浓度和温度等因素有关。因此在表示物质的比旋度时应注明测定条件。

(2) 每次测定前应以溶剂做空白校正,测定后,再校正一次,以确定测定零点有无变动;如第二次校准时发现旋光度值偏差±0.01°,表明零点有变动,应重新测定旋光度。

(3) 测定应使用规定的溶剂。供试品溶液如果不澄清,应先滤过再测定;供试品溶液装入比旋管时,先用供试品溶液冲洗比旋管数次;如有气泡,应使其浮于测定管凸颈处;旋紧比旋管螺帽时,用力不要过大,以免产生应力,造成误差;两端的玻璃窗应用滤纸或者擦镜纸擦拭干净。

(4) 除另有规定外,供试品溶液的测定温度应为 20 ℃±0.5 ℃,使用波长为 589.3 nm 的钠光谱 D 线。

(5) 以干燥品(药品标准中检查干燥失重)或无水物(药品标准中检查水分)计算。

(6) 按规定或根据读数精度配制浓度适当的供试品溶液,通常读数误差小于±1.0%。

(7) 旋光法用于含量测定时,2 份供试品溶液测定值的差值应在 0.02°以内,结果的相对偏差应在 1% 以内。

课堂活动

头孢氨苄的比旋度测定：取本品，精密称定，加水溶解并稀释成每 1 ml 中含 5 mg 的溶液，依法测定，比旋度应为 +149°~+158°。计算头孢氨苄的比旋度并判定是否符合规定。[实测数据：头孢氨苄 0.5459 g（水分 5.0%）置 100 ml 量瓶中，加水溶解并稀释至刻度，测定管长 2 dm，温度 20 ℃，旋光度为 +1.60°]

三、相对密度的测定

相对密度是指在相同的温度、压力条件下，某物质的密度与水的密度之比。除另有规定外，温度为 20 ℃，通常用 d_{20}^{20} 表示。

纯物质的相对密度在特定条件下为不变的常数。但如果物质的纯度不够，则其相对密度的测定值会随着纯度的变化而改变。因此测定物质的相对密度，可用于药品的鉴别及纯杂程度的检查。

不易挥发的液体药品的相对密度一般用比重瓶测定（图 3-1）；测定易挥发液体的相对密度，用韦氏比重秤（图 3-2）测定。

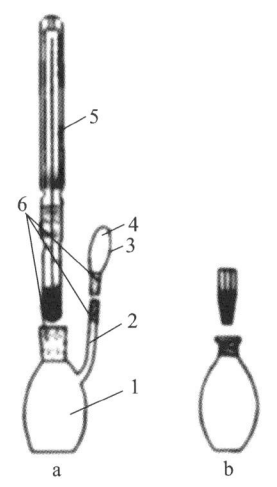

图 3-1　比重瓶

a.带温度计的比重瓶；b.普通比重瓶
1.比重瓶主体；2.侧管；3.侧孔；4.罩；
5.温度计；6.玻璃磨口

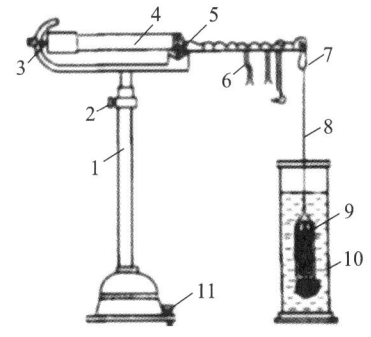

图 3-2　韦氏比重秤

1.支架；2.调节器；3.指针；4.横梁；5.刀口；
6.游码；7.小钩；8.细铂丝；9.玻璃锤；
10.玻璃圆筒；11.调整螺丝

1. 仪器与用具

（1）比重瓶：常用规格容量为 5 ml、10 ml、25 ml 或 50 ml 的比重瓶或附温度计的比重瓶。测定使用的比重瓶必须洁净、干燥。

（2）韦氏比重秤：根据玻璃锤体积不同，分为 20 ℃时相对密度为 1 和 4 ℃时相对密度为 1 的韦氏比重秤。

（3）恒温水浴。

（4）分析天平：感量为 0.1 mg 的分析天平。

2. 比重瓶法

(1) 空比重瓶重量的测定:将比重瓶洗净并干燥,称定其重量,精确至 0.001 g。

(2) 供试品重量的测定:取上述已经测定重量的比重瓶,装满供试品(温度应低于 20 ℃或各品种项下规定的温度)后,插入中心有毛细孔的瓶塞,用滤纸将塞孔溢出的液体擦干,置 20 ℃(或各品种项下规定的温度)的恒温水浴中,放置数分钟。随着供试品溶液温度的上升,过多的液体不断从塞孔溢出,同时用滤纸擦拭干净,待液体不再溢出时,将比重瓶从水浴中取出,再用滤纸擦干瓶壁外的水,迅速称定重量,准确至 0.001 g。再减去空比重瓶的重量,即得供试品的重量。

(3) 水重量的测定:按上述方法求得供试品重量后,将比重瓶中的供试品倾去,洗净比重瓶,装满新沸过的冷水,再照供试品重量的测定方法测定同一温度时的水的重量。

(4) 相对密度的计算:

$$相对密度 = \frac{供试品重量}{水重量}$$

> **课堂活动**
>
> **乳果糖浓溶液的相对密度的测定**
>
> 本品的相对密度应为 1.260~1.390。
>
> 测定数据:测定温度为 20 ℃。比重瓶重 21.603 g,比重瓶与供试品重 33.659 g,比重瓶与水重 30.838 g。
>
> 请计算并判定本品的相对密度是否符合规定。

3. 韦氏比重秤法

(1) 仪器的调整:将 20 ℃时相对密度为 1 的韦氏比重秤安放在操作台上,放松调整螺丝,将支架升至适当高度后拧紧螺丝,横梁置于支架玛瑙刀座上,将等重游码挂在横梁右端的小钩上,调整水平螺丝,使指针与支架左上方另一指针对准即为平衡,将等重游码取下,换上玻璃锤,此时必须保持平衡(允许有±0.005 g 的误差),否则应予校正。

(2) 用水校准:取洁净的玻璃圆筒,装入新沸过的冷水至八分满,置 20 ℃(或各品种项下规定的温度)的水浴中,搅动玻璃圆筒内的水,调节温度至 20 ℃(或各品种项下规定的温度),将悬于秤端的玻璃锤浸入圆筒内的水中,秤臂右端悬挂游码于 1.000 处,调节秤臂左端的平衡螺丝使其平衡。校准完成后将玻璃圆筒内的水倾去,拭干。

(3) 供试品的测定:将玻璃圆筒内的水倾去并拭干,装入供试品溶液至相同的高度,用上述相同的方法调节温度,再把拭干的玻璃锤沉入供试品溶液中,调节秤臂上游码的数量与位置使仪器平衡,读取数值至小数点后 4 位,即为供试品的相对密度。

4. 注意事项

(1) 比重瓶法注意事项:①装过供试品溶液的比重瓶必须冲洗干净;②装瓶时应避免产生气泡,如有气泡,应放置至气泡消失后,再调温称重;③将比重瓶从水浴锅中取出时,应用手指拿住瓶颈,不能拿瓶肚,以免液体因手温影响体积,导致膨胀外溢;

④测定有腐蚀性供试品时,为避免腐蚀天平盘,称量时可在天平盘上放置一表面皿,再放比重瓶。

(2) 韦氏比重秤法注意事项:①韦氏比重秤应安装在固定平放的操作台上,避免受热、冷气流及震动影响;②玻璃圆筒应洁净,在装水及供试品溶液时的高度应一致,使玻璃锤沉入液面的深度前后一致;③玻璃锤应全部浸入液体内。

四、pH 的测定

pH 是衡量溶液酸碱性强弱的一个数值,是溶液中氢离子活度的表示方法。由于待测物的电离常数、介质的介电常数和液接界电位等诸多因素均可影响 pH 的准确测量,因此,试验测得的数值只是溶液的表观 pH,它不能作为溶液氢离子活度的严格表征。尽管如此,只要待测溶液与标准缓冲液的组成足够接近,由上式测得的 pH 仍能较准确地反映溶液的真实 pH。

1. 仪器与用具　酸度计,玻璃电极为指示电极,饱和甘汞电极为参比电极。测定前,应采用下列标准缓冲液校正仪器,也可用国家标准物质管理部门发放的标示 pH 准确至 0.01 pH 单位的各种标准缓冲液校正仪器。

2. 仪器校正用的标准缓冲液

(1) 草酸盐标准缓冲液:精密称取在 54 ℃±3 ℃下干燥 4~5 h 的草酸三氢钾 12.71 g,加水溶解并稀释至 1000 ml。

(2) 邻苯二甲酸盐标准缓冲液:精密称取在 115 ℃±5 ℃下干燥 2~3 h 的邻苯二甲酸氢钾 10.21 g,加水溶解并稀释至 1000 ml。

(3) 磷酸盐标准缓冲液:精密称取在 115 ℃±5 ℃下干燥 2~3 h 的无水磷酸氢二钠 3.55 g 与磷酸二氢钾 3.40 g,加水溶解并稀释至 1000 ml。

(4) 硼砂标准缓冲液:精密称取硼砂 3.81 g(注意避免风化),加水溶解并稀释至 1000 ml,置聚乙烯塑料瓶中,密塞,防止空气中二氧化碳进入。

(5) 氢氧化钙标准缓冲液:于 25 ℃,用无二氧化碳的水和过量氢氧化钙经充分振摇制成饱和溶液,取上清液作为缓冲液使用。因本缓冲液是 25 ℃时的氢氧化钙饱和溶液,所以临用前需核对溶液的温度是否在 25 ℃,否则需调温至 25 ℃再经溶解平衡后,方可取上清液使用,存放时应防止空气中二氧化碳进入。一旦出现浑浊,应弃去重配。

上述标准缓冲液必须用 pH 基准试剂配制。不同温度时各种标准缓冲液的 pH 如表 3-2 所示。

表 3-2　不同温度时各种标准缓冲液的 pH

温度/℃	草酸盐标准缓冲液	邻苯二甲酸盐标准缓冲液	磷酸盐标准缓冲液	硼砂标准缓冲液	氢氧化钙标准缓冲液(25 ℃饱和溶液)
0	1.67	4.01	6.98	9.64	13.43
5	1.67	4.00	6.95	9.40	13.21
10	1.67	4.00	6.92	9.33	13.00
15	1.67	4.00	6.90	9.28	12.81

续表

温度/℃	草酸盐标准缓冲液	邻苯二甲酸盐标准缓冲液	磷酸盐标准缓冲液	硼砂标准缓冲液	氢氧化钙标准缓冲液（25 ℃饱和溶液）
20	1.68	4.00	6.88	9.23	12.63
25	1.68	4.01	6.86	9.18	12.45
30	1.68	4.02	6.85	9.14	12.29
35	1.69	4.02	6.84	9.10	12.13
40	1.69	4.04	6.84	9.07	11.98
45	1.70	4.05	6.83	9.04	11.84
50	1.71	4.06	6.83	9.01	11.71
55	1.72	4.08	6.83	8.99	11.57
60	1.72	4.09	6.84	8.96	11.45

3. 注意事项

（1）测定前，按各品种项下的规定，选择两种 pH 约相差 3 个 pH 单位的标准缓冲液，并使供试品溶液的 pH 处于两者之间。

（2）取与供试品溶液 pH 较接近的第一种标准缓冲液对仪器进行校正（定位），使仪器示值与表 3-2 所列数值一致。

（3）仪器定位后，再用第二种标准缓冲液核对仪器示值，误差应不大于 0.02 个 pH 单位。若大于此偏差，则应小心调节斜率，使示值与第二种标准缓冲液的表列数值相符。重复上述定位与斜率调节操作至仪器示值与标准缓冲液的规定数值相差不大于 0.02 个 pH 单位，否则，需检查仪器或更换电极后，再行校正至符合要求。

（4）每次更换标准缓冲液或供试品溶液前，应用纯化水充分洗涤电极，然后将水吸尽，也可用所换的标准缓冲液或供试品溶液洗涤。

（5）配制标准缓冲液与溶解供试品的水，应是新沸并放冷的纯化水，其 pH 应为 5.5～7.0。

（6）标准缓冲液一般可保存 2～3 个月，但发现有浑浊、发霉或沉淀等现象时，不能继续使用。

知识累积

（1）药物的性状一般包括药物的感官性状、溶解度及物理常数。

（2）物理常数包括相对密度、馏程、熔点、凝点、比旋度、折射率、黏度、吸收系数、碘值、皂化值、酸值等。

（3）熔点有三种不同的测定方法，分别用于测定易粉碎的固体药品、不易粉碎的固体药品、凡士林或其他类似物质。

（4）旋光度是指平面偏振光通过含有某些光学活性化合物的液体或溶液时，能引起旋光现象，使偏振光的平面向左或向右旋转的度数。旋光度在一定条件下与浓度呈线性关系,可用于含量测定。

(5) 相对密度是指在相同的温度、压力条件下,某物质的密度与水的密度之比。

(6) pH 是衡量溶液酸碱性强弱的一个数值,是溶液中氢离子活度的表示方法。

(7) 课程思政要点:采用绿色试验方法,减少试验过程中的废弃物排放,降低对环境的影响,践行习近平总书记在二十大报告中"必须牢固树立和践行绿水青山就是金山银山的理念,站在人与自然和谐共生的高度谋划发展"的理念,为建设美丽中国贡献力量。

项目二 药物的鉴别

药物的鉴别是根据药物的分子结构及理化性质,采用化学、物理化学或生物学等方法来判断其真伪的一类方法。它是药品质量检验工作中的首要任务,只有经鉴别确定被分析药物的真实性后,才有必要进行杂质检查和含量测定。

药物鉴别为已知物的确证试验。根据药典、药品标准等鉴别药物时,供试品都是已知物,鉴别的目的是确证供试品的真伪,而不是鉴定未知物的组成和结构。

鉴别试验包括一般鉴别试验和专属鉴别试验。

一般鉴别试验是根据某一类药物共同的化学结构特征及理化性质,通过化学反应来鉴别药物的真伪、初步判断药物类别的方法。一般鉴别属于药物类别的鉴别试验,只能证实是某一类药物,而不能证实是哪一种药物,专属性较差。当鉴别的药物为数种化学药物的混合物或存在干扰物质时,除非另有规定,否则是不适宜的。《中国药典》(2020年版)四部通则中列有"一般鉴别试验",项目包括无机金属盐、无机酸盐、有机酸盐、卤化物及其他类药物(包括丙二酰脲类、托烷生物碱类、芳香第一胺类等)。

专属鉴别试验是证实供试品为某一种药物的依据,它是在一般鉴别试验的基础上,根据药物化学结构的差异及其理化特性的不同,选择特有且灵敏的定性反应来鉴别某一种药物真伪的方法,如红外分光光度法、色谱法及个别专属性较强的化学法。

药物鉴别方法要求专属性强、重现性好、灵敏度高,且操作简便、快速等。常用的药物鉴别方法有化学鉴别法、分光光度法、色谱法及生物学法。

任务一 化学鉴别法的认知与训练

化学鉴别法根据药物与化学试剂在一定条件下发生离子反应或官能团反应产生不同颜色,或生成不同沉淀,或放出不同气体,或呈现不同荧光,从而做出定性分析的结论。如果供试品的反应现象与质量标准中鉴别项目规定的反应现象相同,则认定为同一种药物。

1. 芳香第一胺类 具有芳伯氨基(芳香第一胺)或潜在芳伯氨基的药物,可发生重氮化偶合反应生成粉红色到猩红色沉淀。在酸性条件下,$NaNO_2$ 与 H^+ 反应生成 HNO_2 分子参与反应,同时酸性条件可防止重氮盐与芳伯胺发生偶合反应,因此,重氮化反应要控制在酸性条件下。在碱性条件下,β-萘酚带负电荷,与带正电荷的重氮盐易发生偶合反应,因此,偶合反应需要控制在碱性条件下。

取供试品约 50 mg,加稀盐酸 1 ml,必要时缓缓煮沸使其溶解,加 0.1 mol/L 亚硝酸钠溶液数滴,加与 0.1 mol/L 亚硝酸钠溶液等体积的 1 mol/L 脲溶液,振摇 1 min,滴加碱性 β-萘酚试液数滴,视供试品不同,生成由粉红色到猩红色的沉淀。

2. 酚羟基 酚羟基具有弱酸性和弱还原性,可发生配位反应与氧化还原反应。

配位反应:具有酚羟基或水解后产生酚羟基的药物,在中性或弱酸性条件下,与 $FeCl_3$ 试液发生配位反应而显色。在碱性条件下,Fe^{3+} 与 OH^- 反应生成 $Fe(OH)_3$ 沉淀;在强酸条件下,酚羟基以分子形式存在,不与 Fe^{3+} 发生反应。在中性或弱酸性条件下,酚羟基少量电离,带负电荷,与带正电荷的 Fe^{3+} 反应,因此,规定配位反应的鉴别试验在中性或弱酸性条件下操作。

学习实例

学习实例一

贝诺酯的鉴别:取本品约 0.2 g,加 NaOH 试液 5 ml,煮沸,放冷,滤过,滤液加盐酸适量至显微酸性,加 $FeCl_3$ 试液 2 滴,即显紫堇色。

学习实例二

对乙酰氨基酚的鉴别:本品的水溶液,加 $FeCl_3$ 试液,即显蓝紫色。

弱还原性:苯乙胺类药物由于含有儿茶酚胺(2 个相邻的酚羟基)结构,还原性强,可被碘、过氧化氢、铁氰化钾等氧化剂氧化成醌而显色。

学习实例三

肾上腺素的鉴别:取本品约 10 mg,加盐酸(9→1000)2 ml 溶解后,加过氧化氢试液 10 滴,煮沸,即显血红色。

3. 丙二酰脲类 巴比妥类药物具有丙二酰脲的结构(酰胺的衍生物),由于 2 个 N 的邻位有强吸电羰基,导致 N 上电子云密度降低,显酸性,因此,丙二酰脲类药物为二元弱酸,其性质如下。

(1) 与铜吡啶试液反应:巴比妥类药物与铜吡啶试液均可反应显紫色或生成紫色沉淀。试验时铜吡啶试液需新鲜配制。

学习实例

司可巴比妥钠的鉴别:取供试品约 50 mg,加吡啶溶液(1→10)5 ml,溶解后,加铜吡啶试液 1 ml,即显紫色或生成紫色沉淀。

(2) 水解反应:巴比妥类药物分子结构中的酰亚胺,在碱性条件下水解,放出氨气,氨气可使湿润的红色石蕊试纸变蓝。

(3) 与银盐的反应:巴比妥类药物分子结构中的酰亚胺,在 Na_2CO_3 溶液中生成钠盐而溶解,再与 $AgNO_3$ 溶液反应,生成白色沉淀,振摇,沉淀即溶解;继续加入过量 $AgNO_3$,则沉淀不再溶解。

4. 有机氟 氟(F)在元素周期表的右上方,因 C—F 键最稳定,需要用氧瓶燃烧法断裂成 F^-,再与茜素氟蓝和硝酸亚铈试液发生配位反应显蓝紫色来鉴别。需同时做空白试验。

【知识链接】
丙二酰脲的结构

5. 氯离子

(1) 取供试品溶液,加稀硝酸使呈酸性后,滴加硝酸银试液,即产生白色凝乳状沉淀;分离,沉淀加氨试液即溶解,再加稀硝酸酸化后,沉淀复生成。

$$Cl^- \xrightarrow[\text{稀 HNO}_3]{AgNO_3} AgCl\downarrow(白色) \xrightarrow{\text{氨试液}} 溶解 \xrightarrow{\text{稀 HNO}_3} AgCl\downarrow(白色)$$

(2) 取少量供试品,置试管中,加等量二氧化锰,混匀,加硫酸润湿,缓缓加热,即产生氯气,能使湿润的碘化钾淀粉试纸显蓝色。

$$Cl^- \xrightarrow{MnO_2} Cl_2\uparrow \text{(使湿润的碘化钾淀粉试纸变蓝)}$$

6. 钠离子

(1) 取铂丝,用盐酸润湿后,蘸取供试品,在无色火焰中燃烧,火焰显鲜黄色。

(2) 取供试品约 100 mg,置 10 ml 试管中,加水 2 ml 溶解,加 15% 碳酸钾溶液 2 ml,加热至沸,不得有沉淀生成;加焦锑酸钾试液 4 ml,加热至沸;置冰水中冷却,必要时,用玻棒摩擦试管内壁,应有致密的沉淀生成。

7. 硫酸根离子

(1) 取供试品溶液,加氯化钡试液,即生成白色沉淀;分离,沉淀在盐酸或硝酸中均不溶解(沉淀生成反应)。

(2) 取供试品溶液,加醋酸铅试液,即生成白色沉淀;分离,沉淀在醋酸铵试液或氢氧化钠试液中溶解(沉淀生成反应)。

(3) 取供试品溶液,加盐酸,不生成白色沉淀(与硫代硫酸盐区别)。

【知识链接】
焰色反应

任务二 光谱法的认知与训练

光谱法是基于物质与电磁辐射作用时,测量由物质内部发生量子化的能级之间的跃迁而产生的发射、吸收或散射辐射的波长和强度来鉴别物质及确定其化学组成和相对含量的方法。分光光度法是光谱法的重要组成部分,是通过测定被测物质在特征吸收波长处或一定波长范围内的吸光度或发光强度,对该物质进行定性和定量分析的方法。该类方法的最大特点是灵敏度高、操作简便、检测速度快。

目前,药物常用的光谱检测技术包括紫外-可见分光光度法(UV-Vis)、红外分光光度法、原子吸收分光光度法、荧光分析法和火焰分析法。紫外-可见分光光度法和红外分光光度法在药物鉴别中的应用十分广泛,因此,本任务重点介绍紫外-可见分光光度法和红外分光光度法。

一、紫外-可见分光光度法

紫外-可见分光光度法是在 190～800 nm 波长范围内测定物质的吸光度,用于鉴别、杂质检查和定量测定的方法。当光穿过被测物质溶液时,物质对光的吸收程度随光的波长不同而变化。因此,通过测定物质在不同波长处的吸光度,并绘制其吸光度与波长的关系图,即得被测物质的吸收光谱。从吸收光谱中,可以确定最大吸收波长 λ_{max} 和最小吸收波长 λ_{min}。物质的吸收光谱具有与其结构相关的特征性。因此,可以通过特征吸收波长范围内样品的光谱与对照光谱或对照品光谱的比较,或通过确定最大吸收波长,或通过测量两个特征吸收波长处的吸光度的比值而鉴别物质。

含有芳香环和共轭双键以及生色团和助色团的药物,在紫外-可见区有特征吸收,可以用紫外-可见分光光度法进行鉴别。

1. 仪器 在紫外-可见区可任意选择不同波长的光来测定物质吸光度的仪器称为紫外-可见分光光度计。目前,紫外-可见分光光度计的类型很多,它们的基本构造相似,由光源、单色器、吸收池、检测器和信号处理器五大部件组成。

(1) 光源。

功能:提供连续、稳定的具有一定强度的紫外光及可见光。

类型:紫外区通常用氢灯或氘灯,可见区通常用钨灯或卤钨灯。

(2) 单色器。

功能:将光源辐射的复合光色散成单色光,并分选出所需波长的单色光用于分析。

组成:入射狭缝、出射狭缝、透镜系统和色散元件(棱镜或光栅)。

核心元件:色散元件,它可将混合光分解为单色光。棱镜和光栅是两种常见的色散元件,其中光栅的分辨率较高,波长精度也较高。

(3) 吸收池。

功能:用于盛放分析样品,是光与物质发生作用的场所。

类型:根据材质可分为玻璃池和石英池两种。玻璃池用于可见区测定,石英池则适用于紫外区到可见区。容器的光程一般为 0.5~10 cm。

形状:长方形、方形和圆筒形等。

使用注意事项:吸收池的放置必须与光束方向垂直,以避免光的反射损失。同时,在使用过程中要注意保护吸收池的透光面,避免沾污和损伤。

(4) 检测器。

功能:利用光电效应将透过吸收池的光信号转变为电信号。

类型:常用的光电转换元件有光电管、光电倍增管及光二极管阵列检测器等。其中,光电倍增管比光电管更灵敏,特别适用于检测较弱的光信号。

(5) 信号处理器。

功能:将检测器输出的信号做进一步放大和处理,然后用记录仪或显示屏记录下来。

发展:随着技术的进步,信号处理器已经发展得相当先进。现代的紫外-可见分光光度计通常配备有微处理机、荧光屏显示和记录仪等装置,可将图谱、数据和操作条件都显示出来。

类型:单波长单光束直读式分光光度计,单波长双光束自动记录式分光光度计和双波长双光束分光光度计。

2. 仪器校正和检定

(1) 波长:由于环境因素对机械部分的影响,仪器的波长经常会略有变动,因此除应定期对所用的仪器进行全面校正检定外,还应于测定前校正测定波长。常用汞灯中的较强谱线 237.83 nm,253.65 nm,275.28 nm,296.73 nm,313.16 nm,334.15 nm,365.02 nm,404.66 nm,435.83 nm,546.07 nm 与 576.96 nm;或用仪器中氘灯的 486.02 nm 与 656.10 nm 谱线进行校正;钬玻璃在波长 279.4 nm,287.5 nm,333.7

nm,360.9 nm,418.5 nm,460.0 nm,484.5 nm,536.2 nm 与 637.5 nm 处有尖锐吸收峰,也可进行波长校正,但因来源不同或随着时间的推移会有微小的变化,使用时应注意;近年来,常使用高氯酸钬溶液校正双光束仪器,以 10%高氯酸溶液为溶剂,配制4%氧化钬(Ho_2O_3)溶液,该溶液的吸收峰波长为 241.13 nm,278.10 nm,287.18 nm,333.44 nm,345.47 nm,361.31 nm,416.28 nm,451.30 nm,485.29 nm,536.64 nm 和 640.52 nm。

仪器波长的允许误差:紫外区±1 nm,500 nm 附近±2 nm。

(2)吸光度的准确度:可用重铬酸钾的硫酸溶液检定。取在 120 ℃干燥至恒重的基准重铬酸钾约 60 mg,精密称定,用 0.005 mol/L 硫酸溶液溶解并稀释至 1000 ml,在规定的波长处测定并计算其吸收系数,并与规定的吸收系数比较,应符合表 3-3 中的规定。

表 3-3 吸光度的准确度

波长/nm	235(最小)	257(最大)	313(最小)	350(最大)
吸收系数($E_{1cm}^{1\%}$)的规定值	124.5	144.0	48.6	106.6
吸收系数($E_{1cm}^{1\%}$)的许可范围	123.0~126.0	142.8~146.2	47.0~50.3	105.5~108.5

(3)杂散光的检查:可按表 3-4 所列的试剂和浓度,配制成水溶液,置 1 cm 石英吸收池中,在规定的波长处测定透光率,应符合表 3-4 中的规定。

表 3-4 杂散光的透光率要求

试 剂	浓度/(g/100 ml)	测定用波长/nm	透光率/(%)
碘化钠	1.00	220	<0.8
亚硝酸钠	5.00	340	<0.8

(4)对溶剂要求:含有杂原子的有机溶剂,通常具有很强的末端吸收。因此,当作溶剂使用时,它们的使用范围均不能小于截止波长。例如甲醇、乙醇的截止波长为 205 nm。另外,当溶剂不纯时,也可能增加干扰吸收。因此,在测定供试品前,应先检查所用的溶剂在供试品所用的波长附近是否符合要求,即将溶剂置 1 cm 石英吸收池中,以空气为空白(即空白光路中不置任何物质)测定其吸光度。溶剂和吸收池的吸光度,在波长 220~240 nm 范围内不得超过 0.40,在波长 241~250 nm 范围内不得超过 0.20,在波长 251~300 nm 范围内不得超过 0.10,在波长 300 nm 以上时不得超过 0.05。

3. 鉴别方法

(1)对比吸收曲线的一致性:根据各品种质量标准规定,将供试品与对照品用规定溶剂分别配制成一定浓度的溶液,照紫外-可见分光光度法在规定波长范围内绘制吸收曲线,供试品和对照品的图谱应一致。所谓一致是指吸收峰的峰位、峰形和相对强度均一致。

学习实例

地蒽酚软膏的鉴别:取含量测定项下的溶液,照紫外-可见分光光度法

(通则 0401)测定,供试品溶液在 440~470 nm 波长范围内所测吸收光谱应与对照品溶液的吸收光谱一致。

(2) 利用最大吸收波长和相应吸收系数的一致性:物质的吸收系数是物理常数,可用于药物的鉴别。按照质量标准,配制好规定浓度的供试品溶液,在规定波长下测定其吸光度,按照以下公式计算吸收系数:

$$E_{1cm}^{1\%}=\frac{A}{c \cdot l}$$

式中,$E_{1cm}^{1\%}$ 为百分吸收系数;A 为吸光度;c 为供试品的浓度(g/100 ml);l 为吸收池厚度(cm)。

学习实例

醋酸甲萘氢醌的鉴别:取本品,加无水乙醇,以干燥品计算,制成 0.003% 的溶液,照紫外-可见分光光度法(通则 0401),在 285 nm 与 322 nm 的波长处有最大吸收。在 285 nm 波长处测定吸光度,吸收系数为 230~260。

(3) 利用最大吸收波长和相应吸光度的一致性:物质的吸光度与供试品浓度成正比,因此该法的取样量稍有变化,吸光度就会偏离,要求取样准确。

学习实例

双嘧达莫的鉴别:取本品,加 0.01 mol/L 盐酸制成每毫升含有 10 μg 的溶液,照紫外-可见分光光度法测定,在 283 nm 波长处测定最大吸收,吸光度约为 0.62。

(4) 利用最大吸收波长的一致性或最大、最小吸收波长的一致性:照质量标准,将供试品用规定溶剂配制成一定浓度的供试品溶液,照紫外-可见分光光度法,测定最大吸收波长和最小吸收波长,然后与质量标准中规定的波长对比,如果在规定的范围内,则表示该项检查符合规定。

学习实例

苯甲酸利扎曲普坦的鉴别:取本品,加水溶解并稀释,制成每 1 ml 中约含 30 μg 本品的溶液,照紫外-可见分光光度法(通则 0401)测定,在 280 nm 波长处有最大吸收,在 252 nm 波长处有最小吸收。

(5) 利用最大、最小吸收波长和相应的吸光度比值的一致性:照质量标准,将供试品用规定的溶剂配制成一定浓度的供试品溶液,照紫外-可见分光光度法在规定波长处测定最大吸收波长、最小吸收波长和相应的吸光度,然后计算最大吸收波长处吸光度与最小吸收波长处吸光度的比值,再与质量标准中规定比值对比,如果在规定范围内,表示该项检查符合规定。

学习实例

舒林酸的鉴别:取本品,用 0.1 mol/L 盐酸-甲醇溶液制成每 1 ml 中约含 20 μg 本品的溶液,照紫外-可见分光光度法(通则 0401)测定,在 284 nm 与 327 nm 波长处有最大吸收。在 284 nm 波长处的吸光度与 327 nm 波长处的吸光度的比值应为 1.10~1.20。

4. 注意事项

(1) 供试品测定波长的确定:除另有规定外,吸收峰波长应在该品种项下规定的 ±2 nm 以内,并以吸光度最大的波长作为测定波长;否则应考虑该样品的真伪及纯度。

(2) 供试品测试适宜的吸光度:供试品溶液的吸光度在 0.3~0.7 之间误差较小。如果供试品测量的吸光度不在这个范围内,则可稀释供试品溶液或者配制浓度较大的供试品溶液,使吸光度处于规定范围内。

二、红外分光光度法

波长大于 0.76 μm 而小于 1000 μm 的电磁波称为红外光。习惯上将红外区分为 3 个区域:近红外区(0.76~2.5 μm)、中红外区(2.5~50 μm)、远红外区(50~1000 μm)。药物质量控制中常选择中红外光谱对药物进行检测。

当一束具有连续波长的红外光通过物质,物质分子中某些基团的振动跃迁所需能量与红外光的能量相等时,便吸收红外光的能量,引起分子振动量级的跃迁,振动跃迁的同时也伴随着转动能级的跃迁,从而产生了红外吸收。通过红外分光光度计将物质的红外吸收情况记录下来,就得到红外吸收光谱。目前红外吸收光谱图普遍采用的是波数等距绘制的 T-σ 曲线:以波数 $\sigma(cm^{-1})$ 为横坐标,表示吸收峰的位置;以百分透光率 $T\%$ 为纵坐标,表示吸收峰的强度;其吸收峰是向下的"谷",吸收峰多而尖锐,图谱复杂。

药物(有机物)在红外区有特征吸收,药物分子的组成、结构、官能团不同时,其红外吸收光谱也不同,故红外吸收光谱可作为有机药物的鉴别依据。药物的红外光谱能反映药物分子的结构特征,具有专属性强、准确度高的特点,是验证已知药物的有效方法,已广泛用于物质的定性鉴别,晶型、异构体限度的检查或含量测定。

1. 仪器 傅里叶变换红外分光光度计由光源、单色器(采用迈克尔逊干涉仪)、检测器、计算机和记录系统组成。光源发出的红外光经迈克尔逊干涉仪调制得到干涉光,透过供试品时,干涉光中某些波长的光被供试品吸收,产生了带有光谱信息的干涉光,而后到达检测器,转变为电信号,带有光谱信息的电信号难以进行光谱解析。通过模/数转换器输入计算机,进行傅里叶变换数学处理,转换为红外光谱。

2. 制样技术 在红外分光光度法测定中,必须根据药物的特点,先采用适宜的制样技术进行制样。常用的制样技术有压片法、糊法、膜法、溶液法、衰减全反射法和气体吸收池法等。以下内容重点介绍压片法和糊法。

(1)压片法:取固体供试品 1~1.5 mg,置玛瑙研钵中,分次加入干燥的溴化钾细粉共 200~300 mg(大约为供试品重量的 200 倍)作为分散剂。每次加完后,充分研磨均匀,取适量研磨好的粉末,均匀铺展于直径 13 mm 的压片磨具中,抽真空约 2 min,加压至适宜压力(具体可参照压片机的规定),保持压力约 2 min,撤去压力并放气后,小心取出晶片。制得的晶片必须无裂痕,无局部发白现象,呈透明状,其中供试品分布应均匀,无明显颗粒,否则应重新制样。

(2)糊法:取固体供试品约 5 mg,置玛瑙研钵中,充分研细后,滴加 1~2 滴液状石蜡或其他适宜溶剂,研成均匀糊状物,取出适量糊状物夹于两个窗片或空白溴化钾片(每片约 150 mg)之间,作为供试品片。另以溴化钾约 300 mg 制成空白片作为背景补偿。也可用专用装置夹持糊状物。制备时应注意,尽量使糊状物(供试品)在窗片中分布均匀。

3. 鉴别方法

用红外分光光度法鉴别药物时,《中国药典》(2020 年版)常采用标准图谱对照法,即按照药典指定的条件绘制供试品的红外吸收光谱,然后与《药品红外光谱集》中相应的标准图谱进行比较,核对是否一致,如果峰位、峰形及相对强度都一致,表示该项检查是符合规定的。同时,也可以采用对照品对照法,即采用供试品的对照品,照供试品的处理方法进行制样,将供试品的图谱与对照品的图谱进行比较,核对方法同标准图谱对照法。

(1)原料药的鉴别:原料药大多采用固体制样技术,这种技术遇到的最多的问题就是多晶现象。当规定药物的预处理方法时,按照规定的方法处理后,与标准图谱对比。当规定了药物的药用晶型时,采用规定晶型的对照品与供试品相比较。当未规定药物的药用晶型或预处理方法时,可采用恰当的溶剂对供试品和对照在相同的条件下进行重结晶或预处理后依法测定。当采用固体制样技术不能满足鉴别需要时,可采用溶液法绘制图片后比较。

学习实例

学习实例一

甘露醇的鉴别:本品的红外吸收光谱应与对照品图谱(光谱集 1238 图)一致。

学习实例二

克拉霉素的鉴别:本品的红外吸收光谱应与对照品图谱(光谱集 756 图)一致。必要时可取供试品或对照品适量,溶于三氯甲烷,于室温挥发至干,经真空干燥后取残渣测定,应与对照品图谱一致。

(2)制剂鉴别:药物制剂经处理后并依法绘制图谱,对比时应注意以下四种情况:①辅料无干扰,待测成分的晶型不变化,此时可直接与原料药的标准图谱进行对比。②辅料无干扰,但待测成分的晶型有变化,此种情况可用对照品经同法处理后的图谱对比。③待测成分的晶型无变化,但辅料存在不同程度的干扰,此时可参照原料药的标准图谱,以指纹区内3~5个不受辅料干扰的待测成分的特征谱带作为鉴别的依据。鉴别时,实测谱带的波数误差应小于规定值的0.5%。④待测成分的晶型有变化,辅料也存在干扰,此种情况一般不宜采用红外吸收光谱鉴别。

学习实例

甲硝唑注射液的鉴别:取本品适量(约相当于甲硝唑0.1 g),置分液漏斗中,加氯化钠9 g,振摇,加丙酮20 ml,振摇,静置分层,取上层溶液蒸干,取残渣测定红外吸收光谱(通则0402)应与对照品图谱(光谱集112图)一致。

4. 注意事项

(1)背景补偿或空白校正。记录供试品光谱时,双束光仪器的参比光路中应放置相应的空白对照品(空白盐片、溶剂或糊剂等);单光束仪器(常见的傅里叶变换红外光谱仪)应先进行空白背景扫描,扫描供试品后扣除背景吸收,即得供试品光谱。

(2)采用压片法时,以溴化钾最为常用。若供试品为盐酸盐时,应比较氯化钾压片和溴化钾压片的光谱,若两者无区别,应采用溴化钾。使用溴化钾压片时,应将溴化钾研细,并在120 ℃干燥4 h,并在干燥器中保存使用。

(3)供试品研磨应适度,通常以粒度2~5 μm为宜。具有晶格结构的供试品过度研磨会导致晶格结构的破坏或晶型的转化。粒度不够细则易引起光散射能量损失,使整个光谱基线倾斜,甚至严重变形。压片法及糊法中最易发生这种现象。

任务三 色谱法的认知与训练

色谱法是一种利用药物在一定色谱条件下产生的特征色谱行为(如比移值或保留时间)进行鉴别试验的方法。色谱法的原理是基于不同物质在两相(流动相和固定相)间的分配系数差异来进行分离和鉴别。当供试品被引入色谱系统后,通过载气(气相色谱)或流动液体(液相色谱)被带入色谱柱。在色谱柱内,供试品中的各组分由于其化学或物理性质的差异(如极性、分子大小、吸附性等),在固定相和流动相之间表现出不同的吸附、溶解和扩散行为,从而实现分离。分离后的组分在不同时间通过色谱柱末端,并进入检测器,检测器将组分信号转化为电信号,记录为色谱峰,生成色谱图。

色谱法具有高选择性、高灵敏度和分离效果好等优点。色谱法根据分离方法可分为纸色谱法、薄层色谱法(TLC)、柱色谱法、气相色谱法(GC)、高效液相色谱法(HPLC)等。

同一种药物在同样条件下的色谱行为是相同的,依此可以鉴别药物及其制剂的真伪。

一、薄层色谱法

薄层色谱法(TLC)是将供试品溶液点于薄层板上,在展开容器内用展开剂展开,使供试品所含成分分离,所得色谱图与适宜的标准物质按同法所得的色谱图对比,亦可用薄层色谱扫描仪进行扫描,用于鉴别、检查或含量测定。薄层色谱法具有仪器简单、操作方便、分析速度快、灵敏度高、分离效果好,能用腐蚀性显色剂等优点。

(一)仪器

薄层色谱法所用的仪器包括薄层板、点样器、展开缸、显色装置和检视装置、薄层色谱扫描仪等。

1. 薄层板 按支持物的材质分为玻板、塑料板或铝板等;按固定相种类分为硅胶薄层板、键合硅胶板、微晶纤维素薄层板、聚酰胺薄层板、氧化铝薄层板等。固定相中可加入黏合剂、荧光剂。硅胶薄层板常用的有硅胶 G、硅胶 GF_{254}、硅胶 H、硅胶 HF_{254},G、H 表示含或不含石膏黏合剂,F_{254} 为在紫外光 254 nm 波长下显绿色背景的荧光剂。薄层板按固定相粒径大小分为普通薄层板(10~40 μm)和高效薄层板(5~10 μm)。

在保证色谱质量的前提下,可对薄层板进行特别处理和化学改性以适应分离的要求,可用实验室自制的薄层板。固定相颗粒大小一般要求粒径为 10~40 μm。玻板应光滑、平整,洗净后不附水珠。

2. 点样器 点样器为具有支架的微量注射器或定量毛细管。一般采用微升毛细管或手动、半自动、全自动点样器材。

3. 展开容器 上行展开一般可用适合薄层板大小的专用平底或双槽展开缸,展开时须能密闭。水平展开用专用的水平展开槽。

4. 显色装置 显色装置是将显色剂与展开后的薄层板上的斑点作用,使之显色的装置。斑点检出可采用喷雾显色、浸渍显色或蒸气熏蒸显色。喷雾显色应使用玻璃喷雾瓶或专用喷雾器,要求用压缩气体使显色剂呈均匀细雾状喷出;浸渍显色可用专用玻璃器械或用适宜的展开缸作为显色器皿;蒸气熏蒸显色可用双槽展开缸或适宜大小的干燥器作为显色器皿。

5. 检视装置 检视装置为装有可见光、短波紫外光(254 nm)、长波紫外光(365 nm)光源及相应的滤光片的暗箱,光源应有足够的光照度,可附加摄像设备供拍摄图像用;无摄像装备时,可以用数码相机拍摄薄层色谱图,以便保存备用。

6. 薄层色谱扫描仪 薄层色谱扫描仪是指一定波长的光对薄层板上有吸收的斑点,或经激发后能发射出荧光的斑点进行扫描,将扫描得到的谱图和积分数据用于物质定性或定量分析的仪器。

(二)操作方法

1. 薄层板制备

(1)市售薄层板:临用前一般应在 110 ℃下活化 30 min。聚酰胺薄膜不需活化。铝基片薄层板、塑料薄层板可根据需要剪裁,但须注意剪裁后的薄层板底边的固定相层不得有破损。如在存放期间被空气中杂质污染,使用前可用三氯甲烷、甲醇或二者的混合溶剂在展开缸中上行展开预洗,晾干,110 ℃下活化30 min,置干燥器中备用。

(2) 自制薄层板:除另有规定外,将1份固定相和3份水(或加有黏合剂的水溶液,如0.2%~0.5%羧甲基纤维素钠(CMC-Na)水溶液,或为规定浓度的改性剂溶液)在研钵中按同一方向研磨混合,去除表面的气泡后,倒入调节好的涂布器中,在玻板上平稳地移动涂布器进行涂布(厚度为0.2~0.3 mm),取下涂好薄层的玻板,置水平台上于室温下晾干后,在110 ℃下活化30 min,随即置于有干燥剂的干燥器中备用。使用前检查其均匀度,在反射光及透视光下检视,表面应均匀、平整、光滑,并且无麻点、无气泡、无破损及污染。

2. 点样 除另有规定外,在洁净、干燥的环境中,用专用毛细管或配合相应的半自动、自动点样器械点样于薄层板上。一般为圆点状或窄细的条带状,点样基线距底边10~15 mm,高效板一般基线离底边8~10 mm。圆点状直径一般不大于4 mm,高效板一般不大于2 mm。接触点样时注意勿损伤薄层表面。条带状宽度一般为5~10 mm,高效板条带宽度一般为4~8 mm,可用专用半自动或自动点样器械喷雾法点样。点间距离可视斑点扩散情况以相邻斑点互不干扰为宜,一般不少于8 mm,高效板供试品间隔不少于5 mm。

3. 展开 将点好供试品的薄层板放入展开缸中,浸入展开剂的深度为距原点5 mm为宜,切勿将点样浸入展开剂中,密闭。除另有规定外,一般上行展开8~15 cm,高效板上行展开5~8 cm。溶剂前沿达到规定的展距,取出薄层板,晾干,按各品种项下的规定检查。展开方式有上行展开法、双向展开法和多次展开法等。其中双向展开法是指先向一个方向展开,取出,待展开剂完全挥发后,将薄层板旋转90°,再用另一种展开剂进行展开,适用于非常复杂的供试品。

展开前如需要溶剂蒸气预平衡,可在展开缸中加入适量的展开剂,密闭,一般保持15~30 min。溶剂蒸气预平衡后,应迅速放入载有供试品的薄层板,立即密闭,展开。如需使展开缸达到溶剂蒸气饱和的状态,则须在展开缸的内壁贴与展开缸高、宽同样大小的滤纸,一端浸入展开剂中,密闭一定时间,使溶剂蒸气达到饱和再依法展开。

> **课堂活动**
> 1. 薄层板为什么在使用前要进行活化?
> 2. 怎样操作可以避免薄层板的边缘效应?

4. 显色与检视 有色物质可在可见光下直接检视,无色物质可用喷雾法或浸渍法以适宜的显色剂显色,或加热显色,在可见光下检视。有荧光的物质或显色后可激发产生荧光的物质可在紫外灯(365 nm或254 nm)下观察荧光斑点。对于在紫外灯下有吸收的成分,可用带有荧光剂的薄层板(如硅胶GF_{254}板),在紫外灯(254 nm)下观察荧光板面上的荧光物质淬灭形成的斑点。

5. 记录 薄层色谱图一般可采用摄像设备拍摄,以光学照片或电子图像的形式保存。也可用薄层色谱扫描仪扫描或其他适宜的方式记录相应的色谱图。

(三)系统适用性试验

按各品种项下要求对试验条件进行系统适用性试验,即用供试品和标准物质对试验条件进行试验和调整,应符合规定的要求。

1. 比移值(R_f) 是指从基线至斑点中心的距离与从基线至展开剂前沿的距离的比值。

$$R_f = \frac{基线至斑点中心的距离}{基线至展开剂前沿的距离}$$

除另有规定外,杂质检查时,各杂质斑点的比移值 R_f 以在 0.2~0.8 之间为宜。

学习实例

请计算斑点甲、斑点乙的比移值 R_f(图 3-3)。

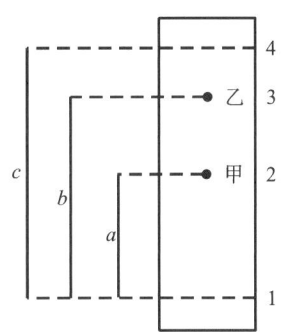

1.基线;2.斑点甲;3.斑点乙;4.溶剂前沿

图 3-3 比移值的测定

解析:斑点甲:$R_f = \dfrac{a}{c}$;斑点乙:$R_f = \dfrac{b}{c}$。

2. 检出限 检出限指限量检查或杂质检查时,供试品溶液中被测物质能被检出的最低浓度或量。一般采用已知浓度的供试品溶液或对照标准溶液,与稀释若干倍的自身对照标准溶液在规定的色谱条件下,在同一薄层板上点样、展开、检视,后者显清晰可辨斑点的浓度或量作为检出限。

3. 分离度(或称分离效能) 鉴别时,供试品与标准物质色谱中的斑点均应清晰分离。当薄层色谱扫描法用于限量检查和含量测定时,要求定量峰与相邻峰之间有较好的分离度,分离度(R)的计算公式如下:

$$R = \frac{d_1 - d_2}{\dfrac{W_1 + W_2}{2}}$$

式中:d_2 为相邻两峰中后一峰与原点的距离;d_1 为相邻两峰中前一峰与原点的距离;W_1 及 W_2 为相邻两峰各自的峰宽。除另有规定外,分离度应大于 1.0。

在选择化学药品杂质检查的方法时,可将杂质对照品用供试品自身稀释的对照溶液溶解制成混合对照溶液,也可将杂质对照品用被测物质的对照品溶液溶解制成混合对照标准溶液,还可采用供试品以适当的降解方法获得的溶液,上述溶液点样展开后的色谱图中,应显示清晰分离的斑点。

4. 相对标准偏差 利用薄层色谱扫描测定物质含量时,同一供试品溶液在同一薄层板上平行点样的待测成分的峰面积测量值的相对标准偏差应不大于5.0%;需显色后测定的或者异板的相对标准偏差应不大于10.0%。

(四)测定法

1. 鉴别 按各品种项下规定的方法,制备供试品溶液和对照标准溶液,在同一薄层板上点样、展开与检视,供试品色谱图中所显斑点的位置和颜色(或荧光)应与标准物质色谱图的斑点一致。必要时化学药品可采用供试品溶液与对照标准溶液混合点样、展开,与标准物质相应斑点应为单一、紧密斑点。

实际工作中,一般采用对照品(或标准品)比较法,即将供试品溶液与同浓度的对照品溶液,在同一块薄层板上点样、展开与检视,要求供试品溶液所显示主斑点颜色(或荧光)的位置(R_f)应与对照品溶液的主斑点一致,而且主斑点的大小与颜色的深浅也应大致相同。也可将供试品溶液与对照品溶液等体积混合,应显单一、紧密的斑点。

学习实例

西咪替丁片的薄层色谱鉴别

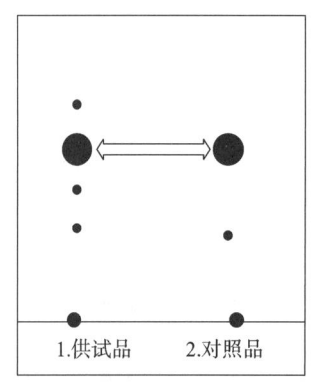

图3-4 西咪替丁片的薄层色谱鉴别

鉴别方法:取本品的细粉适量(约相当于西咪替丁0.1 g),加甲醇10 ml,振摇使西咪替丁溶解,滤过,作为供试品溶液;另取西咪替丁对照品,加甲醇制成每1 ml中约含10 mg的溶液,作为对照品溶液。照薄层色谱法(通则0502)试验,吸取供试品溶液与对照品溶液各5 μl,分别点于同一硅胶G薄层板上,以三氯甲烷-甲醇(5:1)为展开剂,展开后,晾干,置碘蒸气中显色,供试品溶液所显主斑点的位置和颜色应与对照品溶液的主斑点相同。

测定结果:供试品溶液所显主斑点的颜色、位置与对照品溶液的主斑点相同,如图3-4所示。

结论:符合规定。

2. 限量检查与杂质检查 按各品种项下规定的方法,制备供试品溶液和对照标准溶液,并按规定的色谱条件点样、展开和检视。供试品溶液色谱图中待检查的斑点与相应的标准物质斑点比较,颜色(或荧光)不得更深;或照薄层色谱法操作,测定峰面积,供试品色谱图中相应斑点的峰面积不得大于标准物质的峰面积。含量限度检查应按规定测定限量。

3. 含量测定 照薄层色谱法,按各品种项下规定的方法,制备供试品溶液和对照标准溶液,并按规定的色谱条件点样、展开、扫描测定。或将待测色谱斑点刮下经洗脱后,再用适宜的方法测定。

(五)注意事项

(1)薄层板在使用之前要进行活化,活化后的薄层板应立即置于有干燥剂的干燥器内放冷保存,存放时间不宜过长,最好随用随制。

(2)供试品溶液及对照品溶液的配制中溶剂的选择,一般应选择极性小的溶剂,只有在供试品极性较大,薄层板的活性较大时,才选择极性大的溶剂。

二、高效液相色谱法

高效液相色谱法(high performance liquid chromatography,HPLC)是采用高压输液泵将规定的流动相泵入装有填充剂的色谱柱,对供试品进行分离并测定含量的色谱方法。注入的供试品,由流动相带入色谱柱内,各组分在柱内被分离,并进入检测器检测,由积分仪或数据处理系统记录和处理色谱信号。本法具有分离效能高、选择性好、灵敏度高、分析速度快、应用范围广(供试品不需气化,只需制成溶液)、流动相选择性大、流出组分易收集、色谱柱可反复使用的特点。本法特别适用于挥发性低、热稳定性差、分子量较大的化合物或离子型化合物。科学技术的发展为高效液相色谱法控制药物质量提供了科学基础和技术保障,高效液相色谱法的应用日益广泛,具有广阔的前景,已成为药品鉴别、杂质检查、含量测定常用的分析方法。

(一)对仪器的一般要求和色谱条件

高效液相色谱仪由高压输液泵、进样器、色谱柱、检测器、积分仪或数据处理系统组成。色谱柱内径一般为 2.1~4.6 mm,填充剂粒径为 2~10 μm。超高效液相色谱仪是耐超高压、进样量小、死体积低、灵敏度高的高效液相色谱仪。

1. 色谱柱

(1)反相色谱柱:以键合非极性基团的载体为填充剂填充而成的色谱柱。常见的载体有硅胶、聚合物复合硅胶和聚合物等;常用的填充剂有十八烷基硅烷键合硅胶、辛基硅烷键合硅胶和苯基硅烷键合硅胶等。

(2)正相色谱柱:用硅胶填充剂,或键合极性基团的硅胶填充而成。常见的填充剂有硅胶、氨基键合硅胶和氰基键合硅胶等。氨基键合硅胶和氰基键合硅胶也可用于反相色谱柱。

(3)离子交换色谱柱:用离子交换填充剂填充而成的色谱柱,可分为阳离子交换色谱柱和阴离子交换色谱柱。

(4)手性分离色谱柱:用手性填充剂填充而成的色谱柱。

色谱柱的内径与长度、填充剂的形状、粒径与粒径分布、孔径、表面积、键合基团的表面覆盖度、载体表面基团残留量、填充的致密与均匀程度等均影响色谱柱的性能,应根据被分离物质的性质来选择合适的色谱柱。

温度会影响分离效果,品种正文中未指明色谱柱温度时均指室温,应注意室温变化的影响。为改善分离效果,可适当调整色谱柱的温度,但不宜超过 60 ℃。

残余硅羟基未封闭的硅胶色谱柱,流动相 pH 一般应在 2~8 之间。当流动相 pH 大于 8 时,硅胶易溶解,pH 小于 2 时,化学键合基团易水解。烷基硅烷带有立体侧链保护,或残余硅羟基已封闭的硅胶、聚合物复合硅胶或聚合物色谱柱可耐受更广泛pH的流动相,适用于pH小于2或大于8的流动相。

2. 检测器 最常用的检测器为紫外-可见光检测器,包括二极管阵列检测器,其他常见的检测器有荧光检测器、蒸发光散射检测器、电雾式检测器、示差折光检测器、电化学检测器和质谱检测器等。

紫外-可见光检测器、荧光检测器、电化学检测器为选择性检测器,其响应值不仅与被测物质的量有关,还与其结构有关;蒸发光散射检测器、电雾式检测器和示差折光检测器为通用检测器,对所有物质均有响应,结构相似的物质在蒸发光散射检测器的响应值几乎仅与被测物质的量有关。

紫外-可见光检测器、荧光检测器、电化学检测器和示差折光检测器的响应值与被测物质的量在一定范围内呈线性关系;蒸发光散射检测器的响应值与被测物质的量通常呈指数关系,一般需经对数转换。电雾式检测器的响应值与被测物质的量通常也呈指数关系,一般需经对数转换或用二次函数计算,但在少量范围内可基本呈线性关系。

不同的检测器,对流动相的要求不同。紫外-可见光检测器所用流动相应符合紫外-可见分光光度法(通则0401)项下对溶剂的要求;采用低波长检测时,还应考虑有机溶剂的截止波长,并选用色谱级有机溶剂。蒸发光散射检测器、电雾式检测器和质谱检测器不得使用含不挥发性成分的流动相。

3. 流动相 反相色谱系统的流动相常用甲醇-水系统和乙腈-水系统,用紫外末端波长检测时,宜选用乙腈-水系统。流动相中应尽可能不用缓冲液,如需使用,应尽可能使用低浓度缓冲液。用十八烷基硅烷键合硅胶色谱柱时,流动相中有机溶剂的量一般应不低于5%,否则易导致柱效下降、色谱系统不稳定。

正相色谱系统的流动相常用两种或两种以上的有机溶剂,如二氯甲烷-正己烷等。

流动相注入液相色谱仪的方式(又称洗脱方式)可分为两种:一种是等度洗脱,另一种是梯度洗脱。用梯度洗脱分离时,梯度洗脱程序通常以表格的形式在品种项下规定,其中包括运行时间和流动相在不同时间的成分比例。

4. 色谱参数调整 品种正文项下规定的色谱条件(参数)除填充剂种类、流动相组分、检测器类型不得改变外,其余如色谱柱内径与长度、填充剂粒径、流动相流速、流动相组分比例、柱温、进样量、检测器灵敏度等,均可适当改变,以达到系统适用性试验的要求。调整流动相组分比例时,当小比例组分所占的百分比 X 小于等于33%时,允许改变范围为 $0.7X\sim1.3X$;当 X 大于33%时,允许改变范围为 $(X-10\%)\sim(X+10\%)$。

若需使用小粒径(约2 μm)填充剂和小内径(约2.1 mm)色谱柱或表面多孔填充剂以提高分离度或缩短分析时间,输液泵的性能、进样体积、检测池体积和系统的死体积等必须与之匹配,必要时,色谱条件(参数)可适当调整。当对其测定结果产生争议时,应以品种项下规定的色谱条件的测定结果为准。

(二)系统适用性试验

按各品种正文项下要求对色谱系统进行适用性试验,即用规定的对照品溶液或系统适用性试验溶液在规定的色谱系统进行试验,必要时,可对色谱系统进行适当调整,以符合要求。色谱系统的适用性试验通常包括理论板数、分离度、灵敏度、拖尾因子和重复性等参数。

1. 理论板数(n) 　理论板数用于评价色谱柱的效能。由于不同物质在同一色谱柱上的色谱行为不同,采用理论板数作为衡量色谱柱效能的指标时,应指明测定物质,一般为待测物质或内标物质的理论板数。

在规定的色谱条件下,注入供试品溶液或各品种项下规定的内标物质溶液,记录色谱图,量出供试品主成分色谱峰或内标物质色谱峰的保留时间t_R和峰宽(W)或半高峰宽($W_{h/2}$)。

按下式计算色谱柱的理论板数。t_R、W、$W_{h/2}$可用时间或长度计(下同),但应取相同单位。

$$n = 16 \times \left(\frac{t_R}{W}\right)^2 \quad \text{或} \quad n = 5.54 \times \left(\frac{t_R}{W_{h/2}}\right)^2$$

2. 分离度(R) 　分离度用于评价待测物质与被分离物质之间的分离程度,是衡量色谱系统分离效能的关键指标。可以通过测定待测物质与已知杂质的分离度,也可以通过测定待测物质与某一指标性成分(内标物质或其他难分离物质)的分离度,或将供试品或对照品用适当的方法降解,通过测定待测组分与某一降解产物的分离度,对色谱系统分离效能进行评价与调整。

无论是定性鉴别还是定量测定,均要求待测物质色谱峰、内标物质色谱峰或特定的杂质对照色谱峰及其他色谱峰之间有较好的分离度。除另有规定外,待测物质色谱峰与相邻色谱峰之间的分离度应不小于1.5。分离度的计算公式为:

$$R = \frac{t_{R_1} - t_{R_2}}{\frac{W_1 + W_2}{2}}$$

或

$$R = \frac{2 \times (t_{R_2} - t_{R_1})}{1.70 \times (W_{1,h/2} + W_{2,h/2})}$$

式中:t_{R_2}为相邻两色谱峰中后一峰的保留时间;t_{R_1}为相邻两色谱峰中前一峰的保留时间;W_1、W_2及$W_{1,h/2}$、$W_{2,h/2}$,分别为此相邻两色谱峰的峰宽及半高峰宽,如图3-5所示。

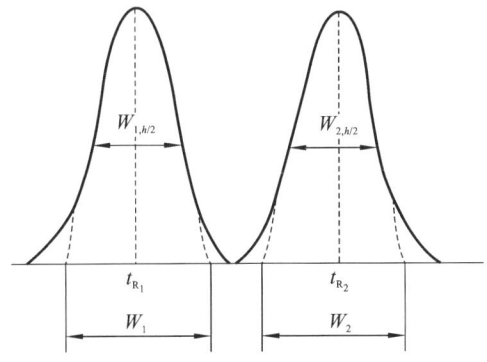

图3-5　色谱峰分离的计算示意图

当对测定结果有异议时,色谱柱的理论板数(n)和分离度(R)均以峰宽(W)的计算结果为准。

3. 灵敏度 灵敏度用于评价色谱系统检测微量物质的能力,通常以信噪比(S/N)来表示。建立方法时,可通过测定一系列不同浓度的供试品或对照品溶液来测定信噪比。定量测定时,信噪比应不小于10;定性测定时,信噪比应不小于3。系统适用性试验中可以设置灵敏度试验溶液来评价色谱系统的检测能力。

4. 拖尾因子(T) 拖尾因子用于评价色谱峰的对称性。拖尾因子计算公式如下:

$$T = \frac{W_{0.05h}}{2d_1}$$

式中:$W_{0.05h}$为0.05峰高处的峰宽;d_1为峰顶在0.05峰高处横坐标平行线的投影点至峰前沿与此平行线交点的距离,如图3-6所示。

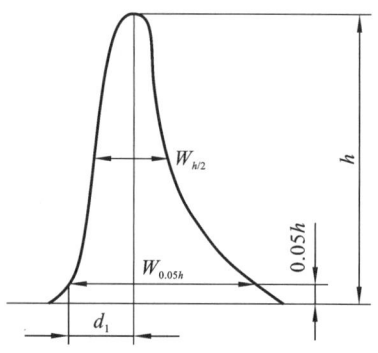

图3-6 色谱峰拖尾因子计算示意图

以峰高为定量参数时,除另有规定外,T值应在0.95～1.05之间。以峰面积为定量参数时,一般的峰拖尾或前伸不会影响峰面积积分,但严重拖尾会影响基线和色谱峰起止的判断和峰面积积分的准确性,此时应在品种正文项下对拖尾因子做出规定。

5. 重复性 重复性用于评价色谱系统连续进样时响应值的重复性能。除另有规定外,通常取各品种项下的对照品溶液,连续进样5次,除另有规定外,其峰面积测量值(或内标比值或其校正因子)的相对标准偏差应不大于2.0%。采用内标法时,通常配制相当于80%、100%和120%的对照品溶液,加入规定量的内标溶液,配成3种不同浓度的溶液,分别至少进样2次,计算平均校正因子,其相对标准偏差应不大于2.0%。

(三)测定法

1. 操作前的准备

(1)流动相的配制:流动相由有机相和水相按一定体积比例混合而成。有机相应选用符合要求的色谱纯试剂,如色谱甲醇或色谱乙腈,水相为纯水或一定浓度盐的水溶液,所选用的水必须是新鲜制备的高纯水或重蒸馏水。流动相的pH必须使用精密pH计调节,同时还要根据有机相和水相的比例大小,相应采用0.45 μm油膜或水膜滤过,临用前超声脱气。应配制足量的流动相备用。

(2)供试品溶液和对照品溶液的配制:用规定溶剂配制,定量测定时,应分别配制

2份。为了提高分离效率和减少对色谱系统的污染,供试品需经过必要的纯化处理,进样前,必须用适宜的 0.45 μm 滤膜滤过。

(3) 操作前的检查:首先检查仪器的使用记录,确认仪器是否处于正常状态。同时检查色谱柱型号、色谱柱接口与出口、流动相的 pH 与该色谱柱匹配性、色谱柱原存流动相与现用流动相互溶性、仪器的各开关位置等。

2. 高效液相色谱仪操作

(1) 输液泵的操作:①用流动相冲洗滤过头,然后浸入流动相中,启动泵。②打开泵的排空阀,用冲洗键(Purge)或设置高流速(如 9 ml/min)进行泵排气,观察阀出口液体呈连续状态后,停止冲洗或流速逐步回零后,关闭排空阀。③将流速调节至适当流速,对色谱柱进行平衡。初始平衡时间一般需 30 min。

(2) 紫外-可见光检测器和色谱数据处理机的操作:①开启检测器电源开关,选择光源(氘灯或钨灯),设定检测波长,待稳定后,测试参比和供试品光路的信号应符合要求,设置吸光度方式和检测响应时间(一般不大于 1 s),设置满刻度吸光度(适用于记录仪)。②开启色谱处理机,设定处理方法,初步设定衰减、记录时间、最小峰面积等参数。③进行检测器回零操作,检查处理机的电平,应符合要求。④记录基线,待稳定后,进行处理机斜率测试,符合要求后方能进样操作。

(3) 进样操作:通常有六通阀式手动进样器和自动进样器两种进样操作。自动进样器是指在计算机或程序控制下,自动进行取样、进样、清洗操作,操作时只需将装有待测溶液的进样小瓶按程序设定要求装入贮样室内即可。

3. 测试与数据处理

(1) 按质量标准的规定方法进行进样分离与检测,记录色谱图及相关数据。

(2) 色谱运行时间为主成分保留时间的 2~3 倍,确认再无组分流出,方能停止采集。

(3) 根据第一张预试的色谱图,适当调整衰减、运行时间等参数,使色谱峰信号在色谱图上有一定强度,保证主成分色谱峰顶不得超过记录满量程。

(4) 用规定的对照品溶液测定结果考查色谱系统适用性试验。系统适用性试验包括按指定峰计算的理论板数(n)和拖尾因子(T),相邻两个峰之间的分离度(R),重复性等参数,应符合《中国药典》(2020 年版)的要求。

(5) 供试品的含量测定应在色谱系统适用性试验符合要求后进行。含量测定时供试品溶液和对照品溶液每份至少注样 3 次,由全部注样结果($n \geqslant 6$)求得平均值,其相对标准偏差(RSD)应不大于 2.0%。

4. 清洗和关机

(1) 测定结束后,先关闭检测器和数据处理机,再用经 0.45 μm 滤膜滤过和超声脱气的适宜流动相清洗色谱系统。进样器采用专用接头以适宜溶剂清洗;正相柱一般用正己烷冲洗;反相柱如果使用的流动相不含盐,用 95% 的甲醇或乙腈冲洗。

(2) 冲洗结束后,逐步降低流速至零,关泵。

(3) 关闭电源,做好使用记录,记录内容包括日期、检品、色谱柱、流动相、柱压、使用时长、仪器状态等。

> **课堂活动**
> 1. 为什么要进行系统适用性试验？系统适用性试验主要指哪些参数？如何要求？
> 2. 测定结束后应如何清洗色谱柱？如果使用了含盐流动相，应如何清洗？

（四）鉴别方法

1. 利用保留时间定性 保留时间（retention time, t_R）定义为被分离组分从进样到柱后出现该组分最大响应值时的时间，也即从进样到出现某组分色谱峰的顶点时所经历的时间，常以分钟（min）为时间单位，用于反映被分离的组分在性质上的差异。通常以在相同的色谱条件下待测成分的保留时间与对照品的保留时间是否一致作为待测成分定性的依据。在相同的色谱条件下，待测成分的保留时间与对照品的保留时间应无显著性差异；两个保留时间不同的色谱峰归属于不同化合物，但两个保留时间一致的色谱峰有时未必可归属为同一化合物，在进行未知物鉴别时应特别注意。若改变流动相组成或更换色谱柱的种类，待测成分的保留时间仍与对照品的保留时间一致，可进一步证实待测成分与对照品为同一化合物。

《中国药典》（2020年版）采用 HPLC 鉴别的品种越来越多，如抗生素、甾体激素、强心苷、生物碱、抗肿瘤药几乎均采用本法鉴别。在 HPLC 中，一般按供试品含量测定项下色谱条件进行试验，如供试品与对照品的保留时间一致，则可判为同一化合物。个别不同物质可能保留时间一致，最好用二极管阵列检测器（DAD）确证一下。

学习实例

维C银翘片中对乙酰氨基酚的高效液相色谱鉴别

对乙酰氨基酚：照高效液相色谱法（通则 0512）测定。

色谱条件与系统适用性试验：以十八烷基硅烷键合硅胶为填充剂；以甲醇-0.5% 冰醋酸溶液（20∶80）为流动相；检测波长为 249 nm。理论板数按对乙酰氨基酚峰计算应不低于 1500。

对照品溶液的制备：取对乙酰氨基酚对照品适量，精密称定，加流动相制成每 1 ml 含 80 μg 的溶液，即得。

供试品溶液的制备：取［含量测定］山银花项下的细粉 0.02 g（约相当于对乙酰氨基酚 4 mg），精密称定，置 50 ml 量瓶中，加流动相约 40 ml，超声处理（功率 300 W，频率 40 kHz）1 min，放冷，加流动相至刻度，摇匀，滤过，取续滤液，即得。

测定方法：分别精密吸取对照品溶液与供试品溶液各 10 μl，注入高效液相色谱仪，测定，即得。

本品含对乙酰氨基酚（$C_8H_9NO_2$）应为标示量的 90.0%～110.0%。

测定结果：试验时，首先应满足系统适用性试验，分别记录对照品溶液和供试品溶液的色谱图，如图 3-7 所示，对照品溶液和供试品溶液中对乙酰氨基酚峰的保留时间分别是 6.988 min、6.999 min。

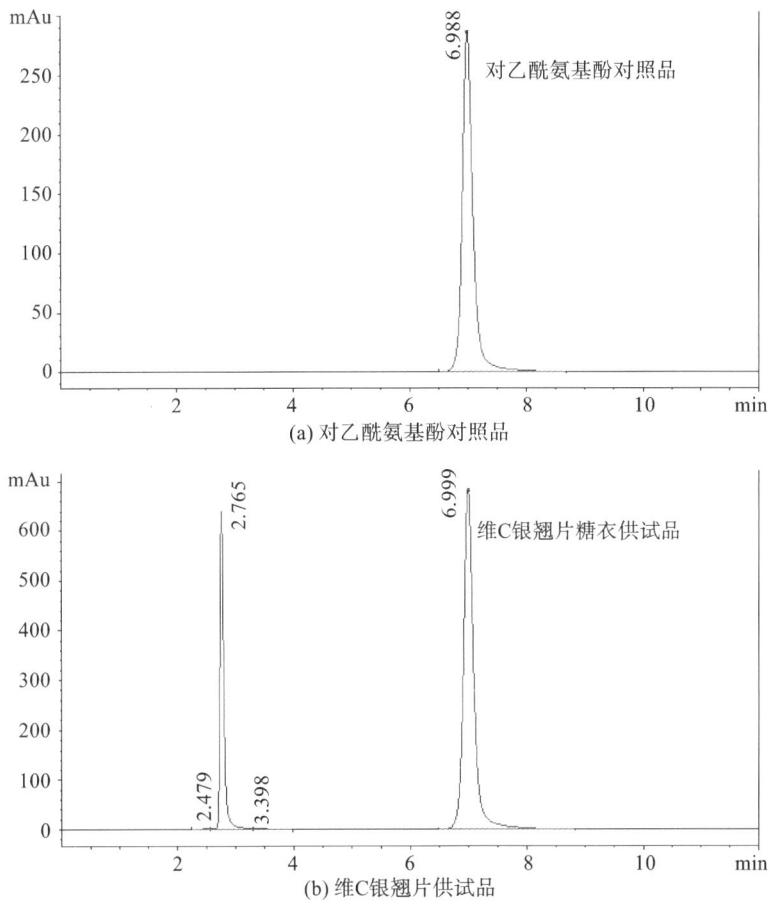

图 3-7 维 C 银翘片及对乙酰氨基酚对照品高效液相色谱图

结论：供试品溶液中对乙酰氨基酚主峰的保留时间与对照品溶液主峰的保留时间一致。

2. 利用光谱相似度定性 化合物的全波长扫描紫外-可见区谱图提供一些有价值的定性信息。待测成分的光谱与对照品的光谱的相似度可用于辅助定性分析。二极管阵列检测器开启一定波长范围的扫描功能时，可以获得更多的信息，包括色谱信号、时间、波长的三维色谱光谱图，既可用于辅助定性分析，还可用于峰纯度分析。

同样应注意，两个光谱不同的色谱峰表征了不同化合物，但两个光谱相似的色谱峰未必可归属为同一化合物。

3. 利用质谱检测器提供的质谱信息定性 利用质谱检测器提供的色谱峰分子质量和结构的信息进行定性分析，可获得比仅利用保留时间或增加光谱相似性进行定性分析更多的更可靠信息，不仅可用于已知化合物的定性分析，还可提供未知化合物的结构信息。

(五) 注意事项

1. 固定相 以硅胶为载体的键合填充剂的使用温度通常不超过 40 ℃,为改善分离效果可适当提高色谱柱的温度,但不应超过 60 ℃。流动相的 pH 应控制在 2～8 之间。当 pH＞8 时,可使载体硅胶溶解;当 pH＜2 时,与硅胶相连的化学键合相易水解脱落。当色谱系统中需要使用 pH＞8 的流动相时,应选用耐碱的填充剂,如用高纯硅胶作载体并具有高表面覆盖度的键合硅胶填充剂、包覆聚合物填充剂、有机-无机杂化填充剂或非硅胶基键合填充剂等;当需使用 pH＜2 的流动相时,应选用耐酸的填充剂,如具有大体积的侧链能产生空间位阻保护作用(如二异丙基或二异丁基取代)的十八烷基硅烷键合硅胶填充剂、有机-无机杂化填充剂等。

2. 流动相 反相色谱系统的流动相首选甲醇-水系统(采用紫外末端波长检测时,首选乙腈-水系统),如试用不适合,再选用其他溶剂系统。应尽可能少用含有缓冲液的流动相,必须使用时,应尽可能选用含较低浓度缓冲液的流动相。由于 C18 链在水相环境中难以保持伸展状态,故对以十八烷基硅烷键合硅胶为填充剂的反相色谱系统,流动相中有机相的占比通常应不低于 5%,否则 C18 链的随机卷曲将导致组分保留值变化,造成色谱系统不稳定。

3. 参数设置

(1) 泵的最低压力:泵的最低压力一般默认为 0 MPa。建议设为 0.4 MPa(或 3～5 bar),可以保证流动相量不足时仪器自动停泵,防止泵空转,减少柱塞杆的磨损(1 MPa=10 bar(大气压);1 bar=14.5 psi)。

(2) 取样针吸液速度:取样针吸液速度一般选用默认参数即可。但进样体积较小时,需设置取样针吸液速度,要求针在样品瓶中停留时间≥5 s。

(3) 数据采集频率:数据采集频率的设置影响分辨率和磁盘空间。要求一个峰至少由 20 个采样点组成,一般设置为 0.2～100 Hz。如果出现共淋洗或低信噪比,则需要 40 个采样点。峰宽时用低频率,峰窄时用高频率;数据采集频率太小时,峰起点、终点不精确;太大时,会延长后处理时间,加大数据储存量,造成浪费。

(4) 响应时间:响应时间是将检测器的响应值转化成输出信号的快慢,其影响分辨率、灵敏度和基线噪声。一般响应时间设为半高峰宽的 1/4,延长响应时间会减小基线噪声,降低峰高且造成峰不对称。

(5) 测定波长:波长影响灵敏度和线性。一般氘灯用于 190～380 nm 的检测,钨灯用于 380～800 nm 的检测。

(6) 样品带宽:样品带宽是谱图测量时的波长范围,其影响灵敏度和基线噪声。带宽增加会减小基线噪声,峰高也会随之降低。

(7) 束宽:采集 3D 数据时,默认为 1 nm。束宽＞1 nm 时会减少数据的储存。化合物出峰良好时,不选择束宽,否则降低光谱的分辨率。

(8) 步长:数据采集频率的倒数。

(9) 峰开头、结尾灵敏度因子:峰开头、结尾灵敏度因子一般设为 2,该值越小,越靠近峰。

(10) 样品盘:配有自动进样器的样品盘为圆盘式时,禁止用手转动;为坐标式时注意放样品盘时速度要慢,防止反弹,否则,仪器感应不到样品盘,不会进样分析。

4. 检测完毕 从泵、进样器、色谱柱到检测器的整个色谱管路系统,均应充分冲洗,特别是使用含盐流动相时,更应注意先用水,再用甲醇或乙腈充分冲洗。

三、气相色谱法

气相色谱法(GC)是以气体为流动相(载气),各组分物质流经装有填充剂的色谱柱从而进行分离检测的色谱方法。待测成分气化后,被载气带入色谱柱进行分离,各组分先后进入检测器,用记录仪、积分仪或数据处理系统记录色谱信号,从而进行定性分析及定量分析。

气相色谱法具有分辨率高、供试品用量少、选择性能好、灵敏度高、分析速度快、应用范围广等特点,主要用于分离测定受热稳定且沸点适中的物质。鉴别时按各药品项下规定配制的供试品溶液与对照品溶液,取一定量注入气相色谱仪,供试品溶液色谱中呈现与对照品溶液色谱峰保留时间一致的色谱峰。

1. 仪器 气相色谱仪由气路系统、进样系统、柱箱、检测器、色谱柱等部分组成。

(1)气路系统。

①载气:载气有氮气、氦气、氢气等,常用氮气和氦气作载气,最好使用99.99%的高纯氮,但对于使用填充柱的氢火焰离子化检测器,也可以采用99.9%的纯氮。实际工作中要在气源与仪器之间连接气体净化装置。气体中的杂质主要是永久气体、低分子有机化合物和水蒸气,一般采用装有分子筛(如5A分子筛或13X分子筛)的滤过装置以吸附有机杂质,采用变色硅胶除去水蒸气。要定期更换净化装置中的填料,分子筛可以重新活化后再使用。活化方法是将分子筛从滤过装置中取出,置于坩埚中,置于马弗炉内加热到400~600 ℃,活化4~6 h。硅胶变红时也要进行活化,方法是在烘箱中140 ℃左右加热2 h即可。大部分气相色谱仪本身带有气体净化器,但也要注意定期更换填料,并应该在气源和仪器之间附加气体净化装置。

目前氮气和氢气气源主要有高压钢瓶和气体发生器两种,高压钢瓶的气体纯度高、质量好但是更换不方便。气体发生器使用方便,但是气体纯度不高。另外,空气压缩机是以实验室空气为气体来源的,且空气压缩机可能将油带入气体,故有机杂质含量可能会高一些,要注意经常更换净化装置。

②气路连接、气流指示和调节:如果采用高压钢瓶,在安装气瓶减压阀时,应先将瓶口处的灰尘擦干净,将瓶口朝外,旋阀门开关放气数次,吹除灰尘,将减压阀用扳手拧紧,再用连接管将减压阀出口连至气相色谱仪。用检漏液(表面活性剂溶液)检查连接处气密性。

(2)进样系统:进样量的大小、进样时间的长短,直接影响柱的分离效果和最终定量结果。

进样系统包括样品引入装置(如注射器、自动进样器以及顶空进样器)和气化室(进样口)。

(3)柱箱:柱箱温度的波动会影响色谱分析结果的重现性,因此要求柱箱控温精度在±1 ℃,柱箱温度波动小于0.1 ℃/h,温度梯度应小于使用温度的2%。温度控制分为恒温和程序升温两种。

(4) 检测器:气相色谱的检测器有火焰离子化检测器(FID)、热导检测器(TCD)、电子捕获检测器(ECD)、火焰光度检测器(FPD)、氮磷检测器(NPD)、光离子化检测器(PID)、原子发射光谱检测器(AED)、红外光谱检测器(IRD)等。在药物分析中火焰离子化检测器(FID)是最常用的检测器。

(5) 色谱柱:色谱分析的好坏主要取决于色谱柱。气相色谱柱按照色谱柱内径的大小和长度,可分为填充柱和毛细管柱,前者的内径为2~4 mm,长度为1~10 m;后者内径为0.2~0.5 mm,长度一般为25~100 m。

(6) 毛细管柱:毛细管柱由于分离效能高、分析速度快、样品用量少等特点,自1958年问世后快速发展,但毛细管柱易碎裂、安装不便,应用受到一定的限制。1979年推出的弹性石英毛细管色谱柱改变了这一局面,因其采用的石英是在高温下特殊拉制而成,化学惰性好、强度大,所以有一定的弹性且不易折断,安装、使用方便。目前,国内外已经有各种各样的商品柱,能够满足不同的试验要求,毛细管柱的使用日益广泛。

毛细管柱如不使用,应小心存放,可用硅橡胶块将柱两端封闭,置于盒中。

(7) 色谱数据采集处理及仪器控制系统:随着微电子技术的不断发展,特别是计算机的出现,当今的气相色谱仪一般采用计算机(工作站软件)进行数据采集和处理,同时也对色谱仪的自动进样器、柱温、检测器、温度、载气流速和压力等色谱参数进行设定和控制,使气相色谱分析自动化。因商品规格型号不同,具体操作也不尽相同,用户可以根据仪器说明书进行操作。

2.测定法

(1) 开机操作。

①检查仪器电源开关,均应处于"关"的位置。

②选好合适的色谱柱,柱的两端应堵有盲堵。

③取下盲堵,分清入口端及出口端,套好石墨密封圈及固定螺母,小心装于仪器上,拧紧固定螺母,但也勿过紧,以不漏气为宜。若要换下色谱柱,应堵上盲堵保存。

④开启载气钢瓶上总阀,调节减压阀至规定压力。注意:如果采用氮气发生器作为载气气源,则应提前2~3 h打开氮气发生器进行平衡。应经常更换载气净化器中的填料(因为氮气发生器产生的氮气中氧的含量较高),另外,由于ECD对载气中的氧特别敏感,所以采用ECD时,不宜用氮气发生器作为载气气源,应该采用高纯氮钢瓶作为载气气源。

⑤用检漏液(表面活性剂溶液)检查柱连接处是否漏气,如有漏气,应检查柱两端的石墨密封圈,或再适当旋紧固定螺母。

⑥打开各部分电路开关,打开色谱工作站,设定进样口(气化室)、柱温箱、检测器温度和载气流量等色谱参数,开始加热。

⑦待各部分设定参数恒定后,开启氢气钢瓶总阀、空气压缩机总阀(或者打开氢气/空气发生器开关),同载气操作。

⑧按下点火按钮(对于FID来说,有些仪器在检测器达到一定温度后有自动点火功能),应有"噗"的点火声,将玻璃片置于FID气体出口处,若检视到玻璃片上有水雾,表示已点着火,同时工作站上应有响应信号。注意:对于带有自动点火功能的仪器

来说,有时工作站已显示点火成功,但是实际没有点火,所以每次试验都应该用玻璃片进行检视,以确保点火成功。

⑨调节仪器的放大器灵敏度等,走基线,待基线稳定度达到可以接受的范围,即可进样分析。

⑩分析完毕,待各组分流出后,先关闭氢气和空气,再进行降温操作,将进样口、柱温箱、检测器以及顶空进样器的温度均设为40 ℃(或更低),待各组件的温度降到40 ℃以下时,依次关闭载气、工作站和气相色谱仪。如果要取下色谱柱,则取下后应将柱两端用盲堵堵上,放在盒内,妥善保存。

⑪做好使用记录。

(2) 样品的测定。

①仪器系统适用性试验:应符合药典或部颁标准各品种项下的要求。

②供试品及对照品溶液的配制:精密称取供试品和对照品各2份,按各品种项下规定的方法,准确配制供试品溶液和对照品溶液,按规定用内标法或外标法进行测定。

③预试验:初次测定该品种时,可先经预试验以确定仪器参数,根据预试验情况,可适当调节柱温、载气流速、进样量、进样口和检测器温度等,使色谱峰的保留时间、分离度、峰面积或峰高的测量值符合要求。

④正式测定:正式测定时,每份校正因子测定溶液(或对照品溶液)各进样2次,2份共4个校正因子相应值的平均标准偏差不得大于2.0%。多份供试品测定时,每隔5批应再进对照品溶液2次;供试品测定完毕,最后进对照品溶液2次,核对仪器有无改变。

3. 鉴别方法　气相色谱鉴别法与高效液相色谱法相似,可以采用与对照品对比,比较供试品与对照品保留时间的方法进行鉴别。

学习实例

维生素E的鉴别:在含量测定项下记录的色谱图中,供试品主峰的保留时间应与对照品主峰的保留时间一致。

4. 注意事项

(1) 仪器型号不同,操作方法不同,应严格按照各仪器说明书及注意事项操作。

(2) 气相色谱仪开机前,应先通载气,而后进行其他操作;关闭时,应待进样口、柱温箱、检测器及顶空进样器温度降至40 ℃或更低,再关载气。

(3) 进样方式一般可采用溶液直接进样或顶空进样。溶液直接进样采用微量注射器、微量进样阀或有分流装置的气化室进样;进样量一般不超过几微升;柱径越细,进样量应越少,采用毛细管柱时,一般应分流以免过载。顶空进样一般适用于固体或液体供试品中挥发性组分的分离和测定。

(4) 新填充柱和毛细管柱在使用前需老化,以除去残留溶剂及低分子量的聚合物,色谱柱如长期未用,使用前应老化处理,使基线稳定。

(5) 火焰离子化检测器(FID)对氢化物响应良好,适合检测大多数药物;氮磷检测器(NPD)对含氮、磷元素的化合物灵敏度高;火焰光度检测器(FPD)对含磷、硫元素的化合物灵敏度高;电子捕获检测器(ECD)适于含卤素的化合物;质谱检测器(MSD)灵敏度高,还能给出供试品中某些成分相应的结构信息,可用于结构确证。

知识累积

（1）药物的鉴别一般包括化学鉴别、光谱鉴别与色谱鉴别。

（2）紫外-可见分光光度计主要由光源、单色器、吸收池、检测器和信号处理器五大部分组成。

（3）药物必须达到一定纯度才可以用红外分光光度法鉴别,所以制剂必须经过提纯后才能进行红外分光光度法鉴别。

（4）薄层色谱法(TLC)利用供试品溶液所显主斑点的颜色(或荧光)和位置与对照品溶液的主斑点一致性进行鉴别。

（5）高效液相色谱法(HPLC)利用保留时间、光谱相似度、质谱检测器提供的质谱信息等进行鉴别。

（6）气相色谱法(GC)利用供试品和对照品色谱峰保留时间一致性进行鉴别。

（7）课程思政要点:在开展药品质量检查的过程中,展现出团队协作能力;强调在药品检测中的责任担当,要求对试验结果负责,对药品质量负责,对公众健康负责。

扫码看答案

目标检测

一、单项选择题

1. 药物鉴别的主要目的是（　　）。
   A. 判断药物的优劣　　　　B. 杂质限量的检查
   C. 判断药物的真伪　　　　D. 确定有效成分的含量
   E. 判断未知物的组成和结构

2. 在药品质量标准中,药品的外观、臭等内容归属的项目为（　　）。
   A. 性状　　B. 鉴别　　C. 检查　　D. 含量测定　　E. 类别

3. 《中国药典》（2020 年版）中规定测定液体的相对密度时,温度应控制在（　　）。
   A. 20 ℃　　B. 18 ℃　　C. 22 ℃　　D. 25 ℃　　E. 30 ℃

4. 凡是分子结构中具有芳香第一胺的药物均可（　　）。
   A. 用硝酸银试液鉴别　　　　B. 用甲醛-硫酸试液鉴别
   C. 用重氮化-偶合反应鉴别　　D. 用硫酸试液鉴别
   E. 用重氮化反应鉴别

5. 测定 pH 前,应采用国家标准物质管理部门发放的标示 pH 准确至（　　）单位的各种标准缓冲液校正仪器。
   A. 0.001pH　　B. 0.1pH　　C. 0.01pH　　D. 1pH　　E. 0.0001pH

6. 薄层色谱法中用于鉴别药物的参数是（　　）。

A. 斑点大小　　　　　　　B. 比移值及斑点颜色
C. 样品斑点迁移距离　　　D. 展开剂迁移距离　　　E. 斑点颜色

7. 物理常数测定法属于《中国药典》(2020年版)哪部分内容？(　　)
   A. 通则　　　　　　　　B. 制剂通则　　　　　　C. 正文
   D. 一般鉴别和特殊鉴别　E. 凡例

8. 下列哪个不属于物理常数？(　　)
   A. 熔点　　B. 吸收系数　　C. 比旋度　　D. 旋光度　　E. 相对密度

9. 比旋度是指(　　)。
   A. 当偏振光透过长1 dm,浓度为1%的溶液时,在一定波长与温度下测得的旋光度
   B. 当偏振光透过长1 dm,浓度为1 g/100 ml的溶液时,在一定波长与温度下测得的旋光度
   C. 当偏振光透过长1 cm,浓度为1 g/ml的溶液时,在一定波长与温度下测得的旋光度
   D. 当偏振光透过长1 dm,浓度为1 mg/ml的溶液时,在一定波长与温度下测得的旋光度
   E. 当偏振光透过长1 dm,浓度为1 g/ml的溶液时,在一定波长与温度下测得的旋光度

10. 某溶液置2 dm长的测定管中测得旋光度为+5.6°,将此溶液稀释为原体积的2倍,仍在原条件下测定,则旋光度为(　　)。
    A. +5.6°　　B. +2.8°　　C. +11.2°　　D. -5.6°　　E. +9°

11. 《中国药典》(2020年版)规定"熔点"是指(　　)。
    A. 固体初熔时的温度
    B. 固体全熔时的温度
    C. 供试品在毛细管内收缩时的温度
    D. 固体熔化时自初熔至全熔时的一段温度
    E. 供试品在毛细管内开始局部熔化时的温度

12. 可用旋光法检测的药物是(　　)。
    A. 具有立体结构的药物　　　　B. 含有共轭体系的药物
    C. 脂肪族药物　　　　　　　　D. 结构中含有手性碳原子的药物
    E. 结构中含氢键的药物

13. 气相色谱除另有规定外,常用载气为(　　)。
    A. CO_2　　B. 氢气　　C. 氮气　　D. 空气　　E. 氦气

二、多项选择题

1. 化学鉴别是指供试品与规定的试剂发生化学反应,通过观察(　　)对药物进行定性分析。
   A. 颜色　　　　　　　　B. 沉淀　　　　　　　　C. 产生气体
   D. 荧光　　　　　　　　E. 测定生成物的熔点

2. 测定比旋度可应用于( )。
A. 药物鉴别　　　　　　　　B. 药物纯度检查　　　　　　C. 药物含量测定
D. 药物的结构确认　　　　　E. 药物的临床试验
3. 用于药物鉴别试验的色谱法有( )。
A. TLC　　　B. IR　　　C. UV-VIS　　　D. HPLC　　　E. GC
4. 用于药物鉴别试验的光谱法有( )。
A. TLC　　　B. IR　　　C. UV-VIS　　　D. HPLC　　　E. GC
5. 紫外-可见分光光度法常用的鉴别方法有( )。
A. 比较最大吸收波长或最小吸收波长　　　B. 比较吸收系数
C. 规定一定浓度的供试品溶液在最大吸收波长处的吸光度
D. 比较吸光度的比值　　　　　　　　　　E. 比较吸收光谱的一致性
6. 气相色谱仪的检测器有( )。
A. 火焰离子化检测器　　　　B. 热导检测器　　　　C. 火焰光度检测器
D. 电子捕获检测器　　　　　E. 荧光检测器

三、问答题

1. 药物鉴别的意义是什么？
2. 熔点测定时如何选择传温液？
3. 何谓旋光度？其在质量检测中有何用途？
4. 各物理常数对药物质量控制有何意义？

模块四　药物杂质检查技术

项目一　杂质的认知
项目二　一般杂质检查技术
项目三　特殊杂质检查技术

扫码看 ppt

学习目标

素质目标：
1. 树立质量第一的观念；
2. 树立崇尚劳动的价值观；
3. 培养勤劳肯干、实事求是、安全环保的工作素养。

知识目标：
1. 掌握杂质限量的概念、常用检查方法、表示方法及有关计算；
2. 掌握药物中杂质的来源和分类；
3. 掌握氯化物、硫酸盐、铁盐、重金属、砷盐等一般杂质的检查原理和方法；
4. 熟悉干燥失重、水分、溶液颜色、澄清度等的检查原理和方法。

能力目标：
1. 能解读药品质量标准，正确开展杂质检查；
2. 能进行一般杂质检查，并正确记录结果和计算杂质限量，得出正确结论；
3. 能进行特殊杂质检查，并正确记录结果和计算杂质限量，得出正确结论。

案例导入

2012年4月15日，央视《每周质量报告》曝光，河北一些企业用生石灰给皮革废料进行脱色漂白和清洗，随后熬制成工业明胶，卖给浙江新昌县药用胶囊生产企业，最终用于药品生产。经调查发现，9家药厂的13个批次药品所用胶囊重金属铬含量超标，其中超标最多的达90多倍。

铬是一种毒性很大的重金属，容易进入人体蓄积，具有致癌性并可能诱发基因突变。救人的药品变成了害人的"毒药"，不法企业的行为之恶劣让人震惊。据悉，不少知名药企卷入其中。关于药用胶囊的生产，不是没有政策和制度。《中国药典》明确规定，生产药用胶囊所用的原料明胶至少应达到食用明胶标准。然而，为了牟取暴利，一些不法企业置公众的生命安全与健康于不顾，让皮革的下脚料通过药用胶囊的伪装，进入患者胃肠。

毒胶囊事件被央视报道后，经过调查发现，有企业已经宣布召回问题胶囊。丹东市某药业有限公司宣布召回被曝光批次的人工牛黄甲硝唑胶囊，铬含量超标最严重的通化县某药业股份有限公司也宣布召回被曝光批次的炎立消胶囊。

讨论：1. 胶囊中的重金属铬属于什么杂质？其含量超出限量会影响用药安全吗？

2. 如何对药物的杂质进行检查？

项目一　杂质的认知

任务一　杂质的来源

一、杂质的定义

杂质在药学中是指药物中存在的无治疗作用或者影响药物的稳定性和疗效,甚至对人体健康有害的物质。在药物的研究、生产、贮存和临床应用等方面,必须保持药物的纯度,降低药物中杂质含量,这样才能保证药物的有效性和安全性。通常可以将药物的结构、外观性状、理化常数、杂质检查和含量测定等方面作为一个相互关联的整体来评价药物的纯度。药物中含有的杂质是影响药物纯度的主要因素,若药物中含有超过限量的杂质,可能使药物的理化常数发生变化,外观性状发生变异,并影响药物的稳定性;杂质增多也必然使药物的含量偏低或活性降低,毒副作用显著增加。

二、杂质的来源

药物中的杂质主要来源于三个方面,一是由生产过程引入,二是由贮存过程引入,三是由其他原因引入。

1. 生产过程引入　药物在生产过程中由于所用原料不纯、反应不完全、生成的中间体、生成的副产物、加入的试剂和溶剂等在精制时未完全除净、使用的生产器皿不干净等原因,可能引入未反应完全的原料、试剂、中间体或副产物以及其他杂质。例如,对乙酰氨基酚生产中乙酰化反应为可逆反应,终产品中必然会残留对氨基酚;氨苄青霉素在提纯过程中,有机溶媒因结合情况和干燥条件的不同,存在不同程度的残留,残留物主要是二氯甲烷、异丙醇、丙酮等;丁胺卡那霉素在生产过程中需用乙醇进行多次重结晶以提纯,原料药中可能残留乙醇等。

2. 贮存过程引入　药物在贮存过程中,由于贮存保管不当,或贮存时间过长,在外界条件如温度、湿度、光照、空气、微生物等影响下,可能使药物发生水解、氧化、分解、异构化、晶型转变、聚合、潮解和发霉等变化而产生有关杂质。如麻醉乙醚在贮存过程中遇空气易氧化成有毒的过氧化物;甘汞放置较久或保存不好,能分解生成剧毒的升汞与汞;酯、内酯、酰胺、环酰胺、卤代烃及苷类等药物在水分存在的环境中均容易水解;阿司匹林可水解产生水杨酸和醋酸等。

3. 其他原因引入　如放射性药品中的衰减;生物制品中异常表达的蛋白质;手性化合物的光学异构体;中草药制剂中的残留农药等。

任务二 杂质的分类

为有效地控制药物的杂质,保障药物的安全性、有效性和稳定性,应对药物中的杂质种类及性质有所了解。药物中杂质多种多样,其分类方法不同,杂质种类也不同。

一、按来源分类

1. 一般杂质 一般杂质是指在自然界中分布比较广泛,在多种药物的生产和贮存过程中容易引入的杂质。由于多种药物涉及此类杂质的控制,故在药典中均规定了它们的检查方法。《中国药典》(2020年版)四部通则规定了氯化物、硫酸盐、硫化物、硒、氟、氰化物、铁盐、重金属、砷盐、铵盐、酸碱度、干燥失重、水分、炽灼残渣、易炭化物以及残留溶剂等检查项目。

2. 特殊杂质 特殊杂质是指药物在生产和贮存过程中由于药物本身的性质、生产方法和工艺的不同,可能引入的杂质。如阿司匹林中的游离水杨酸、对乙酰氨基酚中的对氨基酚、肾上腺素中的酮体、硫酸阿托品中的莨菪碱等。一般来说,特殊杂质只存在于某种特定的药物中,故其检查方法收载于药典的该药物质量标准正文中。

二、按结构分类

1. 无机杂质 可能来源于生产过程,如氯化物、硫酸盐、硫化物、氧化物、重金属等,一般是已知和确定的。

2. 有机杂质 主要包括合成过程中未完全反应的原料、中间体、副产物、分解产物、异构体和残留溶剂等。

三、按性质分类

1. 影响药物稳定性的杂质 药物中金属离子的存在可能会催化氧化还原反应,如 Cu^{2+} 的存在可使维生素A和维生素E易被氧化,水分的存在可使含有酯键和酰胺结构的药物发生水解,从而影响药物的安全性和有效性。

2. 毒性杂质 药物中重金属(如银、铅、汞、铜、镉、铋、锑、镍、锌等)和砷盐的过量存在,会导致人体中毒,影响到用药的安全性,应严格控制其限量。

3. 信号杂质 药物中氯化物、硫酸盐等杂质少量存在不会对人体产生危害,但是此类杂质的存在情况可以反映药物的生产工艺和贮存状况是否正常,因此,此类杂质称为"信号杂质"。控制这类杂质的限量,也就同时控制了有关杂质的限量,从而有助于指导生产工艺和改善贮存条件。

药物的杂质与药品安全性的关系是一个受很多因素影响的复杂的关系,通常药物中的杂质大多具有潜在的生物活性,有的甚至与药物相互作用从而影响药物的效能和安全性,严重的可能产生毒性作用。无论哪种杂质,都要根据其性质、特点和来源,在保证用药安全、有效的前提下,以科学、合理的方法进行严格控制。

任务三 杂质限量与检查方法

药物中的杂质会不同程度地影响药物的稳定性和安全性,于药物而言,其杂质的含量当然越少越好,但要把药物中的杂质完全除去,既不可能也没有必要,这不仅会增加成本,也会受到生产工艺和条件的制约。因此在保证药物安全、有效,且不影响药物稳定性的原则下,允许药物中存在一定量的杂质,但是必须严格控制杂质的量。杂质检查是控制药物质量的一项重要指标。

一、杂质限量

药物中所含杂质的最大允许量称为杂质限量。通常用百分比(%)或百万分比(ppm)表示。对信号杂质允许的限量值较高,但对危害人体健康或影响药物稳定性的杂质允许限量值很低。如砷对人体有毒,其限量一般不超过百万分之十。重金属易在体内蓄积中毒,并影响药物的稳定性,其限量一般不超过百万分之二十。药物中杂质限量除考虑杂质本身的性质外,还要根据生产所能达到的水平,并参考各国药典标准来制定。

药物中杂质的检查,一般不要求测定其含量,而只检查杂质的量是否超过限量。这种杂质检查的方法称为限量检查。

根据杂质限量的定义,药物中杂质限量常以下式表示:

$$杂质限量(\%) = \frac{杂质最大允许量}{供试品量} \times 100\%$$

$$杂质限量(ppm) = \frac{杂质最大允许量}{供试品量} \times 10^6$$

二、检查方法

药物的杂质检查按照操作方法不同,分为以下四种方法。

1. 对照法 对照法是指取一定量待检杂质的对照溶液与一定量供试品溶液,在相同条件下加入一定的试剂处理后,比较反应结果,从而判断供试品中所含杂质是否超过限量。使用本法检查药物的杂质,必须遵循平行原则,即供试品溶液和对照溶液应在完全相同的条件下反应,如加入的试剂、反应的条件、反应的温度和时间等均应该相同。该法的检测结果,只能判定药物所含杂质是否符合限量规定,一般不能测定杂质的准确含量。各国药典主要采用本法检查药物的杂质。

供试品中所含杂质是否超过限量是通过与一定量杂质对照溶液进行比较来确定的,杂质的最大允许量就是对照溶液的浓度与体积的乘积,因此,杂质限量的计算又可用下式表示:

$$杂质限量(\%) = \frac{对照溶液的浓度 \times 对照溶液的体积}{供试品量} \times 100\%$$

即

$$L(\%) = \frac{c_{对} \times V_{对}}{S} \times 100\%$$

式中:L 为杂质限量;$c_{对}$ 为对照溶液的浓度;$V_{对}$ 为对照溶液的体积;S 为供试品量。

学习实例

学习实例一 对乙酰氨基酚中氯化物检查

取本品 2.0 g,加水 100 ml,加热溶解后,冷却,滤过,取滤液 25 ml,依法检查(通则 0801),与标准氯化钠溶液(每毫升溶液中含 10 μg Cl^-)5.0 ml 制成的对照溶液比较,不得更浓。请计算氯化物的限量。

解析:
$$L = \frac{c_{对} \times V_{对}}{S} \times 100\%$$

$$L = \frac{5 \times 0.01}{2 \times 1000 \times \frac{25}{100}} \times 100\% = 0.01\%$$

学习实例二 茶苯海明中氯化物检查

取本品 0.30 g 置 200 ml 量瓶中,加水 50 ml、氨试液 3 ml 和 10% 硝酸铵溶液 6 ml,置水浴上加热 5 min,加硝酸银试液 25 ml,摇匀,再置水浴上加热 15 min,并时时振摇,放冷,加水稀释至刻度,摇匀,放置 15 min,滤过,取续滤液 25 ml 置纳氏比色管中,加稀硝酸 10 ml,加水稀释成 50 ml,摇匀,在暗处放置 5 min,与标准氯化钠溶液(每毫升溶液中含 10 μg Cl^-)1.5 ml 制成的对照溶液比较,求氯化物的限量。

解析:
$$L = \frac{c_{对} \times V_{对}}{S} \times 100\%$$

$$L = \frac{10 \times 10^{-6} \times 1.5}{0.30 \times \frac{25}{200}} \times 100\% = 0.04\%$$

学习实例三 供试品的量怎么计算?

检查某药物中的砷盐,取标准砷溶液 2 ml(每 1 ml 相当于 1 μg As)制备标准砷斑,砷盐限量为 0.0001%,应取供试品的量为多少?

解析:
$$S = \frac{c_{对} \times V_{对}}{L} = \frac{1 \times 10^{-6} \times 2}{0.0001\%} = 2.0 \text{ g}$$

2. 比较法 比较法是指取一定量供试品依法进行检查,测得待检杂质的某项指标值(如吸光度、旋光度等),不得超过药品质量标准中的规定值。本法的特点是将测量的指标直接与规定值做比较,不需要对照品。如《中国药典》(2020 年版)二部中,葡萄糖注射液中 5-羟甲基糠醛的检查方法:精密量取本品适量(约相当于葡萄糖 1.0 g),置 100 ml 量瓶中,用水稀释至刻度,摇匀,照紫外-可见分光光度法(通则 0401),在 284 nm 波长处测定,吸光度不得大于 0.32。

3. 灵敏度法 灵敏度法是指在供试品溶液中加入试剂,在一定反应条件下,不得有正反应出现,从而判断供试品中所含杂质是否符合限量规定的方法。例如,氧化淀粉中的游离淀粉和碘化物的检查都是采用灵敏度法进行检验,游离淀粉的检查:取本品 0.1 g,加水 5 ml 煮沸,放冷后应沉于管底,不得糊化,加碘试液 1 滴,不得显蓝色;碘化物的检查:取本品 1 g,置烧杯中,加少量水。充分搅拌,滤过,并以少量水洗涤,合并滤液,用水稀释至 10 ml,加过氧化氢试液 0.5 ml,摇匀,加硫酸 2 滴并加热至沸,放冷后加淀粉指示液 0.5 ml,不得显蓝色。

4. 重量法 重量法是指通过测定供试品在一定条件下减失的重量或经过一定方法处理后重量的变化值,以评估其是否符合药品质量标准的规定限量值,常见方法包括干燥失重测定、炽灼残渣测定、不挥发物测定等。

知识累积

(1)杂质是指药物中存在的无治疗作用或者影响药物的稳定性、疗效,甚至对人体健康有害的物质。

(2)药物中的杂质主要来源于三个方面:一是由生产过程引入,二是由贮存过程引入,三是由其他原因引入。

(3)药物中所含杂质的最大允许量称为杂质限量。通常用百分比(%)或百万分比(ppm)来表示。

(4)药物的杂质检查按照操作方法不同,分为以下四种方法:对照法、比较法、灵敏度法、重量法。

(5)课程思政要点:深刻认识到杂质对药物稳定性和疗效的潜在影响,从而树立质量第一的观念。

项目二 一般杂质检查技术

一般杂质是指在自然界中分布比较广泛，在多种药物的生产和贮存过程中容易引入的杂质。由于多种药物涉及此类杂质的控制，故在药典中均规定了它们的检查方法。《中国药典》（2020年版）四部通则规定了氯化物、硫酸盐、硫化物、硒、氟、氰化物、铁盐、重金属、砷盐、铵盐、酸碱度、干燥失重、水分、炽灼残渣、易炭化物以及残留溶剂等检查项目。

任务一 氯化物检查法的认知与训练

在药物生产过程中常常要用到盐酸或某些药物需要制成盐酸盐供临床使用，少量的氯化物对人体虽然无害，但它可以反映出药物的纯净程度以及生产过程是否正常，因此氯化物作为信号杂质，在很多药物中需要检查。

一、检查原理

利用微量氯化物在硝酸酸性溶液中与硝酸银试液作用，生成氯化银的白色浑浊液，与一定量标准氯化钠溶液在相同条件下生成的氯化银浑浊液做比较，以判断供试品中的氯化物是否超过了限量。反应式如下：

$$Cl^- + Ag^+ \longrightarrow AgCl\downarrow（白色）$$

二、检查步骤

1. 供试品溶液的制备　除另有规定外，取各药品项下规定量的供试品，加水溶解至 25 ml（溶液如显碱性，可滴加硝酸使呈中性），再加稀硝酸 10 ml；若溶液不澄清，应滤过；置 50 ml 纳氏比色管中，加水使成约 40 ml，摇匀，即得。

2. 对照溶液的制备　称取氯化钠 0.165 g，置 1000 ml 量瓶中，加水适量使其溶解并稀释至刻度，摇匀，作为标准氯化钠贮备液。临用前，精密量取贮备液 10 ml，置 1000 ml 量瓶中，加水稀释至刻度，摇匀，即得每 1 ml 相当于 10 μg Cl 的标准氯化钠溶液；取各品种项下规定量的标准氯化钠溶液，置 50 ml 纳氏比色管中，加稀硝酸 10 ml，加水使成 40 ml，摇匀，即得。

3. 结果观察　于供试品溶液与对照溶液中，分别加入硝酸银试液 1.0 ml，用水稀释至 50 ml，摇匀，在暗处放置 5 min，同置黑色背景上，从比色管上方向下观察，比较所产生的浑浊。

4. 结果判定　若供试溶液管所产生的浑浊不浓于对照管产生的浑浊，则判定为符合规定；若供试溶液管所产生的浑浊浓于对照管产生的浑浊，则判定为不符合规定。

三、注意事项

（1）标准氯化钠溶液应为临用前配制，每 1 ml 相当于 10 μg 的 Cl，在检测条件下，以 50 ml 中含 50～80 μg 的 Cl 为宜。在此范围内氯化物与硝酸银反应产生的浊度明显，最便于比较。

（2）稀硝酸溶液的配制：取硝酸 105 ml，加水稀释至 1000 ml，即得（含 HNO_3 应为 9.5%～10.5%）。

（3）检测中加入稀硝酸的作用是消除 SO_3^{2-}、CO_3^{2-}、PO_4^{3-} 等杂质与银离子结合产生的干扰；同时还可以加速氯化银沉淀的生成，同时产生较好的乳浊。添加稀硝酸的量以 50 ml 溶液中含 10 ml 为宜。

（4）因光线会使单质银析出，因此需要在暗处放置 5 min。

（5）有机药物的氯化物检查。若有机药物溶于水，按规定方法直接检查；若有机药物不溶于水，多数采用加水振摇，使所含氯化物溶解，滤去不溶物或加热溶解供试品，放冷后析出沉淀，滤过，取滤液进行检查。

（6）检查有机氯杂质，可根据有机氯杂质结构，选择适宜的有机破坏方法，使有机氯转变为无机氯后，再依法检查。

（7）供试品溶液若不澄清，可预先用含硝酸的水洗净滤纸中的氯化物，再滤过供试品溶液，使其澄清。

（8）应注意按操作顺序进行，先制成 40 ml 溶液，再加入硝酸银试液 1.0 ml，以免在较高浓度的氯化物下局部产生浑浊，影响比浊。

（9）若供试品溶液有颜色，除另有规定外，可取供试品溶液两份，分别置 50 ml 纳氏比色管中，一份中加硝酸银试液 1.0 ml，摇匀，放置 10 min，若显浑浊，可反复滤过，至滤液完全澄清，再加规定量的标准氯化钠溶液与水适量使成 50 ml，摇匀，在暗处放置 5 min，作为对照溶液；另一份中加硝酸银试液 1.0 ml 与水适量使成 50 ml，摇匀，在暗处放置 5 min，与对照溶液同置黑色背景上，从比色管上方向下观察，比较所产生的浑浊。

【知识链接】
纳氏比色管

任务二　硫酸盐检查法的认知与训练

硫酸盐与氯化物一样，在药物生产过程中常常要用到硫酸或某些药物需要制成硫酸盐供临床使用，少量的硫酸盐对人体虽然无害，但它可以反映出药物的纯净程度以及生产过程是否正常，因此硫酸盐作为信号杂质，在很多药物中需要检查。

一、检查原理

药物中存在的微量硫酸盐在盐酸酸性溶液中与氯化钡生成硫酸钡白色浑浊液，与一定量标准硫酸钾溶液在相同条件下生成的浑浊液比较，以此来判断药物中的硫酸盐是否超过限量。

$$SO_4^{2-} + Ba^{2+} \longrightarrow BaSO_4 \downarrow （白色）$$

二、检查步骤

1. 供试品溶液的制备 除另有规定外,取各品种项下规定量的供试品,置 50 ml 纳氏比色管中,加水溶解使成约 40 ml(溶液如显碱性,可滴加盐酸使遇 pH 试纸显中性);若溶液不澄清,应滤过;加稀盐酸 2 ml,摇匀,即得供试品溶液。

2. 对照溶液的制备 称取硫酸钾 0.181 g,置 1000 ml 量瓶中,加水适量使溶解并稀释至刻度,摇匀,即得(每 1 ml 相当于 100 μg 的 SO_4)标准硫酸钾溶液;取各品种项下规定量的标准硫酸钾溶液,置 50 ml 纳氏比色管中,加水使成约 40 ml,加稀盐酸 2 ml,摇匀,即得对照溶液。

3. 结果观察 于供试品溶液与对照溶液中,分别加入 25% 氯化钡溶液 5 ml,用水稀释使成 50 ml,充分摇匀,放置 10 min,同置黑色背景上,从比色管上方向下观察,比较所产生的浑浊。若供试品溶液有颜色,除另有规定外,可取供试品溶液两份,分别置 50 ml 纳氏比色管中,一份中加 25% 氯化钡溶液 5 ml,摇匀,放置 10 min,若显浑浊,可反复滤过,至滤液完全澄清,再加规定量的标准硫酸钾溶液与水适量使成 50 ml,摇匀,放置 10 min,作为对照溶液;另一份中加 25% 氯化钡溶液 5 ml 与水适量使成 50 ml,摇匀,放置 10 min,同置黑色背景上,从比色管上方向下观察,比较所产生的浑浊。

4. 结果判定 若供试溶液管所产生的浑浊不浓于对照溶液管,则判定为符合规定;若供试溶液管所产生的浑浊浓于对照溶液管,则判定为不符合规定。

三、注意事项

(1) 本法适宜的比浊浓度范围为 50 ml 溶液中含有 0.1~0.5 mg 的 SO_4,相当于标准硫酸钾溶液 1~5 ml,在此浓度范围内,浊度梯度明显。

(2) 25% 氯化钡溶液若存放时间过久,会有沉淀析出,则不能使用,应予重配。

(3) 供试品溶液中加入稀盐酸的作用是防止 CO_3^{2-}、PO_4^{3-} 等与 Ba^{2+} 生成沉淀而干扰测定。以 50 ml 溶液中加入稀盐酸 2 ml 为宜,可以将溶液 pH 调节至约为 1。酸度不宜太高,如果酸度过高,试验灵敏度会下降。

(4) 若供试品溶液加入盐酸后不澄清,应滤过;滤纸需预先用被盐酸酸化的水洗净后再使用。

(5) 温度会对浑浊的产生有影响,当温度低于 10 ℃ 时,浑浊生成速度较慢、量少且不稳定,测定温度控制在 25 ℃ 左右为宜。

任务三 铁盐检查法的认知与训练

药物中铁盐的存在可以使药物发生氧化反应及其他反应而变质,因此,需要规定药物中铁盐限量。《中国药典》(2020 年版)采用硫氰酸盐法检查。

一、检查原理

三价铁盐可在盐酸酸性溶液中与硫氰酸铵生成红色可溶性硫氰酸铁配离子,与一

定量标准铁溶液用同法处理后所呈的颜色进行比较,颜色不得更深,以此检查铁盐限量。反应式如下:

$$Fe^{3+} + 6SCN^- \xrightarrow{H^+} [Fe(SCN)_6]^{3-}(红)$$

二、检查步骤

1. 供试品溶液的制备 除另有规定外,取各品种项下规定量的供试品,加水溶解使成 25 ml,移置 50 ml 纳氏比色管中。

2. 对照溶液的制备 称取硫酸铁铵[$FeNH_4(SO_4)_2 \cdot 12H_2O$]0.863 g,置 1000 ml 量瓶中,加水溶解后,加硫酸 2.5 ml,用水稀释至刻度,摇匀,作为贮备液。临用前,精密量取贮备液 10 ml,置 100 ml 量瓶中,加水稀释至刻度,摇匀,即得(每 1 ml 相当于 10 μg 的 Fe)标准铁溶液。取各品种项下规定量的标准铁溶液,置 50 ml 纳氏比色管中,加水使成 25 ml,摇匀,即得。

3. 结果观察 于供试品溶液和对照溶液中,分别加稀盐酸 4 ml 与过硫酸铵 50 mg,用水稀释使成 35 ml 后,加 30% 硫氰酸铵溶液 3 ml,再加水适量稀释成 50 ml,摇匀;在白色背景下,立即观察比较所产生的颜色。如供试品溶液管与对照管色调不一致时,可分别移至分液漏斗中,各加正丁醇 20 ml 提取,待分层后,将正丁醇层移置 50 ml 纳氏比色管中,再用正丁醇稀释至 25 ml,比较,即得。

4. 结果判定 若供试品溶液管所显颜色不深于对照溶液管,则判定为符合规定;若供试品溶液管所显颜色深于对照溶液管,则判定为不符合规定。

三、注意事项

(1) 本法以 50 ml 溶液中含 10~50 μg 的 Fe 为宜,在此范围内,所显示颜色梯度明显,最便于目视比色。

(2) 测定中加入氧化剂过硫酸铵,一是可将供试品可能存在的二价亚铁氧化为三价铁,二是可以防止硫氰酸铁受光照影响发生还原或分解。

(3) 某些药物如葡萄糖、糊精、硫酸镁等,在检测过程中需加硝酸处理,则不再加过硫酸铵。但在试验过程中,必须加热煮沸除去氧化氮。

(4) 硫氰酸根能与多种金属离子发生反应,如高汞离子、锌离子、锑离子、银离子、铜离子、钴离子等,在设计方法时应予以注意。

(5) 某些有机药物,特别是环状结构的有机药物,在试验条件下不溶解或对检查有干扰时,需经炽灼破坏,使铁盐转变为 Fe_2O_3 留于残渣中,再依法检查。

(6) 标准铁贮备液应存放于阴凉处;存放期间若出现浑浊或其他异常情况,则不得再使用。

(7) 适当增加酸度或增加铁氰酸铵的量,然后用正丁醇萃取后比色,可以防止某些酸根,如 Cl^-、PO_4^{3-}、SO_4^{2-}、枸橼酸根等与三价铁离子形成有色的配离子而干扰检查。

任务四 重金属检查法的认知与训练

本法中的重金属是指在规定试验条件下,能与硫代乙酰胺试液或硫化钠试液作用显色的金属杂质。这些杂质包括银离子、铅离子、汞离子、铜离子、镉离子、铋离子、锑离子、锡离子、锌离子、钴离子与镍离子等。由于在药品生产过程中遇到铅的机会比较多,且铅容易在体内积蓄,导致中毒,故以铅作为重金属的代表,以铅的限量表示重金属的限量。《中国药典》(2020年版)四部(通则0821)规定了三种检查方法。三种检查方法标准铅溶液的制备:准确称取在105 ℃下干燥至恒重的硝酸铅0.1599 g,置1000 ml 量瓶中,加硝酸5 ml 与水50 ml 溶解后,用水稀释至刻度,摇匀,作为贮备液。临用前,精密量取贮备液10 ml,置100 ml 量瓶中,加水稀释至刻度,摇匀,即得(每1 ml 相当于10 μg 的Pb),本液仅供当日使用。

一、第一法:硫代乙酰胺法

本法为最常用的方法,适用于溶于水、稀酸或有机溶剂(如乙醇)的药物,供试品不经有机破坏,在酸性溶液中进行显色,检查重金属含量。

1. 检查原理 利用硫代乙酰胺在弱酸性(pH=3.5 醋酸盐缓冲液中)条件下水解,产生硫化氢气体,与药物中的微量重金属离子生成黄色至棕黑色的硫化物均匀混悬液,与一定量标准铅溶液经同法处理后所呈颜色比较,颜色不得更深,以此来检查药物中重金属限量。反应式如下:

$$CH_3CSNH_2 + H_2O \xrightarrow{pH=3.5} CH_3CONH_2 + H_2S$$

$$H_2S + Pb^{2+} \xrightarrow{pH=3.5} PbS\downarrow + 2H^+$$

2. 检查步骤

(1) 供试品溶液和对照溶液的制备:除另有规定外,取25 ml 纳氏比色管三支,分别标记为甲、乙、丙,甲管中加一定量标准铅溶液与醋酸盐缓冲液(pH 3.5)2 ml 后,加水或各药品项下规定的溶剂稀释至25 ml;乙管加入按各药品项下规定方法制成的供试品溶液25 ml;丙管中加入与乙管相同重量的供试品,加配制供试品溶液的溶剂适量使溶解,再加与甲管相同量的标准铅溶液与醋酸盐缓冲液(pH 3.5)2 ml 后,用溶剂稀释至25 ml。

(2) 结果观察:在甲、乙、丙三管中分别加硫代乙酰胺试液2 ml,摇匀,放置2 min,同置白色纸上,自上向下透视观察。

(3) 结果判定:当丙管中显示的颜色不浅于甲管时,乙管中显示的颜色浅于甲管,判定为符合规定;若丙管中显出的颜色浅于甲管,应重新取样按第二法检查;当丙管中显出的颜色不浅于甲管时,乙管中显示的颜色深于甲管,则判定为不符合规定。

3. 注意事项

(1) 本法适宜目视比色范围为27 ml 溶液中含有10~20 μg Pb,相当于取标准铅溶液1~2 ml。

(2) 溶液的pH 对于本试验呈色影响较大,pH 为3.0~3.5 时,硫化铅沉淀较完全。若酸度增大,重金属离子与硫化氢呈色变浅,酸度太大时甚至不显色。故供试品若用强酸溶解或在处理中用了强酸,则应在加入醋酸盐缓冲液前加氨水至对酚酞指示剂显中性。

(3) 若供试品溶液呈色,应在加硫代乙酰胺前于对照管中滴加少量稀焦糖溶液或其他无干扰的有色溶液,使之与对照溶液颜色一致,然后加硫代乙酰胺试液比色。如在甲管中滴加稀焦糖溶液或其他无干扰的有色溶液,仍不能使颜色一致时,应取样按第二法重新检查。

(4) 当供试品含高铁盐影响检查时,可在甲、乙、丙三管中分别加入相同量的维生素 C 0.5～1.0 g,将高铁离子还原为亚铁离子,再依上述方法进行检查。

(5) 配制供试品溶液时,如使用的盐酸超过 1 ml,氨试液超过 2 ml,或加入其他试剂进行处理者,除另有规定外,甲管溶液应取同样同量的试剂置瓷皿中蒸干后,加醋酸盐缓冲液(pH 3.5)2 ml 与水 15 ml,微热溶解后,移置纳氏比色管中,加标准铅溶液一定量,再用水或各品种项下规定的溶剂稀释成 25 ml。

二、第二法:炽灼后硫代乙酰胺法

本法适用于难溶或不溶于水、稀酸或与水互溶的有机溶剂的药物,或受某些因素(如自身颜色的药物、药物中的重金属不呈游离状态或重金属离子与药物形成配位化合物等)干扰不宜采用第一法检查的药物,供试品需经有机破坏,残渣经处理后在酸性溶液中进行显色,检查重金属限量。

1. 检查原理　将供试品炽灼破坏后,加硝酸加热处理,使有机物分解、破坏完全后,加盐酸转化为易溶于水的氯化物,再按上述第一法进行检查。

2. 检查步骤

(1) 乙管溶液的制备:取各品种项下规定量的供试品,按炽灼残渣检查法标准操作规程进行炽灼处理,然后取遗留的残渣;或直接取炽灼残渣项下在 500～600 ℃炽灼遗留的残渣;如供试品为溶液,则取各品种项下规定量的溶液,蒸发至干,再按上述方法处理后取遗留的残渣;加硝酸 0.5 ml,蒸干,至氧化氮蒸气除尽后(或取供试品一定量,缓缓炽灼至完全炭化,放冷,加硫酸 0.5～1.0 ml,使其恰好湿润,用低温加热至硫酸除尽后,加硝酸 0.5 ml,蒸干,至一氧化氮蒸气除尽后,放冷,在 500～600 ℃条件下炽灼使完全灰化),放冷,加盐酸 2 ml,置水浴上蒸干后加水 15 ml,滴加氨试液至对酚酞指示液显微粉红色,再加醋酸盐缓冲液(pH 3.5)2 ml,微热溶解后,移置纳氏比色管(乙管)中,加水稀释至 25 ml。

(2) 甲管溶液的制备:另取配制供试品溶液的试剂,置瓷皿中蒸干后,加醋酸盐缓冲液(pH 3.5)2 ml 与水 15 ml,微热溶解后,移置纳氏比色管(甲管)中,加一定量标准铅溶液,再用水稀释成 25 ml。

(3) 结果观察:在甲、乙两管中分别加硫代乙酰胺试液 2 ml,摇匀,放置 2 min,同置白纸上,自上向下透视观察。

(4) 结果判定:乙管中显示的颜色浅于甲管时,判定为符合规定;乙管中显示的颜色深于甲管时,则判定为不符合规定。

3. 注意事项

(1) 炽灼温度对重金属检查的影响较大,温度过低灰化不完全,温度过高容易造成重金属损失,炽灼时,将温度控制在 500~600 ℃为宜。

(2) 含钠或氟的有机药物在炽灼时应该用铂坩埚,因瓷坩埚会被这类药物腐蚀而引入重金属杂质。

(3) 炽灼残渣加硝酸加热处理后,必须将硝酸蒸干,除尽氧化氮,否则硫化氢可被亚硝酸氧化析出硫单质,影响比色。

三、第三法:硫化钠法

本法适用于能溶于碱而不溶于稀酸或在稀酸中会生成沉淀的药物。如磺胺类药物、巴比妥类药物等。

1. 检查原理 在碱性介质(氢氧化钠)中,以硫化钠为显色剂,使 Pb^{2+} 生成 PbS 微粒的混悬液,与一定量标准铅溶液经同法处理后所呈颜色比较,不得更深,以此来检查药物中重金属杂质限量。反应式如下:

$$Na_2S + Pb^{2+} \xrightarrow{NaOH} PbS\downarrow + 2Na^+$$

2. 检查步骤

(1) 供试品溶液的制备:除另有规定外,按各品种项下的规定取供试品适量置于乙管中,加氢氧化钠试液 5 ml 使溶解,再加水稀释使成 25 ml。

(2) 对照溶液的制备:取一定量的标准铅溶液置甲管中,加氢氧化钠试液 5 ml 使溶解,再加水稀释使成 25 ml。

(3) 结果观察:在甲、乙两管中分别加硫化钠试液 5 滴,摇匀,同置白纸上,自上向下透视,观察两管所产生的颜色。

(4) 结果判定:若乙管中显示的颜色浅于甲管,则判定为符合规定;若乙管中显示的颜色深于甲管,则判定为不符合规定。

3. 注意事项 硫化钠试液久置会产生絮状物,且对玻璃有一定的腐蚀性,应临用前重新配制。

任务五　砷盐检查法的认知与训练

【知识链接】
三氧化二砷

砷盐是有毒杂质,多由药物生产过程所使用的无机试剂或搪瓷反应器引入,必须严格控制其限量。《中国药典》(2020 年版)收载的砷盐检查方法有古蔡氏法和二乙基二硫代氨基甲酸银法两种。第一法(古蔡氏法)用于药品中砷盐的限量检查,第二法(二乙基二硫代氨基甲酸银法)既可检查药品中砷盐限量,又可用于砷盐的含量测定;两法并列,应根据《中国药典》(2020 年版)各品种项下规定的方法选用。两种检查方法标准砷溶液的制备:精密称取 105 ℃干燥至恒重的三氧化二砷 0.132 g,置 1000 ml 量瓶中,加 20%氢氧化钠溶液 5 ml 溶解后,用适量的稀硫酸中和,再加稀硫酸 10 ml,用水稀释至刻度,摇匀,作为贮备液;临用前,精密量取贮备液 10 ml,置 1000 ml 量瓶中,加稀硫酸 10 ml,用水稀释至刻度,摇匀,即得(每 1 ml 相当于 1 μg 的 As)。配制与贮存用的玻璃容器均不得含铅。

一、第一法：古蔡氏法

1. 检查原理 金属锌与盐酸反应产生新生态的氢，氢与药物中的微量亚砷酸盐反应生成具有挥发性的砷化氢气体，砷化氢遇到溴化汞试纸生成黄色至棕色的砷斑，与一定量标准砷溶液在相同条件下产生的砷斑比较，颜色不得更深，以此来判断供试品中的砷盐限量。反应式如下：

$$As^{3+} + 3Zn + 3H^+ \longrightarrow 3Zn^{2+} + AsH_3 \uparrow$$
$$AsO_3^{3-} + 3Zn + 9H^+ \longrightarrow AsH_3 \uparrow + 3Zn^{2+} + 3H_2O$$
$$AsH_3 + 2HgBr_2 \longrightarrow 2HBr + AsH(HgBr)_2 （黄色）$$
$$AsH_3 + 3HgBr_2 \longrightarrow 3HBr + As(HgBr)_3 （棕色）$$

2. 检查步骤

（1）仪器装置：见图 4-1。A 为 100 ml 标准磨口锥形瓶；B 为中空标准磨口塞，上连导气管 C（外径 8.0 mm，内径 6.0 mm，全长约 180 mm）；D 为具孔有机玻璃旋塞，其上部为圆形平面，中央有一圆孔，孔径与导气管 C 的内径一致，其下部孔径与导气管 C 的外径相适应，将导气管 C 的顶端套入旋塞下部孔内，并使管壁与旋塞的圆孔相吻合，黏合固定；E 为中央具有圆孔（孔径 6.0 mm）的有机玻璃旋塞盖，与 D 紧密吻合。测试时，在 C 管中装入高度为 60～80 mm（60～100 mg）的醋酸铅棉花，再于旋塞 D 的顶端平面上放一片溴化汞试纸（试纸大小以能覆盖孔径而不露出平面为宜）。

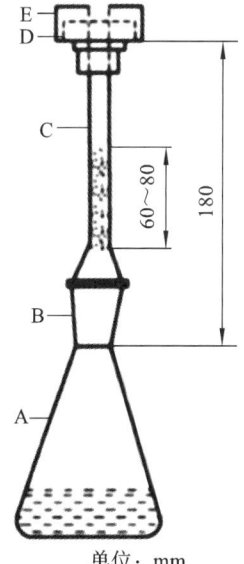

A.标准磨口锥形瓶；B.中空标准磨口塞；C.导气管；D.具孔有机玻璃旋塞；E.旋塞盖

图 4-1 古蔡氏法装置

（2）标准砷斑的制备：精密量取标准砷溶液 2 ml，置 A 瓶中，加盐酸 5 ml 与水 21 ml，再加碘化钾试液 5 ml 与酸性氯化亚锡试液 5 滴，在室温放置 10 min 后，加锌粒 2 g，立即将装有醋酸铅棉花的导气管 C 密塞于 A 瓶上，并将 A 瓶置 25～40 ℃的水浴中,反应 45 min,取出溴化汞试纸,即得。

(3) 供试品砷斑的制备:取按各品种项下规定方法制成的供试品溶液,置 A 瓶中,照标准砷斑的制备,自"再加碘化钾试液 5 ml"起,依法操作,即得。

(4) 结果观察:对比观察标准砷斑与供试品生成的砷斑。

(5) 结果判定:供试品所显砷斑的颜色浅于标准砷斑时,判定为符合规定;否则,判定为不符合规定。

3. 注意事项

(1) 每 1 ml 标准砷溶液相当于 1 μg As,《中国药典》(2020 年版)规定标准砷斑为 2 ml 标准砷溶液制成,可得清晰的砷斑,除另有规定外,不得改变标准砷溶液的取用量。

(2) 制备标准砷斑,应与供试品检查同时进行。

(3) 所用仪器和试液等照本法检查,均不应生成砷斑,或至多生成仅可辨认的斑痕。

(4) 本法所用锌粒应无砷,以能通过一号筛的细粒为宜,如使用的锌粒较大时,用量应酌情增加,反应时间亦应延长为 1 h。

(5) 因五价砷在酸性溶液中比三价砷被金属锌还原为砷化氢的速度慢。反应液中加入碘化钾及氯化亚锡的作用是将供试品中可能存在的 As^{5+} 还原成 As^{3+},加快反应速度。

(6) 碘化钾被氧化生成的碘可被氯化亚锡还原为碘离子,碘离子又可与反应中产生的锌离子形成稳定的配离子,有利于生成砷化氢反应不断进行。

(7) 氯化亚锡与碘化钾能抑制锑化氢的生成,因锑化氢也能与溴化汞试纸作用生成锑斑。在试验条件下,100 μg 锑的存在不会干扰测定。氯化亚锡又可与锌作用,在锌粒表面形成锌锡齐,起去极化作用,从而使氢气均匀而连续地产生。

(8) 锌粒及供试品中可能含有少量硫化物,硫化物在此试验条件下,可生产硫化氢,硫化氢可与溴化汞试纸作用生成硫化汞斑点,影响测定结果,因此,醋酸铅棉花用于吸收硫化氢气体。导气管 C 中的醋酸铅棉花塞得过多或过紧,会影响砷化氢的通过,又不可能除尽硫化氢,所以醋酸铅棉花必须松紧适宜且保持干燥,如已润湿,应重新更换。

(9) 醋酸铅棉花的制备:取脱脂棉 1.0 g,浸入醋酸铅试液与水的等容混合液 12 ml 中,湿透后,挤压除去过多的溶液,并使之疏松,在 100 ℃ 以下干燥后,贮于玻璃塞瓶中备用。

(10) 溴化汞试纸与砷化氢作用较氯化汞试纸灵敏,其灵敏度为 1 μg(以 As_2O_3 计),但是所呈砷斑不够稳定,反应中应保持干燥及避光,反应完成后应立即进行比色。

二、第二法:二乙基二硫代氨基甲酸银法(Ag-DDC 法)

1. 检查原理 利用金属锌与酸作用产生新生态氢,氢与微量亚砷酸盐反应生成具挥发性的砷化氢,砷化氢还原二乙基二硫代氨基甲酸银,产生红色的胶态银,与相同条件下一定量的标准砷溶液所呈颜色比较,或在 510 nm 波长处测定吸光度进行比较,以判定供试药物中的砷盐限量或测定含量。反应式如下:

$$AsH_3 + 6Ag\text{-}DDC + 3C_5H_5N \longrightarrow As(DDC)_3 + 6Ag + 3C_5H_5N \cdot HDDC$$

2. 检查步骤

(1) 仪器装置：见图 4-2。测定时，于导气管 C 中装入醋酸铅棉花 60 mg，装管高度约 80 mm，并于 D 管中精密加入二乙基二硫代氨基甲酸银试液 5 ml。

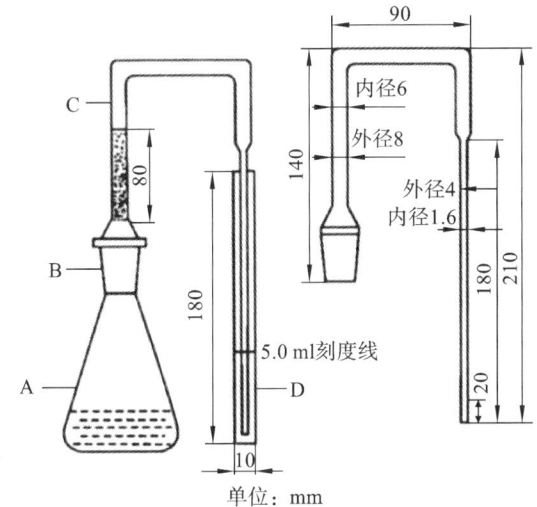

A.砷化氢生成瓶；B.中空标准磨口塞；C.导气管；D.平底玻璃管

图 4-2　二乙基二硫代氨基甲酸银法装置

(2) 标准砷对照溶液的制备：精密量取标准砷溶液 2 ml，置 A 瓶中，加盐酸 5 ml 与水 21 ml，再加碘化钾试液 5 ml 与酸性氯化亚锡试液 5 滴，在室温下放置 10 min 后，加锌粒 2 g，立即将装有醋酸铅棉花的导气管 C 密塞于 A 瓶上，并将 A 瓶置 25～40 ℃水浴中反应 45 min，取出 D 管，添加三氯甲烷至刻度，摇匀，即得。

(3) 供试品砷溶液的制备：取按各品种项下规定方法制成的供试品溶液，置 A 瓶中，照标准砷对照溶液的制备，自"再加碘化钾试液 5 ml"起，依法操作，即得。

(4) 结果观察：对比观察标准砷对照液与供试品砷溶液的颜色。必要时，可将所得供试品砷溶液转移至 1 cm 吸收池中，照紫外-可见分光光度法（通则 0401）在 510 nm 波长处以二乙基二硫代氨基甲酸银试液作为空白，测定吸光度，与标准砷对照液按同法测得的吸光度进行比较。

(5) 结果判定：若供试品所显颜色浅于标准砷溶液，或供试品的吸光度小于标准砷溶液的吸光度，判定为符合规定；否则，判定为不符合规定。

3. 注意事项

(1) 制备标准砷对照液，应与供试品检查同时进行。

(2) 本法所用锌粒应无砷，以能通过一号筛的细粒为宜，如使用的锌粒较大时，用量应酌情增加，反应时间亦应延长为 1 h。

(3) 二乙基二硫代氨基甲酸银试液在配制后 2 周内稳定。当供试品溶液中含砷（As）0.75～7.5 μg 时，显色反应的线性关系良好，2 h 内稳定，重现性好。本法操作时，由于砷化氢气体导入盛有准确 5 ml 的二乙基二硫代氨基甲酸银试液中，在 25～40 ℃水浴中反应 45 min 后有部分三氯甲烷挥发，比色前应添加三氯甲烷至 5.00 ml，摇匀,因二乙基二硫代氨基甲酸银试液带浅黄绿色,测定吸光度时要用此试液作为空白。

任务六 干燥失重测定法的认知与训练

干燥失重是指待测药物在规定的条件下,经干燥后所减失重量的百分率。干燥失重所减失的重量主要指失去的吸附水、结晶水及其他挥发性物质的总量。例如,二甲硅油在制备过程中产生的三甲胺、甲醇以及低聚物等挥发性物质,必须检查它们的限量。干燥失重测定法常采用恒温常压干燥法、恒温减压干燥法及干燥器干燥法,其中干燥器干燥法又分常压干燥器干燥法、减压干燥器干燥法两种。恒温常压干燥法适用于对热较稳定的药物;恒温减压干燥法适用于对热较不稳定或其水分较难除尽的药物;干燥器干燥法适用于不能加热干燥的药物,减压有助于除去水分与挥发性物质。

一、检查原理

将供试品置于已干燥至恒重的扁形称量瓶中,精密称定,在规定条件下干燥至恒重,由减失的重量和取样量计算供试品的干燥失重百分率。

二、检查步骤

1. 取样 取供试品,混合均匀(如为较大结晶,应先迅速捣碎使成 2 mm 以下的小粒),称取约 1 g 或各品种项下所规定的重量,置与供试品同样条件下干燥至恒重的扁形称量瓶中,精密称定。干燥失重在 1.0% 以下的品种可只做 1 份,1.0% 以上的品种应同时做平行试验 2 份。

2. 干燥 供试品平铺厚度不可超过 5 mm,如为疏松物质,厚度不可超过 10 mm。放入烘箱或干燥器进行干燥时,应将瓶盖取下,置称量瓶旁,或将瓶盖半开;采用烘箱干燥时,温度一般设为 105 ℃;采用恒温减压干燥箱或减压干燥器时,温度按各品种项下的规定设置,压力在 2.67 kPa(20 mmHg)以下。

3. 取出 取出时,须将称量瓶盖好;置烘箱内干燥的供试品,应在干燥后取出置干燥器中放冷,然后称定重量。

干燥器中常用的干燥剂为五氧化二磷、无水氯化钙或硅胶;恒温减压干燥器中常用的干燥剂为五氧化二磷。干燥剂应保持在有效状态,硅胶应显蓝色,可反复使用,不显蓝色时可加热至蓝色;五氧化二磷干燥效果最好,呈粉末状,只可使用一次,如表面有结皮现象时,应除去结皮物;无水氯化钙应呈块状。

4. 称重 精密称定置干燥器中放冷至室温(一般需 30~60 min)的样品重量。

5. 恒重 精密称定后的供试品重复步骤(2)、步骤(3)、步骤(4)的操作至恒重。

6. 计算

$$干燥失重(\%) = \frac{供试品干燥至恒重后减失的重量}{供试品的取样量} \times 100\%$$

$$干燥失重(\%) = \frac{W_1 - W_2}{W_1 - W_0} \times 100\%$$

式中：W_0 为称量瓶的恒重，g；W_1 为干燥前供试品与称量瓶的重量，g；W_2 为干燥后供试品与称量瓶的恒重，g。

7. 结果判定 干燥失重的实测数值小于或等于规定限度值，即判定为符合规定；否则，判定为不符合规定。若规定为限度范围时，测得的数值在限度范围之内的，判定为符合规定，不在限度范围之内的，判为不符合规定。

三、注意事项

（1）当供试品的含量测定"按干燥品计算"时，应取未经干燥的供试品进行试验，测定后再按干燥品计算，因而干燥失重的数据将直接影响含量测定的结果。当供试品具有引湿性时，宜将干燥失重与含量测定的取样放在同一时间进行。

（2）供试品如未达到规定的干燥温度即融化时，除另有规定外，应先将供试品在低于熔点 5~10 ℃ 的温度下干燥至大部分水分除去后，再按规定条件干燥。

（3）生物制品应先将供试品于较低的温度下干燥至大部分水分除去后，再按规定条件干燥。

（4）初次使用新的玻璃减压干燥器时，应先将外部用厚布包好或加适宜的外套，再行减压，以防破碎伤人。

（5）称定扁形称量瓶和供品以及干燥后的恒重，均应精确至 0.1 mg。

（6）五氧化二磷具有腐蚀性，对皮肤有刺激和灼烧作用，操作时应注意防护，切勿入口或触目。

任务七 水分测定法的认知与训练

水分测定法用于测定固体药物中的水分含量。药物中水分包括结晶水和吸附水，它的存在可使药物发生水解、霉变等变质反应。《中国药典》(2020 年版)四部（通则 0832）采用费休氏法、烘干法、减压干燥法、甲苯法、气相色谱法 5 种方法。费休氏法又包括容量滴定法和库仑滴定法。

目前上述 5 种水分测定法各有优劣，适用性也有所差异。其中，费休氏法由于具有重复性好、准确度高、适用范围广等特点，能最大限度地保证分析结果的准确性，因而受到社会各界的认可，现已成为国际上通用的经典水分测定法。烘干法由于操作简单等特点，广泛应用于中药多数品种的水分测定。减压干燥法为烘干法的补充，主要用于热敏性药物的水分测定。《中国药典》(2020 年版)二部收载了一个新的水分测定法，即露点法。露点法常用于气体中微量水分的测定，操作简便，测定结果满足要求，但此法干扰较多，部分易冷气体在浓度较高时会比水蒸气先结露而产生干扰。目前，露点法仅用于二氧化碳、丁烷等的水分测定。

一、第一法：费休氏法

本法适用于任何可溶解于费休氏试液但不与费休氏试液起化学反应的供试品，对遇热易破坏的供试品仍能用本法测定。费休氏法具有操作简便、专属性强、准确度高的优点。

1. 检查原理 费休氏法测定水分属于非水溶液中的氧化还原滴定,是利用碘在吡啶和甲醇溶液中,氧化二氧化硫时需要定量的水参与反应的原理来进行水分测定。碘氧化二氧化硫为三氧化硫时,需要一定量的水分参加反应,反应式如下:

$$I_2 + SO_2 + H_2O \rightleftharpoons 2HI + SO_3$$

由于上述反应是可逆反应,为了使反应向右进行完全,加入无水吡啶定量地吸收 HI 和 SO_3,形成氢碘酸吡啶($C_5H_5N \cdot HI$)和硫酸酐吡啶($C_5H_5N \cdot SO_3$)。但生成的硫酸酐吡啶不够稳定,加入无水甲醇可使其转变成稳定的甲基硫酸氢吡啶($C_5H_5N \cdot HSO_4CH_3$)。

$$2HI + SO_3 + 3C_5H_5N \rightleftharpoons 2C_5H_5N \cdot HI + C_5H_5N \cdot SO_3$$
$$C_5H_5N \cdot SO_3 + CH_3OH \rightleftharpoons C_5H_5N \cdot HSO_4CH_3$$

总反应式如下:

$$I_2 + SO_2 + H_2O + 3C_5H_5N + CH_3OH \rightleftharpoons 2C_5H_5N \cdot HI + C_5H_5N \cdot HSO_4CH_3$$

由总反应式可知,每 1 mol 水需要 1 mol 碘(I_2)、1 mol 二氧化硫、3 mol 吡啶和 1 mol 甲醇。吡啶和甲醇不仅参与滴定反应,也是反应产物的组成部分,而且还起溶剂作用。指示滴定终点的方法有两种:①自身作指示剂,即利用碘的颜色指示终点,终点前溶液呈浅黄色,终点时为红棕色(微过量的费休氏试液中碘的颜色)。②永停滴定法,即按永停滴定法操作,终点时电流计指针突然偏转,并持续数分钟不退回。该法灵敏、准确,尤其适用于有颜色溶液的测定。

2. 检查步骤

(1) 费休氏试液的制备:称取碘(置硫酸干燥器内 48 h 以上)110 g,置干燥的具塞锥形瓶(或烧瓶)中,加无水吡啶 160 ml,注意冷却,振摇至碘全部溶解,加无水甲醇 300 ml,称定重量,将锥形瓶(或烧瓶)置冰浴中冷却,在避免空气中水分侵入的条件下,通入干燥的二氧化硫至重量增加 72 g,再加无水甲醇使成 1000 ml,密塞,摇匀,在暗处放置 24 h。

(2) 费休氏试液的标定:精密称取纯化水 10~30 mg,置干燥的具塞锥形瓶中,除另有规定外,加无水甲醇适量,在避免空气中水分侵入的条件下,用费休氏试液滴定至溶液由浅黄色变为红棕色,或用永停滴定法指示终点,另配空白试液,按下式计算每毫升费休氏试液相当于水的毫克数。库仑滴定法不需要标定。

$$F = \frac{W}{A - B}$$

式中:F 为每 1 ml 费休氏试液相当于水的重量,mg;W 为称取纯化水的重量,mg;A 为滴定所消耗费休氏试液的体积,ml;B 为空白试液所消耗费休氏试液的体积,ml。

(3) 供试品的测定。

①容量滴定法:精密称取供试品适量(消耗费休氏试液 1~5 ml),除另有规定外,溶剂为无水甲醇,用水分测定仪直接测定。或将供试品置于干燥的具塞锥形瓶中,加溶剂 2~5 ml,不断振摇下用费休氏试液滴定至溶液由浅黄色变为红棕色,或用永停滴定法指示终点,另做空白试验,按下式计算供试品中的水分:

$$供试品中水分含量 = \frac{(A - B) \times F}{W} \times 100\%$$

式中：A 为供试品所消耗费休氏试液的体积，ml；B 为空白试液所消耗费休氏试液的体积，ml；F 为每 1 ml 费休氏试液相当于水的重量，mg；W 为供试品的重量，mg。

②库仑滴定法：本法主要用于测定含微量水分（0.0001%～0.1%）的物质，特别适于测定化学惰性物质，如烃类、醇类、酯类中的水分。所用仪器应干燥，并能避免空气中水分的侵入。在干燥处滴定杯中加入适量费休氏试液，先将试液和系统中的水分滴定除去，然后精密量取供试品适量（含水量为 0.5～5 mg），迅速转移至滴定杯中，以永停滴定法（通则 0701）指示终点，从仪器显示屏上直接读取供试品中水分的含量，其中每 1 mg 水相当于 10.72 C 电量。

（4）结果判定。

①容量滴定法：供试品应测定三份，以其平均值作为供试品水分测定结果，并根据各论项下的标准规定判定其结果。计算结果按有效数字修约规则修约，使与标准中规定限度有效数位一致，其数值小于或等于限度时判为符合规定，其数值大于限度时判为不符合规定。

②库仑滴定法：本法所用的费休氏试液无须标定，根据各论项下的标准规定判定结果。计算结果按有效数字修约规则修约，与标准中规定限度有效数位一致，其数值小于或等于限度时判定为符合规定，其数值大于限度时判定为不符合规定。

3. 注意事项

（1）由于费休氏试液吸水性强，因此在配制、标定及滴定中所用仪器均应洁净干燥。

（2）凡与试剂或费休氏试液直接接触的玻璃仪器需在 120 ℃ 至少干烤 2 h；橡皮塞需在 80 ℃ 干烤 2 h，取出置干燥器内备用。

（3）滴定完毕后，将费休氏试液移入贮存瓶中密闭保存，滴定装置用甲醇洗涤，以防滴管头及磨口和活塞处析出结晶以致堵塞。

（4）费休氏试液对人体危害大，滴定操作宜在通风橱内进行，并保持橱内干燥。更换试剂时，要注意排风，以防止有害气体吸入体内，并戴上防护眼镜与乳胶手套，避免有害试剂溅到眼睛或手上。一旦溅上，需立即用流动水冲洗，严重者立即送医。

（5）费休氏试液应遮光，密封，置阴凉干燥处保存。测定供试品中水分时可根据费休氏试液的 F 值及供试品的含水限量来确定供试品的取样量，供试品的取样量一般以消耗费休氏试液 1～5 ml 为宜，费休氏试液的 F 值在 4.0 mg/ml 左右为宜，F 值降低至 3.0 mg/ml 以下时，滴定终点不敏锐，不宜再用。

二、第二法：烘干法

本法适用于不含或少含挥发性成分的药物（如人参、三白草等）。

1. 检查原理 测定供试品在规定条件（100～105 ℃）下经干燥后所减失的重量，根据减失的重量和取样量计算供试品的含水量。

2. 检查步骤

（1）称量瓶恒重：取洁净的称量瓶，置烘箱内 100～105 ℃ 干燥数小时（一般 2 h 以上），取出，置干燥器中冷却 30 min，精密称定重量，再置烘箱内干燥 1 h，取出，置干燥器中室温冷却 30 min，精密称定重量，直至连续两次干燥后称重的差异在 0.3 mg

以下。

(2) 称取供试品：将供试品粉碎成直径不超过 3 mm 的颗粒或碎片，取 2～5 g（或该品种项下规定的重量），平铺于干燥至恒重的扁形称量瓶中，厚度不超过 5 mm，疏松供试品不超过 10 mm，精密称定。

(3) 干燥与称重：除另有规定外，将称取供试品后的称量瓶置已经升温至 100～105 ℃ 的烘箱内，将瓶盖取下，置称量瓶旁，在 100～105 ℃ 下干燥 5 h，盖好瓶盖，取出，置干燥器中冷却 30 min，精密称定重量。

(4) 恒重：将称量瓶再在上述条件下干燥 1 h，冷却至室温 30 min，精密称定重量，直至连续两次称重的差异不超过 5 mg。

(5) 记录与计算：根据减失的重量，计算供试品中含水量（%）。

$$含水量(\%) = \frac{W_1 - W_2}{W_1 - W_0} \times 100\%$$

式中：W_0 为称量瓶的恒重，g；W_1 为干燥前供试品与称量瓶的重量，g；W_2 为干燥至连续两次称量的差异不超过 5 mg 的供试品与称量瓶重量，g。

(6) 结果判定：根据各论项下的标准规定判定结果，计算结果按有效数字修约规则修约，与标准中规定限度有效数位一致，其数值小于或等于限度时判定为符合规定，其数值大于限度时判定为不符合规定。

3. 注意事项

(1) 用烘干法测定水分时，往往几个供试品同时进行，因此称量瓶宜先用适宜的方法编码标记，瓶与瓶盖的编码一致；称量瓶放入烘箱的位置，以及取出冷却、称重的顺序，应先后一致。

(2) 若供试品含水量较大且含大量糖类，直接在 105 ℃ 干燥易发生熔化现象，使表面结成一层薄膜，阻碍水分的继续蒸发，此时应先在低温下干燥除去大部分水分，再在规定温度下干燥至恒重。

(3) 干燥器中以硅胶为干燥剂时，干燥剂应及时更换。

三、第三法：减压干燥法

本法适用于含有挥发性成分的贵重药物，也适用于其他在高温下易分解、变质的药物。

1. 检查原理 利用低压下水的沸点降低的原理，将取供试品后的称量皿置于真空干燥箱中，在选定的真空度和一定干燥温度下加热，测量加热前后供试品的重量差。

2. 检查步骤

(1) 放入干燥剂：取直径 12 cm 左右的培养皿，加入适量五氧化二磷干燥剂，铺成 0.5～1 cm 的厚度，放入减压干燥器中。

(2) 称取供试品：取供试品 2～4 g（或该品种项下所规定的重量），混合均匀，分取 0.5～1 g，置已在供试品同样条件下干燥至恒重的称量瓶中，精密称定。

(3) 减压干燥：将放入供试品的称量瓶放入减压干燥器中，打开瓶盖，抽气减压至 2.67 kPa（20 mmHg）以下，并持续半小时，室温放置 24 h。

(4) 计算含水量：在减压干燥器出口连接无水氯化钙干燥管，打开活塞，待内外压一致,关闭活塞,打开干燥器,盖上称量瓶瓶盖,取出称量瓶,迅速精密称定重量,计算供试品中的含水量(%)。

(5) 结果判定:根据各论项下的标准规定判定结果,计算结果按有效数字修约规则修约,与标准中规定限度有效数位一致,其数值小于或等于限度时判定为符合规定,其数值大于限度时判定为不符合规定。

3. 注意事项

(1) 采用减压干燥法测定中药中的水分时,供试品需通过二号筛。

(2) 应选用单层玻璃盖称量瓶。如用双层中空的玻璃盖称量瓶,减压时,称量瓶盖切勿放入减压干燥器内,应放另一普通干燥器内,以免破裂。

(3) 减压干燥器开盖时,因干燥器内压力小于外部,必须先将活塞旋开,使空气进入才能开盖。应注意缓缓旋开活塞,以免造成气流吹散供试品。

(4) 干燥剂应保持在有效状态,若表面已结块或出现液滴,则需更换。

(5) 初次使用新的减压干燥器,应先将干燥器外面用布包好,再行减压,以防其破碎伤人。

(6) 可使用恒温减压干燥箱代替减压干燥器进行操作。

四、第四法:甲苯法

本法适用于含有挥发性成分且成分复杂的药物,主要用于中药中水分的测定。

1. 检查原理 主要是利用水与甲苯的沸点不同、密度不同且相互不溶等物理性质,将供试品与甲苯混合蒸馏,水和挥发性成分可随甲苯一同馏出。水与甲苯不互溶,收集于水分测定管下层,而挥发性成分溶于甲苯,并与其一同收集于水分测定管上层,水与挥发性成分完全分离。根据水在一定温度时的相对密度和水分测定管水的体积读数,可计算或直接读取供试品所含的水量(g)。

2. 检查步骤

(1) 仪器装置:如图 4-3 所示,A 为 500 ml 的短颈圆底烧瓶;B 为水分测定管;C 为直形冷凝管,外管长 40 cm。使用前,全部仪器应清洁,并置烘箱中烘干。

(2) 测定法:取供试品适量(相当于含水 1~4 ml),精密称定,置 A 瓶中,加甲苯约 200 ml,必要时加入干燥、洁净的无釉小瓷片数片或玻璃珠数粒,将仪器各部分连接,自冷凝管顶端加入甲苯至充满 B 管的狭细部分。将 A 瓶置电热套中或用其他适宜方法缓缓加热,待甲苯开始沸腾时,调节温度,使每秒馏出 2 滴。待水分完全馏出,即测定管刻度部分的水量不再增加时,将冷凝管内部先用甲苯冲洗,再用饱蘸甲苯的长刷或其他适宜方法,将管壁上附着的甲苯推下,继续蒸馏 5 min,放冷至室温。

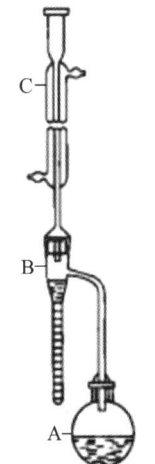

图 4-3 甲苯法仪器装置

(3) 拆卸装置:如有水黏附在 B 管的管壁上,可用蘸甲苯的铜丝推下,放置,使水分与甲苯完全分离(可加亚甲蓝粉末少量,使水染成蓝色,以便分离观察)。

(4) 检读水量并计算:检读水量,按下式计算供试品的含水量(%)。

$$含水量(\%) = \frac{V}{W} \times 100\%$$

式中:V 为检读水量的体积,ml;W 为供试品重量,g。

(5) 结果判定:根据各论项下的标准规定判定结果。计算结果按有效数字修约规则修约,与标准中规定限度有效数位一致,其数值小于或等于限度时判定为符合规定,其数值大于限度时判定为不符合规定。

3. 注意事项

(1) 采用甲苯法测定中药中的水分时,供试品一般先破碎成直径不超过 3 mm 的颗粒或碎片;直径和长度在 3 mm 以下的可不破碎。

(2) 测定用的甲苯须先加少量水充分振摇后放置,将水层分离弃去,经蒸馏后使用。

(3) 水分测定仪在使用前应清洁至内壁不挂水珠,晾干或置烘箱中低温烘干。

(4) 一般水分全部蒸出需 3~4 h。

(5) 用电热套加热时应严格控制加热温度,防止温度过高造成水分逸出而损失。

(6) 称样量不宜太小,以蒸出水量为 1~4 ml 为宜,否则易增加测定误差。

(7) 水分测定管的刻度部分应经校准合格。

五、第五法:气相色谱法

本法适用于气体供试品、易挥发或可转化为易挥发物质的液体和固体的水分测定,不适用于难挥发和对热不稳定的物质。

1. 检查原理 利用水蒸气与乙醇在流动相(载气)和固定相间分配系数不同而分离。

2. 检查步骤

(1) 色谱条件与系统适用性试验:用直径为 0.18~0.25 mm 的二乙烯苯-乙基乙烯苯型高分子多孔小球填充柱,或采用极性与之相适应的毛细管柱,柱温为 140~150 ℃,采用热导检测器检测。取无水乙醇适量,注入气相色谱仪,照气相色谱法(通则 0521)测定,应符合下列要求:

①理论板数按水峰计算应大于 1000,理论板数按乙醇峰计算应大于 150;

②水峰和乙醇峰的分离度应大于 2;

③用无水乙醇进样 5 次,水峰面积的相对标准偏差不得大于 3.0%。

(2) 测定法。

①对照溶液的制备:取纯化水约 0.2 g,精密称定,置 25 ml 量瓶中,加无水乙醇至刻度,摇匀,即得。

②供试品溶液的制备:取供试品,剪碎或研细,取适量(含水约 0.2 g),精密称定,置具塞锥形瓶中,精密加入无水乙醇 50 ml,密塞,混匀,超声处理 20 min,放置 12 h,再超声处理 20 min,密塞,放置,倾取上清液,即得。

③测定法:取无水乙醇、对照溶液及供试品溶液各 1~5 μl,注入气相色谱仪,记录色谱峰峰面积。

(3) 计算：计算 K 值。

$$K = \frac{无水乙醇中水峰面积}{无水乙醇中乙醇峰面积}$$

用外标法计算供试品中的含水量。计算时应扣除无水乙醇中的含水量。

$$含水量(\%) = \frac{A_{样} \times W_{标} \times V_{标} \times 50}{A_{标} \times W_{样} \times V_{样} \times 25} \times 100\%$$

式中：$A_{样}$ 为供试品中水峰面积，$A_{样}$ 为供试品溶液中总水峰面积－$K\times$供试品溶液中乙醇峰面积；$A_{标}$ 为对照溶液中实际加入的水峰面积，$A_{标}$ 为对照溶液中总水峰面积－$K\times$对照溶液中乙醇的峰面积；$W_{样}$ 为供试品重量，g；$W_{标}$ 为对照品（纯化水）重量，g；$V_{样}$ 为供试品溶液进样体积，μl；$V_{标}$ 为对照溶液进样体积，μl。

(4) 结果判定：根据各论项下的标准规定判定结果。计算结果按有效数字修约规则修约，与标准中规定限度有效数位一致，其数值小于或等于限度时判定为符合规定，其数值大于限度时判定为不符合规定。

3. 注意事项

(1) 对照溶液与供试品溶液的配制需用新开启的同一瓶无水乙醇，计算时需扣除无水乙醇含水量。

(2) 供试品加入无水乙醇后，应密塞，以防空气中水分进入。

(3) 可选用相应极性的毛细管柱，但系统适用性试验必须符合要求。

任务八　炽灼残渣检查法的认知与训练

炽灼残渣是指有机药物经炭化或挥发性无机药物经加热分解后，进行高温炽灼所产生的非挥发性无机杂质的硫酸盐，或称为硫酸灰分。炽灼残渣检查法用于检测有机药物和挥发性无机药物中存在的非挥发性无机杂质。

一、检查原理

取供试品 1.0～2.0 g 或各品种项下规定的重量，置已炽灼至恒重的坩埚中，精密称定，缓缓炽灼至完全炭化，放冷至室温；除另有规定外，加硫酸 0.5～1 ml 使湿润，低温加热至硫酸蒸气除尽后，在 700～800 ℃炽灼使完全灰化，移至干燥器内，放冷至室温。精密称定后，再在 700～800 ℃炽灼至恒重，即得。

二、检查步骤

1. 空坩埚恒重　取洁净坩埚置于高温炉内，将坩埚盖斜盖于坩埚上，在 750 ℃±50 ℃炽灼约 30 min，停止加热，待高温炉温度冷却至约 300 ℃，盖好坩埚盖，取出坩埚，置适宜的干燥器内，放冷至室温（一般约需 60 min），精密称定坩埚重量（准确至 0.1 mg）。再以同样条件重复操作，直至恒重，备用。

2. 称取供试品　取供试品 1.0～2.0 g 或各品种项下规定的重量，置已炽灼至恒重的坩埚内，精密称定。

3. 炭化　将盛有供试品的坩埚斜置电炉上缓缓灼烧（应避免供试品燃烧并防止

受热骤然膨胀而逸出),炽灼至供试品全部炭化呈黑色,并不再冒烟,放冷至室温(以上操作应在通风柜内进行)。

4. 灰化 除另有规定外,滴加硫酸 0.5～1 ml,使炭化物全部湿润,继续在电炉上加热(勿使酸液溅出)至硫酸蒸气除尽,白烟完全消失(以上操作应在通风柜内进行)。将坩埚置高温炉内,坩埚盖斜盖于坩埚上,在 750 ℃±50 ℃炽灼约 60 min,使供试品完全灰化。再按步骤 1 空坩埚恒重操作方法,自"在 750 ℃±50 ℃炽灼约 30 min,停止加热"起,依法操作,直至恒重。

5. 记录与计算 记录供试品取用量,炽灼温度、时间,坩埚及残渣的恒重数据,计算结果。按下式计算炽灼残渣:

$$炽灼残渣(\%) = \frac{残渣及坩埚重量 - 空坩埚重量}{供试品重量} \times 100\%$$

$$炽灼残渣(\%) = \frac{W_2 - W_0}{W_1 - W_0} \times 100\%$$

式中:W_0 为空坩埚的恒重重量,g;W_1 为炽灼前供试品与坩埚的重量,g;W_2 为炽灼后残渣与坩埚的恒重重量,g。

6. 结果判定 计算结果按有效数字修约规则修约,与标准中规定限度的有效数位一致。其数值小于或等于限度值时,判定为符合规定(当限度规定为 0.1%,而试验结果符合规定时,报告数据应为"小于 0.1%"或"为 0.1%");其数值大于限度值时,判定为不符合规定。

三、注意事项

(1) 如供试品分子结构中含有碱金属或氟元素,则应使用铂坩埚。在高温条件下夹取热铂坩埚时,宜用钳头包有铂层的坩埚钳。

(2) 如需将残渣留作重金属检查,炽灼温度必须控制在 550 ℃±50 ℃。

(3) 供试品在放入高温炉前的炽灼操作应在通风柜内进行,并注意遮挡气流防止坩埚内物质被吹出。供试品放入高温炉前,务必完成炭化并除尽硫酸蒸气。必要时,高温炉应加装排气管道。

(4) 供试品的取用量,除另有规定外,一般为 1.0～2.0 g(炽灼残渣限度为 0.1%～0.2%)。如有限度较高的品种,可调整供试品的取用量,使炽灼残渣的量为 1～2 mg。

(5) 坩埚应编码标记,盖子与坩埚应编码一致。从高温炉中取出时的温度、先后次序、在干燥器内的放冷时间以及称量顺序,均应前后一致;同一干燥器内同时放置的坩埚最好不超过 4 个,否则不易达到恒重。

(6) 坩埚放冷后干燥器内易形成负压,应小心开启干燥器,以免吹散坩埚内的轻质残渣。

(7) 开关炉门时,应注意勿损坏耐火绝缘层。

任务九 易炭化物检查法的认知与训练

易炭化物检查法是检查药物中夹杂的遇硫酸易炭化或氧化而呈色的有机杂质。

此类杂质多数是未知结构的,用硫酸呈色的方法可以简便地控制此类杂质的总量。

一、检查原理

药品中夹杂的有机杂质遇硫酸易炭化或易氧化而呈色,与一定量的对照溶液比色,颜色不得更深,以检查易炭化物含量。

二、检查步骤

1. 检查方法 取内径、标线刻度、色泽一致的具塞比色管两支,标记为甲管和乙管。甲管中加该药品项下规定的对照溶液 5 ml;乙管中加无色硫酸[含 H_2SO_4 94.5%～95.5%(质量百分比)]5 ml 后,分次缓缓加入规定量的供试品(如为固体,应先研成细粉),振摇使溶解。

2. 结果观察 除另有规定外,静置 15 min 后,将甲、乙两管同置白色背景前,平视观察,比较颜色深浅。

3. 结果判定 乙管中所显颜色若不深于甲管,判定为符合规定;乙管中所显颜色若深于甲管,则判定为不符合规定。判定有困难时,可交换甲、乙管位置观察。

三、注意事项

(1) 比色管应干燥、洁净,如乙管中加硫酸后,在加入供试品之前已显色,应重新洗涤比色管,干燥后再使用。

(2) 乙管必须先加硫酸而后加供试品,以防供试品黏结在管底,不易溶解完全。

(3) 必须分次向乙管缓缓加入供试品,边加边振摇,使溶解完全,避免因一次加入量过多而导致供试品结成团,被硫酸炭化液包裹后溶解很困难。

(4) 若《中国药典》(2020 年版)规定需加热才能溶解时,可取供试品与硫酸混合均匀,加热溶解后,放冷至室温,再移至比色管中。加热条件应严格按《中国药典》(2020 年版)规定。

(5) 易炭化物与硫酸呈现的颜色,与硫酸浓度、温度和放置时间有关,操作中应对试验条件严格控制。

任务十 溶液颜色检查法的认知与训练

溶液颜色检查法是评估药品在生产过程或贮藏过程中产生的有色杂质是否符合限量的方法。《中国药典》(2020 年版)四部(通则 0901)采用目视比色法、分光光度法及色差计法检查药物溶液的颜色。药物溶液的颜色及其与规定颜色的差异能在一定程度上反映药物的纯度。

一、第一法:目视比色法

1. 检查方法 除另有规定外,取各品种项下规定量的供试品,加水溶解,置于 25 ml 的纳氏比色管中,加水稀释至 10 ml。另取规定色调和色号的标准比色液 10 ml,置于另一 25 ml 纳氏比色管中,两管同置白色背景上,自上向下透视,或同置白色背景前,平视观察,供试品管呈现的颜色与对照管比较,不得更深。若供试品管呈现的颜色与对照管的颜色深浅非常接近或色调不尽一致,目视观察无法辨别二者的深浅时,应改用色差计法(通则0901第三法)测定,并将其测定结果作为判定依据。

2. 标准比色液的配制

(1) 比色用重铬酸钾液(黄色原液):精密称取在120 ℃下干燥至恒重的基准重铬酸钾0.4000 g,置500 ml量瓶中,加适量水溶解并稀释至刻度,摇匀,即得。每1 ml溶液中含0.800 mg $K_2Cr_2O_7$。

(2) 比色用硫酸铜液(蓝色原液):取硫酸铜约32.5 g,加适量的盐酸(1→40)使溶解成500 ml,精密量取10 ml,置碘量瓶中,加水50 ml、醋酸4 ml与碘化钾2 g,用硫代硫酸钠滴定液(0.1 mol/L)滴定,至近终点时,加淀粉指示液2 ml,继续滴定至蓝色消失。每1 ml的硫代硫酸钠滴定液(0.1 mol/L)相当于24.97 mg的$CuSO_4 \cdot 5H_2O$。根据上述测定结果,在剩余的原溶液中加适量的盐酸溶液(1→40),使每1 ml溶液中含62.4 mg的$CuSO_4 \cdot 5H_2O$,即得。

(3) 比色用氯化钴液(红色原液):取氯化钴约32.5 g,加适量的盐酸溶液(1→40)使溶解成500 ml,精密量取2 ml,置锥形瓶中,加水200 ml,摇匀,加氨试液至溶液由浅红色转变至绿色后,加醋酸-醋酸钠缓冲液(pH 6.0)10 ml,加热至60 ℃,再加二甲酚橙指示液5滴,用乙二胺四醋酸二钠滴定液(0.05 mol/L)滴定至溶液显黄色。每1 ml乙二胺四醋酸二钠滴定液(0.05 mol/L)相当于11.90 mg的$CoCl_2 \cdot 6H_2O$。根据上述测定结果,在剩余的原溶液中加适量的盐酸溶液(1→40),使每1 ml溶液中含59.5 mg的$CoCl_2 \cdot 6H_2O$,即得。

3. 各种色调标准贮备液的制备 按表4-1精密量取比色用氯化钴液、比色用重铬酸钾液、比色用硫酸铜液与水,混合摇匀,即得。

表4-1 各种色调标准贮备液的配制

色 调	比色用氯化钴液体积/ml	比色用重铬酸钾液体积/ml	比色用硫酸铜液体积/ml	水体积/ml
绿黄色	—	27	15	58
黄绿色	1.2	22.8	7.2	68.8
黄色	4.0	23.3	0	72.7
橙黄色	10.6	19.0	4.0	66.4
橙红色	12.0	20.0	0	68.0
棕红色	22.5	12.5	20.0	45.0

4. 各种色调色号标准比色液的制备 按表4-2精密量取各色调标准贮备液与水,混合摇匀,即得。

表4-2 各种色调色号标准比色液的配制

色 号	0.5	1	2	3	4	5	6	7	8	9	10
贮备液量/ml	0.25	0.5	1.0	1.5	2.0	2.5	3.0	4.5	6.0	7.5	10.0
加水量/ml	9.75	9.5	9.0	8.5	8.0	7.5	7.0	5.5	4.0	2.5	0

5. 结果判定　供试品溶液管颜色浅于标准比色液管的颜色,判定为符合规定;否则,判定为不符合规定。

6. 注意事项

(1) 品种项下规定的"无色"是指供试品溶液的颜色与水或所用溶剂相同,"几乎无色"是指供试品溶液的颜色不深于相应色调 0.5 号标准比色液。

(2) 一般化学反应所产生的颜色仅在一定时间内稳定,所以在每次比色时,要同时制备对照溶液与供试品溶液,比色操作也必须在一定时间内完成。

二、第二法:分光光度法

1. 检查原理　通过在规定的波长处测定溶液的吸光度,不得超过规定值,以判断溶液颜色是否符合药品质量标准的规定。

2. 检查方法　除另有规定外,取各供试品项下规定量的供试品,加水溶解并使成 10 ml,必要时滤过,取续滤液照紫外-可见分光光度法(通则 0401)于规定波长处测定,吸光度不得超过规定值。如维生素 C 的溶液颜色检查:取本品 3.0 g,加水 15 ml,振摇使溶解,溶液经 4 号垂熔玻璃漏斗滤过,滤液于 420 nm 波长处测定吸光度,吸光度不得过 0.03。

若供试品为固体制剂,取该供试品研细,称取该药品项下规定量的细粉,加水溶解使成规定量的体积,振摇或用其他规定的方法使溶解,滤过,取续滤液照紫外-可见分光光度法标准操作规范,于规定波长处测定吸光度。

若供试品为注射剂或液体制剂,取该供试品适量,加水或规定的溶剂稀释成规定的浓度(供试品的浓度与规定浓度相同时,可直接测定),照紫外-可见分光光度法标准操作规范,以水或规定的溶剂为空白,于规定波长处测定吸光度。

3. 注意事项　本检查法中的滤是指在规定"滤过"而无进一步说明时,使液体通过适当的滤纸或滤膜滤过,直到滤液澄清,取续滤液测定。

三、第三法:色差计法

1. 检查原理　本法是采用色差计测量供试品溶液在可见光范围内(包含 400～760 nm、波长间隔 10 nm)的光谱透光率,然后选用国际照明委员会(CIE)的颜色标准(标准照明体和标准观察者),通过求和来近似积分,进而计算求得溶液的三刺激值及色品坐标值,实现对溶液颜色的定量表述和分析。当供试品管呈现的颜色与对照管的颜色深浅非常接近,或者供试品与标准比色液的色调不一致,目视比色法难以准确判断时,应使用本法测定,并将其测定结果作为判定依据。判定方法是直接将标准比色液和供试品溶液的三刺激值(或色品坐标值)进行比较,或将标准比色液和供试品溶液分别与水的色差值进行比较。

2. 检查方法　除另有规定外,用纯化水、黑校准板对仪器进行校准。依次取供试品溶液和标准比色液,分别测定,记录三刺激值,并计算出供试品溶液、标准比色液分别与水的色差值(ΔE^*),如供试品溶液与水的色差值不超过标准比色液与水的色差值,则判定供试品符合规定,反之则不符合规定。

3. 注意事项

（1）因溶液的颜色会随被测定溶液液层厚度的改变而改变，除另有规定外，应使用光程为 10 mm 的石英比色皿。比色皿洁净透明，无明显划痕（可用洗液浸泡清洗）。

（2）规定在 D65 为光源，10°视场条件下，纯化水的三刺激值为 $X=94.81$，$Y=100.00$，$Z=107.32$。用纯化水、黑校准板对仪器进行校准，测定纯化水的三刺激值，当测定值与标准值的偏差均不大于 0.1 时，则自检通过；否则需要重新校准仪器。

（3）供试品溶液、标准比色液配制后应立即测定。因溶液中的气泡对颜色测量有较大干扰，可通过短时超声等方式去除气泡后再行测定。

（4）本法只适用于测定澄清溶液的颜色。浑浊液体、黏性液体或带荧光的液体会影响透光率，因此不适合采用色差计法测定。

（5）如果各品种项下规定的标准比色液的色调有两种（或两种以上），且目视可判断供试品溶液的色调与其中一种相同或接近，则可直接与该色调标准比色液的色差值（ΔE^*）进行比较判断。

任务十一 澄清度检查法的认知与训练

澄清度是检查药物溶液中的不溶性杂质，一定程度上可以反映药物质量和生产工艺水平，尤其对于注射用原料药，有较为重要的意义。《中国药典》（2020 年版）四部（通则 0902）采用目视法和浊度仪法两种方法检查澄清度，除另有规定外，应采用第一法，即目视法进行检查。

一、第一法：目视法

1. 检查方法 除另有规定外，按各品种项下规定的浓度要求，在室温条件下将用水稀释至一定浓度的供试品溶液与等量的浊度标准液分别置于配对的比浊用玻璃管（内径 15～16 mm，平底，具塞，以无色、透明、中性硬质玻璃制成）中，在浊度标准液制备 5 min 后，在暗室内垂直同置于伞棚灯下，照度为 1000 lx，从水平方向观察、比较。除另有规定外，供试品溶解后应立即检视。

2. 浊度标准贮备液的制备 称取于 105 ℃下干燥至恒重的硫酸肼 1.00 g，置 100 ml 量瓶中，加水适量使溶解，必要时可在 40 ℃的水浴中温热溶解，并用水稀释至刻度，摇匀，放置 4～6 h；取此溶液与等容量的 10% 乌洛托品溶液混合，摇匀，于 25 ℃避光静置 24 h，即得。该溶液置冷处避光保存，可在 2 个月内使用，用前摇匀。

3. 浊度标准原液的制备 取浊度标准贮备液 15.0 ml，置 1000 ml 量瓶中，加水稀释至刻度，摇匀，取适量，置 1 cm 吸收池中，照紫外-可见分光光度法（通则 0401），在 550 nm 波长处测定，其吸光度应在 0.12～0.15 范围内。该溶液应在 48 h 内使用，用前摇匀。

4. 浊度标准液的制备 取浊度标准原液与水，按表 4-3 配制，即得。浊度标准液应临用时制备，使用前充分摇匀。

表 4-3　不同级号浊度标准液的配制

级　　号	0.5	1	2	3	4
浊度标准原液/ml	2.50	5.0	10.0	30.0	50.0
水/ml	97.50	95.0	90.0	70.0	50.0

5. 结果判定　供试品溶液管颜色浅于标准液管的颜色,判定为符合规定;否则,判定为不符合规定。

6. 注意事项

(1) 各品种项下规定的"澄清",是指供试品溶液的澄清度与所用溶剂相同,或不超过 0.5 号浊度标准液的浊度。"几乎澄清",是指供试品溶液的浊度介于 0.5 号至 1 号浊度标准液的浊度之间。

(2) 采用此法无法准确判定两者的澄清度差异时,改用浊度仪法(通则 0902 第二法)进行测定并以其测定结果进行判定。

二、第二法：浊度仪法

1. 检查原理　溶液中不同大小、不同特性的微粒物质均可使入射光产生散射,通过测定透射光或散射光的强度,可以检查供试品溶液的浊度。本法采用散射光式浊度仪,仅适用于低、中浊度无色供试品溶液的浊度测定(浊度为 100 NTU 以下的供试品)。因为高浊度的供试品会造成多次散射现象,使散射强度迅速下降,导致散射光强度不能正确反映供试品的浊度。0.5 号至 4 号浊度标准液的浊度范围为 0～40 NTU。

2. 检查方法

(1) 仪器校正：按照仪器说明书要求并采用规定的浊度液进行仪器校正。

(2) 供试品溶液的制备：溶液剂直接取样测定；原料药或其他剂型按照各论项下的标准规定制备供试品溶液,临用时制备。

(3) 放入供试品：取供试品溶液冲洗供试品瓶或供试品管 2～3 次,然后取与所使用仪器或配件规定的最小供试品溶液量至供试品瓶或供试品管中。

(4) 测量供试品溶液浊度：用手拿样品瓶或样品管的顶部,轻轻擦干样品瓶或样品管上的水滴和手指印,读取浊度数值。

(5) 测量浊度标准液的浊度：同法取标准规定级号的浊度标准液进行测定,读取浊度数值。

3. 结果判定　如供试品溶液浊度小于或等于标准规定级号的浊度标准液测得的浊度或规定值,判定为符合规定；如大于标准规定级号的浊度标准液测得的浊度或规定值,则判定为不符合规定。

4. 注意事项

(1) 制备浊度标准液及制备供试品溶液的水均应为注射用水或去离子水(必要时可用 0.2 μm 孔径滤膜滤过),且符合所使用仪器的要求。

(2) 供试品溶液制备后应立即测定,以防止温度变化或沉淀使供试品特征发生变化。除特殊情况外,高浊度的供试品应尽可能避免稀释后测定。当温度变化或稀释供试品时,原供试品中的悬浮颗粒可能会溶解或产生其他方面特征的变化,因而测试结果可能并不代表原供试品的特征。

(3) 供试品溶液应摇匀且不得有气泡,如有气泡,应静置或适当超声(避免超声时间过久,时间过久可能会导致浊度升高)去除气泡,减少气泡对测定的干扰。当存在气泡时,会造成测定的浊度数值偏高。

(4) 根据所使用仪器的配置,应使用清洁、无划痕的样品池,避免散光对测定值的影响。

(5) 浊度仪法仅适用于无色供试品溶液浊度的测定,有色溶液由于色系和色号的不同会造成浊度无规律的偏差,无法与浊度标准液的浊度进行比较判断。

(6) 在散射光浊度测定中,当液体的浊度超过一定界限时,会发生多次散射现象,使散射光强度迅速下降,这时散射光强度已不能正确反映样品的浊度。因此,散射光浊度测定法主要用于低、中浊度供试品的测定(浊度为 100 NTU 以下的供试品)。

(7) 浊度仪的校准液应在效期内,仪器应定期(一般每月一次)对浊度标准液的线性和重复性进行考察,均应符合《中国药典》(2020 年版)的要求。如不符合要求,在确认校准液无误时,应及时进行仪器的维修或更换。

知识累积

(1) 一般杂质指在自然界分布较广泛,在多种药物中容易引入的杂质,是共性存在的杂质。

(2) 氯化物检查采用比浊法,即利用氯化物在硝酸酸性溶液中与硝酸银作用生成氯化银白色浑浊的深浅进行检查。

(3) 硫酸盐检查采用比浊法,即利用硫酸盐在酸性条件下与氯化钡作用生成硫酸钡白色浑浊的深浅进行检查。

(4) 铁盐检查采用比色法,即利用铁盐在酸性条件下与硫氰酸铵作用生成红色可溶的硫氰酸铁配位化合物的深浅进行检查。

(5) 重金属是指在规定试验条件下,能与硫代乙酰胺试液或硫化钠试液作用而显色的金属杂质,以铅为代表。

(6) 砷盐检查法包括古蔡氏法和二乙基二硫代氨基甲酸银法(Ag-DDC 法)。

(7) 干燥失重所减失的重量主要指失去的吸附水、结晶水及其他挥发性物质的总量。

(8) 水分测定的方法有费休氏法、烘干法、减压干燥法、甲苯法、气相色谱法五种方法。

(9) 炽灼残渣检查法用于检测有机药物和挥发性无机药物中存在的非挥发性无机杂质。

(10) 溶液的颜色检查采用目视比色法、分光光度法及色差计法;溶液澄清度检查采用目视法和浊度仪法。

(11)课程思政要点:在团队工作项目中,明确分工合作,共同分析与解决问题,以体现团队精神和合作意识;在进行药物质量检测时,坚持实事求是,确保检测过程的客观严谨,深入细致地分析问题,培养思辨意识。

项目三　特殊杂质检查技术

特殊杂质是指该药物在生产和贮藏过程中，因药物本身的性质或生产工艺条件，有可能引入的杂质。特殊杂质的检查方法在《中国药典》(2020 年版)中列入该药物品种的[检查]项下。如阿司匹林中的游离水杨酸、对乙酰氨基酚中的对氨基酚、肾上腺素中的酮体、硫酸阿托品中的莨菪碱等。药物的品种繁多，特殊杂质也多种多样，检查方法各异，主要是利用药物和杂质在物理、化学、光谱、色谱等方面的差异进行检查。

任务一　物理法的认知与训练

利用药物与杂质在臭、味、挥发性、颜色、溶解性、旋光性等物理性质上的差异，对杂质直接进行检查，以检查杂质限量。

一、臭、味、挥发性的差异

利用药物中存在的杂质具特殊臭味，判断该杂质的存在。如麻醉乙醚[检查]项下"异臭"的检查：取本品 10 ml，置瓷蒸发皿中，使自然挥发，挥发完毕后，不得有异臭。

利用药物与杂质挥发性差异，判断杂质限量。如乙醇中"挥发性杂质"和"不挥发物"的检查(《中国药典》(2020 年版))。

二、颜色的差异

某些药物无色，而其分解产物有色，或从生产中引入了有色物质，可通过检查供试品溶液的颜色来控制其有色杂质的量。如白凡士林[检查]项下"颜色"的检查：取本品 10.0 g，置烧杯中，在水浴上加热使熔融，移入比色管中，与同体积的对照溶液(取比色用硫酸铜溶液 0.2 ml 与比色用重铬酸钾溶液 7.8 ml，混匀，取混合溶液 2.5 ml，加水至 25 ml)比较，不得更深。

三、溶解性的差异

有些药物可溶于水、有机溶剂或酸、碱中，其杂质不溶或杂质可溶而药物不溶，利用药物和杂质溶解行为的差异可以检查药物中的杂质。如葡萄糖中糊精的检查，利用葡萄糖溶于热乙醇，而糊精溶解度小，取本品 1.0 g，加乙醇 20 ml，置水浴上加热回流约 40 min，溶液应澄清。

四、旋光性的差异

利用药物与杂质旋光性不同检查杂质限量。如替加氟[检查]项下"旋光度"的检查：取本品，精密称定，加甲醇溶解并定量稀释制成每 1 ml 中约含 20 mg 的溶液，依法测定(通则 0621)，旋光度为 $-0.05°\sim+0.05°$。

任务二 化学法的认知与训练

利用药物与杂质之间酸碱性质的差异、杂质与一定的试剂产生沉淀或颜色、杂质与一定试剂反应产生气体、药物与杂质在氧化还原性质上的差异,对杂质直接进行检查,以判断杂质限量。如硫酸吗啡中其他生物碱的检查:取本品的干燥品 0.50 g,精密称定,置分液漏斗中,加水 15 ml 与氢氧化钠溶液 5 ml,用三氯甲烷振摇提取 3 次,每次 10 ml,合并三氯甲烷试液,先用 0.4% 的氢氧化钠溶液 10 ml 振摇洗涤,再用水洗涤 2 次,每次 5 ml,分取三氯甲烷层,置水浴上蒸干,在 105 ℃ 干燥至恒重,遗留残渣不得超过 7.5 mg。盐酸吗啡中罂粟酸的检查:取本品 0.15 g,加水 5 ml 溶解后,加稀盐酸 5 ml 及三氯化铁试液 2 滴,不得显红色。

任务三 紫外-可见分光光度法的认知与训练

紫外-可见分光光度法是在 190~800 nm 波长范围内测定物质的吸光度,用于药物的鉴别、杂质检查和定量测定的方法。用该法进行杂质检查时,主要有 2 种方法,即测定杂质在特征吸收波长处的吸光度和测定杂质与主药的吸光度的比值。

一、测定杂质在特征吸收波长处的吸光度

在已知杂质的特征吸收波长处测定吸光度,通过吸光度来检查杂质限量。按照质量标准,将供试品用规定的溶剂配成一定浓度的供试品溶液,照紫外-可见分光光度法,在特征吸收波长处测定供试品吸光度,将测定值与标准规定值进行比较,以此来控制杂质的限量。如维生素 B_2 中感光黄素的检查:取本品 25 mg,加无醇三氯甲烷 10 ml,振摇 5 min,滤过,滤液照紫外-可见分光光度法(通则 0401),在 440 nm 波长处测定,吸光度不得过 0.016。

学习实例

葡萄糖注射液中 5-羟甲基糠醛的检查

分析:5-羟甲基糠醛是葡萄糖注射液在高温灭菌过程中产生的一种特殊杂质,它对人体横纹肌和内脏有损害。该杂质的特征吸收波长为 284 nm,《中国药典》(2020 年版)规定在此波长处测定供试品溶液的吸光度,吸光度不得过 0.32。

检查方法:精密量取本品适量(约相当于葡萄糖 1.0 g),置 100 ml 量瓶中,加水稀释至刻度,摇匀,照紫外-可见分光光度法(通则 0401),在 284 nm 波长处测定,吸光度不得过 0.32。

二、测定杂质与主药的吸光度的比值

若药物和杂质在紫外区均有吸收,且杂质的吸收光谱与药物的吸收光谱重叠,则可通过控制供试品溶液中杂质与主药的吸光度的比值来检查杂质限量。如巯嘌呤中6-羟基嘌呤的限量检查:巯嘌呤的最大吸收波长为 325 nm,6-羟基嘌呤的最大吸收波长为 255 nm。检查方法:取本品,精密称定,用 0.1 mol/L 盐酸溶解并稀释制成每 1 ml 约含 5 μg 的溶液,照紫外-可见分光光度法(通则 0401)测定,在 255 nm 和 325 nm 波长处的吸光度比值不得过 0.06。

【知识链接】
其他光谱法检查特殊杂质

任务四　薄层色谱法的认知与训练

在特殊杂质检查中,薄层色谱法是较常用的一种方法。药物中的一些特殊杂质的结构与药物接近,性质差别小,必须分离后再进行检查。该法具有简便易行、快速灵敏、使用设备简单、检测成本低等优点。近年来随着高效液相色谱法的普遍运用,该法有被取代的趋势。常用以下几种方法进行检测。

一、杂质对照品法

本法适用于已知杂质并能制备杂质对照品的情况。根据杂质限量,取供试品溶液和一定浓度的杂质对照品溶液,分别点于同一薄层板上,展开、显色、定位、检视,供试品溶液色谱图中,除主斑点外的其他斑点与对照品溶液或系列杂质对照品溶液色谱中的主斑点进行比较,以判断供试品中的特殊杂质是否超过限量。

学习实例

琥珀氯霉素中游离氯霉素的检查

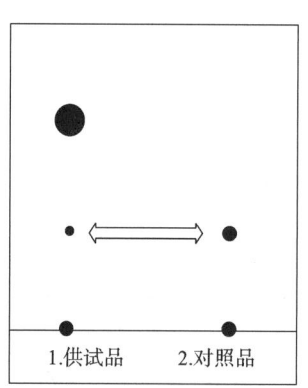

图 4-4　游离氯霉素检查的薄层色谱图

检查方法:精密称定,加 0.15% 碳酸钠溶液溶解并定量稀释制成每 1 ml 中约含 10 mg 的溶液,作为供试品溶液;取氯霉素对照品适量,精密称定,加水溶解并定量稀释制成每 1 ml 中约含 0.2 mg 的溶液,作为对照品溶液。采用硅胶 GF_{254} 薄层板,以三氯甲烷-甲醇-水(9:1:0.1)为展开剂,吸取供试品溶液与对照品溶液各 10 μl,分别点于同一薄层板上,展开,晾干,置紫外灯(254 nm)下检视。供试品溶液如显与对照品溶液相应的杂质斑点,其颜色与对照品溶液相应位置所显斑点的颜色比较,不得更深。其薄层色谱图如图 4-4 所示。

二、供试品溶液自身稀释对照法

本法适用于杂质的结构不能确定,或无杂质对照品的情况。将供试品溶液按杂质限量稀释至一定浓度的溶液作为对照溶液,取供试品溶液和对照溶液分别点于同一薄层板上,展开、显色、定位、检视,供试品溶液色谱图中除主斑点外的其他斑点与自身稀释对照溶液所显主斑点进行比较,以判断供试品中的特殊杂质是否超过限量。

学习实例

布洛芬中有关物质的检查

取本品,加三氯甲烷溶解并稀释制成每 1 ml 中含 100 mg 的溶液,作为供试品溶液;精密量取适量供试品溶液,用三氯甲烷定量稀释制成每 1 ml 中含 1 mg 的溶液,作为对照溶液。采用硅胶 G 薄层板,以正己烷-醋酸乙酯-冰醋酸(15∶5∶1)为展开剂。吸取供试品溶液与对照溶液各 5 μl,分别点于同一薄层板上,展开,晾干,喷以 1% 高锰酸钾的稀硫酸溶液,在 120 ℃ 加热 20 min,置紫外灯(365 nm)下检视。供试品溶液如显杂质斑点,与对照溶液的主斑点比较,不得更深。其薄层色谱图如图 4-5 所示。

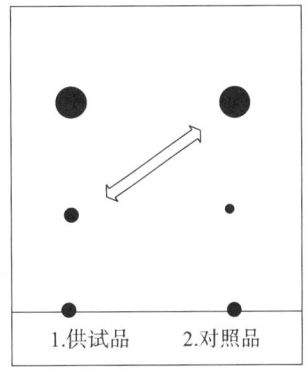

图 4-5 布洛芬中有关物质的检查薄层色谱图

三、药物对照品法

本法适用于无合适的杂质对照品,尤其是供试品所显杂质斑点颜色与主成分斑点的颜色有差异,难以判断杂质限量的情况。本法是指用供试品溶液与对照品溶液做对照,此对照品中所含待检杂质需符合限量要求,且稳定性好。取供试品溶液与对照品溶液分别点于同一薄层板上,展开、显色、定位、检视,供试品溶液色谱中所显主斑点、其他杂质斑点与对照品溶液所显主斑点其他杂质斑点进行对应比较,要求供试品杂质斑点颜色不得比对照品中杂质斑点更深,且不能显对照品溶液以外的杂质斑点。

学习实例

马来酸麦角新碱中有关物质的检查

检查方法:取本品,精密称定,加乙醇-浓氨溶液(9∶1)溶解并定量稀释制成每 1 ml 中含 5 mg 的溶液与每 1 ml 中含 0.2 mg 的溶液,分别作为供试品溶液Ⅰ与供试品溶液Ⅱ;取马来酸麦角新碱对照品,精密称定,用上述溶剂溶解并定量稀释制成每 1 ml 中含 5 mg 的溶液,作为对照品溶液。吸取上述

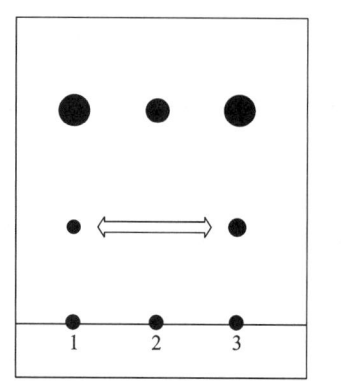

1.供试品溶液Ⅰ 2.供试品溶液Ⅱ 3.对照品溶液

图4-6　马来酸麦角新碱中有关物质的检查薄层色谱图

三种溶液各10 μl,分别点于同一硅胶G薄层板上,以三氯甲烷-甲醇-水(25∶8∶1)为展开剂,展开,晾干,置紫外灯(365 nm)下检视。限度:供试品溶液Ⅰ主斑点位置和颜色与对照品溶液的主斑点相同,如显杂质斑点,其颜色与对照品溶液对应的杂质斑点比较,不得更深,并不得显对照品溶液以外的杂质斑点;供试品溶液Ⅱ除主斑点外,不得显任何杂质斑点。其薄层色谱图如图4-6所示。

四、其他方法

利用试验条件下显色剂对杂质的检测限来控制杂质限量。根据杂质限量,取供试品溶液点于薄层板上,展开、斑点显色、定位、检视,供试品中除主斑点外,不得显其他斑点。

学习实例

马来酸噻吗洛尔中有关物质的检查

检查方法:取本品,加甲醇制成每1 ml中含25 mg的溶液,作为供试品溶液,采用硅胶G薄层板,以二氯甲烷-甲醇-浓氨溶液(80∶14∶1)为展开剂,吸取供试品溶液5 μl,点于薄层板上,展开,晾干,置饱和的碘蒸气中显色。限度:除主斑点外,不得显其他斑点。

任务五　高效液相色谱法的认知与训练

采用高效液相色谱法(HPLC)检查杂质,不但可用于杂质限量检查,也可用于杂质的含量测定,HPLC是特殊杂质检查应用最广泛的方法。为保证色谱方法在不同质控实验室测定结果的重现性和准确性,对分析方法制定科学合理的系统适用性要求至关重要。《中国药典》(2020年版)采用外标法、内标法、不加校正因子的主成分自身对照法、加校正因子的主成分自身对照法、面积归一化法等检查药物中的杂质。

一、外标法

测定供试品中某个杂质含量,按各品种项下的规定,精密称(量)取杂质对照品和供试品,配制成对照品溶液和供试品溶液,分别精密取定量,注入高效液相色谱仪,记录色谱图,测量对照品和供试品待测成分的峰面积或峰高,计算含量。

> **学习实例**
>
> **丙硫氧嘧啶中硫脲的检查**
>
> 检查方法:取本品约 50 mg,置 100 ml 量瓶中,加流动相适量使溶解并稀释至刻度,摇匀,精密量取 10 ml,置 50 ml 量瓶中,用流动相稀释至刻度,摇匀,作为供试品溶液。取硫脲对照品适量,精密称定,加流动相适量使溶解并定量稀释制成每 1 ml 中约含 0.1 μg 的溶液,作为对照品溶液。色谱条件:用十八烷基硅烷键合硅胶为填充剂,以水-乙腈(60∶40)为流动相,流速为每分钟 0.5 ml,检测波长为 238 nm;进样体积为 20 μl。系统适用性试验:硫脲峰与相邻峰的分离度应符合要求;精密量取供试品溶液与对照品溶液,分别注入高效液相色谱仪,记录色谱图;供试品溶液色谱图中,如有与硫脲保留时间一致的色谱峰,按外标法以峰面积计算,不得过 0.1%。

二、内标法

按各品种项下规定,精密称取(量取)杂质对照品和内标物质,分别配成溶液,精密量取各溶液,配成校正因子测定用的对照品溶液。取一定量对照品溶液注入高效液相色谱仪,记录色谱图,测量对照品和内标物质的峰面积或峰高,计算校正因子。再取各品种项下含有内标物质的供试品溶液注入高效液相色谱仪,记录色谱图,测量供试品中待测成分(或杂质)和内标物质的峰面积或峰高,计算含量。

三、不加校正因子的主成分自身对照法

检查时,将供试品溶液稀释成一定浓度的溶液,作为对照溶液,分别取供试品溶液和对照溶液,尽量将供试品溶液中各杂质峰面积及其总和与对照溶液成分峰面积比较,以控制供试品中杂质的量。此法用于杂质峰面积与主成分峰面积相差悬殊的药物。

> **学习实例**
>
> **注射用葛根素中有关物质的检查**
>
> 检查方法:取本品,加溶剂[甲醇-0.1%枸橼酸溶液(25∶75)]溶解并定量稀释制成每 1 ml 中约含葛根素 0.5 mg 的溶液,作为供试品溶液;精密量取供试品溶液适量,用溶剂定量稀释制成每 1 ml 中约含 5 μg 的溶液,作为对照溶液。另取葛根素和咖啡因各适量,加溶剂溶解并稀释制成每 1 ml 中分别含葛根素 50 μg 和咖啡因 150 μg 的混合溶液,作为系统适用性溶液。照高效液相色谱法(通则 0512)测定,以十八烷基硅烷键合硅胶为填充剂;检

测波长为 250 nm；以 0.1% 枸橼酸溶液为流动相 A，以甲醇为流动相 B，按表 4-4 进行梯度洗脱。取系统适用性溶液 10 μl 注入高效液相色谱仪，葛根素峰的保留时间约为 14 min，葛根素峰与咖啡因峰的分离度应大于 4.0。精密量取供试品溶液与对照溶液各 10 μl，分别注入高效液相色谱仪，记录色谱图。供试品溶液的色谱图中如有杂质峰，单个杂质峰面积不得大于对照溶液的主峰面积（1.0%），各杂质峰面积的和不得大于对照溶液主峰面积的 2 倍（2.0%）。

表 4-4　注射用葛根素有关物质检查梯度洗脱程序

时间/min	流动相 A/(%)	流动相 B/(%)
0	75	25
15	75	25
30	55	45
35	55	45
37	75	25
45	75	25

四、加校正因子的主成分自身对照法

测定杂质含量时，可采用加校正因子的主成分自身对照法，此法适用于已知杂质在规定检测波长下的校正因子与主成分不一致的情况，应对校正因子进行严格测定，仅适用于已知杂质的控制。在建立方法时，按各品种项下的规定，精密称（量）取杂质对照品和待测成分对照品各适量，配制测定杂质校正因子的溶液，进样，记录色谱图，计算杂质的校正因子。此校正因子可直接载入各品种项下，用于校正杂质的实测峰面积。

测定杂质含量时，将供试品溶液稀释成与杂质限度相当浓度的溶液，作为对照溶液，进样，记录色谱图，必要时，调节纵坐标范围（以噪声水平可接受为限），使对照溶液的主成分色谱峰的峰高达满量程的 10%～25%。除另有规定外，含量低于 0.5% 的杂质，峰面积的 RSD 应小于 10%；含量在 0.5%～2% 的杂质，峰面积的 RSD 应小于 5%；含量大于 2% 的杂质，峰面积的 RSD 应小于 2%。然后，分别取供试品溶液和对照溶液适量，进样，供试品溶液的记录时间，应为主成分色谱峰保留时间的 2 倍（另有规定除外），测量供试品溶液色谱图上各杂质的峰面积，分别乘以相应的校正因子后与对照溶液主成分的峰面积比较，依法计算各杂质含量。

学习实例

消旋山莨菪碱中有关物质的检查

检查方法：取本品，加 0.01 mol/L 盐酸溶解并稀释制成每 1 ml 中约含 1.5 mg 的溶液，作为供试品溶液；取杂质Ⅰ对照品适量，加 0.01 mol/L 盐酸溶液溶解并稀释制成每 1 ml 中约含 0.5 mg 的溶液,作为对照品溶液。色谱条件:用十八烷基硅烷键合硅胶为填充剂;0.01 mol/L 磷酸二氢钾溶液(含 0.15%三乙胺,用磷酸调节 pH 至 6.5)-甲醇(70∶30)为流动相;检测波长为 220 nm。系统适用性要求:理论板数按消旋山莨菪碱峰计算不低于 2000。出峰顺序依次为消旋山莨菪碱顺、反式异构体与杂质Ⅰ,消旋山莨菪碱顺、反式异构体两色谱峰的分离度应符合要求。精密量取供试品溶液与对照品溶液各 20 μl,分别注入液相色谱仪,记录色谱图至主成分峰保留时间的 5 倍。限度:供试品溶液的色谱图中如有杂质峰,各杂质峰面积的和(杂质Ⅰ峰面积乘以校正因子 0.44 计)不得大于对照品溶液中的消旋山莨菪碱顺、反式异构体两色谱峰面积之和的 1.5 倍(1.5%)。

五、面积归一化法

按各品种项下的规定,配制供试品溶液,取一定量进样,记录色谱图。测量各峰的面积和色谱图上除溶剂峰以外的总色谱峰面积,计算各峰面积占总峰面积的百分率。用于杂质检查时,由于仪器响应的线性限制,峰面积归一化法一般不宜用于微量杂质的检查。如适用,也可使用其他方法如标准曲线法等,并在品种正文项下注明。

学习实例

艾司奥美拉唑钠中 R-对映体的检查

检查方法:取本品,加磷酸盐缓冲液(pH 11.0)(每 1000 ml 中含磷酸钠 0.0028 mol 与磷酸氢二钠 0.011 mol)溶解并稀释制成每 1 ml 中约含 0.32 mg 的溶液,精密量取 2 ml,置 20 ml 量瓶中,用水稀释至刻度,摇匀,作为供试品溶液。系统适用性溶液:取奥美拉唑对照品约 18 mg,置 100 ml 量瓶中,加甲醇 5 ml 使溶解,用磷酸盐缓冲液(pH 11.0)稀释至刻度,摇匀,精密量取 2 ml,置 100 ml 量瓶中,用水稀释至刻度,摇匀。色谱条件:用 α_1-酸性糖蛋白键合硅胶为填充剂;以磷酸盐缓冲液(pH 6.0)(每 1000 ml 中含磷酸二氢钠 0.0175 mol 与磷酸氢二钠 0.0025 mol)-乙腈(85∶15)为流动相,检测波长为 302 nm;进样体积为 20 μl。精密量取供试品溶液注入液相色谱仪,记录色谱图。按峰面积归一化法计算,含 R-对映体不得过 0.5%。

知识累积

(1) 特殊杂质种类繁多,检查方法各异,收载在各品种质量标准正文[检查]项下。
(2) 特殊杂质的检查方法应用较多的是紫外-可见分光光度法、薄层色谱法、高效液相色谱法等。

（3）紫外-可见分光光度法主要利用在特征吸收波长处测定吸光度，通过测定杂质在特征吸收波长处的吸光度或杂质与主药的吸光度的比值来检查杂质的限量。

（4）薄层色谱法在药物特殊杂质检查中的应用，主要有杂质对照品法、供试品溶液自身稀释对照法和药物对照法等。

（5）高效液相色谱法测定药物特殊杂质，主要有杂质对照品外标法、内标法、加校正因子的主成分自身对照法、不加校正因子的主成分自身对照法及面积归一化法。

（6）课程思政要点：在使用水、电、试剂的过程中，体现经济、安全、环保、成本意识；在团队工作项目中，明确分工合作，共同分析与解决问题，以体现团队意识；在结果与实际出现偏差时，坚持实事求是，深入思考与分析，体现质量意识；在使用仪器设备时，能爱惜仪器，体现责任意识。

目标检测

扫码看答案

一、单项选择题

1. 药物的纯度是指（　　）。
A. 药物中不含杂质
B. 药物中所含杂质及其最高限量的规定
C. 药物对人体无害的纯度要求
D. 药物对实验动物无害的纯度要求
E. 药物中所含杂质的限量

2. 药品杂质限量是指（　　）。
A. 药物中所含杂质的最小允许量
B. 药物中所含杂质的最大允许量
C. 药物中所含杂质的最佳允许量
D. 药物的杂质含量
E. 药物的纯度

3. 关于药物中杂质及杂质限量的叙述正确的是（　　）。
A. 药物的杂质是指存在于药物中的无治疗作用或影响药物的稳定性和疗效，甚至对人体健康有害的物质
B. 杂质限量通常只用百万分比表示
C. 杂质的来源主要是由生产过程中引入，其他方面可不考虑
D. 检查杂质，必须用标准溶液进行比对
E. 检查杂质，必须测定其含量

4. 铁盐检查法中，所使用的显色剂是（　　）。
A. 水杨酸钠溶液　　B. 硫氰酸铵溶液　　C. 硫酸铁铵溶液
D. 氰化钾溶液　　　E. 过硫酸铵溶液

5. 药物中的重金属是指（　　）。
A. Pb^{2+}
B. Fe^{2+}、Fe^{3+}
C. 影响药物安全性和稳定性的金属杂质

D. 原子量大的金属杂质

E. 在规定条件下与硫代乙酰胺或硫化钠作用显色的金属杂质

6. 《中国药典》(2020年版)重金属检查法一共收载有( )。
　　A. 一法　　　B. 二法　　　C. 三法　　　D. 四法　　　E. 五法

7. 《中国药典》(2020年版)规定,检查药物中重金属时,以( )为代表。
　　A. 铅　　　　B. 砷　　　　C. 银　　　　D. 汞　　　　E. 铁

8. 在药物重金属检查法中,溶液的 pH 为( )。
　　A. 3～3.5　　B. 7　　　　C. 4～4.5　　D. 8　　　　E. 10.0

9. 第一法检查药品中的重金属杂质,所用的显色剂是( )。
　　A. $AgNO_3$　　B. 硫氰酸铵　　C. 氯化亚锡　　D. H_2S　　E. 氯化钡

10. 在碱性条件下检查重金属,所用的显色剂是( )。
　　A. H_2S　　　B. Na_2S　　C. $AgNO_3$　　D. 硫氰酸铵　　E. 氢氧化钠

11. 硫代乙酰胺法用于检查药物中的( )。
　　A. 铁盐　　　B. 砷盐　　　C. 氯化物　　D. 硫酸盐　　E. 重金属

12. 就葡萄糖注射液的特殊杂质而言,下列哪一项是正确的?( )
　　A. 重金属　　　　　　B. 5-羟甲基糠醛　　　　　C. 硫酸盐
　　D. 砷盐　　　　　　　E. 可见异物

13. 利用药物和杂质在化学性质上的差异进行特殊杂质的检查,属于此法的检查方法是( )。
　　A. 颜色的差异　　　　B. 臭、味的差异　　　　C. 旋光性的差异
　　D. 氧化还原性的差异　E. 挥发性的差异

14. 利用药物和杂质在物理性质上的差异进行特殊杂质的检查,不属于此法的检查方法是( )。
　　A. 旋光性的差异　　　　　B. 杂质与一定试剂反应生成气体
　　C. 吸附或分配性质的差异　D. 臭、味的差异　　　　E. 挥发性的差异

15. 在氯化物检查中,适宜的氯化物浓度(以 Cl^- 计)是( )。
　　A. 50 ml 中含 10～50 μg(相当于标准氯化钠溶液 1～5 ml)
　　B. 50 ml 中含 50～80 μg(相当于标准氯化钠溶液 5～8 ml)
　　C. 50 ml 中含 0.1～0.5 mg(相当于标准氯化钠溶液 10～50 ml)
　　D. 27 ml 中含 10～20 mg(相当于标准氯化钠溶液 1～2 ml)
　　E. 28 ml 中含 20 μg(相当于标准氯化钠溶液 2 ml)

16. 易炭化物检查法是检查( )。
　　A. 药物中遇到硫酸易炭化或氧化而呈色的微量有机杂质
　　B. 药物中遇到盐酸易炭化或氧化而呈色的微量有机杂质
　　C. 有机药物与硫酸经高温(700～800 ℃)炽灼后遗留的残渣
　　D. 药物中残留的有机溶剂
　　E. 药物在规定条件下经干燥后所减失的重量

17. 下列哪一项不属于特殊杂质检查法?( )
　　A. 葡萄糖中氯化物的检查　　B. 肾上腺素中酮体的检查

C. 异烟肼中游离肼的检查　　　D. 甾体类药物的"其他甾体"的检查

E. 葡萄糖注射液中 5-羟甲基糠醛的检查

18. 测定干燥失重时,若药物的熔点低,受热不稳定或水分难以去除,应采用(　　)。

A. 常压恒温干燥法　　　　B. 干燥剂干燥法　　　　C. 加压干燥法

D. 喷雾干燥法　　　　　　E. 减压干燥法

19. "信号杂质"是指(　　)。

A. 药物的纯净程度

B. 自然界中存在较广泛,在多种药物的生产和贮藏过程中容易引入的杂质

C. 杂质本身一般无害,但其含量可以反映药物纯度水平

D. 杂质本身一般有害,但其含量可以反映药物纯度水平

E. 在个别药物生产和贮存过程中引入的杂质

二、多项选择题

1. 药物的杂质来源有(　　)。

A. 药物的生产过程中　　　　B. 药物的贮存过程中

C. 药物的使用过程中　　　　D. 药物的运输过程中

E. 药物的研制过程中

2. 药物杂质限量的基本要求包括(　　)。

A. 不影响疗效和不发生毒性　　B. 保证药物质量　　　　C. 便于生产

D. 便于贮存　　　　　　　　　E. 便于制剂生产

3. 药物中杂质限量的表示方法有(　　)。

A. %　　　　B. ‰　　　　C. 万分比　　　　D. 百万分比　　　　E. 标示量%

4. 检查重金属的方法有(　　)。

A. 古蔡氏法　　　　　　　　B. 硫代乙酰胺法

C. 硫化钠法　　　　　　　　D. 炽灼破坏后的硫代乙酰胺法

E. 硫氰酸盐法

5. 关于硫代乙酰胺法错误的叙述是(　　)。

A. 是检查氯化物的方法　　　B. 是检查重金属的方法

C. 反应结果是以白色为背景　D. 在弱酸性条件下水解,产生硫化氢

E. 反应时 pH 应为 7~8

6. 干燥失重测定方法有(　　)。

A. 减压干燥法　　　　　　　B. 费休氏法　　　　　　C. 常压恒温干燥法

D. 炽灼法　　　　　　　　　E. 间接挥发重量法

7. 水分测定的方法有(　　)。

A. 费休氏法　　　　　　　　B. 烘干法　　　　　　　C. 减压干燥法

D. 甲苯法　　　　　　　　　E. 气相色谱法

8. 古蔡氏法检查砷盐时,所需的试剂和物品有(　　)。

A. 碘化钾试液　　　　　　　B. 锌、盐酸

C.酸性氯化亚锡试液　　　　D.溴化汞试纸　　　　　　E.醋酸铅棉花

9.药物中的特殊杂质包括(　　)。

A.酮体　　　　　　　　B.有关物质　　　　　　　C.游离水杨酸

D.C 晶型　　　　　　　E.氯化物

10.采用薄层色谱法的供试品溶液的自身稀释对照法检查杂质,以下操作方法正确的是(　　)。

A.使用同批、同瓶试剂配制供试品溶液和对照溶液

B.供试品溶液和对照溶液分别点于两块薄层板上

C.供试品溶液和对照溶液点于同一块薄层板上

D.点样时应少量多次

E.展开前饱和

三、简答题

1.药物的杂质检查方法有哪些?葡萄糖注射液中的 5-羟甲基糠醛的检查属于哪种方法?

2.什么是特殊杂质?特殊杂质检查的常用方法有哪些?

3.砷盐检查法中加入醋酸铅棉花、酸性氯化亚锡和碘化钾的作用是什么?

4.简述硫酸盐检查法的原理和操作步骤。

5.简述用薄层色谱法中供试品溶液的自身稀释对照法检查特殊杂质时的操作步骤。

四、分析题

1.关于干燥失重测定法,《中国药典》(2020 年版)规定:取供试品,混合均匀(如为较大的结晶,应先迅速捣碎使成 2 mm 以下的小粒),取约 1 g 或各品种项下规定的重量,置与供试品相同条件下干燥至恒重的扁形称量瓶中,精密称定,除另有规定外,在 105 ℃干燥至恒重。由减失的重量和取样量计算供试品的干燥失重。

(1)本方法是检查哪种杂质?该杂质属于一般杂质还是特殊杂质?

(2)本方法属于干燥失重测定方法中的哪一种方法?

(3)本方法主要需要哪些仪器?主要注意事项有哪些?

(4)何谓"恒重"?

(5)用数学式表式测定结果(如测定结果用字母符号表示,说明式中字母的意义)。

2.取葡萄糖 4.0 g,加水 23 ml 溶解后,加醋酸盐缓冲液(pH 3.5)2 ml,依法检查重金属,含重金属不得过百万分之五,应取标准铅溶液多少毫升?(每 1 ml 相当于 10 μg Pb)

3.某药物中砷盐的检查:取标准砷溶液 2.0 ml(每 1 ml 相当于 1 μg 的 As),砷盐限量为 0.0001%,应取供试品量为多少?

4.对乙酰氨基酚中硫酸盐的检查:取本品 2.0 g,加水 100 ml,加热溶解后,冷却、滤过,取滤液 25 ml,依法检查,与标准硫酸钾溶液 1.0 ml(每 1 ml 相当于 100 μg SO_4)制成的对照溶液比较,不得更浓。计算硫酸盐的限量。

模块五 药物制剂常规检查技术

项目一 主要剂型及其常规检查项目认知
项目二 药物制剂常规检查技术

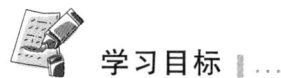 学习目标

扫码看 ppt

素质目标：
1. 在检测过程中严格遵守操作规程，确保检测结果的准确和可靠；
2. 对检测结果进行客观、公正的评价，不隐瞒、不夸大事实；
3. 关注药物制剂检测技术的最新发展动态，具备持续学习和自我提升的意识。

知识目标：
1. 掌握常见药物制剂常规检查项目的检查步骤；
2. 掌握药物制剂质量检查的常用仪器设备的标准操作规程；
3. 熟悉主要剂型的常规检查项目及检查意义。

能力目标：
1. 能根据药品质量标准，正确开展药物制剂检查工作；
2. 能熟练、规范地操作常用检测仪器，如脆碎度测定仪、崩解时限测定仪、溶出度测定仪等；
3. 能根据药物制剂的质量问题，提出有效的解决方案。

案例导入

2021年1月19日，山东省药品监督管理局发布的行政处罚决定书（鲁药监执法药罚〔2021〕1号）（以下简称"处罚书"）显示，山东某公司因生产销售的硫酸庆大霉素注射液（批号：20060201）"可见异物"项目不符合国家药品标准规定被处罚。处罚书指出，鲁抗医药赛特公司的行为违反《中华人民共和国药品管理法》第九十八条第一款［禁止生产（包括配制）、销售、使用假药、劣药］的规定，2021年1月13日，山东省药品监督管理局对其作出如下处罚：没收硫酸庆大霉素注射液（批号：20060201）16977.6盒（10支/盒）；没收违法所得106645.25元；处罚款1591794.00元。

据悉，事件发生后，鲁抗医药赛特公司立即启动召回程序，对该批次产品及相邻批次产品的批生产记录、批检验记录和生产检验过程进行核查；同时开展对该药品不良反应的调查与分析，对于硫酸庆大霉素注射液（批号：20060201），国家不良反应直报系统及企业药物警戒部门未收集到任何不良反应，未有患者投诉因该批次产品存在的问题而引发不良反应或其他情况，未对患者造成二次伤害。

讨论：什么是可见异物？可见异物与用药安全有什么联系？

项目一　主要剂型及其常规检查项目认知

药物有不同制剂,如片剂、胶囊剂、注射剂、糖浆剂等,不同的剂型,其给药途径不同,进入人体后产生的变化不同,因此药物制剂检查项目差异也较大。崩解时限、重量差异、装量差异、最低装量、含量均匀度、溶出度与释放度、可见异物等为常见检查项目。

任务一　片　　剂

片剂是指原料药或与适宜的辅料制成的圆形或异形的片状固体制剂。以口服普通片(包括糖衣片、薄膜衣片)为主,另有含片、舌下片、口腔贴片、咀嚼片、分散片、可溶片、泡腾片、阴道片、阴道泡腾片、缓释片、控释片、肠溶片与口崩片等。中药还有浸膏片、半浸膏片及全粉片等。

片剂要求外观完整光洁,色泽均匀,有适宜的硬度和耐磨性。除药典各品种项下规定的检查项目外,其常规检查项目包括"重量差异"和"崩解时限"。此外,阴道泡腾片应检查"发泡量",阴道片应检查"融变时限";分散片应检查"分散均匀性";以动物、植物、矿物来源的非单体成分制成的片剂,生物制品片剂,以及黏膜或皮肤炎症或腔道等局部用片剂,应检查"微生物限度"。

凡规定检查含量均匀度的片剂,一般不再进行重量差异检查;凡规定检查溶出度、释放度的片剂,一般不再进行崩解时限检查。

任务二　胶　囊　剂

胶囊剂是指原料药或与适宜辅料充填于空心胶囊或密封于软质囊材中制成的固体制剂。胶囊剂可分为硬胶囊和软胶囊(胶丸),根据释放特性不同,还可分为缓释胶囊、控释胶囊和肠溶胶囊。

胶囊剂要求外观整洁,不得有黏结、变性、渗漏或壳破裂等现象,且无异臭。除药典品种项下规定的检查项目外,其常规检查项目包括"装量差异""崩解时限"。此外,中药硬胶囊剂应检查"水分";以动物、植物、矿物来源的非单体成分制成的胶囊剂,生物制品胶囊剂,应检查"微生物限度"。

凡规定检查含量均匀度的胶囊剂,一般不再进行装量差异检查;凡规定检查溶出度或释放度的胶囊剂,一般不再进行崩解时限检查。

任务三 注 射 剂

注射剂是指原料药或与适宜的辅料制成的供注入体内的无菌制剂。注射剂可分为注射液、注射用无菌粉末与注射用浓溶液等。除药典品种项下规定的检验项目外,其常规检查项目包括"装量""装量差异""可见异物""无菌"等。此外,静脉输液及椎管注射用注射液应检查"渗透压摩尔浓度";静脉注射、静脉滴注、鞘内注射、椎管内注射的溶液型注射液、注射用无菌粉末及注射用浓溶液应检查"不溶性微粒";中药注射剂应检查"中药注射剂有关物质""重金属及有害元素残留量";静脉用注射剂应检查"细菌内毒素"或"热原"。

凡规定检查含量均匀度的注射用无菌粉末,一般不再进行装量差异检查。

任务四 糖 浆 剂

糖浆剂是指含有原料药的浓蔗糖水溶液。

糖浆剂应澄清,在贮藏期间不得有发霉、酸败、产生气体或其他变质现象,允许有少量摇之易散的沉淀。一般应检查相对密度、pH等。除药典品种项下规定的检验项目外,其常规检验项目包括"微生物限度"。此外,单剂量灌装的糖浆剂还应检查"装量";多剂量灌装的糖浆剂应检查"最低装量"。

任务五 颗 粒 剂

颗粒剂是指原料药与适宜的辅料混合制成具有一定粒度的干燥颗粒状制剂。颗粒剂可分为可溶颗粒(通称为颗粒)、混悬颗粒、泡腾颗粒、肠溶颗粒、缓释颗粒和控释颗粒等。

颗粒剂应干燥,颗粒均匀,色泽一致,无吸潮、软化、结块、潮解等现象。除药典品种项下规定的检查项目外,其常规检查项目包括"粒度"等。此外,中药颗粒剂应检查"水分";化学药品和生物制品颗粒剂应检查"干燥失重";可溶颗粒和泡腾颗粒应检查"溶化性";单剂量包装的颗粒剂应检查"装量差异";多剂量包装的颗粒剂应检查"装量";以动物、植物、矿物来源的非单体成分制成的颗粒剂,生物制品颗粒剂应检查"微生物限度"。

知识累积

(1)片剂、胶囊剂、注射剂、糖浆剂、颗粒剂常规检查项目包括重量(装量)差异、崩解时限、装量、可见异物、粒度、水分、微生物限度等。

(2)凡规定检查含量均匀度的制剂,一般不再进行装量差异检查;凡规定检查溶出度或释放度的制剂,一般不再进行崩解时限检查。

(3)课程思政要点:具备积极探究的精神,勇于探索未知领域,敢于提出新观点和新方法,不断运用新技术、新手段检测药品质量。

项目二　药物制剂常规检查项目

任务一　片剂重量差异检查法的认知与训练

片剂在人体中的治疗功效与剂量有相关性,片剂的重量和含量一般具有正相关性,因此可通过检测单片剂重量差异来评价和控制片剂含量。药品的重量在一定限度内允许存在偏差,为保证临床用药的准确剂量,剂量太小可能达不到治疗预期,剂量过大可能会引发严重不良反应甚至中毒,因此重量差异检查既可保证治疗效果,同时又能最大限度降低不良反应及中毒事故,对临床用药有效性及安全性具有重要意义。在片剂生产中,颗粒的均匀度、流动性以及工艺、设备和管理等因素,会引起片剂重量差异,因此片剂需检查重量差异,以控制各片重量的一致性,保证用药剂量的准确。

一、基本概念

重量差异检查指以药品的标示重量或平均重量为基准,对重量的偏差程度进行测定,进而评价药品质量的均一性。

常见需要检查重量差异的药剂有片剂、栓剂、丸剂、膜剂、锭剂、膏剂、块状茶剂等。重量差异检测及限度与剂型有关,不同剂型的取样量和差异限度不同,但其检测操作过程基本相似,下面以片剂为例,介绍其检测方法。

二、仪器与用具

(1) 分析天平:分度值不大于 0.1 mg(适用于平均片重 0.30 g 以下的片剂)或分度值不大于 1 mg(适用于平均片重 0.30 g 或 0.30 g 以上的片剂)。

(2) 扁形称量瓶或称量纸。

(3) 弯头或平头手术镊子。

三、检查方法

(1) 取供试品 20 片。

(2) 精密称定 20 片药片总重:取空称量瓶或称量纸,利用电子天平的"去皮键"消去其重量;再将药片置空称量瓶或称量纸上,精密称定 20 片药片的总重。

(3) 求出平均片重($\overline{m}$),选择合适天平:药片总重除以 20 得到每片的平均片重 $\overline{m}$,将平均片重修约至小数点后 2 位有效数字,选择天平的种类。

(4) 分片称重:从已称定总重量的 20 片供试品中,依次用镊子取 1 片,分别精密称定重量,得各片重量(m_i),记录。

(5) 计算:将平均片重修约至两位有效数字,按照表 5-1 规定,选择重量差异限度,计算允许片重范围($\overline{m}\pm\overline{m}\times$重量差异限度),将称得的各片重量进行比较。如果20片中有少于或等于2片超过允许片重范围,再计算是否超出允许片重范围1倍($\overline{m}\pm\overline{m}\times$重量差异限度$\times 2$)。

表 5-1 片剂重量差异限度表

供试品数量	平均片重或标示片重	重量差异限度
20	0.3 g 以下	±7.5%
	0.3 g 或 0.3 g 以上	±5%

四、结果判定

(1) 每片重量均未超出允许片重范围($\overline{m}\pm\overline{m}\times$重量差异限度),或与平均片重相比(凡无含量测定的片剂或有标示片重的中药片剂,每片重量应与标示片重相比较),均未超出表 5-1 规定的重量差异限度,或超出重量差异限度的药片不多于2片,且均未超出限度1倍,均判为符合规定。

(2) 每片重量与平均片重相比较,超出重量差异限度的药片多于2片,或超出重量差异限度的药片虽不多于2片,但其中1片超出限度的1倍,均判为不符合规定。

> **课堂活动**
> 平均片重为 0.295 g 时应选择何种天平?
> 平均片重<0.30 g 的片剂选用万分之一分析天平;平均片重≥0.30 g 的片剂选用千分之一分析天平。

学习实例

如试验测得某片剂的平均片重为 0.295 g,供试品中有3片的片重分别为 0.279 g、0.311 g、0.312 g。请判定检查结果是否符合规定。

解析:超出允许片重范围 0.280~0.310 g,但处于范围边缘。与平均片重比较,计算3片药品的重量差异百分比分别为 -5.4%、5.4% 与 5.7%,再根据数值修约规定,分别修约为 -5%、5% 与 6%,与规定的限度 ±5% 比较,超出重量差异限度的药片只有1片,且未超出限度的1倍。因此,判定为符合规定。

> **课堂活动**
> 胶囊剂检查装量差异时,如何检查硬胶囊、软胶囊内容物的重量?

学习实例

阿昔洛韦片(规格0.2 g)的重量差异检查

测定数据:20片总重4.8060 g,每片重量分别如下:

    0.2541 g 0.2388 g 0.2417 g 0.2316 g 0.2418 g 0.2591 g

    0.2488 g 0.2478 g 0.2489 g 0.2420 g 0.2407 g 0.2598 g

    0.2513 g 0.2584 g 0.2318 g 0.2505 g 0.2247 g 0.2422 g

    0.2432 g 0.2488 g

解析:平均片重=4.8060/20=0.2403(g),修约为0.240 g;

允许片重范围:0.240±0.240×7.5%=0.222~0.258(g);

有3片超出允许片重范围,分别为0.2591 g,0.2598 g,0.2584 g,计算这3片的重量差异百分率分别为+8.0%,+8.2%,+7.7%,均超出规定的重量差异限度。

结果判定:不符合规定。

五、注意事项

(1) 使用分析天平时,取、放物品应使用两侧门,不要开启和使用前门,开关门时应轻缓,防止呼出的热量、水汽、CO_2及气流影响称量。

(2) 避免用手直接接触被称物,使用镊子或其他合适的工具,如棉布手套、纸条等。

(3) 在称量前后,应仔细核对药片数。已取出的药片,不得再放回供试品原包装容器内。

(4) 遇有超出重量差异限度的药片,宜另取容器保存,供必要时的复核用。

(5) 糖衣片应在包衣前检查片芯的重量差异,检查包衣片重量差异时,应去包衣(薄膜衣片除外),放置过夜,阴干后再检查重量差异。

(6) 糖衣片的片芯应检查重量差异并符合规定,包糖衣后不再检查重量差异。薄膜衣片在包衣后也应检查重量差异。

(7) 凡规定检查含量均匀度的片剂,一般不再进行重量差异检查。

【知识链接】其他剂型重(装)量差异检查天平的选择

任务二 注射剂的装量检查法的认知与训练

一、基本概念

注射剂的装量检查适用于50 ml及50 ml以下的单剂量注射液的装量检查,其目的在于保证单剂量注射液的注射用量不少于标示量,以达到临床用药剂量要求。

凡规定检查含量均匀度的注射液,可不进行装量检查。

二、仪器与用具

不同规格经标化的量入式量筒(1 ml、2 ml、5 ml、10 ml、20 ml、50 ml);注射器及注射针头。

三、检查方法

(1) 取样量:标示装量不大于 2 ml 者,取供试品 5 支(瓶);2 ml 以上至 50 ml 者,取供试品 3 支(瓶),50 ml 以上者,照最低装量检查法检查。

(2) 测定:取供试品,擦净瓶外壁,轻弹瓶颈部使液体全部下落,小心开启,避免注射液的损失,用相应体积的干燥注射器及注射针头将其内容物抽尽,分别缓慢连续地注入经标化的量入式量筒内(量筒的大小应使待测体积至少占其额定体积的 40%,不排尽针头中的液体),在室温下检视。

四、结果判定

(1) 记录环境的温度、湿度,抽取供试品支数,供试品标示装量,每支供试品的实测装量。

(2) 结果判定:每支注射液的装量均不得少于其标示装量(准确至装量的 1%),判定为符合规定;如有少于其标示装量者,即判为不符合规定。

五、注意事项

(1) 油性溶液或者混悬液应加热摇匀后用注射器抽取置于室温下进行检视;开启注射瓶时注意避免损失。

(2) 所用注射器及量筒必须洁净、干燥并经定期校准;其最大容量应与供试品的标示装量一致,量筒的体积应使待测体积至少占其额定体积的 40%。

(3) 注射器应配上适宜号数的注射针头,其大小以与临床使用情况相近为宜。

【知识链接】
其他剂型装量差异检查法

任务三 颗粒剂粒度检查法的认知与训练

一、基本概念

本检查项适用于化学药品、生物制品和中药颗粒剂,是为确保颗粒剂粒径的均一性,不使颗粒因受潮结块或在运输和贮藏中粉碎而影响质量。除品种项下另有规定外,照粒度和粒度分布测定法(通则 0982 第二法中的双筛分法)检查。

二、仪器与用具

药筛(规格分为一号筛和五号筛,并备有筛盖和密合的接收容器,用前应干燥)、天平(分度值 10 mg 或 1 mg)。

三、检查方法

(1) 取一号筛置于五号筛之上,并于五号筛下配以密合的接收容器。

(2) 除另有规定外,取单剂量包装的颗粒剂 5 袋(瓶)或多剂量包装的颗粒剂 1 袋(瓶)的内容物,精密称定,置上一层药筛(一号筛)内,盖好上盖。

(3) 保持水平状态过筛,左右往返,边筛动边拍打 3 min。

(4) 取不能通过一号筛和能通过五号筛的颗粒及粉末,精密称定重量,计算其所占比例(%)。

四、结果判定

(1) 记录试验环境的相对湿度,每次称量的数据。

(2) 根据不能通过一号筛和能通过五号筛的颗粒及粉末的重量,除以供试品的取用量,计算百分比(取两位有效数字)。

(3) 除另有规定外,不能通过一号筛和能通过五号筛颗粒的量未超过供试品取用量的 15%,判为符合规定。

五、注意事项

(1) 过筛时,左右往返的速度不宜太快,边筛动边拍打的力度要适当。

(2) 试验环境的相对湿度过高影响测定结果时,宜采用适当方法控制环境相对湿度。

【知识链接】
散剂粒度检查法

任务四　崩解、溶散时限检查法的认知与训练

某些药剂进入人体后,经崩解、溶散才能被人体吸收,从而达到治疗目的。作为体外测试的一种手段,模拟药物制剂在人体胃液中的消化过程,测定崩解、溶散时限在一定程度上可以较快地对药物质量进行评估,间接反映药物的生物利用度。此外,一旦发现崩解、溶散时限不合格,可及时停止生产,避免较大损失。

一、基本概念

崩解、溶散是指不溶性包衣材料及破碎的胶囊壳之外的某些固体制剂在规定条件和时间内全部崩解、溶散成碎粒,并全部通过筛网。崩解、溶散时限是指《中国药典》所规定的条件下药剂崩解、溶散并全部通过筛网的最长时间。

常见需要做崩解、溶散时限检查的药剂有丸剂(不包括蜜丸)、片剂(包括口服普通片、薄膜衣片、糖衣片、肠溶衣片、结肠定位肠溶片、含片、舌下片、可溶片及泡腾片)、滴丸剂和胶囊制剂(包括硬胶囊剂、软胶囊剂及肠溶胶囊剂)等。

二、仪器与用具

崩解、溶散时限检查法采用崩解仪模拟胃肠道环境,检查供试品在规定溶剂和时间内能否崩解、溶散并全部通过筛网。崩解仪主要结构包括含能升降的金属支架、镶有筛网的吊篮(图 5-1)、挡板(图 5-2)、烧杯和温度计等。

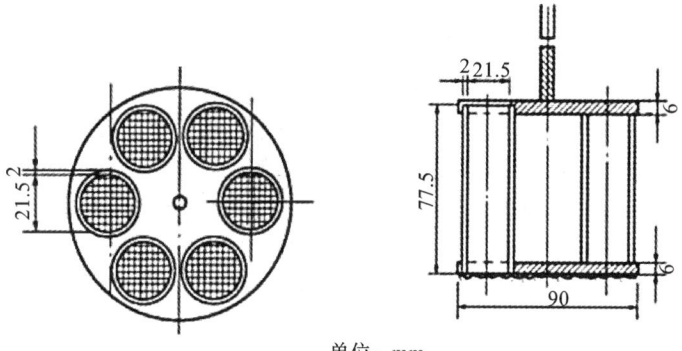

单位：mm

图 5-1 升降式崩解仪吊篮结构

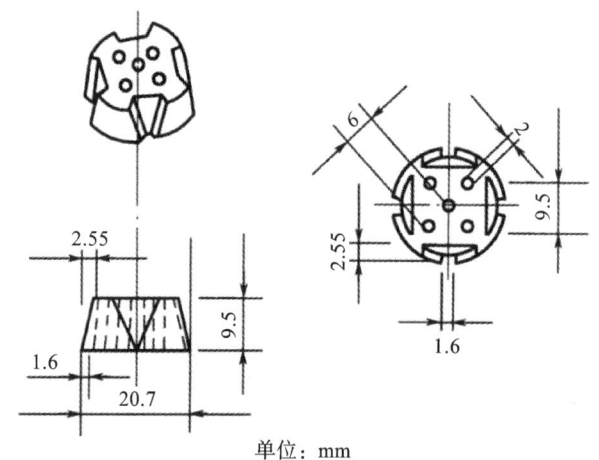

单位：mm

图 5-2 升降式崩解仪挡板结构

三、检查方法

检查崩解仪，确保温度及气泵搅拌正常，温度预置为 37 ℃，保持崩解仪水箱内水位高于烧杯内水位。测定时，吊篮通过上端的不锈钢轴悬挂于支架上，浸入 1000 ml 烧杯中，并调节吊篮位置使其下降至低点时筛网距烧杯底部 25 mm，烧杯内盛有温度为 37 ℃±1 ℃ 的崩解介质，调节水位高度使吊篮上升至高点时筛网在水面下 15 mm 处，吊篮顶部不可浸没于溶液中。待温度达到 37 ℃ 时，除另有规定外，取供试品 6 片（粒），分别加入吊篮的玻璃管中，若胶囊剂（化学药品）漂浮在液面可加挡板；中药胶囊、中药糖衣片、中药薄膜衣片，加润湿的挡板。立即启动崩解仪，各片均应在崩解时限内全部崩解。如有 1 片不能完全崩解，则将烧杯及吊篮清洗干净，重新换水（或规定的介质），另取 6 片复试，均应符合规定。

四、结果判定

参照表 5-2 进行结果判断。

表 5-2　不同药剂崩解、溶散时限规定

剂　型	崩 解 介 质	溶出温度/℃	崩解时限/min
口服普通片	水	37±1	15
薄膜衣片	盐酸(9→1000)	37±1	30
糖衣片	水	37±1	60
结肠定位肠溶片	盐酸(9→1000)及磷酸盐缓冲液(pH<6.8)	37±1	不崩解、不释放
	磷酸盐缓冲液(pH 7.5~8.0)		60(崩解)
含片	水	37±1	10(不崩解、溶化)
舌下片	水	37±1	5
可溶片	水	20±5	3
泡腾片	水	20±5	5
口崩片	水	37±1	1
硬胶囊	水	37±1	30
软胶囊	水	37±1	60
明胶基质软胶囊	人工胃液	37±1	60
肠溶胶囊	①盐酸(9→1000)	37±1	①120(不裂缝、崩解)
	②人工肠液		②60(崩解)
结肠溶胶囊	①盐酸(9→1000)	37±1	①120(不裂缝、崩解)
	②磷酸盐缓冲液(pH<6.8)		②80(不裂缝、崩解)
	③磷酸盐缓冲液(pH 7.5~8.0)		③60(崩解)
滴丸	水	37±1	30
明胶基质滴丸	人工胃液	37±1	30

注：①、②、③是检查时的先后顺序，两次中间将吊篮取出用水洗涤；若供试品漂浮，则加挡板。

(1) 供试品 6 片(粒)均在规定的时限内全部崩解(溶散)，判为符合规定。若有少量不能通过筛网，但已软化或轻质上浮且无硬芯者，可判为符合规定。

(2) 初试时，到规定时限后若有 1 片不能完全崩解(溶散)，应另取 6 片(粒)复试，复试时各片(粒)在规定时限内均全部崩解(溶散)，仍判为符合规定。

(3) 初试时，若有不少于 2 片(粒)不能完全崩解(溶散)，或在复试结果中有不少于 1 片(粒)不能完全崩解(溶散)，即判为不符合规定。

五、注意事项

(1) 在测试过程中，烧杯内的水温(或介质温度)应保持在 37 ℃±1 ℃。

(2) 每测试一次，应清洗吊篮的玻璃内壁及筛网、挡板等，并重新更换介质。

(3) 挡板的相对密度应为 1.18~1.20，使用前挡板需用水浸润，否则吊篮升降时，挡板及药物容易溢出玻璃管。

(4)崩解仪也可用于滴丸剂溶散时限的检查,但需更换配套的细筛网(0.42 mm)。

(5)崩解测试过程中已软化或轻质上漂且无硬芯者可视为通过。

(6)崩解时限检查的是药物溶解的前一段过程,药物崩解后是否溶解与其无关。而溶出度、释放度、融变时限或分散均匀性检查的是整个溶解过程,因此,凡规定检查溶出度、释放度、融变时限(如栓剂和阴道片)或分散均匀性的制剂以及咀嚼片,不需再检查崩解时限。

(7)肠溶片应先在盐酸及磷酸盐缓冲液(pH<6.8)中不释放或不崩解,而在 pH 为 7.5~8.0 的磷酸盐缓冲液中 1 h 内全部释放或崩解。

任务五 片剂脆碎度检查法的认知与训练

一、基本概念

片剂脆碎度是指片剂在规定的脆碎度仪圆筒中滚动 100 圈后减失重量的百分比,用于检查非包衣片剂的脆碎情况及其他物理强度,如压碎强度等。

二、仪器与用具

片剂脆碎度检查仪(图 5-3);感量 1 mg 的分析天平;吹风机等。

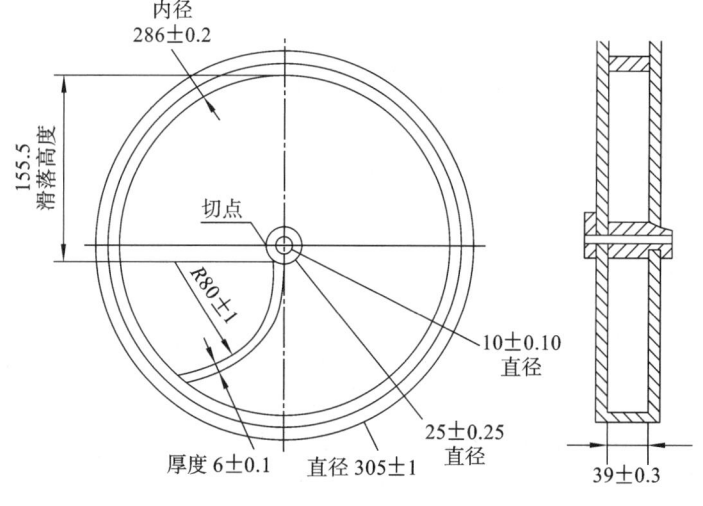

单位:mm

图 5-3 片剂脆碎度检查仪

三、检查方法

(1)将脆碎度检查仪转速设置为(25±1)r/min,时间为 4 min,确保圆筒转动的总次数为 100 次。

(2)用吹风机吹去供试品已脱落的粉末,精密称定其总重量(使供试品约为 6.5 g;

平均片重大于 0.65 g 的供试品取 10 片)。

(3) 将供试品置脆碎度仪圆筒中,启动仪器转 100 圈后取出供试品,若出现断裂、龟裂或粉碎片,即判为不符合规定。

(4) 未出现断裂、龟裂或粉碎的供试品,用吹风机吹去已脱落的粉末后精密称重,根据转动前、后的重量计算减失重量百分比(%)。

四、结果判定

(1) 未检出断裂、龟裂或粉碎片,且其减失重量未超过 1% 时,判为符合规定。

(2) 减失重量超过 1%,但未检出断裂、龟裂或粉碎片的供试品,另取 2 份供试品复试。3 次的平均减失重量未超过 1% 时,且未检出断裂、龟裂或粉碎片,判为符合规定。

五、注意事项

(1) 形状或大小在圆筒中易形成严重不规则滚动或特殊工艺生产的片剂,可不进行脆碎度检查。为避免供试品在圆筒中不规则滚动,可调节仪器基部使其与左、右水平面约成 10°角,以保证试验时片剂不聚集,能顺利下落。

(2) 易吸潮的咀嚼片、泡腾片,应在相对湿度 40% 以下的实验室进行测定。

任务六 溶出度与释放度检查法的认知与训练

片剂等固体口服制剂服用后,在胃肠道要经过崩解、溶解、吸收等过程才能产生药效,崩解是药物溶出的前提,不能客观反映药物在体内溶出的全过程。受辅料、工艺条件的影响,崩解以后药物溶出的速度仍然会有差别。因此,溶出度是评价固体制剂内在质量的重要指标,是观察生物利用度的一种体外试验法。

一、基本概念

溶出度是指活性药物在规定条件下从片剂、胶囊剂或颗粒剂等普通制剂中溶出的速度和程度,在缓释制剂、控释制剂、肠溶制剂及透皮贴剂等制剂中也称释放度。

《中国药典》(2020 年版)收载了 7 种溶出度测定方法:篮法、桨法、小杯法、桨碟法、转筒法、流池法、往复筒法。其基本原理是利用溶出度测定仪将一定量的固体制剂置于转篮(或烧杯)中,在 37.0 ℃恒温条件下,在规定转速、时间及介质条件下测定其溶出的量。

二、仪器装置

溶出度测定仪由电动机、恒温循环水浴箱、溶出系统(溶出杯、搅拌装置、溶出介质)、计时装置、加热器、取样装置等部件组成。

1. 第一法(篮法)

(1) 转篮包括篮体与篮轴两部分,均由不锈钢或其他惰性材料制成,其形状尺寸如图 5-4 所示。篮体 A 由方孔筛网(丝径为 0.28 mm±0.03 mm,网孔为 0.40 mm±0.04 mm)制成,呈圆柱形,转篮内径为 20.2 mm±1.0 mm,上下两端都有封边。篮轴 B 的直径为 9.75 mm±0.35 mm,轴的末端连一圆盘,作为转篮的盖;盖上有一通气孔(孔径为 2.0 mm±0.5 mm);盖边有两层,上层直径与转篮外径相同,下层直径与转篮内径相同;盖上的 3 个弹簧片与中心成 120°角。

(2) 溶出杯一般是由硬质玻璃或其他惰性材料制成的底部为半球形的 1000 ml 杯状容器,内径为 102 mm±4 mm(圆柱部分内径最大值和内径最小值之差不得大于 0.5 mm),高为 185 mm±25 mm;溶出杯配有适宜的盖子,盖上有适当的孔,中心孔为篮轴的位置,其他孔供取样或测量温度用。溶出杯置恒温水浴或其他适当的加热装置中。

(3) 篮轴与电动机相连,由速度调节装置控制电动机的转速,使篮轴的转速在各品种项下规定转速的±4%范围内。运转时整套装置应保持平稳,均不能产生明显的晃动或振动(包括装置所处的环境)。转篮旋转时,篮轴与溶出杯的垂直轴在任一点的偏离均不得大于 2 mm,转篮下缘的摆动幅度不得偏离轴心 1.0 mm。

(4) 仪器一般配有 6 套以上测定装置。

2. 第二法(桨法) 除将转篮换成搅拌桨外,其他装置和要求与篮法相同。搅拌桨的下端及桨叶部分可涂适当的惰性材料(如聚四氟乙烯),其形状尺寸如图 5-5 所示。桨杆对称度(桨轴左侧距桨叶左边缘距离与桨轴右侧距桨叶右边缘距离之差)不得超过 0.5 mm,桨轴和桨叶垂直度 90°±0.2°;桨杆旋转时,桨轴与溶出杯的垂直轴在任一点的偏差均不得大于 2 mm;搅拌桨旋转时 A、B 两点的摆动幅度不得超过 0.5 mm。

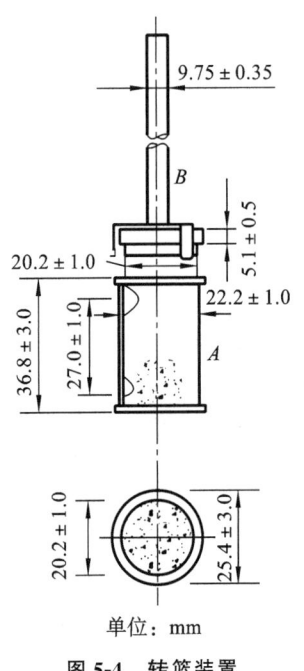

图 5-4 转篮装置

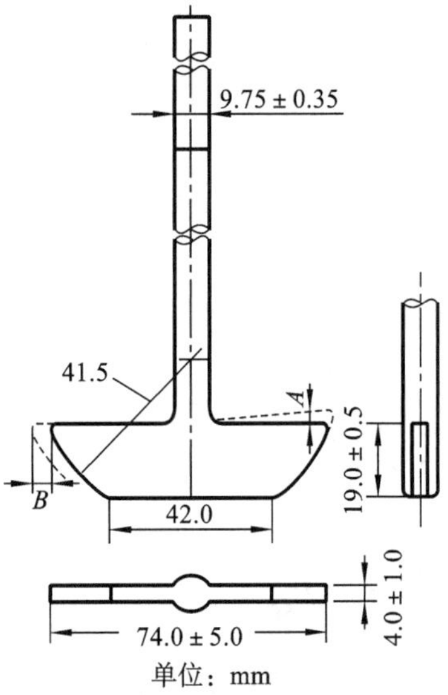

图 5-5 搅拌桨装置

3. 第三法(小杯法) 搅拌桨装置类似于桨法,形状尺寸如图 5-6 所示。

溶出杯一般由硬质玻璃或其他惰性材料制成,形状尺寸如图 5-7 所示,底部为 250 ml 的半球形杯状容器,内径为 62 mm±3 mm(圆柱部分内径最大值和内径最小值之差不得大于 0.5 mm),高为 126 mm±6 mm,溶出杯配有适宜的盖子,盖上有适当的孔,中心孔为篮轴的位置,其他孔供取样或测量温度用。溶出杯置恒温水浴或其他适当的加热装置中。

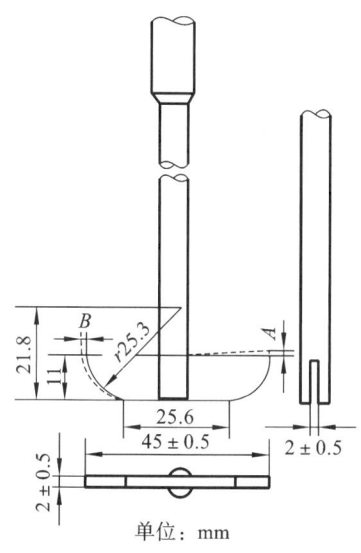

图 5-6 小杯法搅拌桨装置

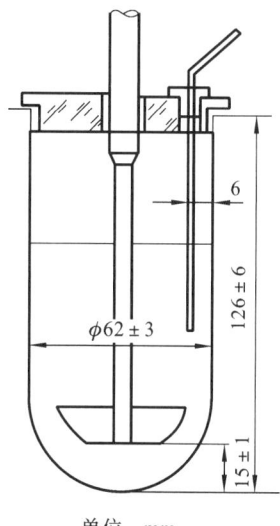

图 5-7 小杯法溶出杯装置

桨杆与电动机相连,转速应在各品种项下规定转速的±4%范围内。其他要求同桨法。

4. 第四法(桨碟法) 搅拌桨、溶出杯装置类似于桨法,溶出杯中放入用于放置贴片的不锈钢网碟(图 5-8),网碟分上、下层。搅拌桨的下端与上层网碟的距离应为 25 mm±2 mm,将透皮贴剂固定于两层碟片的中央,释放面向上,再将网碟水平置于溶出杯下部,并使贴剂与桨叶底部平行(图 5-9)。

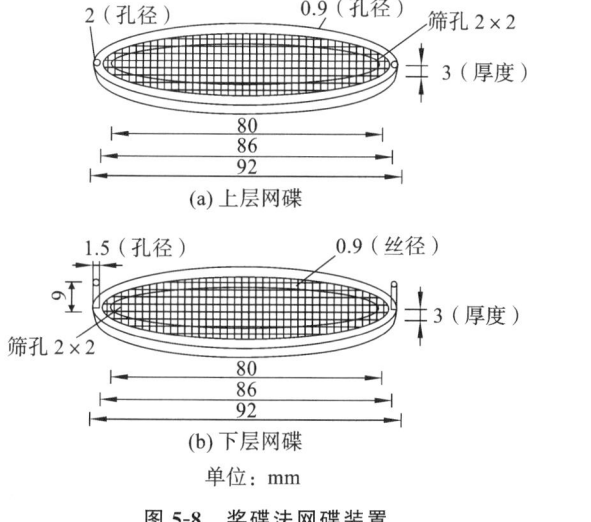

图 5-8 桨碟法网碟装置

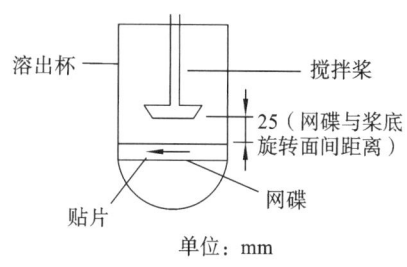

图 5-9 桨碟法装置

5. 第五法(转筒法) 溶出杯与桨法相同,但搅拌桨另用不锈钢转筒装置替代。组成搅拌装置的杆和转筒均由不锈钢制成。

6. 第六法(流池法) 装置由溶出介质的贮液池、用于输送溶出介质的泵、流通池和保持溶出介质温度的恒温水浴组成,接触介质与样品的部分均为不锈钢或其他惰性材料制成。应使用品种正文项下规定尺寸的流通池。

(1)流通池:常用流通池由透明惰性材料制成,垂直安装在一个带滤过系统装置上(参见各品种项下的具体规定),以防止未溶解的颗粒从流通池顶部漏出;标准流通池的内径一般为 12 mm 和 22.6 mm;流通池的锥形部分通常充填直径为 1 mm 的玻璃珠,在倒置的锥体下端放一直径为 5 mm 的玻璃珠,以防止样品池中的介质倒流入管路;样品支架用于放置特殊制剂,如植入片。样品池浸没在恒温水浴中,并保持温度在 37 ℃±0.5 ℃。

流通池用一个夹子和两个固定的 O 形环固定。泵应与溶出仪分开,以防仪器受到泵产生的振动影响。泵的水平位置不得高于溶出介质的贮液池。连接管应尽量短,可采用内径为 1.6 mm 的聚四氟乙烯以及惰性材料制成的法兰接头。在泵的作用下溶出介质向上流过流通池,流速通常在 240~960 ml/h 之间。标准流速为 4 ml/min、8 ml/min 和 16 ml/min。泵应能提供恒流(变化范围为规定流速的±5%),流速曲线应为正弦曲线,脉动频率为 120 冲/分±10 冲/分,也可使用无脉冲泵。采用流池法进行溶出度检查应规定流速与脉冲频率。

(2)溶出仪适用性的考察应包括仪器的规格尺寸是否与上述规定一致或在其允许的范围内,此外在使用过程中应周期性地监控关键的试验参数,如溶出介质的体积、温度和流速。

(3)仪器一般配有 6 套以上测定装置。

7. 第七法(往复筒法) 装置由溶出杯、往复筒、电动机、恒温水浴装置或其他适当的加热装置等组成。

(1)溶出杯:平底筒状溶出杯由硬质玻璃或者其他适宜的惰性材料制成。溶出杯内径为 47 mm±1.4 mm,高为 180 mm±1 mm。溶出杯上配有防挥发盖,防挥发盖高度为 66.8 mm±1 mm,上端外径为 50.8 mm±1 mm,下端可与溶出杯匹配,内径为 38.1 mm±1 mm;盖上的中心孔供往复轴(直径 6~8 mm)穿过。中心孔两侧可设置数量不等的排气孔,排气孔的直径为 3.9 mm±0.1 mm。溶出杯置恒温水浴装置或其他适当的加热装置中。

(2)往复筒:由硬质玻璃或者其他适宜的惰性材料制成。往复筒内径为 23~26 mm,高为 100 mm±1 mm,底部放置筛网的圆筒状螺帽高度为 18 mm±1 mm,顶部螺帽高度为 23 mm±1 mm。往复轴与顶部螺帽于螺帽的中心点相连。螺帽中心点两侧可设置数量不等的排气孔。往复筒置于溶出杯中。

(3)往复轴和筛网:往复轴及其相关配件一般由不锈钢或其他适宜材料制成,筛网由不锈钢或其他惰性材料制成。

(4)电动机:可驱动往复筒在溶出杯内做垂直往复运动,也可引导往复筒在水平方向移动。仪器的往复频率应可调节,并保持往复频率在品种项下规定的±5%范围内变化。运行时,除往复筒平稳的垂直运动外,装置和实验室台面均不应出现明显移动、振荡或震动。

三、检查方法

1. 第一法和第二法(篮法和桨法)

(1) 普通制剂:调试仪器装置使转篮或桨叶底部距溶出杯的内底部 25 mm±2 mm。分别量取溶出介质置各溶出杯内,实际量取的体积与规定体积的偏差应在±1%范围内,待溶出介质温度恒定在 37 ℃±0.5 ℃后,取供试品 6 片(粒、袋),如为第一法,分别投入 6 个干燥的转篮内,将转篮降入溶出杯中;如为第二法,分别投入 6 个溶出杯内(当品种项下规定需要使用沉降篮时,可将胶囊剂先装入规定的沉降篮内;品种项下未规定使用沉降篮时,若胶囊剂浮于液面,可用一小段耐腐蚀的细金属丝轻绕于胶囊外壳)。注意避免供试品表面产生气泡,立即按各品种项下规定的转速启动仪器,计时;至规定的取样时间(实际取样时间与规定时间的差异在±2%范围内),吸取溶出液适量(取样位置应在转篮或桨叶顶端至液面的中点,距溶出杯内壁 10 mm 处;需多次取样时,所量取溶出介质的体积应在溶出介质总体积的 1%之内。若超过总体积的 1%,则应及时补充相同体积的温度为 37 ℃±0.5 ℃的溶出介质,或在计算时加以校正),立即用适当的微孔滤膜滤过,自取样至滤过应在 30 s 内完成。取澄清滤液,照该品种项下规定的方法测定,计算每片(粒、袋)的溶出量。

(2) 缓释制剂或控释制剂:照普通制剂方法操作,至少采用三个取样时间点,在规定取样时间点,吸取溶液适量,及时补充相同体积的温度为 37 ℃±0.5 ℃的溶出介质,滤过,自取样至滤过应在 30 s 内完成。照各品种项下规定的方法测定,计算每片(粒)的溶出量。

(3) 肠溶制剂:按方法 1 或方法 2 操作。

①方法 1。

酸中溶出量:除另有规定外,分别量取 0.1 mol/L 盐酸 750 ml 置各溶出杯内,实际量取的体积与规定体积的偏差应在±1%范围内,待溶出介质温度恒定在 37 ℃±0.5 ℃,取供试品 6 片(粒)分别投入转篮或溶出杯中(当品种项下规定需要使用沉降篮时,可将胶囊剂先装入规定的沉降篮内;品种项下未规定使用沉降篮时,若胶囊剂浮于液面,可用一小段耐腐蚀的细金属丝轻绕于胶囊外壳),注意避免供试品表面产生气泡,立即按各品种项下规定的转速启动仪器,2 h 后在规定取样点吸取溶出液适量,滤过,自取样至滤过应在 30 s 内完成。按各品种项下规定的方法测定,计算每片(粒)的酸中溶出量。其他操作与篮法和桨法的普通制剂操作相同。

缓冲液中溶出量:上述酸液中加入温度为 37 ℃±0.5 ℃的 0.2 mol/L 磷酸钠溶液 250 ml(必要时用 2 mol/L 盐酸或 2 mol/L 氢氧化钠溶液调节 pH 至 6.8),继续运转 45 min,或按各品种项下规定的时间,在规定取样点吸取溶出液适量,滤过,自取样至滤过应在 30 s 内完成。按各品种项下规定的方法测定,计算每片(粒)的缓冲液中溶出量。

②方法 2。

酸中溶出量:除另有规定外,分别量取 0.1 mol/L 盐酸 900 ml 置各溶出杯内,其要求和操作按照方法 1 酸中溶出量项下进行测定。

缓冲液中溶出量:弃去上述各溶出杯中酸液,立即加入温度为 37 ℃±0.5 ℃的磷

酸盐缓冲液(pH 6.8)(取 0.1 mol/L 盐酸和 0.2 mol/L 磷酸钠溶液,按 3∶1 混合均匀,必要时用 2 mol/L 盐酸或 2 mol/L 氢氧化钠溶液调节 pH 至 6.8)900 ml,或将每片(粒)转移入另一盛有温度为 37 ℃±0.5 ℃的磷酸盐缓冲液(pH 6.8)900 ml 的溶出杯中,照方法 1 缓冲液中溶出量项下进行测定。

2. 第三法(小杯法)

(1)普通制剂:调试仪器装置使桨叶底部距溶出杯的内底部 15 mm±2 mm。分别量取 150～250 ml 溶出介质置各溶出杯内,量取要求和操作与篮法和桨法相同,但是取样位置应在桨叶顶端至液面的中点,距溶出杯内壁 6 mm 处。

(2)缓释制剂或控释制剂:照第三法普通制剂方法操作,其余要求同第一法和第二法项下缓释制剂或控释制剂。

3. 第四法(桨碟法)

透皮贴剂:分别量取溶出介质置各溶出杯内,实际量取的体积与规定体积的偏差应在±1%范围内,待溶出介质预温至 32 ℃±0.5 ℃;将透皮贴剂固定于两层碟片之间或网碟上,溶出面朝上,尽可能使其保持平整。再将网碟水平放置于溶出杯下部,并使网碟与桨底旋转面平行,两者相距 25 mm±2 mm,按品种正文规定的转速启动装置。在规定取样时间点,吸取溶出液适量,及时补充相同体积的温度为 32 ℃±0.5 ℃的溶出介质。

其他操作同第一法和第二法项下缓释制剂或控释制剂。

4. 第五法(转筒法)

透皮贴剂:分别量取经脱气处理的溶出介质置各溶出杯内,实际量取的体积与规定体积的偏差应在±1%范围内,待溶出介质预温至 32 ℃±0.5 ℃;除另有规定外,按下述方法进行准备,除去贴剂的保护套,将有黏性的一面置于一片铜纺上,铜纺的边比贴剂的边至少大 1 cm。将贴剂的铜纺覆盖面朝下置于干净的表面,涂布适宜的胶黏剂于多余的铜纺边。若需要,可将胶黏剂涂布于贴剂背面。干燥 1 min,仔细将贴剂涂胶黏剂的面安装于转筒外部,使贴剂的长轴通过转筒的圆心。挤压铜纺面除去引入的气泡。将转筒安装在仪器中,试验过程中保持转筒底部距溶出杯内底部 25 mm±2 mm,立即按品种正文规定的转速启动仪器。在规定取样时间点,吸取溶出液适量,及时补充相同体积的温度为 32 ℃±0.5 ℃的溶出介质。同法测定其他透皮贴剂。

其他操作同第一法和第二法项下缓释制剂或控释制剂。

5. 第六法(流池法)

(1)普通制剂与缓、控释制剂:取玻璃珠置品种正文项下规定的流通池中。按品种正文项下规定,取 1 片(粒)样品放在玻璃珠上,或置于支架上。装好滤头并将所有部件用夹子固定好。加热使溶出介质温度保持在 37 ℃±0.5 ℃或正文规定的温度,并以品种正文项下规定的溶出介质与流速经流通池底部连续泵入池内,流速的测定应准确至 5%。至规定的每一次取样时间,取溶出液适量,按各品种正文项下规定的方法测定,计算溶出量。重复试验其他样品。

(2)肠溶制剂:使用各品种正文项下规定的溶出介质;除另有规定外,同第一法项下的肠溶制剂。

6. 第七法(往复筒法)

(1)普通制剂:量取各品种项下规定体积的溶出介质置各溶出杯中,待溶出介质温度恒定在 37 ℃±0.5 ℃,取供试品 6 片(粒)置于 6 个往复筒中,注意避免供试品表面产生气泡,立即按各品种正文项下规定的试验参数(如筛网孔径和材质、往复筒进入溶出杯之后开始往复运动前的停留时间、往复筒由上一列溶出杯出来进入下一列溶出杯之前的停留时间、单排管或多排管等)进行试验,计时;在向上和向下的运动过程中,往复筒移动的距离为 10 cm±0.1 cm;至各品种项下规定的取样时间,吸取规定体积的溶出液,立即用适当的微孔滤膜滤过,自取样至滤过应在 30 s 内完成。照各品种项下规定的方法测定,计算每片(粒)的溶出量。

(2)缓释制剂或控释制剂:照普通制剂的方法操作,但至少采用三个取样时间点,在各品种项下规定取样时间点,吸取规定体积的溶出液,滤过,自取样至滤过应在 30 s 内完成。照各品种项下规定的方法测定,计算每片(粒)的溶出量。

(3)肠溶制剂:除另有规定外,按第一法与第二法中肠溶制剂的要求进行,采用各品种项下规定的体积,一列用作酸中溶出量的试验,另一列用作缓冲液中溶出量的试验。照各品种项下规定的方法测定,计算每片(粒)的溶出量。

检查溶出度的七种方法对比表

四、记录与计算

试验时,应记录所用方法、溶出介质及加入量、转速、温度、取样时间、取样体积、滤材、测定波长、吸光度或峰面积、对照品的称取量、稀释倍数等。需计算出溶出量 6 个、平均值 1 个。溶出量以相当于标示量的百分比(%)表示。

1. 采用吸收系数($E_{1cm}^{1\%}$)时的计算

$$溶出量为标示量的百分比(\%) = \frac{A \times V \times D}{E_{1cm}^{1\%} \times 100 \times l \times B} \times 100\%$$

式中:A 为供试品吸光度;V 为溶出介质体积,ml;D 为稀释倍数;l 为吸收池厚度,cm;B 为供试品的标示规格,g。

2. 采用对照品时的计算

$$溶出量为标示量的百分比(\%) = \frac{c_{对} \times A_{供} \times V \times D}{A_{对} \times B} \times 100\%$$

式中:$c_{对}$ 为对照品溶液的浓度,g/ml;$A_{供}$ 为供试品溶液的吸光度或峰面积;$A_{对}$ 为对照品溶液的吸光度或峰面积;V 为供试品的溶出介质体积,ml;D 为供试品的稀释倍数;B 为供试品的标示规格,g。

3. 采用自身对照法时的计算

$$溶出量(\%) = \frac{A \times W_t \times D}{A_t \times W \times D_t} \times 100\%$$

式中:A 为供试品溶液的吸光度或峰面积;W_t 为自身对照的取用量(即约相当于平均片重或平均装量的供试品的量,g);D 为供试品溶液的稀释倍数;A_t 为自身对照溶液的吸光度或峰面积;W 为供试品的平均片重或平均装量,g;D_t 为自身对照溶液的稀释倍数。

五、结果判定

1. 普通制剂 符合下列条件之一者,判定为符合规定:

(1) 6片(粒、袋)中,每片(粒、袋)的溶出量按标示量计算,均不低于规定限度(Q)。

(2) 6片(粒、袋)中,如有1~2片(粒、袋)低于Q,但不低于$Q-10\%$,且其平均溶出量不低于Q。

(3) 6片(粒、袋)中,有1~2(粒、袋)低于Q,其中仅有1片(粒、袋)低于$Q-10\%$,但不低于$Q-20\%$,且其平均溶出量不低于Q时,应另取6片(粒、袋)复试;初、复试的12片(粒、袋)中有1~3片(粒、袋)低于Q,其中仅有1片(粒、袋)低于$Q-10\%$,但不低于$Q-20\%$,且其平均溶出量不低于Q。

以上结果判断中所示的10%、20%是指相对于标示量的百分比(%)。

2. 缓释制剂或控释制 除另有规定外,符合下列条件之一者,判定为符合规定:

(1) 6片(粒)中,每片(粒)在每个时间点测得的溶出量按标示量计算,均未超出规定范围。

(2) 6片(粒)中,在每个时间点测得的溶出量,如有1~2片(粒)超出规定范围,但未超出规定范围的10%,且在每个时间点测得的平均溶出量未超出规定范围。

(3) 6片(粒)中,在每个时间点测得的溶出量,如有1~2片(粒)超出规定范围,其中仅有1片(粒)超出规定范围的10%,但未超出规定范围的20%,且其平均溶出量未超出规定范围,应另取6片(粒)复试;初、复试的12片(粒)中,在每个时间点溶出量,如有1~3片(粒)超出规定范围,其中仅有1片(粒)超出规定范围的10%,但未超出规定范围的20%,且其平均溶出量未超出规定范围。

以上结果判断中所示超出规定范围的10%、20%是指相对于标示量的百分比(%),其中超出规定范围10%是指每个时间点测得的溶出量不低于低限的10%,或不超过高限的10%;每个时间点测得的溶出量应包括最终时间测得的溶出量。

3. 肠溶制剂 除另有规定外,符合下述条件之一者,判定为符合规定:

(1) 酸中溶出量。

①6片(粒)中,每片的溶出量均不大于标示量的10%。

②6片(粒)中,有1~2片(粒)大于10%,但其平均溶出量不大于10%。

(2) 缓冲液中溶出量。

①6片(粒)中,每片(粒)的溶出最按标示量计算均不低于规定限度(Q);除另有规定外,Q应为标示量的70%。

②6片(粒)中,仅有1~2片(粒)低于规定限度Q,但不低于$Q-10\%$且其平均溶出量不低于Q。

③6片(粒)中如有1~2片(粒)低于规定限度Q,其中仅有1片(粒)低于$Q-10\%$,但不低于$Q-20\%$,且其平均溶出量不低于Q时,应另取6片(粒)复试;初、复试的12片(粒)中有1~3片(粒)低于规定限度Q,其中仅有1片(粒)低于$Q-10\%$,但不低于$Q-20\%$,且其平均溶出量不低于Q。

以上结果判断中所示的10%、20%是指相对于标示量的百分比(%)。

4. 透皮贴剂 除另有规定外,同缓释制剂或控释制剂。

六、注意事项

(1) 应按品种项下规定的取样时间取样,应在仪器开动的情况下取样。应在 1 min 内完成自 6 杯内的取样。

(2) 试验结束后,应用水冲洗篮轴、篮体或搅拌桨、桨碟、转筒、转篮,必要时可用水或其他溶剂超声处理、洗净。

(3) 溶出介质必须经脱气处理,气体的存在可产生干扰,尤其对第一法(篮法)的测定结果。特别需要注意的是,若转篮放置不当,也会产生气体附在转篮的下面,形成气泡致使片剂浮在上面,使溶出度大幅下降。

(4) 在多次取样时,所量取溶出介质的体积之和应在溶出介质的 1% 以内,若超过总体积的 1%,应及时补充相同体积的温度为 37 ℃±0.5 ℃ 的溶出介质,或在计算时加以校正。

(5) 0.1 mol/L 盐酸对转篮与搅拌桨可能有一定的腐蚀作用,尤其当采用低波长的紫外-可见分光光度法时易产生干扰,应加以注意。

(6) 加沉降篮的目的是防止被测样品上浮或贴壁,致使溶出液的浓度不均匀,或因贴壁致使部分样品的活性成分难以溶出,只有在品种项下规定要求使用沉降篮时,方可使用。

(7) 通常转速设定为篮法 100 r/min,桨法 50 r/min。

(8) 测定时,除另有规定外,每个溶出杯中只允许投入供试品 1 片(粒、袋),不得多投。并应注意投入杯底中心位置。

(9) 除另有规定外,颗粒剂或干混悬剂的投样应在溶出介质表面分散投样,避免集中投样。

学习实例

学习实例一　甲硝唑片(规格为 0.2 g)的溶出度测定

取本品,照溶出度测定法(通则 0931 第一法)测定。

溶出条件:以盐酸(9→1000)900 ml 为溶出介质,转速为 100 r/min,依法操作,经 30 min 时取样。

测定方法:取溶出液 10 ml,滤过,精密量取续滤液 3 ml,置 50 ml 量瓶中,用溶出介质稀释至刻度,摇匀,照紫外-可见分光光度法(通则 0401),在 277 nm 波长处测定吸光度,按 $C_6H_9N_3O_3$ 的吸收系数 ($E_{1\,cm}^{1\%}$) 为 377 计算出每片的溶出量。

限度:标示量的 80%,应符合规定。

测定数据:6 片的吸光度分别为 0.451、0.445、0.446、0.454、0.456、0.444。

解析:$A_1=0.451, A_2=0.445, A_3=0.446, A_4=0.454, A_5=0.456, A_6=0.444; D=50/3; V=900$ ml$; B=0.2$ g$; E_{1\,cm}^{1\%}=377; l=1$ cm。

第一片溶出量为标示量的百分比(%) $= \dfrac{A \times V \times D}{E_{1\,cm}^{1\%} \times 100 \times l \times B} \times 100\%$

$= \dfrac{0.451 \times \dfrac{50}{3} \times 900}{377 \times 100 \times 1 \times 0.2} \times 100\%$

$= 89.7\%$

其他 5 片溶出量,分别是 88.7%、88.7%、90.3%、90.7%、88.3%。平均溶出量为 89%。

结果判定:6 片的溶出量均不低于规定限度 80%,本品的溶出度检查符合规定。

学习实例二　氨苯蝶啶片(规格 50 mg)溶出度检查

取氨苯蝶啶片 6 片,照溶出度测定法(通则 0931 第一法)测定。

溶出条件:以盐酸(9→1000)900 ml 为溶出介质,转速为 100 r/min,依法操作,经 45 min 后取样。

供试品溶液:取溶出液 10 ml,滤过,精密量取续滤液 5 ml,置 50 ml 量瓶中,用溶出介质稀释至刻度,摇匀,即得。

对照品溶液:另取氨苯蝶啶对照品 10 mg,精密称定,置 200 ml 量瓶中,加冰醋酸 1 ml 与溶出介质适量,振摇使氨苯蝶啶溶解,用溶出介质稀释至刻度,精密量取 5 ml,置 50 ml 量瓶中,用溶出介质稀释至刻度,摇匀,即得。

测定方法:取供试品溶液与对照品溶液,照紫外-可见分光光度法(通则 0401),在 357 nm 波长处分别测定吸光度,计算每片的溶出量。

限度:标示量的 75%,应符合规定。

测定数据:6 片的吸光度分别为 0.506、0.513、0.498、0.492、0.495、0.502。$A_{对} = 0.582$,$m_{对} = 10.0$ mg。

解析:$A_1 = 0.506$,$A_2 = 0.513$,$A_3 = 0.498$,$A_4 = 0.492$,$A_5 = 0.495$,$A_6 = 0.502$,$A_{对} = 0.582$,$V = 900$ ml,$D = 50/5 = 10$,$W = 50$ mg。

第一片溶出量为标示量的百分比(%) $= \dfrac{c_{对} \times A_1 \times V \times D}{A_{对} \times W} \times 100\%$

$= \dfrac{\dfrac{10}{200} \times \dfrac{1}{10} \times 0.506 \times 10 \times 900}{0.582 \times 50} \times 100\%$

$= 78.2\%$

其他 5 片溶出量,分别是 79.3%、77.0%、76.1%、76.5%、78.1%。平均溶出量为 78%。

结果判定:6 片中溶出量均不低于规定限度 75%,本品的溶出度检查符合规定。

学习实例三　布洛芬缓释胶囊释放度检查

照溶出度与释放度测定法(通则 0931 第一法)测定。

溶出条件:以磷酸盐缓冲液(取磷酸二氢钾 68.05 g,加 1 mol/L 氢氧化钠溶液 56 ml,用水稀释至 10000 ml,摇匀,pH 应为 6.0±0.05)900 ml 为溶出介质,转速为 30 r/min,依法操作,经 1 h、2 h、4 h 与 7 h 时,各取溶出液 5 ml,并即时补充相同温度、相同体积的溶出介质。

供试品溶液:分别取 1 h、2 h、4 h 与 7 h 时的溶出液,滤过,取续滤液。

对照品溶液:取布洛芬对照品约 15 mg,精密称定,置 50 ml 量瓶中,加甲醇 2 ml 使溶解,用溶出介质稀释至刻度,摇匀。

色谱条件与系统适用性要求:以十八烷基硅烷键合硅胶为填充剂;以醋酸钠缓冲液(取醋酸钠 6.13 g,加水 750 ml 使溶解,用冰醋酸调节 pH 至 2.5)-乙腈(40∶60)为流动相;检测波长为 263 nm;进样体积为 20 μl。理论板数按布洛芬峰计算应不低于 2500。

测定方法:精密量取供试品溶液与对照品溶液,分别注入液相色谱仪,记录色谱图。按外标法以峰面积计算,分别计算每粒在不同时间的溶出量。

限度:每粒在 1 h、2 h、4 h 与 7 h 时的溶出量应分别为标示量的 10%～35%、25%～55%、50%～80%和 75%以上,均应符合规定。

> **课堂活动**
> 请比较分析溶出度检查法与释放度检查法的异同点。

任务七 含量均匀度检查法的认知与训练

一、基本概念

含量均匀度是指单剂量的固体、半固体和非均相液体制剂含量符合标示量的程度。在生产过程中,某些小剂量的剂型由于工艺或设备的原因,可引起含量均匀度的差异。本检查法的目的在于控制每片(个)含量的均匀性,以保证用药剂量的准确。

除另有规定外,片剂、硬胶囊剂、颗粒剂或散剂等,每一个单剂标示量小于 25 mg 或主药含量小于每一个单剂重量 25%者;药物间或药物与辅料间采用混粉工艺制成的注射用无菌粉末;内充非均相溶液的软胶囊;单剂量包装的口服混悬液、透皮贴剂和栓剂等品种项下规定含量均匀度应符合要求的制剂,均应检查含量均匀度。复方制剂仅检查符合上述条件的组分。除另有规定外,符合下列情况之一者一般不检查含量均匀度:①多种维生素或微量元素;②采用冷冻干燥法制得的注射用无菌粉末;③内充均相液体的软胶囊剂;④制剂中没有明确的标示量或准确的含量限度要求,或只有上限或下限的成分。

凡检查含量均匀度的制剂,一般不再检查重(装)量差异;当全部主成分均进行含量均匀度检查时,复方制剂一般亦不再检查重(装)量差异。

二、检查方法

(1) 除另有规定外,取供试品 10 个,按各品种项下规定的方法,分别测定每片(个、瓶)的响应值(如吸光度或峰面积等)或含量。根据测定的响应值,分别计算出每片(个、瓶)以标示量为 100 的相对含量 X_i,求其均值 $\overline{X}$ 和标准差 S ($S = \sqrt{\dfrac{\sum_{i=1}^{n}(X_i - \overline{X})^2}{n-1}}$),以及标示量与均值之差的绝对值 A ($A = |100 - \overline{X}|$)。

(2) 当含量测定方法与含量均匀度检查所用方法不同时,而且含量均匀度未能从响应值求出每片(个)含量的情况下,可取供试品 10 片(个),照该品种含量均匀度项下规定的方法,分别测定,得仪器测定的响应值 Y_i(可为吸光度、峰面积等),求其均值 $\overline{Y}$。另由含量测定法测得以标示量为 100 的含量 X_A,由 X_A 除以响应值的均值 $\overline{Y}$,得比例系数 K ($K = X_A/\overline{Y}$)。将上述诸响应值 Y_i 与 K 相乘,求得每片(个)以标示量为 100 的相对含量(%) X_i ($X_i = KY_i$),同上法求 $\overline{X}$ 和 S 以及 A,计算,判定结果,即得。

(3) 每片(个)以标示量为 100 的相对含量 X 和标准差 S 以及标示量与均值之差 A 均应保留至小数点后 2 位。

三、结果判定

(1) 若 $A + 2.2S \leqslant L$,则供试品的含量均匀度符合规定;若 $A + S > L$,则不符合规定;若 $A + 2.2S > L$,且 $A + S \leqslant L$,则应另取 20 片(个)复试。

(2) 根据初、复试结果,计算 30 片(个)的均值 $\overline{X}$、标准差 S 和标示量与均值之差的绝对值 A,再按下述公式计算并判定。

① 当 $A \leqslant 0.25L$ 时,若 $A^2 + S^2 \leqslant 0.25L^2$,则供试品的含量均匀度符合规定;若 $A^2 + S^2 > 0.25L^2$,则不符合规定。

② 当 $A > 0.25L$ 时,若 $A + 1.7S \leqslant L$,则供试品的含量均匀度符合规定;若 $A + 1.7S > L$,则不符合规定。

③ 上述公式中 L 为规定值。除另有规定外,$L = 15.0$;单剂量包装的口服混悬液、内充混悬物的软胶囊、胶囊型或泡囊型粉雾剂、单剂量包装的眼用混悬剂、耳用混悬剂、鼻用混悬剂、固体或半固体制剂 $L = 20.0$;透皮贴剂、栓剂 $L = 25.0$。

④ 如该品种项下规定含量均匀度的限度为 ±20% 或其他数值时,$L = 20.0$ 或其他相应数值。

(3) 结果判定中的结果修约至小数点后 1 位。

四、注意事项

(1) 应随机抽取样品,不应采用任何方法进行筛选。

(2) 当测定的时间较长时,应注意溶液的稳定性,必要时应随制备随测定。

(3) 采用紫外-可见分光光度法时,所用溶剂需一次配够,当用量较大时,即使是同批号的溶剂,也应混合均匀后使用。

(4)采用高效液相色谱法测定时,若每一针的记录时间比较长,则应注意保留时间和响应值的漂移,必要时可在对照品溶液和供试品溶液进样结束后增加1针对照品溶液,以回针监控系统稳定性。

> **学习实例**

米非司酮片(规格 10 mg)含量均匀度的测定

测定方法:取本品1片,置100 ml量瓶中,加 0.1 mol/L 盐酸适量,振摇使米非司酮溶解,用 0.1 mol/L 盐酸稀释至刻度,摇匀,滤过,精密量取续滤液5 ml,置 50 ml 量瓶中,用 0.1 mol/L 盐酸稀释至刻度,摇匀,照紫外-可见分光光度法(通则0401),在 310 nm 波长处测定吸光度,按 $C_{29}H_{35}NO_2$ 的吸收系数($E_{1\ cm}^{1\%}$)为 463 计算含量,应符合规定。

测定数据:10片的吸光度分别为 0.442,0.452,0.460,0.450,0.448,0.468,0.470,0.466,0.462,0.440。

解析:已知 $A_1=0.442, A_2=0.452, A_3=0.460, A_4=0.450, A_5=0.448, A_6=0.468, A_7=0.470, A_8=0.466, A_9=0.462, A_{10}=0.440$;$B=10$ mg;$E_{1\ cm}^{1\%}=463, l=1$ cm;$D=50/5; V=100$ ml。

依次将上述10个A值及其他已知数据分别代入下式,计算每片以标示量为100的相对含量 X_i,计算式为:

$$X_1 = \frac{A \times D \times V}{E_{1\ cm}^{1\%} \times l \times 100 \times B} \times 100$$

10片相对含量 X 分别为:95.46,97.62,99.35,97.19,96.76,101.08,101.51,100.65,99.78,95.03。

$$平均含量\ \overline{X}=98.44$$

$$绝对值\ A=|100-\overline{X}|=100-98.44|=1.56$$

$$S=\sqrt{\frac{\sum_{i=1}^{n}(X_i-\overline{X}^2)}{n-1}}=2.34$$

$$A+2.2S=1.56+2.2\times 2.34=6.7\leqslant 15.0$$

结论:符合规定。

任务八 可见异物检查法的认知与训练

一、基本概念

可见异物指存在于注射剂、眼用液体制剂和无菌原料药中,在规定条件下目视可以观测到的不溶性物质,其粒径或长度大于 50 μm,包括金属屑、玻璃屑、纤维等。

注射剂、眼用液体制剂应在符合药品生产质量管理规范(GMP)的条件下生产,产品在出厂前应采用适宜的方法逐一检查并同时剔除不合格产品。临用前,需在自然光下目视检查(避免阳光直射),如有可见异物,不得使用。

《中国药典》(2020年版)收载的可见异物检查法有灯检法和光散射法,一般常用灯检法,也可采用光散射法。灯检法不适用的品种(如用深色透明容器包装或液体色泽较深(一般深于各标准比色液7号)的品种)可选用光散射法;混悬型、乳状液型注射液和滴眼液不能使用光散射法。

实验室检测时应避免引入可见异物。当制备注射用无菌粉末和无菌原料药供试品溶液时,或供试品的容器不适于检查(如透明度不够、不规则形状容器等),需转移至适宜容器中时,均应在B级洁净环境(如层流净化台)中进行。

二、检查方法分类

(一)第一法:灯检法

1. 试验仪器及人员要求 灯检法仪器装置如图5-10所示,仪器采用带遮光板的日光灯,光照度在1000～4000 lx范围内可以调节;试验人员应无色盲,远视力和近视力测试要求均应在4.9及以上,矫正视力应在5.0及以上。灯检法应在暗室中进行。

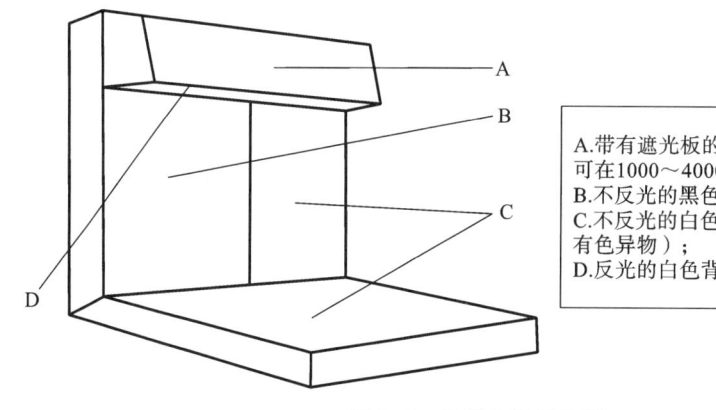

A.带有遮光板的日光灯光源(光照度可在1000～4000 lx范围内调节);
B.不反光的黑色背景;
C.不反光的白色背景和底部(供检查有色异物);
D.反光的白色背景(指遮光板内侧)。

图5-10 灯检法仪器装置

2. 检查方法 按以下各类供试品的要求,取规定量供试品,除去容器标签,擦净容器外壁,必要时将药液转移至洁净透明的适宜容器内,将供试品置遮光板边缘处,在明视距离(指供试品至人眼的清晰观测距离,通常为25 cm),手持容器颈部,轻轻旋转和翻转容器(但应避免产生气泡),使药液中可能存在的可见异物悬浮,分别在黑色和白色背景下目视检查,重复观察,总检查时限为20 s。供试品装量每支(瓶)在10 ml及10 ml以下的,每次检查可手持2支(瓶)。50 ml或50 ml以上大容量注射液按直、横、倒三步法旋转检视。供试品溶液中有大量气泡产生影响观察时,需静置足够时间至气泡消失后检查。

用无色透明容器包装的无色供试品溶液,检查时被观察供试品所在处的光照度应为1000～1500 lx;用透明塑料容器包装、棕色透明容器包装的供试品或有色供试品溶液,光照度应为2000～3000 lx;混悬型供试品或乳状液,光照度应增加至约4000 lx。

不反光的黑色背景用于检查无色或白色异物;不反光的白色背景用于检查有色异物。

(1) 注射液:除另有规定外,取供试品 20 支(瓶),按上述方法检查。

(2) 注射用无菌制剂:除另有规定外,取供试品 5 支(瓶),用适宜的溶剂和适当的方法使药粉完全溶解后,按上述方法检查。配有专用溶剂的注射用无菌制剂,应先将专用溶剂按注射液要求检查并符合注射液的规定后,再用其溶解注射用无菌制剂。如经真空处理的供试品,必要时应用适当的方法破其真空,以便于药物溶解。低温冷藏的品种,应先将其放至室温,再进行溶解和检查。

(3) 无菌原料药:除另有规定外,按抽样要求称取各品种制剂项下的最大规格量 5 份,分别置洁净透明的适宜容器内,采用适宜的溶剂及适当的方法使药物全部溶解后,按上述方法检查。

注射用无菌制剂及无菌原料药所选用的适宜溶剂应无可见异物。如为水溶性药物,一般使用不溶性微粒检查用水(通则 0903)进行溶解制备;如使用其他溶剂,则应在各品种正文中明确规定。溶剂量应确保药物溶解完全并便于观察。

注射用无菌制剂及无菌原料药溶解所用的适当方法应与其制剂使用说明书中注明的临床使用前处理的方式相同。除振摇外,如需其他辅助条件,则应在各品种正文中明确规定。

(4) 眼用液体制剂:除另有规定外,取供试品 20 支(瓶),按上述方法检查。临用前配制的滴眼剂所带的专用溶剂,应先检查合格后,再用其溶解滴眼用制剂。

3. 结果判定

(1) 供试品中不得检出金属屑、玻璃屑、长度超过 2 mm 的纤维、最大粒径超过 2 mm 的块状物以及静置一定时间后轻轻旋转时肉眼可见的烟雾状微粒沉积物、无法计数的微粒群或摇不散的沉淀,以及在规定时间内较难计数的蛋白质絮状物等明显可见异物。

供试品中如检出点状物、2 mm 以下的短纤维和块状物等微细可见异物,生化药品或生物制品若检出半透明的小于约 1 mm 的细小蛋白质絮状物或蛋白质颗粒等微细可见异物,除另有规定外,应符合表 5-4 中的规定。

表 5-4 不同剂型细微可见异物限度

类 别	细微可见异物限度	
	初试 20 支(瓶)	初、复试 40 支(瓶)
生物制品注射液	装量 50 ml 及以下,每支(瓶)中微细可见异物不得超过 3 个; 装量 50 ml 以上,每支(瓶)中微细可见异物不得超过 5 个;	2 支(瓶)以上超出,不符合规定
生物制品滴眼液	如仅有 1 支(瓶)超出,符合规定; 如检出 2 支(瓶)超出,复试; 如检出 3 支(瓶)及以上超出,不符合规定	3 支(瓶)以上超出,不符合规定
非生物制品静脉用注射液	如 1 支(瓶)检出,复试; 如 2 支(瓶)或以上检出,不符合规定	超过 1 支(瓶)检出,不符合规定

续表

类　别	细微可见异物限度	
	初试 20 支（瓶）	初、复试 40 支（瓶）
非生物制品非静脉用注射液	如 1～2 支（瓶）检出，复试； 如 2 支（瓶）以上检出，不符合规定	超过 2 支（瓶）检出，不符合规定
非生物制品滴眼液	如 1 支（瓶）检出，符合规定； 如 2～3 支（瓶）检出，复试； 如 3 支（瓶）以上检出，不符合规定	超过 3 支（瓶）检出，不符合规定

（2）既可静脉用也可非静脉用的注射液，以及脑池内、硬膜外、椎管内用的注射液应执行静脉用注射液的标准，混悬液与乳状液仅对明显可见异物进行检查。

（3）注射用无菌制剂：5 支（瓶）供试品中，均不得检出明显可见异物。如检出微细可见异物，每支（瓶）中检出微细可见异物的数量应符合表 5-5 的规定；如有 1 支（瓶）超出表 5-5 中限度规定，另取 10 支（瓶）同法复试，均应不超出表 5-5 中限度规定。

表 5-5　注射用无菌制剂结果判定

类　别		每支（瓶）细微可见异物限度
生物制品	复溶体积 50 ml 及以下	≤3 个
	复溶体积 50 ml 以上	≤5 个
非生物制品	冻干	≤3 个
	非冻干	≤5 个

（4）无菌原料药：5 份检查的供试品中如检出微细可见异物，每份供试品中检出微细可见异物的数量应符合相应注射用无菌制剂的规定；如有 1 份超出限度规定，另取 10 份同法复试，均应不超出限度规定。

4. 注意事项

（1）检查时气泡通常是向上走，且速度较快，但对于略黏稠的液体来说，气泡会停止不动或向上走得很慢，在这种情况下，应注意区别气泡和可见异物。

（2）检查脂肪乳类的样品时，由于样品特殊性，无法进行微细可见异物检查，应重点注意金属屑、玻璃屑等明显可见异物的检查。

（3）对于颜色较深的样品，可适当增加光照度。

（4）对于 1 名检测人员不能明确判断的样品，可由 2～3 名检测人员共同进行判断。

（二）第二法：光散射法

1. 检测原理　当一束单色激光照射溶液时，溶液中存在的不溶性物质使入射光发生散射，散射的能量与不溶性物质的大小有关。本方法通过对溶液中不溶性物质引起的光散射能量的测量，并与规定的阈值比较，以检查可见异物。

不溶性物质的光散射能量可通过被采集的图像进行分析。设不溶性物质的光散

射能量为 E，经过光电信号转换，即可用摄像机采集到一个锥体高度为 H，直径为 D 的相应立体图像。散射能量 E 为 D 和 H 的一个单调函数，即 $E=f(D,H)$。同时，假设不溶性物质的光散射强度为 q，摄像曝光时间为 T，则又有 $E=g(q,T)$。由此可以得出图像中 D 与 q、T 之间的关系为 $D=w(q,T)$，也为一个单调函数关系。在测定图像中的 D 值后，即可根据函数曲线计算出不溶性物质的光散射能量。

2. 仪器装置 仪器主要由旋瓶装置、激光光源、图像采集器、数据处理系统和终端显示系统组成。供试品被放置至检测装置后，旋瓶装置使供试品沿垂直中轴线高速旋转一定时间后迅速停止，同时激光光源发出的均匀激光束照射在供试品上；当药液涡流基本消失时，瓶内药液因惯性继续旋转，图像采集器在特定角度对旋转药液中悬浮的不溶性物质引起的散射光能量进行连续摄像，采集图像不少于 75 幅；数据处理系统对采集的序列图像进行处理，然后根据预先设定的阈值自动判定超过一定大小的不溶性物质的有无，或在终端显示器上显示图像供人工判定，同时记录检测结果。

3. 仪器校准 仪器应具备自动校准功能，在检测供试品前可采用标准粒子进行校准。除另有规定外，分别用粒径为 40 μm 和 60 μm 的标准粒子溶液对仪器进行标定。根据标定结果得到曲线方程并计算出与粒径 50 μm 相对应的检测像素值。当把检测像素参数设定为与粒径 50 μm 相对应的数值时，对 60 μm 的标准粒子溶液测定 3 次，应均能检出。

4. 检查方法

（1）溶液型供试品：除另有规定外，取供试品 20 支（瓶），除去不透明标签，擦净容器外壁，置仪器检测装置上，从仪器提供的菜单中选择与供试品规格相应的测定参数，并根据供试品瓶体大小对参数进行适当调整后，启动仪器，将供试品检测 3 次并记录检测结果。凡仪器判定有 1 次不合格者，可用灯检法确认。用深色透明容器包装或液体色泽较深等灯检法检查困难的品种不用灯检法确认。

（2）注射用无菌粉末：除另有规定外，取供试品 5 支（瓶），用适宜的溶剂及适当的方法使药物全部溶解后，按上述方法检查。

（3）无菌原料粉末：除另有规定外，取各品种制剂项下的最大规格量 5 份，分别置洁净透明的适宜玻璃容器内，采用适宜的溶剂及适当的方法使药物全部溶解后，按上述方法检查。

设置检测参数时，一般情况下取样视窗的左右边线和底线应与瓶体重合，上边线与液面的弯月面相切；旋转时间以使液面漩涡到底，能带动固体物质悬浮并消除气泡为度；旋瓶停止至摄像启动的时间应尽可能短，但应避免液面漩涡以及气泡的干扰，同时保证摄像启动时固体物质仍在转动。

5. 结果判定 同第一法灯检法。

6. 注意事项

（1）供试品溶液应为目视透明溶液。安瓿上的印字在仪器旋瓶时若不脱落，不影响测定结果。

（2）检测参数特别是取样视窗大小、旋瓶时间、静置时间等对测定结果影响较大。一般情况下，取样视窗的左右边线和底线应与瓶体重合，上边线与液面的弯月面相切；

旋转时间的设置应能使液面漩涡到底,从而能带动固体物质悬浮并消除气泡,若旋转时间过短,则常见的玻璃碎屑可能无法旋起而漏检;静置时间的设置应尽可能短,但不能短于液面涡平复的时间,以避免气泡干扰,同时也保证摄像启动时固体物质仍在转动;嵌瓶松紧度参数与瓶底直径(mm)基本相同,可根据安瓿质量调整。若瓶体不平整,转动时液体摆动幅度较大,易产生气泡,此时应将嵌瓶松紧度调大以减小摆动,但同时应延长旋转时间,使漩涡仍能到底。

(3) 本方法不适用于易产生气泡且气泡不易消除的供试品,如高分子溶液。

任务九　不溶性微粒检查法的认知与训练

一、基本概念

不溶性微粒检查法是用以检查静脉用注射剂(溶液型注射液、注射用无菌粉末、注射用浓溶液)及供静脉注射用无菌原料药中不溶性微粒的大小及数量的方法。《中国药典》(2020年版)规定了两种检查法即光阻法和显微计数法。当光阻法测定结果不符合规定或供试品不适合用光阻法测定时,应采用显微计数法进行测定,并以显微计数法的测定结果作为判定依据。

二、检查方法分类

(一) 第一法:光阻法

1. 光阻法测定原理　当一定体积的供试品溶液通过一窄细检测通道时,与液体流向垂直的入射光,由于被供试品溶液中的微粒阻挡而减弱,因此由传感器输出的信号降低,这种信号变化与微粒的截面积大小相关,再根据检测的溶液体积和供试品标示装量,计算出每 1 ml 溶液或每个容器中含 10 μm 及 10 μm 以上和 25 μm 及 25 μm 以上的不溶性微粒数。

2. 试验环境、仪器与用具

试验操作环境应不得引入外来微粒,测定前的操作在层流净化台中进行。

不溶性微粒测定仪通常包括定量取样器、传感器和数据处理器三部分。测量粒径范围为 2～100 μm,检测微粒浓度为 0～10000 个/ml。不溶性微粒测定仪器应定期校正与检定,至少每 6 个月校准一次,校准项目包括取样体积、微粒计数及传感器分辨率。若所使用的仪器附有自检功能,可进行自检。

玻璃仪器和其他所需的用品均应洁净、无微粒。

3. 试药与试剂　本法所用微粒检查用水(或其他适宜溶剂),使用前须经不大于 1.0 μm 的微孔滤膜滤过并按《中国药典》(2020年版)规定检查不溶性微粒数,应符合以下要求。

取微粒检查用水(或其他适宜溶剂)50 ml,按光阻法检查,每 10 ml 中含 10 μm 及 10 μm 以上的不溶性微粒应在 10 粒以下,含 25 μm 及 25 μm 以上的不溶性微粒应在 2 粒以下。如检测结果超出要求,表明微粒检查用水(或其他溶剂)、玻璃仪器和试验环境不适于进行微粒检查,应重新进行处理,至检测结果符合规定后方可进行供试品检查。

4. 检查方法

(1) 标示装量为 25 ml 或 25 ml 以上的静脉用注射液或注射用浓溶液:除另有规定外,取供试品至少 4 个,用水将容器外壁洗净,小心翻转 20 次,使溶液混合均匀、立即小心开启容器,先倒出部分供试品溶液冲洗开启口及取样杯,再将供试品溶液倒入取样杯中,静置 2 min 或适当时间脱气泡,置于取样器上(或将供试品容器直接置于取样器上)。开启搅拌,使溶液混匀(避免气泡产生),每个供试品依法测定至少 3 次,每次取样应不少于 5 ml,记录数据,弃第一次测定数据,取后续测定数据的平均值作为测定结果。

(2) 标示装量为 25 ml 以下的静脉用注射液或注射用浓溶液:除另有规定外,取供试品至少 4 个,分别用水将容器外壁洗净,小心翻转 20 次,使溶液混合均匀,静置 2 min 或适当时间脱气泡,小心开启容器,直接将供试品容器置于取样器上,开启搅拌或用手缓缓转动,使溶液混匀(避免产生气泡),由仪器直接抽取适量溶液(以不吸入气泡为限),测定并记录数据;弃第一次测定数据,取后续测定结果的平均值计算。

(1)、(2)项下的注射用浓溶液若黏度太大,不便直接测定时,可经适当稀释,依法测定。也可采用适宜的方法,在洁净工作台小心合并至少 4 个供试品的内容物(使总体积不少于 25 ml),置于取样杯中,静置 2 min 或适当时间脱气泡,置于取样器上。开启搅拌,使溶液混匀(避免气泡产生),依法测定至少 4 次,每次取样应不少于 5 ml。弃第一次测定数据,取后续 3 次测定数据的平均值作为测定结果,根据取样体积与每个容器的标示装量体积,计算每个容器所含的微粒数。

(3) 静脉注射用无菌粉末:除另有规定外,取供试品至少 4 个,分别用水将容器外壁洗净,小心开启瓶盖,精密加入适量微粒检查用水(或适宜的溶剂)。小心盖上瓶盖,缓缓振摇使内容物溶解,静置 2 min 或适当时间脱气泡,小心开启容器,直接将供试品容器置于取样器上,开启搅拌或用手缓缓转动,使溶液混匀(避免气泡产生),由仪器直接抽取适量溶液(以不吸入气泡为限),测定并记录数据;弃第一次测定数据,取后续测定数据的平均值作为测定结果。

也可采用适宜的方法,取至少 4 个供试品,在洁净工作台上用水将容器外壁洗净,小心开启瓶盖,分别精密加入适量微粒检查用水(或适宜的溶剂),缓缓振摇使内容物溶解,小心合并容器中的溶液(使总体积不少于 25 ml),置于取样杯中,静置 2 min 或适当时间脱气泡,置于取样器上。开启搅拌,使溶液混匀(避免气泡产生),依法测定至少 4 次,每次取样应不少于 5 ml。弃第一次测定数据,取后续测定数据的平均值作为测定结果。

(4) 供注射用无菌原料药:按各品种项下规定,取供试品适量(相当于单个制剂的最大规格量)4 份,分别置取样杯或适宜的容器中,精密加入适量微粒检查用水(或适宜的溶剂),缓缓振摇使内容物溶解,静置 2 min 或适当时间脱气泡,小心开启容器,将供试品容器置于取样器上,开启搅拌或以手缓缓转动,使溶液混匀(避免气泡产生),由仪器直接抽取适量溶液(以不吸入气泡为限),测定并记录数据;弃第一次测定数据,取后续测定数据的平均值作为测定结果。

5. 结果判定

(1) 标示装量为 100 ml 或 100 ml 以上的静脉用注射液:除另有规定外,每 1 ml 中含 10 μm 及 10 μm 以上的微粒数不超过 25 粒,含 25 μm 及 25 μm 以上的微粒数不超过 3 粒,则判定为符合规定;否则,判定为不符合规定。

(2) 标示装量为 100 ml 以下的静脉用注射液、静脉注射用无菌粉末、注射用浓溶液及供注射用无菌原料:除另有规定外,每个供试品容器(份)中含 10 μm 及 10 μm 以上的微粒数不超过 6000 粒,含 25 μm 及 25 μm 以上的微粒数不超过 600 粒,判定为符合规定;否则,判定为不符合规定。

6. 注意事项

(1) 光阻法不适用于黏度过高和易析出结晶的制剂,如乳剂、胶体溶液、混悬液、脂肪乳、甘露醇注射液等;也不适用于进入传感器时容易产生气泡的制剂,如碳酸盐缓冲液制成的制剂或部分中药注射液。对于一些溶解性差的样品,样品在管道中与水相混时,可能会在局部析出沉淀,这不仅会使检查结果偏高,也可能造成管路堵塞,出现该种情况时应考虑采用显微计数法。

(2) 除另有规定外,一般应取供试品至少 4 个(份)以上进行不溶性微粒检查。在多支样品的测定过程中,应尽量保持操作的一致性(如容器翻转次数、取样方式、除气泡方式、搅拌速度等),以确保测定结果的可靠性。

(3) 对于小容量注射液,可以采用直接取样法测定,也可以采用多支内容物合并法测定。直接取样法可考察多支样品检查结果的重现性,体现各容器间的差异。当选用直接取样法测定时,为避免供试品溶液与仪器管路中的水在相溶过程中可能产生的气泡、乳光等导致测定数据偏高的现象,应先将前几个容器的测定数据弃去,使供试品溶液充满管路,然后读取后续容器的测定数据作为供试品的测定结果。在小容量注射液直接取样的检测过程中,一定要避免吸入气泡。一旦吸入气泡,应使用微粒检测用水或其他适宜溶剂对管路进行充分清洗,直至气泡消失。当采用合并法取样时,其关键步骤在于安瓿的打开和内容物的取出。玻璃安瓿是小容量注射剂的主要包装形式,虽然通常都为易折安瓿,但在实际操作中很多安瓿并不"易折",尽管用砂轮割锯安瓿会大量增加微粒,但有时却是开启安瓿的必要操作步骤。实际操作中如果在割锯之后直接掰开安瓿,会引入大量微粒。经试验比较,认为在保证开启安瓿的情况下应尽量减少划痕的长度和力度,掰开前增加用水清洗的操作过程。安瓿打开后,大量微粒集中于玻璃断口处,经试验比较,认为用干净注射器抽取转移的方法可以减少瓶口碎屑的干扰。此外,采用较粗的针头抽取溶液,可减少气泡的产生。

(4) 注射用无菌粉末一般先用微粒检查用水或适宜溶剂溶解后,再采用直接取样法或合并取样法测定。在某些品种(如头孢替唑钠、头孢曲松钠等)的检测中发现,同一批样品采用不同体积的溶剂溶解后,微粒测定结果差异较大,这可能与药物性质等因素有关。经试验研究,这些品种在某一个浓度范围内,不溶性微粒数与主药浓度呈线性关系,故这些品种一般在正文项下均规定了不溶性微粒测试溶液的浓度,应依法操作。

(5) 当光阻法测定结果不符合规定时,应采用显微计数法进行复验,并以显微计数法的测定结果作为判断依据。

（二）第二法：显微计数法

1. 显微计数法测定原理 采用微孔滤膜将一定体积的供试品溶液滤过，所含不溶性微粒截留在微孔滤膜上，在 100 倍显微镜下，用经标定的目镜测微尺分别测定其最长直径在 10 μm 及 10 μm 以上和 25 μm 及 25 μm 以上的微粒，根据滤过面积上的微粒总数，计算出被检供试品溶液每 1 ml（或每个容器）中含不溶性微粒的数量。

2. 试验环境、仪器与用具

（1）试验环境：试验环境应不得引入外来微粒，可以在超净室、层流净化台或符合要求的洁净实验室中进行。玻璃仪器和其他所需的用品均应洁净。

（2）仪器与用具：通常包括洁净工作台、显微镜、镜台测微尺（用于目镜测微尺的标定）、微孔滤膜（直径 25 mm 或 13 mm）、夹式定量滤器、平皿、平头无齿镊子和计数器。具体要求如下。

①洁净工作台：高效空气过滤器孔径应为 0.45 μm，气流方向应由里向外。

②显微镜：双筒大视野显微镜，目镜内附标定的测微尺（每格 5～10 μm）。坐标轴前后、左右移动范围均应大于 30 mm，显微镜装置内附有光线投射角度、光强度均可调节的照明装置。检测时放大 100 倍。

③微孔滤膜：白色，孔径 0.45 μm、直径 25 mm 或 13 mm，一面印有间隔 3 mm 的格栅；膜上如有 10 μm 及 10 μm 以上的不溶性微粒，应在 5 粒以下，并不得有 25 μm 及 25 μm 以上的微粒，必要时，可用微粒检查用水冲洗使符合要求。

3. 试药与试剂 本法所用微粒检查用水（或其他适宜溶剂），使用前须经不大于 1.0 μm 的微孔滤膜滤过并按《中国药典》（2020 年版）规定检查不溶性微粒数，应符合以下要求。

取微粒检查用水（或其他适宜溶剂）50 ml，按显微计数法依法检查，含 10 μm 及 10 μm 以上的不溶性微粒应在 20 粒以下，含 25 μm 及 25 μm 以上的不溶性微粒应在 5 粒以下。如检测结果超出要求，表明微粒检查用水（或其他溶剂）、玻璃仪器和试验环境不适于进行微粒检查，应重新进行处理，至检测结果符合规定后方可进行供试品检查。

4. 检查方法 先做好检查前的准备：取试验所用玻璃仪器、滤器、滤膜及器具等，用微粒检查用水（或其他适宜溶剂）反复冲洗，沥干，组装后置洁净工作台上备用。

（1）标示装量为 25 ml 或 25 ml 以上的静脉用注射液或注射用浓溶液：除另有规定外，取供试品至少 4 个，分别用水将容器外壁洗净，在洁净工作台上小心翻转 20 次，使溶液混合均匀，立即小心开启容器，用适宜的方法抽取或量取供试品溶液 25 ml，沿滤器内壁缓缓注入经预处理的滤器（滤膜直径 25 mm）中。静置 1 min，缓缓抽滤至滤膜近干，再用微粒检查用水 25 ml，沿滤器内壁缓缓注入，洗涤并抽滤至滤膜近干，然后用平头镊子将滤膜移置平皿上（必要时，可涂抹极薄层的甘油使滤膜平整），微启盖子使滤膜适当干燥后，将平皿闭合，置显微镜载物台上。调好入射光，放大 100 倍进行显微测量，调节显微镜至滤膜格栅清晰，移动坐标轴，分别测定有效滤过面积上最长粒径大于等于 10 μm 和大于等于 25 μm 的微粒数。计算 3 个供试品测定结果的平均值。

（2）标示装量为 25 ml 以下的静脉用注射液或注射用浓溶液：除另有规定外，取供试品至少 4 个,用水洗净容器外壁,在洁净工作台上小心翻转 20 次,使溶液混合均匀,立即小心开启容器,用适宜的方法直接抽取每个容器中的全部溶液,沿滤器内壁缓缓注入经预处理的滤器(滤膜直径 13 mm)中,照"(1)"项下同法测定。

(3)静脉注射用无菌粉末及供注射用无菌原料药:除另有规定外,照光阻法中"静脉注射用无菌粉末"及"供注射用无菌原料药"检查方法制备供试品溶液,照上述"(1)"操作测定。

5. 结果判定

(1)标示装量为 100 ml 或 100 ml 以上的静脉用注射液:除另有规定外,每 1 ml 中含 10 μm 及 10 μm 以上的微粒不超过 12 粒,且含 25 μm 及 25 μm 以上的微粒不超过 2 粒,判为符合规定。若每 1 ml 中含 10 μm 及 10 μm 以上的微粒超过 12 粒,或 25 μm 及 25 μm 以上的微粒超过 2 粒,均判为不符合规定。

(2)标示装量为 100 ml 以下的静脉用注射液、静脉注射用无菌粉末、注射用浓溶液及供注射用无菌原料:除另有规定外,每个供试品容器(份)中含 10 μm 及 10 μm 以上的微粒不超过 3000 粒,含 25 μm 及 25 μm 以上的微粒不超过 300 粒,判为符合规定。若每个供试品容器(份)中含 10 μm 及 10 μm 以上的微粒超过 3000 粒,或含 25 μm 及 25 μm 以上的微粒超过 300 粒时,均判为不符合规定。

6. 注意事项

(1)各种形状的微粒应以实测到的最长粒径计算,重叠微粒和聚合胶体微粒均以单个微粒计数;结晶析出不属于检测范围,故不应计算。

(2)显微计数法不适用于乳液型和混悬型注射剂,对于黏度过高者,光阻法和显微计数法均无法测定时,可用适宜的溶剂经适量稀释后测定。

(3)供试品的检查数量,为确保检查结果具有统计学意义,除另有规定外,一般应取供试品 4 瓶(支)以上进行不溶性微粒检查。

渗透压摩尔浓度的测定

知识累积

(1)重(装)量差异与含量均匀度:检查了含量均匀度无须检查重(装)量差异。

(2)溶出度与崩解时限:凡检查溶出度或释放度的制剂,不再进行崩解时限的检查。

(3)溶出度检查方法 7 种:转篮法、桨法、小杯法、桨碟法、转筒法、流池法和往复筒法。

(4)脆碎度检查法主要用于非包衣片检查。

(5)可见异物与不溶性微粒:可见异物检查粒径大于 50 μm 的异物;不溶性微粒检查粒径在 10~50 μm 范围内的异物。

(6)不溶性微检查法有两种方法:光阻法和显微计数法。

(7)课程思政要点:在学习药物制剂常规检查技术时,应深刻认识到自己的社会责任重大,以精确、严谨的试验态度,认真对待每一个步骤和细节。

目标检测

扫码看答案

一、单项选择题

1. 在片剂溶出度测定法中,一般规定限度 Q 为标示量的(　　)。
   A. 95%　　B. 90%　　C. 80%　　D. 70%　　E. 65%

2. 《中国药典》规定检查崩解时限时,取供试品(　　)片(个)。
   A. 20　　B. 15　　C. 10　　D. 6　　E. 3

3. 平均装量在 0.3 g 及 0.3 g 以下,胶囊剂,装量差异限度为(　　)。
   A. ±10.0%　　B. ±7.5%　　C. ±5.0%　　D. ±2.5%　　E. ±15%

4. 除另有规定外,片剂、硬胶囊剂、颗粒剂或散剂等,每一个单剂标示量小于 25 mg 或主药含量小于每一个单剂重量 25% 者,应检查(　　)。
   A. 重量差异　　　　　B. 崩解时限　　　　　C. 含量均匀度
   D. 可见异物　　　　　E. 溶出度

5. 凡检查含量均匀度的制剂,不再做以下哪一项检查?(　　)
   A. 重量差异　　B. 溶出度　　C. 释放度　　D. 崩解时限　　E. 融变时限

6. 可见异物是指(　　)。
   A. 存在于注射剂、眼用液体制剂中,在规定条件下目视能观测到的不溶性物质
   B. 存在于注射剂、眼用液体制剂中,粒径小于 50 μm 的微粒
   C. 存在于注射剂、眼用液体制剂中,粒径大于 25 μm 的微粒
   D. 存在于注射剂、眼用液体制剂中的纤维毛
   E. 存在于注射剂、眼用液体制剂中的烟雾状微粒

7. 单剂量固体制剂含量均匀度检查是为了(　　)。
   A. 控制小剂量的固体制剂、单剂中含药量的均匀程度
   B. 控制重量差异　　　　　　　　C. 控制含量测定的可信程度
   D. 控制药物在体外的溶出程度　　E. 控制药物在体外的释放速度

8. 片剂崩解时限的检查操作中,介质温度应控制在(　　)。
   A. 室温　　　　　　B. 37 ℃±1 ℃　　　　　　C. 37 ℃
   D. 37 ℃±0.5 ℃　　E. 32 ℃±1 ℃

9. 《中国药典》(2020 年版)含量均匀度检查法的一个判别式 $A+2.2S \leqslant 15.0$ 中,A 是指(　　)。
   A. 初试中以毫克(mg)标示的标示量与测定均值之差的绝对值
   B. 复试中以毫克(mg)表示的标示量与测定均值之差的绝对值
   C. 初试中以 100 表示的标示量与测定均值之差的绝对值
   D. 复试中以 100 标示的标示量与测定均值之差的绝对值
   E. 复试中以克(g)标示的标示量与测定均值之差的绝对值

10. 凡规定检查溶出度的片剂,不再做以下哪一项检查?(　　)
    A. 释放度　　B. 崩解时限　　C. 重量差异　　D. 装量差异　　E. 最低装量

11. 含量均匀度复试判断结果时,当 $A>0.25L$ 时,若 $A+1.7S>L$,则结果判为( )。
   A. 符合规定　　　　　　B. 不符合规定　　　　　　C. 合格
   D. 不合格　　　　　　　E. 需再复试

12. 除另有规定外,薄膜衣片应在以下哪一种介质中进行崩解时限检查?( )
   A. 水　　　　　　　　　B. 盐酸(9→1000)　　　　C. 人工肠液
   D. 人工胃液　　　　　　E. 磷酸盐缓冲液(pH 6.8)

13. 检查非包衣片脆碎度时,如计算的减失重量为1.59%,应( )。
   A. 判为符合规定　　　　B. 再取1份复试　　　　　C. 判为不符合规定
   D. 再取2份复试　　　　E. 再取3份复试

14. 药物制剂的崩解时限检查可被下列哪一项检查替代?( )
   A. 不溶性微粒　　　　　B. 溶出度　　　　　　　　C. 含量均匀度
   D. 含量测定　　　　　　E. 重量差异

15. 片重在0.3 g或0.3 g以上的片剂的重量差异限度为( )。
   A. ±0.5%　　B. ±0.7%　　C. ±5.0%　　D. ±7.0%　　E. ±7.5%

16. 舌下片崩解时限按规定的方法进行检查,符合规定的崩解时间是( )。
   A. 5 min　　B. 15 min　　C. 30 min　　D. 60 min　　E. 120 min

17. 缓释制剂进行释放度检查时,测定温度应控制在( )。
   A. 37 ℃　　　　　　　　B. 38 ℃　　　　　　　　C. 37 ℃±1 ℃
   D. 32 ℃±1 ℃　　　　　E. 37.0 ℃±0.5 ℃

18. 释放度检查规定至少要有( )个取样时间点。
   A. 1　　　B. 2　　　C. 3　　　D. 4　　　E. 5

19. 下列用于检查崩解时限的是( )。
   A. 转篮法　　　　　　　B. 桨法　　　　　　　　　C. 小杯法
   D. 升降式崩解仪　　　　E. 电子天平

20. 下列关于溶出度检查的叙述错误的是( )。
   A. 测定前应对仪器进行调试　　　　B. 溶出介质应经脱气处理
   C. 溶出介质应保持在37.0 ℃±0.5 ℃　　D. 每个转篮内放2片供试品
   E. 溶出度是检查活性药物从制剂中溶出的速度和程度

21. 溶出度测定中,取样至经微孔滤膜滤过应在多长时间内完成?( )
   A. 1 min　　B. 30 s　　C. 5 min　　D. 3 min　　E. 30 min

22. 进行最低装量检查时选用经标化的量筒,其规格应满足使待测体积至少占其额定体积的( )。
   A. 20%　　B. 40%　　C. 50%　　D. 60%　　E. 80%

23. 普通片崩解时限按规定的方法检查,符合规定的崩解时间为( )。
   A. 5 min　　B. 15 min　　C. 30 min　　D. 60 min　　E. 120 min

24. 活性药物从片剂、胶囊剂或颗粒剂等固体制剂在规定条件下溶出的速度和程度是( )。
   A. 含量均匀度　　　　　B. 溶出度　　　　　　　　C. 融变时限
   D. 崩解时限　　　　　　E. 重量差异

二、多项选择题

1. 下列需要检查崩解时限的制剂为（　　）。
   A. 普通片　　B. 糖衣片　　C. 薄膜衣片　　D. 肠溶衣片　　E. 咀嚼片

2. 《中国药典》(2020年版)中测定溶出度的方法有（　　）。
   A. 转篮法　　B. 桨法　　C. 小杯法　　D. 桨碟法　　E. 转筒法

3. 关于可见异物的检查，下列说法正确的是（　　）。
   A. 灯检法的检测环境为暗室
   B. 无色注射液要求的光照度为 1000～1500 lx
   C. 无色注射液要求在黑色背景下观察
   D. 对检验人员的视力有要求
   E. 可见异物是指肉眼可见，且粒径小于 50 μm 的异物

4. 《中国药典》(2020年版)规定凡检查（　　）的制剂，可不再检查崩解时限。
   A. 溶出度　　　　　　　B. 重(装)量差异　　　　　　C. 释放度
   D. 分散均匀性　　　　　E. 可见异物

5. 下列哪些是需要测定释放度的剂型？（　　）
   A. 缓释制剂　　B. 控释制剂　　C. 肠溶制剂　　D. 透皮贴剂　　E. 口服制剂

6. 可见异物中的明显可见异物是指（　　）。
   A. 金属屑
   B. 玻璃屑
   C. 长度超过 2 mm 的纤维
   D. 最大粒径超过 2 mm 的块状物
   E. 静置一段时间后，轻轻旋转时肉眼可见的烟雾状微粒沉积物

7. 崩解时限仪可以检查（　　）。
   A. 片剂的崩解时限　　　　B. 胶囊剂的崩解时限
   C. 滴丸剂的崩解时限　　　D. 滴丸剂的溶散时限　　　E. 溶出度

8. 注射剂的常规检查项目有（　　）。
   A. 装量差异或装量　　　　B. 可见异物　　　　C. 无菌
   D. 微生物限度　　　　　　E. 溶散时限

9. 检查胶丸装量差异时需选用（　　）。
   A. 分析天平　　　　　　　B. 平头镊子　　　　C. 乙醚
   D. 注射器及针头　　　　　E. 称量纸

三、简答题

1. 片剂分析进行的常规检查项目包括哪些？其基本要求有哪些？
2. 何种情况需要测定含量均匀度？
3. 某同学检验硬胶囊剂装量差异时，测得 20 粒胶囊的平均装量为 0.313 g，发现 20 粒胶囊中有 3 粒胶囊的重量超过了允许装量范围，但与装量范围很接近，此时应如何处理？

4. 溶出度测定时取样点不同对测定有何影响？

5. 一般来说，制剂在什么情况下需要测定溶出度，而不是崩解时限？

6. 各种不同剂型（如软胶囊、硬胶囊、肠溶衣片、含片、糖衣片、薄膜衣片、舌下片、可溶片）在崩解时限检查上有何异同点？

7. 注射剂的常规检查项目包括哪些？其基本要求有哪些？

8. 简述溶出度测定的过程及注意事项。

四、实例分析

1. 维生素 B_1 片（规格 5 mg）的重量差异检查。

测定数据：20 片总重 1.3722 g，每片重量分别如下：

0.0685 g、0.0687 g、0.0684 g、0.0689 g、0.0679 g、0.0686 g、0.0682 g、0.0709 g、0.0699 g、0.0685 g、0.0676 g、0.0670 g、0.0681 g、0.0692 g、0.0708 g、0.0688 g、0.0690 g、0.0671 g、0.0683 g、0.0685 g

请判断该药品的重量差异是否符合规定？

2. 注射用氨苄西林钠（规格 0.5 g）供试品 5 支，其内容物的重量分别为 0.566 g、0.542 g、0.592 g、0.546 g、0.532 g，请判断该供试品装量差异是否符合规定？

3. 硫鸟嘌呤片（规格为 25 mg）含量均匀度的测定。测定法：取本品 1 片，置 100 ml 量瓶中，加 0.1 mol/L 氢氧化钠溶液 10 ml，振摇 15 min 使硫鸟嘌呤溶解，用 0.1 mol/L 盐酸稀释至刻度，摇匀，滤过，精密量取续滤液 2 ml，置 100 ml 量瓶中，用 0.1 mol/L 盐酸稀释至刻度，摇匀，照紫外-可见分光光度法（通则 0401），在 348 nm 波长处测定吸收度，按 $C_5H_5N_5S$ 的吸收系数（$E_{1\,cm}^{1\%}$）为 1240 计算每片的含量，应符合规定。

测定数据：10 个供试溶液的吸光度分别为 0.611，0.607，0.620，0.601，0.628，0.616，0.627，0.634，0.611，0.632。

模块六 药物生物检查技术

项目一 药物生物检查技术认知
项目二 热原检查法的认知与训练
项目三 细菌内毒素检查法的认知与训练
项目四 无菌检查法的认知与训练
项目五 微生物限度检查法的认知与训练

扫码看 ppt

学习目标

素质目标：
1. 树立药品质量第一的质量观念；
2. 保持对新知识、新技术的好奇心和探索欲，培养终身学习的习惯。

知识目标：
1. 掌握药物生物检查的概念；
2. 熟悉药物质量控制过程中常用的生物检查技术；
3. 了解有关药物生物检查的原理、基本操作。

能力目标：
1. 能查阅《中国药典》(2020年版)中有关药物生物检查的常规技术要求；
2. 能将生物学、化学、医学等多学科知识融合应用于药物生物检查技术中。

案例导入

国家药监局关于1批次药品不符合规定的通告(2023年第57号)

经浙江省食品药品检验研究院检验,标示为神威药业集团有限公司生产的1批次炒酸枣仁配方颗粒不符合规定。现将相关情况通告如下：

一、经浙江省食品药品检验研究院检验,标示为神威药业集团有限公司生产的1批次炒酸枣仁配方颗粒不符合规定,不符合规定项目为微生物限度。

二、对该批次不符合规定药品,药品监督管理部门已要求相关企业和单位采取暂停销售使用、召回等风险控制措施,对不符合规定原因开展调查并切实进行整改。

三、相关省级药品监督管理部门要依据《中华人民共和国药品管理法》,组织对相关企业和单位存在的涉嫌违法行为立案调查,并按规定公开查处结果。

特此通告。

附件：1. 1批次不符合规定药品名单
2. 不符合规定项目的小知识

附件1　1批次不符合规定药品名单

药品名称	标示药品生产企业	批号	规格	抽样环节	检品来源	检验依据	检验结论	不符合规定项目	检验机构
炒酸枣仁配方颗粒	神威药业集团有限公司	221212P3	每1g配方颗粒相当于饮片4g	使用	廊坊市中医医院	国家药品监督管理局国家药品标准 YBZ-PFKL-2021166	不符合规定	[检查] (微生物限度)	浙江省食品药品检验研究院

附件2　不符合规定项目的小知识

微生物限度系对非直接进入人体内环境的药物制剂的微生物控制要求,微生物限度分为计数检查和控制菌检查两部分。

讨论：案例中微生物污染的可能来源有哪些方面？如原料、生产过程、包装材料、贮存条件等。如何避免类似事件的发生？

项目一　药物生物检查技术认知

任务一　药物生物检查法

微生物是自然界分布最广泛、数量最大的一类生物,药物成分的多样化导致许多药品容易受到不同的微生物污染,例如某些营养丰富的药物(如葡萄糖氯化钠注射液、糖浆、蛋白质、血液制品等)。为保证用药的安全有效,这些药物除进行必要的理化检查外,还需进行生物检查。药物中污染的微生物类型主要有需氧菌、厌氧菌、酵母菌等,其中许多是致病菌,如金黄色葡萄球菌、沙门菌、铜绿假单胞菌、大肠埃希菌等。

药物生物检查法包括无菌检查法、微生物限度检查法、抑菌效力检查法、异常毒性检查法、热原检查法、细菌内毒素检查法、升压物质检查法、降压物质检查法、组胺类物质检查法、过敏反应检查法、溶血与凝聚检查法等。本模块将以热原检查法、细菌内毒素检查法、无菌检查法、微生物限度检查法为例进行介绍。

任务二　微生物实验室的质量管理

药物微生物的检验结果受很多因素的影响,如样品中微生物可能分布不均匀、检验方法的误差较大等。因此,在药物微生物检查中,为保证检查结果的可靠性,必须使用经验证的检查方法并严格按照药品微生物实验室质量管理原则进行检查。药物微生物实验室质量管理原则包括以下几个方面:人员、培养基、试剂、菌种、环境、设备、样品、检验方法、污染废弃物处理、检测结果质量保证和检测过程质量控制、试验记录、结果的判断、检测报告、文件等。

任务三　检查项目与标准

检查项目应根据药物的不同剂型和来源进行选择。

(1)药典要求无菌的制剂、生物制品、医疗器具、原料、辅料及其他品种需进行无菌检查。

(2)非规定灭菌制剂及其原料、辅料等需要进行微生物的限度检查,检查项目包括需氧菌、霉菌、酵母菌数及控制菌检查。

(3)药典要求的需进行热原和细菌内毒素检查的药物及其制剂需进行热原及细菌内毒素检查;其他检验项目还包括异常毒性检查、降压物质测定等。

知识累积

（1）药物生物检查法包括无菌检查法、微生物限度检查法、抑菌效力检查法、异常毒性检查法、热原检查法、细菌内毒素检查法、升压物质检查法、降压物质检查法、组胺类物质检查法、过敏反应检查法、溶血与凝聚检查法等。

（2）课程思政要点：培养学生的法治观念和规则意识。

项目二 热原检查法的认知与训练

热原是指能引起恒温动物和人体体温异常升高的致热物质,广义上包括细菌性热原、内源性高分子热原、内源性低分子热原及化学热原等。药物中的"热原"通常是指细菌性热原,是微生物产生的代谢产物。

热原检查法是将一定剂量的供试品,静脉注入家兔体内,在规定时间内,观察家兔体温升高的情况,以判定供试品中所含热原的限度是否符合规定。

一、试验前准备

(一)实验动物

热原检查所使用的动物是家兔。供试验用的家兔应具备以下条件。

(1)健康合格,体重1.7 kg以上,雌兔应未孕。

(2)预测体温前7日应用同一饲料饲养,在此期间,体重应不减轻,精神、食欲、排泄等不得有异常现象。

(3)未曾用于热原检查的家兔;或供试品判定为符合规定,但组内升温达0.6 ℃的家兔;或3周未曾使用的家兔,均应在检查供试品前7日内预测体温,进行挑选。挑选试验的条件与检查供试品时相同,仅不注射药液,每隔30 min测量体温1次,共测8次,8次体温均在38.0~39.6 ℃的范围内,且最高与最低体温相差不超过0.4 ℃的家兔,方可供热原检查用。

(4)用于热原检查后的家兔,如供试品判定为符合规定,至少应休息48 h方可再供热原检查用,其中升温达0.6 ℃的家兔应休息2周以上。

(5)供试品的热原检查不符合规定时,组内全部家兔不能再使用。

(6)对用于血液制品、抗毒素和其他同一抗原性供试品检测的家兔可在5天内重复使用1次。

(7)如供试品判定为不符合规定,则组内全部家兔不再使用。

(二)试验前的准备

热原检查前1~2日,试验用家兔应尽可能处于同一温度环境中,实验室和饲养室的温度相差不得大于3 ℃,且应控制在17~25 ℃,在试验全部过程中,实验室温度变化不得大于3 ℃,应防止动物骚动并避免噪声干扰。家兔在试验前至少1 h开始停止给食并置于宽松适宜的装置中,直至试验完毕。测量家兔体温应使用精密度为±0.1 ℃的测温装置。测温探头或肛温计插入肛门的深度和时间各兔应相同,深度一般约6 cm,时间不得短于1.5 min,每隔30 min测量体温1次,一般测量2次,两次体温之差不得超过0.2 ℃,以此两次体温的平均值作为该兔的正常体温。当日使用的家兔,正常体温应在38.0~39.6 ℃的范围内,且同组各兔间正常体温之差不得超过1.0 ℃。

(三)试验材料与用具

天平、电热干燥箱、恒温水浴箱、家兔固定盒、注射器、金属镊、手术镊、注射器盒、时钟、75%酒精棉球、测温装置(精密度为±0.1 ℃)等。与供试品接触的试验用器皿应无菌、无热原。去除热原通常采用干热灭菌法(250 ℃、30 min以上),也可用其他适宜的方法。

二、供试品的制备

将供试品按各品种项下规定制成规定浓度的供试品溶液,放入恒温水浴箱,温热至38 ℃,备用。

三、检查方法

(一)初试

每个供试品取适用的家兔3只,测定正常体温后15 min内,自耳静脉缓缓注入规定剂量并温热至约38 ℃的供试品溶液,每隔30 min测量其体温1次,共测6次,以6次体温中最高的一次减去正常体温,即为该兔体温的升高温度(℃)。

(二)复试

如正常测定时3只家兔中有1只体温升高0.6 ℃或高于0.6 ℃,或3只家兔体温升高总和达1.3 ℃或高于1.3 ℃,应另取5只家兔复试,检查方法同上。

四、结果判定

(一)符合以下情况的,均判定为符合规定

(1)在初试的3只家兔中,体温升高均低于0.6 ℃,并且3只家兔体温升高总和低于1.3 ℃。

(2)在复试的5只家兔中,体温升高0.6 ℃或高于0.6 ℃的家兔不超过1只,并且初试、复试合并8只家兔的体温升高总和为3.5 ℃或低于3.5 ℃。

(二)符合以下情况的,均判定为不符合规定

(1)在初试3只家兔中,体温升高0.6 ℃或高于0.6 ℃的家兔超过1只。

(2)在复试的5只家兔中,体温升高0.6 ℃或高于0.6 ℃的家兔超过1只。

(3)在初试、复试合并8只家兔的体温升高总和超过3.5 ℃。

学习实例

某药物用家兔法检查热原的测定结果:①初试3只家兔体温升高分别为0.5 ℃、0.4 ℃、0.5 ℃;②复试5只家兔,体温升高分别为0.3 ℃、0.4 ℃、0.3 ℃、0.5 ℃、0.4 ℃。判断该药物热原检查是否符合规定?

解析:3只家兔体温升高虽均低于0.6 ℃,但3只家兔升温总和为1.4 ℃,超过1.3 ℃,不符合规定,应复试。经复试后,初试、复试的8只家兔体温

均低于 0.6 ℃,且升温总和为 3.3 ℃,未超过 3.5 ℃,因此本品热原检查结果判定为符合规定。

五、注意事项

(1) 在热原实验室内外,均应保持安静,避免家兔骚动,避免强烈直射的日光或灯光及其他刺激。

(2) 所使用的物品,如玻璃制品、金属制品、注射器等,在使用前均应采用 200 ℃、60 min 或 250 ℃、30～45 min 加热破坏热原,防止对试验结果造成影响。

(3) 试验过程中,若家兔因肛门出血过多,造成升温或降温超过规定时,应复试。

(4) 试验过程中,要及时记录原始数据并填写兔卡。

(5) 家兔升温为负数时,均以 0 ℃计。

知识累积

(1) 热原是指能引起恒温动物和人体体温异常升高的致热物质。

(2) 热原检查法是将一定剂量的供试品,静脉注入家兔体内,在规定时间内,观察家兔体温升高的情况,以判定供试品中所含热原的限度是否符合规定。

(3) 课程思政要点:在药物检测过程中应严格遵守法律法规和操作规程,确保结果的合法性和有效性。

项目三　细菌内毒素检查法的认知与训练

任务一　细菌内毒素检查法

细菌内毒素（endotoxin），是革兰阴性菌细胞壁上的特有结构。细菌内毒素为外源性致热原，它可激活中性粒细胞等，使之释放出一种内源性热原质，作用于体温调节中枢引起发热。细菌内毒素的主要化学成分为脂多糖。

细菌内毒素检查法是利用鲎试剂来检测或量化由革兰阴性菌产生的细菌内毒素，以判断供试品中细菌内毒素的限量是否符合规定的一种方法。

《中国药典》（2020年版）四部（通则1143）中细菌内毒素检查方法包括两种：凝胶法和光度测定法。凝胶法是利用鲎试剂与细菌内毒素产生凝集反应的原理进行限度检测或半定量检测细菌内毒素的方法。光度测定法分为浊度法和显色基质法，浊度法是利用检测鲎试剂与细菌内毒素反应过程中的浊度变化而测定细菌内毒素含量的方法；显色基质法是利用检测鲎试剂与细菌内毒素反应过程中产生的凝固酶使特定底物释放出呈色团的量而测定细菌内毒素含量的方法。供试品检测时，可使用其中任何一种方法进行试验，当测定结果有争议时，除另有规定外，以凝胶限度试验结果为准。

细菌内毒素的量用细菌内毒素单位（EU）表示，1 EU与1个细菌内毒素国际单位（IU）相当。

【知识链接】
鲎试剂

任务二　细菌内毒素标准品

细菌内毒素标准品包括国家标准品和工作标准品。

细菌内毒素国家标准品是从大肠埃希菌提取精制，并以细菌内毒素国际标准品标定其效价，用于标定、复核、仲裁鲎试剂灵敏度、标定细菌类毒素工作标准品的效价，干扰试验及检查方法中编号B和C溶液的制备、凝胶法中鲎试剂灵敏度复核试验、光度测定法中标准曲线可靠性试验。

细菌内毒素工作标准品以细菌内毒素国家标准品为基准标定其效价，用于干扰试验及检查法中编号B和C溶液的制备、凝胶法中鲎试剂灵敏度复核试验、光度测定法中标准曲线可靠性试验。

任务三　细菌内毒素检查用水和器皿的要求

一、细菌内毒素检查用水的要求

细菌内毒素检查用水应符合灭菌注射用水标准，其细菌内毒素含量小于0.015

EU/ml(用于凝胶法)或小于 0.005 EU/ml(用于光度测定法),且对细菌内毒素试无干扰作用。

二、细菌内毒素检查用器皿的要求

试验所用的器皿需经处理,以去除可能存在的外源性细菌内毒素。耐热器皿常用干热灭菌法(250 ℃、至少 30 min)去除,也可采用其他确证不干扰细菌内毒素检查的适宜方法。若使用塑料器皿,如微孔板和与微量加样器配套的吸头等,应选用标明无细菌内毒素并且对试验无干扰的器具。

本试验操作过程应防止细菌内毒素的污染。

任务四　供试品溶液的制备

某些供试品需进行复溶、稀释或在水性溶液中浸提制成供试品溶液。必要时,可调节被测溶液(或其稀释液)的 pH,一般供试品溶液和鲎试剂混合后溶液的 pH 以在 6.0～8.0 的范围内为宜,可使用适宜的酸、碱溶液或缓冲液调节 pH。酸或碱溶液须用细菌内毒素检查用水在已去除细菌内毒素的容器中配制。所用溶剂、酸碱溶液及缓冲液应不含细菌内毒素和干扰因子。

一、细菌内毒素限值的确定

药物、生物制品的细菌内毒素限值(L)一般按式(6-1)确定:

$$L = K/M \tag{6-1}$$

式中:L 为供试品的细菌内毒素限值,一般以 EU/ml、EU/mg 或 EU/U(活性单位)表示;K 为人每千克体重每小时最大可接受的细菌内毒素剂量,以 EU/(kg·h)表示,注射剂 $K=5$ EU/(kg·h),放射性药物注射剂 $K=2.5$ EU/(kg·h),鞘内用注射剂 $K=0.2$ EU/(kg·h);M 为人用每千克体重每小时的最大供试品剂量,以 ml/(kg·h)、mg/(kg·h)或 U/(kg·h)表示,人均体重按 60 kg 计算,人体表面积按 1.62 m^2 计算。注射时间若不足 1 h,按 1 h 计算。供试品每平方米体表面积剂量乘以 0.027 即可转换为每千克体重剂量(M)。

按人用剂量计算限值时,如遇特殊情况,可根据生产和临床用药实际情况做必要调整,但需说明理由。

二、确定最大有效稀释倍数

最大有效稀释倍数(MVD)是指在试验中供试品溶液被允许达到稀释的最大倍数,在不超过此稀释倍数的浓度下进行细菌内毒素限值的检测。按式(6-2)来确定 MVD:

$$MVD = cL/\lambda \tag{6-2}$$

式中:L 为供试品的细菌类毒素限值;c 为供试品溶液的浓度,当 L 以 EU/mg 或 EU/U 表示时,c 的单位需为 mg/ml 或 U/ml;当 L 以 EU/ml 表示时,则 c 的单位为 ml/ml。如需计算在 MVD 时的供试品浓度,即最小有效稀释浓度,可使用公式 $c=\lambda/L$;λ 为在凝胶法中鲎试剂的标示灵敏度(EU/ml),或在光度测定法中所使用的标准曲线上的最低细菌内毒素浓度。

任务五 检查方法

一、凝胶法

凝胶法是通过鲎试剂与细菌内毒素产生凝集反应的原理进行限度检测或半定量检测细菌内毒素的方法。凝胶法包括凝胶限度试验和凝胶半定量试验。

1. 鲎试剂灵敏度复核试验 在本法规定的条件下,使鲎试剂产生凝集的细菌内毒素的最低浓度即为鲎试剂的标示灵敏度,用 EU/ml 表示。当使用新批号的鲎试剂或试验条件发生任何可能影响检验结果的改变时,应进行鲎试剂灵敏度复核试验。

根据鲎试剂灵敏度的标示值(λ),将细菌内毒素国家标准品或细菌内毒素工作标准品用细菌内毒素检查用水溶解,在旋涡混合器上混匀 15 min,然后制成 2λ、λ、0.5λ 和 0.25λ 四个浓度的细菌内毒素标准溶液,每稀释一步均应在旋涡混合器上混匀 30 s 或参照标准品说明书中要求的混匀时间进行操作。取不同浓度的细菌内毒素标准溶液,分别与等体积(如 0.1 ml)的鲎试剂溶液混合,每一个细菌内毒素浓度平行做 4 管;另外取 2 管加入等体积的细菌内毒素检查用水作为阴性对照。将试管中溶液轻轻混匀后,封闭管口,垂直放入 37 ℃±1 ℃ 的恒温器中,保温 60 min±2 min。

将试管从恒温器中轻轻取出,缓缓倒转 180°,若管内形成凝胶,并且凝胶不变形、不从管壁滑脱者为阳性;未形成凝胶或形成的凝胶不坚实、变形并从管壁滑脱者为阴性。保温和拿取试管过程中应避免振荡,造成假阴性结果。

当最大浓度 2λ 管均为阳性,最低浓度 0.25λ 管均为阴性,阴性对照管为阳性,试验方有效。按式(6-3)计算反应终点浓度的几何平均值,即为鲎试剂灵敏度的测定值(λc)。

$$\lambda c = \mathrm{antilg}(\sum X/n) \tag{6-3}$$

式中:X 为反应终点浓度的对数值(lg),反应终点浓度是指系列递减的细菌内毒素浓度中最后一个呈阳性结果的浓度;n 为每个浓度的平行管数。

当 λc 在 $0.5\lambda \sim 2\lambda$(包括 0.5λ 和 2λ)时,方可用于细菌内毒素检查,并以标示灵敏度 λ 为该批鲎试剂的灵敏度。

2. 干扰试验 按表 6-1 制备溶液 A、B、C 和 D,使用的供试品溶液应为未检验出细菌内毒素且不超过 MVD 的溶液,按鲎试剂灵敏度复核试验项下操作。

表 6-1 凝胶法干扰试验溶液的制备

编号	细菌内毒素浓度/ 被加入细菌内毒素的浓度	稀释用液	稀释倍数	所含细菌内毒素的浓度	平行管数
A	无/供试品溶液	—	—	—	2

续表

编号	细菌内毒素浓度/被加入细菌内毒素的浓度	稀释用液	稀释倍数	所含细菌内毒素的浓度	平行管数
B	2λ/供试品溶液	供试品溶液	1	2λ	4
			2	λ	4
			4	0.5λ	4
			8	0.25λ	4
C	2λ/检查用水	检查用水	1	2λ	2
			2	λ	2
			4	0.5λ	2
			8	0.25λ	2
D	无/检查用水	—	—	—	2

注：A为供试品溶液；B为干扰试验系列；C为鲎试剂标示灵敏度的对照系列；D为阴性对照。

只有当供试品溶液A和阴性对照溶液D的所有平行管都为阴性，并且系列溶液C的结果符合鲎试剂灵敏度复核试验要求时，试验才有效。当系列浓度B的结果符合鲎试剂灵敏度复核试验要求时，认为供试品溶液在该浓度下无干扰作用。其他情况则认为供试品溶液在该浓度下存在干扰作用。若供试品溶液在小于MVD的稀释倍数下对试验有干扰，应将供试品溶液进行不超过MVD的进一步稀释，再重复干扰试验。

可通过对供试品进行更大倍数的稀释或通过其他适宜的方法（如滤过、中和、透析或加热处理等）排除干扰。为确保所选择的处理方法能有效地排除干扰且不会使细菌内毒素失去活性，要使用预先添加了标准细菌内毒素再经过处理的供试品溶液进行干扰试验。

当进行新药的细菌内毒素检查试验前，或无细菌内毒素检查项的品种建立细菌内毒素检查法时，须进行干扰试验。

当鲎试剂、供试品的处方、生产工艺改变或试验环境中发生了任何有可能影响试验结果的变化时，须重新进行干扰试验。

3. 检查方法

（1）凝胶限度试验：按表6-2制备溶液A、B、C、和D。使用稀释倍数不超过MVD并且已经排除干扰的供试品溶液来制备溶液A和B。按鲎试剂灵敏度复核试验项下操作。

表6-2 凝胶限度试验溶液的制备

编号	细菌内毒素浓度/配制细菌内毒素的溶液	平行管数
A	无/供试品溶液	2
B	2λ/供试品溶液	2
C	2λ/检查用水	2
D	无/检查用水	2

注：A为供试品溶液；B为供试品阳性对照；C为阳性对照；D为阴性对照。

（2）凝胶半定量试验：本方法是通过确定反应终点浓度来量化供试品中细菌内毒

素的含量。按表 6-3 制备溶液 A、B、C 和 D。按鲎试制灵敏度复核试验项下操作。

表 6-3 凝胶半定量试验溶液的制备

编号	细菌内毒素浓度/被加入细菌内毒素的浓度	稀释用液	稀释倍数	所含细菌内毒素的浓度	平行管数
A	无/供试品溶液	检查用水	1	—	2
			2	—	2
			4	—	2
			8	—	2
B	2λ/供试品溶液	—	1	2λ	2
C	2λ/检查用水	检查用水	1	2λ	2
			2	λ	2
			4	0.5λ	2
			8	0.25λ	2
D	无/检查用水	—	—	—	2

注：A 为不超过 MVD 并且通过干扰试验的供试品溶液。从通过干扰试验的稀释倍数开始用检查用水稀释至 1 倍、2 倍、4 倍和 8 倍，最后的稀释倍数不超过 MVD；B 为 2λ 浓度标准细菌内毒素的溶液 A（供试品阳性对照）；C 为鲎试剂标示灵敏度的对照系列；D 为阴性对照。

二、光度测定法

光度测定法分为浊度法和显色基质法。

浊度法是利用检测鲎试剂与细菌内毒素反应过程中的浊度变化而测定细菌内毒素含量的方法。根据检测原理，可分为终点浊度法和动态浊度法。终点浊度法是依据反应混合物中的细菌内毒素浓度和其在孵育终止时的浊度（吸光度或透光率）之间存在的量化关系来测定细菌内毒素含量的方法。动态浊度法是检测反应混合物的浊度达到某一预先设定的吸光度或透光率所需的反应时间，或是检测浊度增加速度的方法。

显色基质法是利用检测鲎试剂与细菌内毒素反应过程中产生的凝固酶使特定底物释放出呈色团的量而测定细菌内毒素含量的方法。根据检测原理，显色基质法分为终点显色基质法和动态显色基质法。终点显色基质法是依据反应混合物中细菌内毒素浓度和其在孵育终止时释放出的呈色团的量之间存在的定量关系来测定细菌内毒素含量的方法。动态显色基质法是检测反应混合物的吸光度或透光率达到某一预先设定的检测值所需要的反应时间，或检测值增加速度的方法。

光度测定试验需在特定的仪器中进行，温度一般为 37 ℃±1 ℃。

供试品和鲎试剂的加样量、供试品和鲎试剂的比例以及保温时间等，参照所用仪器和试剂的有关说明进行。

为保证浊度和显色试验的有效性，应预先进行标准曲线的可靠性试验以及供试品的干扰试验。

1. 标准曲线的可靠性试验 当使用新批号的鲎试剂或试验条件有任何可能会影响检验结果的改变时，需进行标准曲线的可靠性试验。

用标准细菌内毒素制成溶液,制成至少 3 个浓度的稀释液(相邻浓度间稀释倍数不得大于 10),最低浓度不得低于所用鲎试剂的标示检测限。每一稀释步骤的混匀时间同凝胶法,每一浓度至少做 3 支平行管。同时要求做 2 支阴性对照,当阴性对照的吸光度小于或透光率大于标准曲线最低点的检测值或反应时间大于标准曲线最低点的反应时间,将全部数据进行线性回归分析。

根据线性回归分析,标准曲线的相关系数(r)的绝对值应大于或等于 0.980,试验方有效。否则须重新试验。

2. 干扰试验 选择标准曲线中点或一个靠近中点的细菌内毒素浓度(设为 λ_m),作为供试品干扰试验中添加的细菌内毒素浓度。按表 6-4 制备溶液 A、B、C 和 D。

表 6-4 光度测定法干扰试验溶液的制备

编号	细菌内毒素浓度	被加入细菌内毒素的溶液	平 行 管 数
A	无	供试品溶液	至少 2 管
B	标准曲线的中点(或附近点)的浓度(设为 λ_m)	供试品溶液	至少 2 管
C	至少 3 个浓度(最低一点设定为 λ)	检查用水	每一浓度至少 2 管
D	无	检查用水	至少 2 管

注:A 为稀释倍数不超过 MVD 的供试品溶液;B 为加入了标准曲线中点或靠近中点的一个已知细菌内毒素浓度的,且与溶液 A 有相同稀释倍数的供试品溶液;C 为如"标准曲线的可靠性试验"项下描述的,用于制备标准曲线的标准细菌内毒素溶液;D 为阴性对照。

按所得线性回归方程分别计算出供试品溶液和含标准细菌内毒素的供试品溶液的细菌内毒素含量 c_t 和 c_s,再按式(6-4)计算该试验条件下的回收率(R)。

$$R = [(c_s - c_t)/\lambda_m] \times 100\% \tag{6-4}$$

当细菌内毒素的回收率为 50%~200%时,则认为在此试验条件下供试品溶液不存在干扰作用。

当细菌内毒素的回收率不在指定的范围内,须按"凝胶法干扰试验"中的方法去除干扰因素,并重复干扰试验来验证处理的有效性。

当鲎试剂、供试品的处方、生产工艺改变或试验环境中发生了任何有可能影响试验结果的变化时,须重新进行干扰试验。

3. 检查方法 按"光度测定法的干扰试验"中的操作步骤进行检测。

使用系列溶液 C 生成的标准曲线来计算溶液 A 的每一个平行管的细菌内毒素浓度。试验必须符合以下三个条件方有效:

(1) 系列溶液 C 的结果要符合"标准曲线的可靠性试验"中的要求;

(2) 用溶液 B 中的细菌内毒素浓度减去溶液 A 中的细菌内毒素浓度后,计算出的细菌内毒素的回收率要在 50%~200%的范围内;

(3) 阴性对照吸光度小于或透光率大于标准曲线最低点的检测值或反应时间大于标准曲线最低点的反应时间。

任务六 结果判定

一、凝胶法

1. 凝胶限度试验 保温 60 min±2 min 后观察结果。若阴性对照溶液 D 的平行管均为阴性,供试品阳性对照溶液 B 的平行管均为阳性,阳性对照溶液 C 的平行管均为阳性,则试验有效。

若溶液 A 的 2 支平行管均为阴性,判定供试品符合规定。若溶液 A 的 2 支平行管均为阳性,判定供试品不符合规定。若溶液 A 的 2 支平行管中的一管为阳性,另一管为阴性,需进行复试。复试时溶液需做 4 支平行管,若所有平行管均为阴性,判定供试品符合规定,否则判定供试品不符合规定。

若供试品的稀释倍数小于 MVD 而溶液 A 结果出现不符合规定时,可将供试品稀释至 MVD 重新试验,再对结果进行判断。

2. 凝胶半定量试验 若阴性对照溶液 D 的平行管均为阴性,供试品阳性对照溶液 B 的平行管均为阳性,系列溶液 C 的反应终点浓度的几何平均值在 $0.5\lambda \sim 2\lambda$,试验有效。

系列溶液 A 中每一系列的终点稀释倍数乘以 λ,为每个系列的反应终点浓度。如果检验的是经稀释的供试品,则将终点浓度乘以供试品进行半定量试验的初始稀释倍数,即得到每一系列细菌内毒素浓度 c。

若每一系列细菌内毒素浓度均小于规定的限值,判定供试品符合规定。每一系列细菌内毒素浓度的几何平均值即为供试品溶液的细菌内毒素浓度[按公式 $c_E = \text{antilg}(\sum \lg c/2)$]。若试验中供试品溶液的所有平行管均为阴性,应记为细菌内毒素浓度小于 λ(如果检验的是稀释过的供试品,则记为小于 λ 乘以供试品进行半定量试验的初始稀释倍数)。

若任何系列细菌内毒素浓度不小于规定的限值时,则判定供试品不符合规定。当供试品溶液的所有平行管均为阳性,可记为细菌内毒素的浓度大于或等于最大的稀释倍数乘以 λ。

二、光度测定法

若供试品溶液所有平行管的平均细菌内毒素浓度乘以稀释倍数后,小于规定的细菌内毒素限值,判定供试品符合规定。若大于或等于规定的细菌内毒素限值,判定供试品不符合规定。

注:本检查法中,"管"的意思包括其他任何反应容器,如微孔板中的孔。

知识累积

(1)细菌内毒素检查法和热原检查法的异同点。

①热原是由微生物产生的能引起恒温动物体温异常升高的致热物质;细菌内毒素

是革兰阴性菌细胞壁上的一种脂多糖和微量蛋白的复合物,它不是细菌或细菌的代谢产物,而是细菌死亡或解体后才释放出来的一种具有热原生物活性的物质。一般来说细菌内毒素是热原,但热原不全是细菌内毒素。

②热原检查法是将一定剂量的供试品,静脉注入家兔体内,在规定时间内,观察家兔体温升高的情况,以判定供试品中所含热原的限度是否符合规定的一种方法。细菌内毒素检查法是利用鲎试剂来检测或量化由革兰阴性菌产生的细菌内毒素,以判断供试品中细菌内毒素的限量是否符合规定的一种方法。

③细菌内毒素检查法,具有比家兔热原检查法更灵敏、更快速、更简便易行、重现性更好、结果更准确等优点,目前细菌内毒素检查法已广泛应用于西药、生物制品检查,中药注射剂一般采用家兔热原检查法。

(2) 课程思政要点:保持科学严谨的态度,树立"质量第一"的观念,坚守道德底线,对每一个试验步骤和每一个试验数据负责到底。

项目四　无菌检查法的认知与训练

无菌检查法用于检查药典要求无菌的药品、生物制品、医疗器具、原料、辅料及其他品种是否无菌的一种方法。若供试品符合无菌检查法的规定,仅表明供试品在该检验条件下未发现微生物污染。

无菌检查应在无菌条件下进行,试验环境必须达到无菌检查的要求,检查全过程应严格遵守无菌操作,防止微生物污染,防止污染的措施不得影响供试品中微生物的检出。无菌检查法包括薄膜过滤法、直接接种法。

任务一　培养基和菌种

一、培养基

硫乙醇酸盐流体培养基主要用于厌氧菌的培养,也可用于需氧菌的培养;胰酪大豆胨液体培养基用于真菌和需氧菌的培养。《中国药典》(2020年版)规定的常用培养基有以下几种。

(1) 硫乙醇酸盐流体培养基。
(2) 胰酪大豆胨液体培养基。
(3) 中和或灭活用培养基。
(4) 0.5%葡萄糖肉汤培养基(用于硫酸链霉素等抗生素的无菌检查)。
(5) 胰酪大豆胨琼脂培养基。
(6) 沙氏葡萄糖液体培养基。
(7) 沙氏葡萄糖琼脂培养基。
(8) 马铃薯葡萄糖琼脂培养基(PDA)。

培养基可以按照药典规定的处方制备,也可使用该处方生产的符合规定的脱水培养基或商品化的预制培养基。它是人工配制的生物营养物质,即用人工方法将多种物质按各种微生物生长繁殖的需要配制成的一种混合营养物质,用于目标菌的培养、分离、鉴定、研究和保存。

> **课堂活动**
> 《中国药典》(2020年版)与《中国药典》(2015年版)相比,药物无菌检查法使用的培养基有哪些不同?

二、菌种

进行药物微生物检查时,常常需要以不同的微生物作为检查对象,而为了保证微生物检查的灵敏度,所用的菌株传代次数不得超过 5 代(从菌种保存中心获得的干燥菌种为第 0 代),并采用适宜的菌种保藏技术进行保存,以保证试验菌株的生物学特性。《中国药典》(2020 年版)常用菌种如表 6-5 所示。

表 6-5 《中国药典》(2020 年版)无菌检查法试验用菌种

试验菌株	菌种拉丁名	菌种编号
金黄色葡萄球菌	*Staphylococcus aureus*	CMCC(B)26 003
铜绿假单胞菌	*Pseudomonas aeruginosa*	CMCC(B)10 104
枯草芽孢杆菌	*Bacillus subtilis*	CMCC(B)63 501
生孢梭菌	*Clostridium sporogenes*	CMCC(B)64 941
白色念珠菌	*Candida albicans*	CMCC(F)98 001
黑曲霉	*Aspergillus niger*	CMCC(F)98 003

任务二 试验前准备

一、材料

1. 无菌器材 无菌器材可分为灭菌器材和消毒器材两类。

(1)灭菌器材:玻璃器皿(如试管、锥形瓶、量筒、量杯、载玻片、刻度吸管)、注射器、培养皿、输液瓶、酒精灯、手术剪、镊子、各种型号的注射器针头、接种针(环)、橡皮塞、橡皮管、纱布、棉花、脱脂棉、乳胶手套、无菌衣、裤、帽、口罩、鞋,开放式及封闭式滤器、微孔滤膜等。

(2)消毒器材:无菌室内的凳子、试管架、工作台,检验样品容器或包装以及操作人员的手等。

2. 试剂与培养基

(1)消毒剂:0.2%苯扎溴铵溶液、75%酒精溶液(制酒精棉球用)、3%~5%甲酚溶液、5%甲醛溶液、高锰酸钾溶液等。

(2)稀释剂:0.1%无菌蛋白胨溶液、pH 7.0 无菌氯化钠-蛋白胨缓冲液或根据供试品的特性,可选用其他经验证过的适宜的溶液作为稀释液。

(3)灭活剂:无菌青霉素酶溶液。

(4)染色剂:革兰染色液。

(5)培养基。

二、设备

1. 恒温培养箱(室)或生化培养箱 温度可调至 23~28 ℃、30~35 ℃等所需温度。嗜温型微生物的适宜生长温度为 20~40 ℃。

2. 高压蒸汽灭菌器 种类很多,有手提式、立式和卧式三类,有单扉和双扉之分,可根据需要选购。培养基、器械及细菌污染物等均可用高压蒸汽灭菌器灭菌。

3. 电热恒温干燥箱 又称烤箱或烘箱,是实验室干热灭菌的基本设备,适用于玻璃器皿和金属器物的灭菌,亦可作烘干物品用。微生物实验室常用50～250 ℃控温规格,容积按工作量大小选用。

4. 生物学显微镜（1500×） 含油镜系统、机械载物台、聚光镜及光源调节装置。最高支持1500倍,可清晰分辨细菌、真菌孢子及菌丝结构。

任务三　方法适用性试验

进行产品的无菌检查时,应进行方法适用性试验,以考察所采取的方法是否适用于该产品的无菌检查。若检验程序或产品发生变化可能影响检验结果时,应重新进行方法验证试验。方法适用性试验按"供试品的无菌检查"的规定和菌种及菌液制备、薄膜过滤法、直接接种法、结果判断的要求进行操作(具体见《中国药典》(2020年版)通则1101)。对每一试验菌应逐一进行方法确认。

任务四　供试品的无菌检查

一、供试品检验数量

无菌检查法包括薄膜过滤法和直接接种法。如果供试品性质允许,则应选择薄膜过滤法,供试品无菌检查采用的检验方法和检验条件应与方法适用性试验确认的方法相同。检验数量是指一次试验所用供试品最小包装容器的数量,成品每亚批均应进行无菌检查。检验量是指供试品每个最小包装接种至每份培养基的最小量。《中国药典》(2020年版)通则1101列出"批出厂产品及生物制品的原液和半成品最少检验数量""上市抽验样品的最少检验数量"和"供试品的最少检验量"。

二、对照试验

供试品在做无菌检查的同时还需做对照试验,包括阳性对照试验和阴性对照试验。

1. 阳性对照试验 应根据供试品特性选择阳性对照菌。无抑菌作用和抗革兰阳性菌为主的供试品,以金黄色葡萄球菌为对照菌;抗革兰阴性菌为主的供试品,以大肠埃希菌为对照菌;抗厌氧菌的供试品,以生孢梭菌为对照菌;抗真菌的供试品,以白色念珠菌为对照菌。阳性对照试验的菌液制备同方法适用性试验,加菌量不大于100 cfu,供试品用量同供试品无菌检查时每份培养基接种的样品量。阳性对照管培养不超过5天,应生长良好。

2. 阴性对照试验 取试验所用的相应溶剂和稀释液、冲洗液同法操作,作为阴性对照。阴性对照不得有菌生长。

三、供试品处理与接种培养基

操作时,用适宜的消毒液对供试品容器表面进行彻底消毒,如果供试品容器内有一定的真空度,可用适宜的无菌器材向容器内导入无菌空气,再按无菌操作开启容器取出内容物。

除另有规定外,按下列方法进行供试品处理及接种培养基。

1. 薄膜滤过法 薄膜滤过法一般应采用封闭式薄膜过滤器。无菌检查用的滤膜孔径应不大于 0.45 μm,直径约为 50 mm,根据供试品及其溶剂的特性选择滤膜材质。使用时,应保证滤膜在滤过前后的完整性。

水溶性供试品溶液滤过前,一般应先将少量的冲洗液滤过,以润湿滤膜。对于油类供试品,其滤膜和滤过器在使用前应充分干燥。为发挥滤膜的最大滤过效率,应注意保持供试品溶液及冲洗液覆盖整个滤膜表面。供试品溶液经薄膜滤过后,若需要用冲洗液冲洗滤膜,每张滤膜每次冲洗量一般为 100 ml,总冲洗量一般不得超过 500 ml,最高不得超过 1000 ml,以避免滤膜上的微生物受损伤。

(1) 水溶液供试品:取规定量,直接滤过,或混合至含不少于 100 ml 适宜稀释液的无菌容器中,混匀,立即滤过。如供试品具有抑菌作用,须用冲洗液冲洗滤膜,冲洗次数一般不少于 3 次,所用的冲洗量、冲洗方法同方法适用性试验。除生物制品外,一般样品冲洗后,1 份滤器中加入 100 ml 硫乙醇酸盐流体培养基,1 份滤器中加入 100 ml 胰酪大豆胨液体培养基。生物制品样品冲洗后,2 份滤器中加入 100 ml 硫乙醇酸盐流体培养基,1 份滤器中加入 100 ml 胰酪大豆胨液体培养基。

(2) 水溶性固体供试品:取规定量,加适宜的稀释液溶解或按标签说明复溶,然后照水溶液供试品项下的方法操作。

(3) 非水溶性供试品:取规定量,直接滤过;或混合溶于适量含聚山梨酯 80 或其他适宜乳化剂的稀释液中,充分混合,立即滤过。用含 0.1%～1% 聚山梨酯 80 的冲洗液冲洗滤膜至少 3 次。加入含或不含聚山梨酯 80 的培养基。接种培养基照水溶液供试品项下的方法操作。

(4) 可溶于十四烷酸异丙酯的膏剂和黏性油剂供试品:取规定量,混合至适量的无菌十四烷酸异丙酯(无菌十四烷酸异丙酯的制备,采用薄膜滤过法滤过除菌,选用孔径为 0.22 μm 的适宜滤膜,或其他适宜的灭菌方法)中,剧烈振摇,使供试品充分溶解,如果需要可适当加热,但温度不得超过 44 ℃,趁热迅速滤过。对仍然无法滤过的供试品,于含有适量的无菌十四烷酸异丙酯的供试品溶液中加入不少于 100 ml 的稀释液,充分振摇萃取,静置,取下层水相作为供试品溶液滤过。滤过后滤膜冲洗及接种培养基照非水溶性制剂供试品项下的方法操作。

(5) 无菌气雾剂供试品:取规定量,将各容器置 -20 ℃ 或其他适宜温度冷冻约 1 h。取出,迅速消毒供试品开启部位或阀门,正置容器,用无菌钢锥或针样设备以无菌操作迅速在与容器阀门结构相匹配的适宜位置钻一小孔,不同容器钻孔大小和深度应保持基本一致,钻孔后应无明显抛射剂抛出,轻轻转动容器,使抛射剂缓缓释出,释放抛射剂后再无菌开启容器,并将供试品溶液转移至无菌容器中混合,必要时用冲洗液冲洗容器内壁。供试品亦可采用其他适宜的方法取出。然后照水溶液或非水溶性制剂供试品项下的方法操作。

(6) 装有药物的注射器供试品:取规定量,将注射器中的内容物(若需要可吸入稀释液或标签所示的溶剂溶解)直接滤过,或混合至含适宜稀释液的无菌容器中,然后按水溶液或非水溶性供试品项下方法操作。同时应采用适宜的方法进行包装中所附带的无菌针头的无菌检查。

（7）具有导管的医疗器械（输血、输液袋等）供试品：除另有规定外，取规定量，每个最小包装用适量的（一般50～100 ml）冲洗液分别冲洗内壁，收集冲洗液于无菌容器中，然后按照水溶液供试品项下方法操作。同时应采用适宜的方法对包装中所附带的针头等要求无菌的部件进行无菌检查。

2. 直接接种法 直接接种法适用于无法用薄膜滤过法进行无菌检查的供试品，即取规定量供试品分别等量接种至硫乙醇酸盐流体培养基和胰酪大豆胨液体培养基中。除生物制品外，一般样品无菌检查时两种培养基接种的支（瓶）数相等；生物制品无菌检查时硫乙醇酸盐流体培养基和胰酪大豆胨液体培养基接种的支（瓶）数为2∶1。除另有规定外，每个容器中培养基的用量应符合接种的供试品体积不得大于培养基体积的10%，同时，硫乙醇酸盐流体培养基每管装量不少于15 ml，胰酪大豆胨液体培养基每管装量不少于10 ml。供试品检查时，培养基的用量和高度同方法适用性试验。

（1）混悬液等非澄清水溶液供试品：取规定量，等量接种至各管培养基中。

（2）固体供试品：取规定量，直接等量接种至各管培养基中，或加入适宜的溶剂溶解，或按标签说明复溶，取规定量等量接种至各管培养基中。

（3）非水溶性供试品：取规定量，混合，加入适量的聚山梨酯80或其他适宜的乳化剂及稀释剂使其乳化，等量接种至各管培养基中。或直接等量接种至含聚山梨酯80或其他适宜乳化剂的各管培养基中。

（4）敷料供试品：取规定数量，以无菌操作拆开每个包装，于不同部位剪取约100 mg或1 cm×3 cm的供试品，等量接种于各管足以浸没供试品的适量培养基中。

（5）肠线、缝合线等供试品：肠线、缝合线及其他一次性使用的医用材料按规定量取最小包装，无菌拆开包装，等量接种于各管足以浸没供试品的适量培养基中。

（6）灭菌医用器具供试品：取规定量，必要时应将其拆散或切成小碎段，等量接种于各管足以浸没供试品的适量培养基中。

（7）放射性药品：取供试品1瓶（支），等量接种于装量为7.5 ml的硫乙醇酸盐流体培养基和胰酪大豆胨液体培养基中。每管接种量为0.2 ml。

3. 培养及结果观察 将上述接种供试品后的培养基容器分别按各培养基规定的温度培养不少于14天；接种生物制品的硫乙醇酸盐流体培养基的容器应分为两等份，一份置30～35 ℃培养，一份置20～25 ℃培养。培养期间定期观察并记录是否有菌生长。如在加入供试品后或在培养过程中，培养基出现浑浊，培养14天后，不能从外观上判断有无微生物生长，可取该培养液不少于1 ml转种至同种新鲜培养基中，将原始培养物和新接种的培养基继续培养不少于4天，观察接种的同种新鲜培养基是否再出现浑浊；或取培养液涂片，染色，镜检，判断是否有菌。

任务五　结　果　判　定

（1）若供试品管澄清或虽显浑浊但经确证无菌生长，判定供试品符合规定。

（2）若供试品管中任何一管显浑浊并确证有菌生长，判定供试品不符合规定，除非能充分证明试验结果无效,即生长的微生物非供试品所含,当符合下列至少一个条件时方可判断试验无效。

①无菌检查试验所用的设备及环境的微生物监控结果不符合无菌检查法的要求。

②回顾无菌试验过程,发现有可能引起微生物污染的因素。

③在阴性对照中观察到有菌生长。

④供试品管中生长的微生物经鉴定后,确证是因无菌试验中所使用的物品和(或)无菌操作技术不当引起的。

(3) 试验若确证无效,应重试。重试时,重新取同量供试品,依法检查,若无菌生长,判定为符合规定;若有菌生长,判定为不符合规定。

任务六 注 意 事 项

(1) 环境要清洁,进行无菌操作前需提前打开紫外灯进行灭菌。

(2) 在执行无菌操作时,必须明确物品的无菌区和非无菌区。

(3) 执行无菌操作前,先戴帽子、口罩,洗手,并将手擦干,注意空气和环境清洁。

(4) 夹取无菌物品时,必须使用无菌持物钳。

(5) 进行无菌操作时,凡未经消毒的手、臂,均不可直接接触无菌物品或超过无菌区取物。

知识累积

(1) 无菌检查法是用于检查药典要求无菌的药物、生物制品、医疗器具、原料、辅料及其他品种是否无菌的一种方法。

(2) 无菌检查法包括薄膜过滤法和直接接种法。

(3) 课程思政要点:在药物检测过程中应严格遵守法律法规和操作规程,确保结果的合法性和有效性。

项目五 微生物限度检查法的认知与训练

中药、西药制剂以及生物制品的原料、辅料、包装材料在生产、贮藏和流通等环节极易受到微生物污染,多数中西药剂型不能做到绝对无菌,也不必要求达到无菌状态,因此微生物限度检查成为非规定灭菌制剂保证药物质量的重要检查内容,也是综合评价药品生产各环节卫生状况的重要依据。药物细菌数越多,表明受到致病菌污染的可能性越大,安全性越差。

对于非规定灭菌制剂(如片剂、丸剂、散剂、口服液及原辅料等)必须控制微生物的数量在一定范围内,并保证不含有特定的控制菌(致病菌),否则将直接影响药物质量和危害人民健康。《中国药典》(2020年版)规定:非无菌产品微生物限度检查包括微生物计数检查(包括药品的需氧菌、霉菌和酵母菌计数检查)(《中国药典》(2020年版)四部通则1105)和控制菌检查(耐胆盐革兰阴性菌、大肠埃希菌、沙门菌、铜绿假单胞菌、金黄色葡萄球菌、梭菌、白色念珠菌)(《中国药典》(2020年版)四部通则1106)。

任务一 试验前准备

见"项目四无菌检查法 任务二试验前准备"的规定。

任务二 微生物计数法

一、计数方法

计数方法包括平皿法、薄膜过滤法和最可能数法(most-probable-number method,简称MPN法)。MPN法用于微生物计数时精确度较差,但对于某些微生物污染量很小的供试品,MPN法可能是更合适的方法。

二、检验量

检验量即一次试验所用的供试品量(g、ml或cm^2)。一般应随机抽取不少于2个最小包装的供试品,混合,取规定量供试品进行检验。除另有规定外,一般供试品的检验量为10 g或10 ml;膜剂、贴剂和贴膏剂为100 cm^2;检验时,应从2个以上最小包装单位中抽取供试品,大蜜丸不得少于4丸,膜剂、贴剂和贴膏剂不得少于4片。贵重药物、微量包装药物的检验量可以酌减。若供试品处方中每一剂量单位(如片剂、胶囊剂)活性物质含量小于或等于1 mg,或每1 g或每1 ml(指制剂)活性物质含量低于1 mg时,检验量应不少于10个剂量单位或10 g或10 ml供试品;若样品量有限或批产量极小(如:小于1000 ml 或 1000 g)的活性物质供试品,除另有规定外,其检验量最少为批产量的1‰,检验量更少时需要进行风险评估;若批产量少于200的供试品,检验量可减少至2个单位;批产量少于100的供试品,检验量可减少至1个单位。

三、供试品的检查

供试品检查时,应根据供试品理化特性和微生物限度标准等因素选择计数方法,检测的样品量应保证所获得的试验结果能够判断供试品是否符合规定。所选方法的适用性须经确认。

胰酪大豆胨琼脂培养基或胰酪大豆胨液体培养基用于测定需氧菌总数;沙氏葡萄糖琼脂培养基用于测定霉菌和酵母菌总数。

以稀释液代替供试品溶液进行阴性对照试验,阴性对照试验应无菌生长。如果阴性对照有菌生长,应进行偏差调查。

1. 平皿法 平皿法包括倾注法和涂布法。除另有规定外,取规定量供试品,按方法适用性试验确认的方法进行供试品溶液制备和菌数测定,每稀释级每种培养基至少制备2个平皿。

(1) 培养和计数:除另有规定外,胰酪大豆胨琼脂培养基平板在30～35 ℃培养3～5天,沙氏葡萄糖琼脂培养基平板在20～25 ℃培养5～7天,观察菌落生长情况,点计平板上生长的所有菌落数并报告。菌落蔓延生长成片的平皿不宜计数。点计菌落数后,计算各稀释级供试品溶液的平均菌落数,按菌落数报告规则报告菌数。若同稀释级两个平板的菌落数平均值不小于15,则两个平皿的菌落数不能相差1倍或以上。

(2) 菌数报告规则:需氧菌总数测定宜选取平均菌落数小于300 cfu 的稀释级、霉菌和酵母菌总数测定宜选取平均菌落数小于100 cfu 的稀释级,作为菌数报告的依据。取最高的平均菌落数,计算1 g、1 ml 或 10 cm^2 供试品中所含的微生物数,取两位有效数字报告。

如各稀释级的平皿均无菌落生长,或仅最低稀释级的平板有菌落生长,但平均菌落数小于1时,以小于1乘以最低稀释倍数的值报告菌数。

2. 薄膜过滤法 除另有规定外,按方法适用性试验确认的方法进行供试品制备。取相当于1 g、1 ml 或 10 cm^2 供试品的供试品溶液,若供试品所含的菌数较多时,可取适宜稀释级的供试品溶液,照方法适用性试验确认的方法加至适量稀释液中,立即滤过,冲洗后取出滤膜,菌面朝上贴于胰酪大豆胨琼脂培养基或沙氏葡萄糖琼脂培养基上培养。

(1) 培养和计数:培养条件和计数方法同平皿计数法,每张滤膜上的菌落数应不超过100 cfu。

(2) 菌数报告规则:以相当于1 g、1 ml 成 10 cm^2 供试品的菌落数报告菌数;若滤膜上无菌落生长,以小于1报告菌数(每张滤膜滤过1 g、1 ml 或 10 cm^2 供试品),或小于1乘以最低稀释倍数的值报告菌数。

3. MPN法 取规定量供试品,按方法适用性试验确认的方法进行供试品溶液制备和供试品接种,所有试验管在30～35 ℃培养3～5天,如果需要确认是否有微生物

生长,按方法适用性试验确定的方法进行。记录每一稀释级微生物生长的管数。

四、结果判定

需氧菌总数是指胰酪大豆胨琼脂培养基上生长的总菌落数(包括真菌菌落数);霉菌和酵母菌总数是指沙氏葡萄糖琼脂培养基上生长的总菌落数(包括细菌菌落数)。若因沙氏葡萄糖琼脂培养基上生长的细菌使霉菌和酵母菌的计数结果不符合微生物限度要求,可使用含抗生素(如氯霉素、庆大霉素)的沙氏葡萄糖琼脂培养基或其他选择性培养基(如玫瑰红钠琼脂培养基)进行霉菌和酵母菌总数测定。使用选择性培养基时,应进行培养基适用性检查。若采用 MPN 法,测定结果为需氧菌总数。

各品种项下规定的微生物限度标准解释如下。

(1) 10^1 cfu:可接受的最大菌数为 20;

(2) 10^2 cfu:可接受的最大菌数为 200;

(3) 10^3 cfu:可接受的最大菌数为 2000;依此类推。

若供试品的需氧菌总数、霉菌和酵母菌总数的检查结果均符合该品种项下的规定,判定供试品符合规定;若其中任何一项不符合该品种项下的规定,判定供试品不符合规定。

任务三 控制菌检查法

控制菌检查法用于在规定的试验条件下,检查供试品中是否存在特定的微生物。

一、培养基适用性检查和控制菌检查法适用性试验

供试品控制菌检查中所使用的培养基应进行适用性检查。

供试品的控制菌检查法应进行方法适用性试验,以确认所采用的方法适用于该产品的控制菌检查。

若检验程序或产品发生变化可能影响检验结果时,控制菌检查法应重新进行方法适用性试验。

供试品的控制菌检查应按经方法适用性试验确认的方法进行。

二、菌种及菌液制备

1. 菌种 菌种试验用菌株的传代次数不得超过 5 代(从菌种保藏中心获得的干燥菌种为第 0 代),并采用适宜的菌种保藏技术进行保存,以保证试验菌株的生物学特性。非无菌产品微生物限度检查:控制菌检查法试验用菌种如表 6-6 所示。

表 6-6 控制菌检查法试验用菌种

试 验 菌 株	菌种拉丁名	菌 种 编 号
金黄色葡萄球菌	*Staphylococcus aureus*	CMCC(B)26 003
铜绿假单胞菌	*Pseudomonas aeruginosa*	CMCC(B)10 104
大肠埃希菌	*Escherichia coli*	CMCC(B)44 102

续表

试验菌株	菌种拉丁名	菌种编号
乙型副伤寒沙门菌	*Salmonella paratyphi* B	CMCC(B)50 094
白色念珠菌	*Candida albicans*	CMCC(F)98 001
生孢梭菌	*Clostridium sporogenes*	CMCC(B)64 941

2. 菌液制备 将金黄色葡萄球菌、铜绿假单胞菌、大肠埃希菌、沙门菌分别接种于胰酪大豆胨液体培养基中或胰酪大豆胨琼脂培养基上,30～35 ℃培养 18～24 h;将白色念珠菌接种于沙氏葡萄糖琼脂培养基上或沙氏葡萄糖液体培养基中,20～25 ℃培养 2～3 天;将生孢梭菌接种于梭菌增菌培养基中置厌氧条件下 30～35 ℃培养 24～48 h 或接种于硫乙醇酸盐流体培养基中 30～35 ℃培养 18～24 h。上述培养物用 pH 7.0 无菌氯化钠-蛋白胨缓冲液或 0.9% 无菌氯化钠溶液制成适宜浓度的菌悬液。

菌液制备后若在室温下放置,应在 2 h 内使用;若保存在 2～8 ℃,可在 24 h 内使用。生孢梭菌孢子悬液可替代新鲜的菌悬液,孢子悬液可保存在 2～8 ℃,在验证过的贮存期内使用。

三、阴性对照

为确认试验条件是否符合要求,应进行阴性对照试验,阴性对照试验应无菌生长。若阴性对照有菌生长,应进行偏差调查。

四、培养基适用性检查

控制菌检查用的商品化的预制培养基、由脱水培养基或按处方配制的培养基均应进行培养基的适用性检查。控制菌检查用培养基的适用性检查项目包括促生长能力、抑制能力及指示特性的检查。各培养基的检查项目及所用的菌株见表 6-7。

表 6-7 控制菌检查用培养基的促生长能力、抑制能力和指示特性

控制菌检查	培养基	特性	试验菌株
耐胆盐革兰阴性菌	肠道菌增菌液体培养基 紫红胆盐葡萄糖琼脂培养基	促生长能力 抑制能力 促生长能力+指示特性	大肠埃希菌、铜绿假单胞菌 金黄色葡萄球菌 大肠埃希菌、铜绿假单胞菌
大肠埃希菌	麦康凯液体培养基 麦康凯琼脂培养基	促生长能力 抑制能力 促生长能力+指示特性	大肠埃希菌 金黄色葡萄球菌 大肠埃希菌
沙门菌	RV 沙门菌增菌液体培养基 木糖赖氨酸脱氧胆酸盐琼脂培养基 三糖铁琼脂培养基	促生长能力 抑制能力 促生长能力+指示特性 指示能力	乙型副伤寒沙门菌 金黄色葡萄球菌 乙型副伤寒沙门菌 乙型副伤寒沙门菌

续表

控制菌检查	培养基	特性	试验菌株
铜绿假单胞菌	溴化十六烷基三甲铵琼脂培养基	促生长能力 抑制能力	铜绿假单胞菌 大肠埃希菌
金黄色葡萄球菌	甘露醇氯化钠琼脂培养基	促生长能力+指示特性 抑制能力	金黄色葡萄球菌 大肠埃希菌
梭菌	梭菌增菌培养基 哥伦比亚琼脂培养基	促生长能力 促生长能力	生孢梭菌 生孢梭菌
白色念珠菌	沙氏葡萄糖液体培养基 沙氏葡萄糖琼脂培养基 念珠菌显色培养基	促生长能力 促生长能力+指示特性 促生长能力+指示能力 抑制能力	白色念珠菌 白色念珠菌 白色念珠菌 大肠埃希菌

1. 液体培养基促生长能力检查 分别接种不大于 100 cfu 的试验菌(表 6-7)于被检培养基和对照培养基中,在相应控制菌检查规定的培养温度及不大于规定的最短培养时间下培养,与对照培养基管比较,被检培养基管试验菌应生长良好。

2. 固体培养基促生长能力检查 用涂布法分别接种不大于 100 cfu 的试验菌(表 6-7)于被检培养基和对照培养基平板上,在相应控制菌检查规定的培养温度及不大于规定的最短培养时间下培养,被检培养基与对照培养基上生长的菌落大小、形态特征应一致。

3. 培养基抑制能力检查 接种不少于 100 cfu 的试验菌(表 6-7)于被检培养基和对照培养基中,在相应控制菌检查规定的培养温度及不小于规定的最长培养时间下培养,试验菌应不得生长。

4. 培养基指示特性检查 用涂布法分别接种不大于 100 cfu 的试验菌(表 6-7)于被检培养基和对照培养基平板上,在相应控制菌检查规定的培养温度及不大于规定的最短培养时间下培养,被检培养基上试验菌生长的菌落大小、形态特征、指示剂反应情况等应与对照培养基一致。

五、控制菌检查方法适用性检查

1. 供试品溶液制备 按下列"六、供试品检查"中的规定制备供试品溶液。

2. 试验菌 根据各品种项下微生物限度标准中规定检查的控制菌选择相应试验菌株,确认耐胆盐革兰阴性菌检查方法时,采用大肠埃希菌和铜绿假单胞菌为试验菌。

3. 适用性试验 按控制菌检查法取规定量供试品溶液及不大于 100 cfu 的试验菌接入规定的培养基中;采用薄膜滤过法时,取规定量供试品溶液,滤过,冲洗,在最后一次冲洗液中加入试验菌,滤过后,注入规定的培养基或取出滤膜接入规定的培养基中。依相应的控制菌检查法,在规定的温度和最短时间下培养,应能检出所加试验菌相应的反应特征。

4. 结果判断 上述试验若检出试验菌,按此供试品溶液制备法和控制菌检查法进行供试品检查;若未检出试验菌,应消除供试品的抑菌活性,并重新进行方法适用性试验。

如果经过试验确证供试品对试验菌的抗菌作用无法消除,可认为受抑制的微生物不易存在于该供试品中,选择抑菌成分消除相对彻底的方法进行供试品的检查。

六、供试品检查

供试品的控制菌检查应按经方法适用性试验确认的方法进行。

阳性对照试验:方法同供试品试验,对照菌的加量应不大于 100 cfu,阳性对照试验应检出相应的控制菌。

阴性对照试验:以稀释剂代替供试品溶液照相应控制菌检查法检查,阴性对照试验应无菌生长。若阴性对照有菌生长,应进行偏差调查。

(一)耐胆盐革兰阴性菌(bile-tolerant gram-negative bacteria)

1. 供试品溶液制备和预培养 取供试品,用胰酪大豆胨液体培养基作为稀释剂照"非无菌产品微生物限度检查:微生物计数法(通则 1105)"制成 1∶10 供试品溶液,混匀,在 20～25 ℃培养,培养时间应使供试品中的细菌充分恢复但不增殖(约 2 h)。

2. 定性试验 除另有规定外,取相当于 1 g 或 1 ml 供试品的上述预培养物接种至适宜体积的肠道菌增菌液体培养基中,30～35 ℃培养 24～48 h 后,划线接种于紫红胆盐葡萄糖琼脂培养基平板上,30～35 ℃培养 18～24 h。若培养基平板上无菌落生长,判定供试品未检出耐胆盐革兰阴性菌。

3. 定量试验 选择和分离培养,取相当于 0.1 g、0.01 g 和 0.001 g(或 0.1 ml、0.01 ml 和 0.001 ml)供试品的预培养物或其稀释液分别接种至肠道菌增菌液体培养基中,30～35 ℃培养 24～48 h。上述每一培养物分别划线接种于紫红胆盐葡萄糖琼脂培养基平板上,30～35 ℃培养 18～24 h。

4. 结果判定 若紫红胆盐葡萄糖琼脂培养基平板上有菌落生长,则对应培养管为阳性,否则为阴性。根据各培养管检查结果,从表 6-8"耐胆盐革兰阴性菌的可能菌数(N)"中查 1 g 或 1 ml 供试品中含有耐胆盐革兰阴性菌的可能菌数。

表 6-8 耐胆盐革兰阴性菌的可能菌数(N)

各供试品量的检查结果			每 1 g(或 1 ml)供试品
0.1 g 或 0.1 ml	0.01 g 或 0.01 ml	0.001 g 或 0.001 ml	中可能的菌数/cfu
+	+	+	$N>10^3$
+	+	−	$10^2<N<10^3$
+	−	−	$10<N<10^2$
−	−	−	$N<10$

注:1."+"代表紫红胆盐葡萄糖琼脂培养基平板上有菌落生长;"−"代表紫红胆盐葡萄糖琼脂培养基平板上无菌落生长。

2. 若供试品量减少至原来的 10%(如 0.01 g 或 0.01 ml,0.001 g 或 0.001 ml,0.0001 g 或 0.0001 ml),则每 1 g(或 1 ml)供试品中可能的菌数(N)应相应增加 10 倍。

(二) 大肠埃希菌 (Escherichia coli)

1. 供试品溶液制备和增菌培养 取供试品,照"非无菌产品微生物限度检查:微生物计数法(通则1105)"制成1:10供试品溶液。取相当于含1 g或1 ml供试品的供试品溶液,接种至适宜体积(经方法适用性试验确定)的胰酪大豆胨液体培养基中,混匀,30~35 ℃培养18~24 h。

2. 选择和分离培养 取上述预培养物1 ml接种至100 ml麦康凯液体培养基中,42~44 ℃培养24~48 h。取麦康凯液体培养物划线接种于麦康凯琼脂培养基平板上,30~35 ℃培养18~72 h。

3. 结果判断 若麦康凯琼脂培养基平板上有菌落生长,应进行分离、纯化及适宜的鉴定试验,确证是否为大肠埃希菌;若麦康凯琼脂培养基平板上没有菌落生长,或虽有菌落生长但鉴定结果为阴性,判定供试品未检出大肠埃希菌。

(三) 沙门菌 (Salmonella)

1. 供试品溶液制备和增菌培养 取10 g或10 ml供试品直接或处理后接种至适宜体积(经方法适用性试验确定)的胰酪大豆胨液体培养基中,混匀,30~35 ℃培养18~24 h。

2. 选择和分离培养 取上述培养物0.1 ml接种至10 ml RV沙门菌增菌液体培养基中,30~35 ℃培养18~24 h。取少量RV沙门菌增菌液体培养物划线接种于木糖赖氨酸脱氧胆酸盐琼脂培养基平板上,30~35 ℃培养18~48 h。

沙门菌在木糖赖氨酸脱氧胆酸盐琼脂培养基平板上生长良好,菌落为淡红色或无色、透明或半透明、中心有或无黑色。用接种针挑选疑似菌落于三糖铁琼脂培养基高层斜面上进行斜面和高层穿刺接种,培养18~24 h,或采用其他适宜方法进一步鉴定。

3. 结果判定 若木糖赖氨酸脱氧胆酸盐琼脂培养基平板上有疑似菌落生长,且三糖铁琼脂培养基的斜面为红色、底层为黄色;或斜面黄色、底层黄色或黑色,应进一步进行适宜的鉴定试验,确证是否为沙门菌。如果平板上没有菌落生长,或虽有菌落生长但鉴定结果为阴性,或三糖铁琼脂培养基的斜面未见红色、底层未见黄色;或斜面黄色、底层未见黄色或黑色,判定供试品未检出沙门菌。

(四) 铜绿假单胞菌 (Pseudomonas aeruginosa)

1. 供试品溶液制备和增菌培养 取供试品,照"非无菌产品微生物限度检查:微生物计数法(通则1105)"制成1:10供试品溶液。取相当于含1 g或1 ml供试品的供试品溶液,接种至适宜体积(经方法适用性试验确定)的胰酪大豆胨液体培养基中,混匀,30~35 ℃培养18~24 h。

2. 选择和分离培养 取上述预培养物划线接种于溴化十六烷基三甲铵琼脂培养基平板上,30~35 ℃培养18~72 h。

取上述平板上生长的菌落进行氧化酶试验,或采用其他适宜方法进一步鉴定。

3. 氧化酶试验 将洁净滤纸片置于平皿内,用无菌玻棒取上述平板上生长的菌落涂于滤纸片上,滴加新配制的1%二盐酸N,N-二甲基对苯二胺试液,在30 s内若培养物呈粉红色并逐渐变为紫红色为氧化酶试验阳性,否则为阴性。

4. 结果判定 若溴化十六烷基三甲铵琼脂培养基平板上有菌落生长,且氧化酶试验阳性,应进一步进行适宜的鉴定试验,确证是否为铜绿假单胞菌。如果平板上没有菌落生长,或虽有菌落生长但鉴定结果为阴性,或氧化酶试验阴性,判定供试品未检出铜绿假单胞菌。

（五）金黄色葡萄球菌（*Staphylococcus aureus*）

1. 供试品溶液制备和增菌培养 取供试品,照"非无菌产品微生物限度检查:微生物计数法（通则1105）"制成1∶10供试品溶液。取相当于含1 g或1 ml供试品的供试品溶液,接种至适宜体积（经方法适用性试验确定）的胰酪大豆胨液体培养基中,混匀,30～35 ℃培养18～24 h。

2. 选择和分离培养 取上述预培养物划线接种于甘露醇氯化钠琼脂培养基平板上,30～35 ℃培养18～72 h。

3. 结果判定 若甘露醇氯化钠琼脂培养基平板上有黄色菌落或外周有黄色环的白色菌落生长,应进行分离、纯化及适宜的鉴定试验,确证是否为金黄色葡萄球菌;若平板上没有与上述形态特征相符或疑似的菌落生长,或虽有相符或疑似的菌落生长但鉴定结果为阴性,判定供试品未检出金黄色葡萄球菌。

（六）梭菌（*Clostridia*）

1. 供试品溶液制备和热处理 取供试品,照"非无菌产品微生物限度检查:微生物计数法（通则1105）"制成1∶10供试品溶液。取相当于含1 g或1 ml供试品的供试品溶液2份,其中1份置80 ℃保温10 min后迅速冷却。

2. 增菌、选择和分离培养 将上述2份供试品溶液分别接种至适宜体积（经方法适用性试验确定）的梭菌增菌培养基中,置厌氧条件下30～35 ℃培养48 h。取上述每一培养物少量,分别涂抹接种于哥伦比亚琼脂培养基平板上,置厌氧条件下30～35 ℃培养48～72 h。

3. 过氧化氢酶试验 取上述平板上生长的菌落,置洁净玻片上,滴加3%过氧化氢溶液,若菌落表面有气泡产生,为过氧化氢酶试验阳性,否则为阴性。

4. 结果判定 若哥伦比亚琼脂培养基平板上有厌氧杆菌生长（有或无芽孢）,且过氧化氢酶试验阴性,应进一步进行适宜的鉴定试验,确证是否为梭菌;如果哥伦比亚琼脂培养基平板上没有厌氧杆菌生长,或虽有相符或疑似的菌落生长但鉴定结果为阴性,或过氧化氢酶试验阳性,判定供试品未检出梭菌。

（七）白色念珠菌（*Candida albicans*）

1. 供试品溶液的制备和增菌培养 取供试品,照"非无菌产品微生物限度检查:微生物计数法（通则1105）"制成1∶10供试品溶液。取相当于含1 g或1 ml供试品的供试品溶液,接种至适宜体积（经方法适用性试验确定）的沙氏葡萄糖液体培养基中,混匀,30～35 ℃培养3～5天。

2. 选择和分离 取上述预培养物划线接种于沙氏葡萄糖琼脂培养基平板上,30～35 ℃培养24～48 h。

白色念珠菌在沙氏葡萄糖琼脂培养基平板上生长的菌落呈乳白色,偶见淡黄色,表面光滑,有浓醇母气味,培养时间稍久则菌落增大,颜色变深、质地变硬或有皱褶。

挑取疑似菌落接种至念珠菌显色培养基平板上,培养24～48 h(必要时延长至72 h),或采用其他适宜方法进一步鉴定。

3. 结果判定 若沙氏葡萄糖琼脂培养基平板上有疑似菌落生长,且疑似菌在念珠菌显色培养基平板上生长的菌落呈阳性反应,应进一步进行适宜的鉴定试验,确证是否为白色念珠菌;若沙氏葡萄糖琼脂培养基平板上没有菌落生长,或虽有菌落生长但鉴定结果为阴性,或疑似菌在念珠菌显色培养基平板上生长的菌落呈阴性反应,判定供试品未检出白色念珠菌。

七、稀释液

稀释液配制后,应采用验证合格的灭菌程序灭菌。

1. pH 7.0 无菌氯化钠-蛋白胨缓冲液 照无菌检查法(通则1101)制备。

2. pH 6.8 无菌磷酸盐缓冲液、pH 7.2 无菌磷酸盐缓冲液、pH 7.6 无菌磷酸盐缓冲液 照缓冲液(通则8004)配制后,滤过,分装,灭菌。

若需要,可在上述稀释液灭菌前或灭菌后加入表面活性剂或中和剂等。

3. 0.9%无菌氯化钠溶液 取氯化钠9.0 g,加水溶解使成1000 ml,滤过,分装,灭菌。

培养基及其制备方法

任务四 注意事项

(1)环境应保持清洁,进行无菌操作前需提前打开紫外灯进行灭菌。

(2)试验前,必须明确物品的无菌区和非无菌区。

(3)执行无菌操作前,先戴帽子、口罩,洗手,并将手擦干,注意空气和环境清洁。

(4)微生物限度检查中,注意针对不同的细菌选择对应的培养基,在进行微生物限度检查之前,不仅要做方法适用性试验,同时还需要做培养基适用性试验。

(5)供试品检出控制菌或其他致病菌时,按一次检出结果为准,不再复试。

知识累积

(1)非无菌产品微生物限度检查包括微生物计数检查(包括药品的需氧菌、霉菌和酵母菌计数检查)和控制菌(耐胆盐革兰阴性菌、大肠埃希菌、沙门菌、铜绿假单胞菌、金黄色葡萄球菌、梭菌、白色念珠菌)检查。

(2)课程思政要点:在药物检测过程中应严格遵守法律法规和操作规程,确保结果的合法性和有效性。

扫码看答案

目标检测

一、单项选择题

1. 以下不属于生物检查法的是(　　)。

A. 重金属检查 　　　　　　B. 细菌内毒素检查 　　　　　　C. 无菌检查
D. 热原检查 　　　　　　　E. 微生物限度检查

2. 药品监督管理部门对无菌产品进行质量监督，判断药品是否被微生物污染的指标是（　　）。
A. 微生物限度检查 　　　　B. 无菌检查 　　　　　　　　C. 细菌内毒素检查
D. 热原的检查 　　　　　　E. 纯度检查

3. 下列哪类药物不需要进行无菌检查？（　　）
A. 注射剂 　　　　　　　　B. 大面积烧伤创面外用制剂
C. 眼科外伤用药 　　　　　D. 口服药物 　　　　　　　　E. 植入剂

4. 热原检查使用的动物是（　　）。
A. 小鼠 　　B. 大鼠 　　C. 家兔 　　D. 豚鼠 　　E. 猫

5. 测试家兔体温前应至少（　　）应用同一饲料喂养。在此期间内，体重应不减轻，精神、食欲、排泄等不能有异常。
A. 2 天 　　B. 3 天 　　C. 5 天 　　D. 7 天 　　E. 15 天

6. 若 3 只家兔体温升温均低于 0.6 ℃，并且 3 只家兔升温总和不超过 1.3 ℃时，属于（　　）情况。
A. 应重新测量 　　　　　　B. 应复试一次 　　　　　　　C. 应复试两次
D. 符合规定 　　　　　　　E. 不符合规定

7. 细菌内毒素的量用细菌内毒素单位（　　）表示。
A. μg 　　B. mg 　　C. EU 　　D. ml 　　E. U

8. 无菌检查法中薄膜过滤法的滤膜孔径应不大于（　　）μm。
A. 0.15 　　B. 0.22 　　C. 0.8 　　D. 0.45 　　E. 0.5

9. 鲎试剂适用于（　　）检查。
A. 微生物限度 　　　　　　B. 细菌内毒素 　　　　　　　C. 无菌
D. 热原 　　　　　　　　　E. 过敏原

10. 《中国药典》(2020 年版)规定，霉菌总数测定的培养时间为（　　）。
A. 24 h 　　B. 2 天 　　C. 3 天 　　D. 5 天 　　E. 7 天

11. 《中国药典》(2020 年版)规定，需氧菌总数测定的培养时间为（　　）。
A. 24 h 　　B. 2 天 　　C. 3 天 　　D. 5 天 　　E. 7 天

12. 直接接种法进行供试品无菌检查时，应培养（　　）天。
A. 5 　　B. 7 　　C. 10 　　D. 14 　　E. 28

13. 微生物限度检查的细菌培养温度为（　　）。
A. 30～35 ℃ 　　　　　　　B. 20～25 ℃ 　　　　　　　　C. 25～35 ℃
D. 25～30 ℃ 　　　　　　　E. 30～40 ℃

二、多项选择题

1. 药品微生物检查的常规检验项目有（　　）。
A. 微生物限度检查 　　　　B. 细菌内毒素检查 　　　　　C. 无菌检查
D. 热原检查 　　　　　　　E. 崩解时限检查

2. 微生物检验记录应有（　　）。
A. 无菌室的温度、湿度,无菌室、工作台面的浮游菌、沉降菌数
B. 培养基、稀释液、试验用品的配制或灭菌批号
C. 阳性对照菌的编号、名称
D. 所用耗材的批号
E. 以上都不是

3. 下列属于消毒的是（　　）。
A. 75％酒精擦拭　　　　　　　B. 160 ℃保温 2 h
C. 3％～5％苯酚溶液浸泡　　　D. 2％甲酚皂溶液浸泡　　　E. 加热

4. 微生物限度检查法是检查非规定灭菌制剂及其原料、辅料受到微生物污染程度的方法,检查的项目有（　　）。
A. 需氧菌总数检查　　　B. 霉菌数检查　　　C. 酵母菌数检查
D. 控制菌检查　　　　　E. 厌氧菌总数检查

5. 药品生物检查技术所用的生物体包括（　　）。
A. 人　　B. 微生物　　C. 细胞　　D. 动物　　E. 离体组织

6. 细菌内毒素检查包括两种方法,即（　　）。
A. 凝胶法　　　　　　　B. 光度测定法
C. 浊度法　　　　　　　D. 显色基质　　　　　E. 菌落计数法

7. 热原是微生物的代谢产物,即能引起恒温动物和人体体温异常升高的致热物质。它包括（　　）。
A. 细菌性热原　　　　　B. 内源性高分子热原
C. 内源性低分子热原　　D. 化学热原
E. 外源性高分子热原

8. 家兔热原试验中,有下列（　　）情况之一者,需要复试一次。
A. 3 只家兔中 1 只体温升高 0.6 ℃或 0.6 ℃以上
B. 3 只家兔中 2 只体温升高 0.6 ℃或 0.6 ℃以上
C. 3 只家兔中 3 只体温升高 0.6 ℃或 0.6 ℃以上
D. 3 只家兔升温均低于 0.6 ℃,但升温总和超过 1.3 ℃
E. 3 只家兔升温均高于 0.6 ℃,但升温总和不超过 2.3 ℃

三、简答题

1. 简述家兔热原检查法与细菌内毒素检查法的异同点。
2. 什么是微生物限度检查？微生物限度检查的内容有哪些？
3. 什么是无菌检查？无菌检查适用于哪些药物？

模块七 药物的含量测定技术

项目一 含量测定方法的认知与验证
项目二 容量分析法
项目三 光谱法
项目四 色谱法

学习目标

扫码看 ppt

素质目标：
1. 树立新时代青年的药物检测者的担当与使命；
2. 树立严肃的药品质量控制观念，药品质量控制的任一环节都必须严格按照标准操作规程进行；作为医药工作者，必须严格依法生产、检验；
3. 树立环保意识和可持续发展观念。

知识目标：
1. 掌握药品标准分析方法验证、容量分析法、紫外-可见分光光度法、高效液相色谱法等测定方法；
2. 掌握不同测定方法的原理；
3. 熟悉气相色谱法测定药物含量的方法。

能力目标：
1. 能够根据药物的性质选择适宜的测定方法；
2. 能独立用容量分析法、紫外-可见分光光度法、高效液相色谱法测定药物的含量；
3. 具备准确记录、处理和分析试验数据的能力，能够正确解读试验结果并得出检测结论。

案例导入

2020年12月，贵州省药品监督管理局药品质量公告（药品抽检信息通告）(2020年第4期)(总第42期)，依据《中华人民共和国药品管理法》《药品质量抽查检验管理办法》和贵州省药品监督抽验计划，贵州省药品监督管理局组织对全省范围内的药品生产、经营企业和使用单位进行了药品质量抽查检验，经核查确认，标示3家生产企业共计4个品种4个批次药品经检验不符合规定，其中江西和硕药业有限公司生产的盐补骨脂(生产批号为190401)含量测定不符合规定。贵州省药品监督管理局要求各级药品监管部门依据相关法律法规对辖区内抽验不合格的药品进行立案查处，并加强对相关单位的监管，督促其改正违法行为，加强风险防控。

讨论：药物的含量是指什么？它与药物疗效有何关系？

项目一　含量测定方法的认知与验证

任务一　含量测定方法的认知

药物的含量是指药物中所含主成分的量,是评价药物质量的重要指标。药物含量测定是在鉴别、检查符合规定的基础上进行的,是药物质量标准中的重要项目之一,我们要学会用基本的知识和基本的操作,根据质量标准完成药物的含量测定任务,保证药物安全有效。

药物含量测定通常用化学、物理或者生物学及微生物学的方法进行,它是评价药物质量的主要手段,也是药物质量标准的重要内容。本项目主要探讨基于化学仪器方法的"含量测定"。近年来发展起来的现代分析检测技术,如毛细管电泳法、气相色谱-质谱联用技术和液相色谱-质谱联用技术等在药物检测中的应用也越来越广泛。

一、含量的表达方式

1. 原料药　用百分含量(含量(%))表示,除另有注明者外,均按重量计,即有效成分的实测量占总量(取样量)的百分比,可表示为下式:

$$含量(\%) = \frac{实测量}{取样量} \times 100\%$$

2. 药物制剂　用标示量百分含量(标示量(%))表示。标示量是指每支(片)或其他每单位制剂中含有主药的量,如布洛芬片规格为 0.1 g,表示每片布洛芬片含主药布洛芬 0.1 g,标示量即为 0.1 g。标示量百分含量即单位制剂中药物实际含量(实测值)与标示量的比值,可表示为下式:

$$标示量(\%) = \frac{每支(片)实测量}{标示量} \times 100\%$$

二、含量限度范围

《中国药典》(2020 年版)对原料药及制剂都规定了含量限度范围。原料药是较纯的物质,其含量限度的要求比较严格,如《中国药典》(2020 年版)规定布洛芬的含量不得少于 98.5%。而对于制剂而言,其含量限度范围是根据主药含量、测定方法误差、生产过程不可避免的偏差和贮存期间可能产生降解的可接受程度而制定的。因为在生产中要控制每个制剂中的主要成分含量绝对准确是不可能的,一般允许有 5%~10% 的误差;从给药方面来说,5%~10% 的误差对药效的影响不大,因此制剂的含量限度较为宽松。如《中国药典》(2020 年版)规定布洛芬片应为标示量的 95.0%~105.0%,布洛芬胶囊应为标示量的 93.0%~107.0%。

原料药的含量若规定上限为100%以上,是指用质量标准规定的分析方法测定时可能达到的数值,为标准规定的限度或允许偏差,并非真实含有量;若未规定上限,是指不超过101.0%。如《中国药典》(2020年版)规定布洛芬的含量不得少于98.5%,是指布洛芬的含量为98.5%~101.0%。

三、含量测定要求

1. 测定结果的要求和相对平均偏差要求 在含量测定中,一般应该取未经干燥的供试品至少2份进行平行试验,按平均值报告试验结果,除测得的含量在规定范围内,其相对平均偏差也应符合要求。容量分析法测定2份原料药相对平均偏差≤0.5%,测定2份制剂相对平均偏差≤1.0%;紫外-可见分光光度法测定2份原料药相对平均偏差≤0.5%,测定2份制剂相对平均偏差≤1.0%;高效液相色谱法测定2份样品的相对平均偏差≤3.0%。

2. 供试品的取样量 供试品取样应符合要求。一般为取供试品若干克(或毫克),精密称定。"精密称定"是指称取重量应准确至所取重量的千分之一;取用量为若干时,是指取用量不得超出规定量的-10%~10%。因此,在供试品称样时,应选择合适精度的天平,并保证取样量在规定范围内,制剂的取样量按下式计算:

$$制剂的取样量 = 规定取样量 \times \frac{平均片重(粒重、装量等)}{单位制剂标示量} \times (1 \pm 10\%)$$

课堂活动

呋塞米片(20 mg)含量测定:取本品20片,精密称定总重为1.8274 g,研细,精密称取适量(约相当于呋塞米 20 mg),求精密称取粉末的质量范围。

解析:规定取样量=20 mg,平均片重=$\frac{1.8274}{20}$=0.0912 g,单位制剂标示量=20 mg

$$制剂的取样量 = 20 \times \frac{0.0912}{20} \times (1 \pm 10\%) = 0.0821 \sim 0.100(g)$$

四、含量测定常用技术

可供药物含量测定的分析方法主要包括容量分析法、光谱分析法和色谱分析法。其中,容量分析法操作简便、结果准确、方法耐用性高,但方法缺乏专属性,主要适用于对结果准确度与精密度要求较高的样品测定;光谱分析法简便、快速,灵敏度高并具有一定的准确度,但方法专属性稍差,主要适用于对灵敏度要求较高、样本量较大的分析项目;色谱分析法则具有高灵敏度与高专属性,并具有一定的准确度,但其结果计算需要对照品,主要适用于对方法的专属性与灵敏度要求较高的复杂样品的含量测定。

药物含量测定所采用的分析方法一般要求操作简便、结果准确、重现性好。但对于不同形式的药物,其含量测定方法的选择依据有所侧重。对于化学原料药的含量测定,因为纯度较高、所含杂质较少,故强调测定结果准确和重现性好,通常要求方法具有更高的准确度和精密度,首选容量分析法;对于药物制剂的含量测定,则因为制剂组分复杂、干扰物质多,且含量限度一般较宽,故更加强调方法的灵敏度和专属性或选择性,多采用具有分离能力的色谱分析法,在辅料不干扰测定时也可选用光谱分析法;而对于药物制剂的定量检查,如溶出度、含量均匀度检查中药物的溶出量或含量的测定,因为分析样本量较大,且限度较宽,在辅料不干扰测定时宜选用光谱分析法。

无论采用何种方法对药物进行鉴别、检查和含量测定,为确保其分析结果的可靠性,要求分析方法应准确、稳定、耐用。所以,需要对所建立的分析方法进行方法学验证。

任务二 药品质量标准分析方法验证

分析方法验证(analytical method validation)的目的是证明建立的方法适用于相应检测要求。在建立药品质量标准、变更药品生产工艺或制剂组分、修订原分析方法时,需对分析方法进行验证。验证的指标有专属性、准确度、精密度(包括重复性、中间精密度和重现性)、检测限、定量限、线性、范围和耐用性。

一、专属性

专属性是指在其他成分(如杂质、降解产物、辅料等)可能存在的情况下,采用的方法能正确测定出被测物的特征。鉴别反应、杂质检查和含量测定的方法,均应考察其专属性。如方法不够专属,应采用多个不同原理的方法予以补充。

1. 鉴别反应 应能与可能共存的物质或与结构相似化合物区分,不含被测成分的供试品,以及结构相似或组分中的有关化合物,均应呈负反应。

2. 含量测定和杂质测定 色谱法和其他分离方法,应附代表性图谱,以说明方法的专属性,并应标明诸成分在图中的位置,色谱法中的分离度应符合要求。

在杂质对照品可获得的情况下,对于含量测定,样品中可加入杂质或辅料,考察测定结果是否受干扰,并可与未加杂质和辅料的样品比较测定结果;对于杂质检查,也可向样品中加入一定量的杂质,考察杂质之间能否得到分离。

在杂质或降解产物不能获得的情况下,可将含有杂质或降解产物的样品进行测定,与另一种经验证了的方法或药典方法比较结果;也可用强光照射、高温、高湿、酸(碱)水解或氧化的方法进行加速破坏,以研究可能的降解产物和降解途径对含量测定和杂质测定的影响。含量测定方法应比对两种方法的结果,杂质检查应比对检出的杂质个数,必要时可采用光二极管阵列检测和质谱检测,进行峰纯度检查。

二、准确度

准确度是指用该方法测定的结果与真实值或参考值接近的程度,一般用回收率(%)表示。准确度应在规定的范围内试验。

$$回收率(\%) = \frac{实测值 - 供试品中所含被测成分的量}{对照品加入量} \times 100\%$$

1. 化学药含量测定方法的准确度 原料药可用已知纯度的对照品或供试品进行测定,或用本法所得结果与已建立准确的另一方法测定结果进行比较。制剂可在处方量空白辅料中,加入已知量被测物对照品进行测定。如不能得到制剂辅料的全部组分,可向待测制剂中加入已知量的被测物进行测定,或用所建立方法的测定结果与另一个已建立准确度的方法比较结果。

如该法已建立了精密度、线性和专属性,准确度有时也能推算出来,不必再做。

2. 化学药杂质定量测定的准确度 可向原料药或制剂处方量空白辅料中加入已知量杂质对照品进行测定。如果不能得到杂质或降解产物对照品,可用本法测定结果与另一成熟的方法进行比较,如药典标准方法或经过验证的方法。如不能测得杂质或降解产物的校正因子或不能测得对主成分自身对照法校正因子时,则可用不加校正因子的主成分自身对照法计算杂质含量。应明确证明单个杂质和杂质总量相当于主成分的重量比(%)或面积比(%)。

3. 中药化学成分测定方法的准确度 可用已知纯度的对照品进行加样回收率测定,即向已知被测成分含量的供试品中再精密加入一定量的已知纯度的被测成分对照品,依法测定。

对照品的加入量与供试品中被测成分含量之和须在标准曲线线性范围内。加入的对照品的量要适当,过小会引起较大的相对误差;过大则干扰成分相对减少,真实性差。

4. 校正因子的准确度 在色谱中,绝对(或定量)校正因子是指单位面积的色谱峰代表的待测物质的量。待测物质与所选定的参比物质的绝对校正因子之比为相对校正因子。相对校正因子计算法常用于化学药有关物质的测定、中药材及其复方制剂中多指标成分的测定。

相对校正因子可用替代物(对照品)和被替代物(待测物)标准曲线斜率比值进行比较获得。

5. 测定结果 在规定范围内,取同一浓度(相当于100%浓度水平)的供试品,用至少6份供试品的测定结果进行评价;或设计至少3种不同浓度,每种浓度分别制备至少3份供试品溶液进行测定,用至少9份供试品的测定结果进行评价,且浓度的设定应考虑供试品的浓度范围。比如一般要求配制浓度为80%、100%和120%的供试品溶液各3份,分别测定其含量,将实测值与理论值比较,计算回收率。应报告已知加入量的回收率(%),或测定结果的平均值与真实值之差及其相对标准偏差或可信限。

三、精密度

精密度是指在规定的测试条件下,同一份均匀供试品,经多次取样测定所得结果之间的接近程度。精密度一般用标准偏差(standard deviation,S 或 SD)或相对标准偏差(relative standard deviation,RSD)表示,其计算式如下。

$$标准偏差\ SD = \sqrt{\frac{\sum(X_i - \overline{X})^2}{n-1}}$$

$$相对标准偏差\ RSD(\%) = \frac{SD}{\overline{X}} \times 100\%$$

精密度是考察分析方法在不同时间、由不同人员操作,或在不同的实验室所获得的结果重复性或重现性。涉及定量测定的项目,如含量测定和杂质定量测定均应验证方法的精密度。精密度验证中所测数据均应报告标准偏差、相对标准偏差和可信限。精密度验证内容包括重复性、中间精密度和重现性。

1. 重复性 在较短的时间间隔内,在相同的操作条件下,由同一分析人员连续测定所得结果的精密度称为重复性,也称批内精密度或日内精密度。

在规定范围内,取同一浓度(分析方法拟定的样品测定浓度,相当于100%浓度水平)的供试品,用至少6份的测定结果进行评价;或设计至少3种不同浓度,每种浓度分别制备至少3份供试品溶液进行测定,用至少9份供试品的测定结果进行评价。采用至少9份测定结果进行评价时,浓度的设定应考虑供试品的浓度范围。

2. 中间精密度 在同一个实验室,由于实验室内部条件的改变,如不同时间、不同分析人员、不同设备测定所得结果之间的精密度,称为中间精密度。其中,由不同分析人员用同一设备测定所得结果的中间精密度通常称为批间精密度或日间精密度。

为考察随机变动因素对精密度的影响,应设计方案进行中间精密度试验。变动因素为不同日期、不同分析人员、不同设备。

3. 重现性 在不同实验室由不同分析人员测定结果之间的精密度,称为重现性。法定标准采用的分析方法应进行重现性试验。如建立药典分析方法时通过协同检验得出重现性结果,协同检验的目的、过程和重现性结果均应记载在起草说明中。应注意重现性试验所用供试品本身的质量均匀性和贮存运输中的环境因素,以免影响重现性结果。

四、检测限

检测限(limit of detection, LOD)是指样品中被测物能检测出的最低量。LOD是一种限度检验效能指标,它反映方法是否具备足够的灵敏度。它无须准确定量,只要指出高于或低于该规定的浓度或量即可。药品的鉴别试验和杂质检查方法均应通过测试确定方法的检测限。

1. 常用的方法

(1) 直观法:用已知浓度的被测物,通过直观法试验出能被可靠地检测出的最低浓度或量。本法适用于可用直观法直接评价结果的分析方法,通常为非仪器分析法,如鉴别试验的显色法、杂质检查的薄层色谱法(TLC)等。

(2) 信噪比法:用已知低浓度样品测出信号与空白样品测出的信号(基线噪声)进行比较,计算出能被可靠地检测出的被测物质的最低浓度或量。一般以信噪比3:1时的相应浓度或注入仪器的量确定检测限。本法适用于能直观显示信号与基线噪声水平(强度)的仪器分析方法。

(3) 基于响应值标准偏差和标准曲线斜率法。

按照 $LOD = 3.3\delta/S$ 公式计算。式中,LOQ为检测限;δ为响应值的偏差;S为标准曲线的斜率。

δ值的测定:①测定空白值的标准偏差;②采用标准曲线的剩余标准偏差或截距的标准偏差。

2. 数据要求 无论用何种方法,均应用一定数量(如6份)的样品,其浓度接近或等于检测限目标值,进行分析,以可靠地测定检测限。检测限的数据应附测试图谱,说明测试过程和检测限结果。

五、定量限

定量限(limit of quantitation,LOQ)是指样品中被测物质能被定量测定的最低量,其测定结果应符合准确度和精确度的要求。LOQ体现分析方法是否具备灵敏的定量检测能力。杂质和降解产物用定量测定方法研究时,应测定方法的LOQ。

1. 常用的方法

(1) 直观法:用已知浓度的被测物,试验出能被可靠地定量测定的最低浓度或量。

(2) 信噪比法:用于能显示基线噪声的分析方法,即将已知低浓度样品测出的信号与空白样品测出的信号进行比较,计算出能被可靠地定量的被测物质的最低浓度或量。一般以信噪比为(S/N)10∶1时相应浓度或注入仪器的量确定定量限。

(3) 基于响应值标准偏差和标准曲线斜率法:按照 $LOQ=10\delta/S$ 公式计算。式中,LOQ 为定量限;δ 为响应值的偏差;S 为标准曲线的斜率。

δ 可以通过下列方法测得:①测定空白值的标准偏差;②采用标准曲线的剩余标准偏差或截距的标准偏差。

2. 数据要求 上述计算方法获得的定量限数据须用含量相近的样品进行验证。应附测试图谱,说明测试过程和定量限结果,包括准确度和精密度验证数据。

六、线性

线性是指在设计的范围内,线性测试结果(响应值)与样品中被测物浓度直接呈线性关系的能力。线性是定量测定的基础,涉及定量测定的项目,如含量测定和杂质定量检查均需验证线性。

应在规定的范围内测定线性关系。可用同一对照品贮备液经精密稀释,或分别精密称取对照品,制备一系列(至少5份)对照品溶液的方法进行测定。以测得的响应信号作为被测物浓度的函数作图,观察是否呈线性,再用最小二乘法进行线性回归。必要时,响应信号可经数学转换,再进行线性回归计算,或者可采用描述浓度-响应关系的非线性模型。

数据要求:应列出回归方程、相关系数、残差平方和、线性图(或其他数学模型)。

七、范围

范围是指分析方法能达到一定精密度、准确度和线性要求时的高低限浓度或量的区间。范围是规定值,应在试验研究开始前确定验证的范围和试验方法。可以采用符合要求的原料药配制成不同的浓度,按照相应的测定方法进行试验。

涉及定量测定的检测项目均需要对范围进行验证,如含量测定、含量均匀度检查、溶出度检查或释放度检查,以及特殊元素或特殊杂质的定量检查等。

范围应根据分析方法的具体应用和线性、准确度、精密度结果和要求确定。

(1) 原料药和制剂含量测定,范围一般为测试浓度的80%~120%。

(2) 制剂含量均匀度检查,范围一般为测试浓度的 70%～130%,根据剂型特点,特殊剂型如气雾剂和喷雾剂,范围可适当放宽。

(3) 溶出度或释放度中的溶出量测定,范围一般为限度值的±30%,如规定了限度范围,则应为下限的-30%至上限的+30%。

(4) 杂质测定,范围应根据初步实际测定数据,拟定为规定限度值的±20%。如果一个试验同时进行纯度检查和含量测定,且仅使用100%的对照品,线性范围应覆盖杂质的报告水平至规定含量的120%。

在中药分析中,范围应根据分析方法的具体应用和线性、准确度、精密度结果及要求确定。对于有毒的、具特殊功效或药理作用的成分,其验证范围应大于被限定含量的区间。溶出度或释放度中的溶出量测定,范围一般为限度值的±30%。

八、耐用性

耐用性是指在测定条件有较小变动时,测定结果不受影响的承受程度。耐用性表明测定结果的偏差在可接受范围内,是测定条件的最大允许变动范围。为使分析方法可为常规检验提供依据,开始研究分析方法时,就应考虑其耐用性。如果测试条件要求苛刻,则应在方法中写明,并注明可以接受变动的范围,可以先采用均匀设计确定主要影响因素,再通过单因素分析等确定变动范围。

典型的变动因素有被测溶液的稳定性、样品的提取次数、时间等。液相色谱法中的典型变动因素有流动相的组成比例和 pH、不同品牌或不同批号的同类型色谱柱、柱温、流速等。气相色谱法变动因素有不同品牌或批号的色谱柱、不同类型的担体、载气流速、柱温、进样口和检测器温度等。

经试验,测定条件的较小变动应能满足系统适用性试验要求,以确保方法的可靠性。

> **课堂活动**
> 分析方法验证的内容有哪些?

知识累积

(1) 药物的含量是指药物中所含主成分的量。原料药的含量用百分含量(含量(%))表示;药物制剂用标示量百分含量(标示量(%))表示。

(2) 药物质量标准分析方法的验证的目的是证明采用的方法适用于相应检测要求。

(3) 药物质量标准验证指标有专属性、准确度、精密度(包括重复性、中间精密度和重现性)、检测限、定量限、线性、范围和耐用性。

(4) 课程思政要点:比较药物含量测定方法的变化,讨论科技进步对药物质量控制的影响,树立新时代青年的药物检测者的担当与使命。

项目二 容量分析法

容量分析法(也称滴定分析法),是将已知浓度的滴定液(标准物质溶液)由滴定管滴加到被测药物的溶液中,直至滴定液与被测药物反应完全(通过适当方法指示),然后根据滴定液的浓度和被消耗的体积,按化学计量关系计算出被测药物的含量。在进行容量分析时,当反应达到化学计量点时应停止滴定,并准确获取滴定液被消耗的体积。但在滴定过程中反应体系常常无外观现象的变化,必须借助适当的方法指示化学计量点的到达。其中,最常用的方法是借助指示剂的颜色或电子设备的电流或电压变化来判断化学计量点,即在滴定过程中,当反应体系中的指示剂(如甲基红或酚酞)的颜色或与反应体系相连的检测设备输出的电信号(如电流计的毫安数或电位计的毫伏数)发生突变时终止滴定。指示剂的颜色或检测设备的电信号的突变点通常被称为滴定终点。但滴定终点与滴定反应的化学计量点不一定恰好符合,二者之差被称为滴定误差。滴定误差是容量分析法中系统误差的重要来源之一,为了减少滴定误差,就需要选择合适的指示剂或指示方法(如在非水溶液滴定中常用电位滴定法),使滴定终点尽可能地接近滴定反应的化学计量点。

用容量分析法测定药物的含量时,滴定方法主要有氧化还原滴定法、酸碱滴定法、配位滴定法、非水滴定法等;滴定方式有三种,即直接滴定法、间接滴定法和置换滴定法,其中直接滴定法和间接滴定法较常用。

【知识链接】
标准溶液

任务一 容量分析法的认知与训练

一、滴定度

滴定度是指每 1 ml 规定浓度的滴定液相当于被测药物的质量(mg),用"T"表示,单位是 mg/ml。它是根据滴定液中的溶质与被测物质之间的化学计量关系求得的。药典中一般直接给出滴定度,在含量测定项下以"每 1 ml 某滴定液(X mol/L)相当于 Y mg 的被测药物"表示,"Y"即为滴定度。如:酸碱滴定法测定阿司匹林的含量:每 1 ml 的氢氧化钠滴定液(0.1 mol/L)相当于 18.02 mg 的 $C_9H_8O_4$,即滴定度为 18.02 mg/ml。

二、校正因子

滴定液的实际配制浓度与规定浓度的比值称为校正因子,常用"F"表示。药典中给出的滴定度都是滴定液的规定浓度,在实际工作中,所配制的滴定液的浓度不一定恰好与滴定液的规定浓度一致,而且也没有必要。此时就需要将药典给出的滴定度乘以滴定液的校正因子,换算成实际的滴定度 T'。

$$F = \frac{滴定液的实际浓度}{滴定液的规定浓度} = \frac{c_{实际}}{c_{规定}}$$

$$T' = T \times F$$

三、含量计算

含量测定的结果是判断药品优劣的重要依据,计算方法因分析测定方法不同而异,容量分析法常用直接滴定法和剩余滴定法,计算方法如下。

（一）直接滴定法测定药物的含量

1. 原料药　原料药的百分含量计算公式如下：

$$含量(\%) = \frac{实测量}{供试品取样量} \times 100\%$$

（1）不需要做空白试验时：

$$含量(\%) = \frac{V \times T'}{W} \times 100\% = \frac{V \times T \times F}{W} \times 100\%$$

（2）需要做空白试验时：

$$含量(\%) = \frac{(V - V_0) \times T \times F}{W} \times 100\%$$

式中：V 为供试品消耗滴定液的体积(ml)；V_0 为空白试验消耗滴定液的体积(ml)；T 为滴定度(mg/ml)；F 为校正因子；T' 为校正滴定度(mg/ml)；W 为供试品取样量。

学习实例

二氟尼柳的含量测定

测定法：精密称定本品 0.4521 g，加甲醇 80 ml 溶解后，加水 10 ml 与酚红指示液 8~10 滴，用氢氧化钠滴定液(0.1 mol/L)滴定,消耗 18.02 ml，并将滴定的结果用空白试验校正，消耗滴定液 0.15 ml。每 1 ml 的氢氧化钠滴定液(0.1 mol/L)相当于 25.02 mg 的 $C_{13}H_8F_2O_3$。

测定数据：$V = 18.02$ ml；$V_0 = 0.15$ ml；$T = 25.02$ mg/ml；$F = c_{实际}/c_{规定} = 0.1/0.1 = 1$；$W = 0.4521$ g。

$$含量(\%) = \frac{(V - V_0) \times T \times F}{W} \times 100\%$$

$$= \frac{(18.02 - 0.15) \times 25.02 \times 10^{-3} \times 1}{0.4521} \times 100\%$$

$$= 98.9\%$$

结论：符合规定[规定：本品按干燥品计算，含 $C_{13}H_8F_2O_3$ 不得少于 98.5%]。

2. 制剂　制剂的含量用标示量百分含量表示。标示量即规格，是指该剂型单位制剂中规定的主药含量，如阿司匹林片的规格是 0.1 g，是指一片阿司匹林片含阿司匹林 0.1 g，标示量是 0.1 g。本书重点讨论片剂和注射剂的含量测定，其他剂型可参照这两种剂型进行计算。

$$标示量(\%) = \frac{每片(每支)实测量}{标示量} \times 100\%$$

(1) 片剂：片剂由于存在重量差异，一般是取样 10 片或 20 片，精密称定总重，研细，再取适量(W)进行测定，研细后片粉中药物的含量为 $\frac{实测量}{W}$，即 $\frac{每片实际含量}{平均片重} = \frac{实测量}{W}$，片剂的标示量百分含量表示如下：

$$标示量(\%) = \frac{\frac{实测量}{W} \times 平均片重}{标示量} \times 100\% = \frac{V \times T \times F \times \overline{W}}{W \times B} \times 100\%$$

需要做空白试验时，片剂的标示量百分含量表示如下：

$$标示量(\%) = \frac{(V - V_0) \times T \times F \times \overline{W}}{W \times B} \times 100\%$$

式中：V 为供试品消耗滴定液的体积(ml)；V_0 为空白试验消耗滴定液的体积(ml)；T 为滴定度(mg/ml)；F 为校正因子；$\overline{W}$ 为平均片重(g)；W 为供试品取样量(g)；B 为每片的标示量。

学习实例

磷酸丙吡胺片的含量测定

测定法：取本品 10 片（每片标示量为 0.1 g）。精密称定，得 10 片总重为 2.8460 g。研细，精密称取适量（约相当于磷酸丙吡胺 0.25 g）。置 25 ml 量瓶中，加冰醋酸适量，充分振摇，使磷酸丙吡胺溶解，用冰醋酸稀释至刻度，摇匀，滤过，精密量取续滤液 10 ml，加结晶紫指示液 1 滴，用高氯酸滴定液（0.1082 mol/L）滴定至溶液显绿色，消耗滴定液 4.53 ml；并将滴定的结果用空白试验校正，V_0 为 0.02 ml，每 1 ml 高氯酸滴定液（0.1 mol/L）相当于 21.87 mg 的磷酸丙吡胺。试计算：

(1) 供试品的称样量范围为多少？

(2) 当 $W = 0.7622$ g 时，磷酸丙吡胺片中磷酸丙吡胺的标示量百分含量为多少？

测定数据：$V = 4.53$ ml；$V_0 = 0.02$ ml；$T = 21.87$ mg/ml；$F = c_{实际}/c_{规定} = 0.1082/0.1 = 1.082$；$\overline{W} = 2.8460/10 = 0.2846$ g；$W = 0.7622$ g；$B = 0.1$ g。

$$制剂的取样量 = 规定取样量 \times \frac{平均片重(粒重、装量等)}{单位制剂标示量} \times (1 \pm 10\%)$$

$$称样量范围 = 0.25 \times \frac{0.2846}{0.1} \times (1 \pm 10\%) = 0.6404 \sim 0.7826 \text{ g}$$

$$标示量(\%) = \frac{(V-V_0) \times T \times F \times \overline{W}}{W \times B} \times 100\%$$

$$= \frac{(4.53-0.02) \times 21.87 \times 10^{-3} \times 1.082 \times 0.2846}{0.7622 \times \frac{10}{25} \times 0.1} \times 100\%$$

$$= 99.6\%$$

结论：(1) 供试品的称样量范围为 0.6404～0.7826 g。

(2) 磷酸丙吡胺片中磷酸丙吡胺的标示量百分含量为 99.6%。

(2) 注射剂：注射剂的标示量百分含量表示如下：

$$标示量(\%) = \frac{每毫升实际含量}{每毫升标示量} \times 100\%$$

$$标示量(\%) = \frac{\frac{V \times T \times F}{V_s}}{B} \times 100\% = \frac{V \times T \times F}{V_s \times B} \times 100\%$$

需要做空白试验时，注射剂标示量百分含量表示如下：

$$标示量(\%) = \frac{(V-V_0) \times T \times F}{V_s \times B} \times 100\%$$

式中：V 为供试品消耗滴定液的体积(ml)；V_0 为空白试验消耗滴定液的体积(ml)；T 为滴定度(mg/ml)；F 为校正因子；V_s 为供试品取样量(ml)，B 为注射剂的标示量(mg/ml 或 g/ml)。

学习实例

盐酸普鲁卡因胺注射液的含量测定

测定法：精密量取 10% 的盐酸普鲁卡因胺注射液 5 ml，加水 40 ml 与盐酸(1→2) 10 ml，迅速煮沸，立即冷却至室温，照永停滴定法，用亚硝酸钠滴定液(0.1 mol/L)滴定，消耗 19.10 ml。每 1 ml 亚硝酸钠滴定液(0.1 mol/L)相当于 27.18 mg 的 $C_{13}H_{21}N_3O \cdot HCl$，盐酸普鲁卡因胺注射液标示量百分含量为多少？

测定数据：$V=19.10$ ml；$T=27.18$ mg/ml；$F=c_{实际}/c_{规定}=0.1/0.1=1$；$V_s=5$ ml，$B=0.1$ g/ml

$$标示量(\%) = \frac{V \times T \times F}{V_s \times B} \times 100\%$$

$$= \frac{19.10 \times 27.18 \times 10^{-3} \times 1}{5 \times 0.1} \times 100\% = 103.8\%$$

结论：符合规定[规定：本品含盐酸普鲁卡因胺($C_{13}H_{21}N_3O \cdot HCl$)应为标示量的 95.0%～105.0%]。

(二)剩余滴定法测定药物含量

剩余滴定法是先在待测样品溶液中加入定量、过量的滴定液 A,使它与样品反应,待反应结束后,再用另一种滴定液 B 来回滴剩余的滴定液 A。

$$药物＋A(定量、过量)\rightarrow 剩余的\ A+B\rightarrow(回滴)V$$

空白试验中,消耗滴定液 B 的体积为 V_0。

1. 原料药　原料药的百分含量计算公式如下:

$$含量(\%)=\frac{(V_0-V)\times T\times F}{W}\times 100\%$$

式中:V 为供试品消耗滴定液的体积(ml);V_0 为空白试验消耗滴定液的体积(ml);T 为滴定度(mg/ml);F 为校正因子;W 为供试品取样量。

学习实例

司可巴比妥钠的含量测定

测定法:精密称取司可巴比妥钠 0.1053 g,置 250 ml 碘量瓶中,加水 10 ml,振摇使溶解,精密加溴滴定液(0.1 mol/L)25 ml,再加盐酸 5 ml,立即密塞并振摇 1 min,在暗处静置 15 min,注意微开瓶塞,加碘化钾试液 10 ml,摇匀后,用硫代硫酸钠滴定液(0.1003 mol/L)滴定,消耗 17.10 ml,同时用空白试验校正,消耗硫代硫酸钠滴定液 25.12 ml。每 1 ml 硫代硫酸钠滴定液(0.1 mol/L)相当于 13.01 mg 的司可巴比妥钠。现行版《中国药典》(2020 年版)规定本品含司可巴比妥钠不得少于 98.5%。试计算本品的百分含量,并判断是否符合规定。

测定数据:$V=17.10$ ml;$V_0=25.12$ ml;$T=13.01$ mg/ml;$F=c_{实际}/c_{规定}=0.1003/0.1=1.003$;$W=0.1053$ g。

$$含量(\%)=\frac{(V_0-V)\times T\times F}{W}\times 100\%$$

$$=\frac{(25.12-17.10)\times 13.01\times 10^{-3}\times 1.003}{0.1053}\times 100\%=99.4\%$$

结论:符合规定(规定:本品含司可巴比妥钠不得少于 98.5%)。

2. 制剂

(1)片剂。片剂标示量百分含量表示如下:

$$标示量(\%)=\frac{(V_0-V)\times T\times F\times \overline{W}}{W\times B}\times 100\%$$

式中:V 为供试品消耗滴定液的体积(ml);V_0 为空白试验消耗滴定液的体积(ml);T 为滴定度(mg/ml);F 为校正因子;$\overline{W}$ 为平均片重(g);W 为供试品取样量(g);B 为每片的标示量。

(2)注射剂。注射剂的标示量百分含量表示如下:

$$标示量(\%) = \frac{(V_0 - V) \times T \times F}{V_s \times B} \times 100\%$$

式中：V 为供试品消耗滴定液的体积(ml)；V_0 为空白试验消耗滴定液的体积(ml)；T 为滴定度(mg/ml)；F 为校正因子；V_s 为供试品取样量(ml)；B 为注射剂的标示量(mg/ml 或 g/ml)。

上述原料药含量计算公式中，供试品取用量均不扣除干燥失重或水分。当原料药规定含量按干燥品或无水物计算时，则上述公式中的供试品取用量应扣除干燥失重或水分。

$$含量(\%) = \frac{V \times T \times F}{W \times (1 - 干燥失重或水分)} \times 100\%$$

任务二　碘量法的认知与训练

碘量法是以碘的氧化性或碘离子的还原性进行的氧化还原滴定的分析方法。根据滴定方式的不同，碘量法分为直接碘量法和间接碘量法。

一、直接碘量法

直接碘量法是用碘滴定液直接滴定的方法，又称碘滴定法。用于测定具有较强还原性的药物，直接碘量法只能在酸性、中性或弱碱性溶液中进行。I_2 作为氧化剂氧化被测药物，本身被还原为 I^-，可用淀粉指示剂指示终点，化学计量点后，溶液中多余的碘与淀粉结合显蓝色而指示终点；还可以利用碘自身的颜色指示终点，化学计量点后，溶液中稍过量的碘显黄色而指示终点。

凡能与碘直接快速作用的强还原性物质，可采用直接碘量法进行测定，如硫化物、亚硫酸盐、亚砷酸盐、亚锡酸盐、亚锑酸盐、维生素 C 等。根据被测物还原能力的不同，直接碘量法也可在弱酸性或弱碱性溶液中进行。

学习实例

维生素 C 的含量测定

取本品约 0.2 g，精密称定，加新沸过的冷水 100 ml 与稀醋酸 10 ml 使其溶解，加淀粉指示液 1 ml，立即用碘滴定液(0.05 mol/L)滴定至溶液显蓝色并在 30 s 内不褪色。每 1 ml 碘滴定液(0.05 mol/L)相当于 8.806 mg $C_6H_8O_6$。

二、间接碘量法

间接碘量法又称滴定碘法，分为置换碘量法和剩余碘量法两种。此反应要求在中性或弱酸性溶液中进行。

(1) 置换碘量法主要用于强氧化性原料药的含量测定,如 $K_2Cr_2O_7$、H_2O_2 等。滴定时,在供试品溶液中加入过量碘化钾,氧化剂将碘化钾氧化为碘,再用硫代硫酸钠滴定碘的量;终点时加入淀粉指示液,滴定至蓝色消失,并将滴定结果用空白试验校正。

学习实例

碘酸钾的含量测定

取本品约 0.8 g,精密称定,置 250 ml 量瓶中,加水溶解并稀释至刻度,摇匀;精密量取 25 ml,置碘瓶中,加碘化钾 2 g 与稀盐酸 10 ml,密塞,摇匀,在暗处放置 5 min,加水 100 ml,用硫代硫酸钠滴定液(0.1 mol/L)滴定,至近终点时,加淀粉指示液 2 ml,继续滴定至蓝色消失,并将滴定的结果用空白试验校正。每 1 ml 硫代硫酸钠滴定液(0.1 mol/L)相当于 3.567 mg KIO_3。

(2) 剩余碘量法主要用于还原性较弱的原料药的含量测定。滴定时,供试品中先加入定量或过量的碘滴定液(0.05 mol/L),暗处放置至 I_2 与测定组分反应完全后,再用硫代硫酸钠滴定液(0.1 mol/L)滴定剩余的碘,根据与药物反应的碘的量来计算含量;近终点时加入淀粉指示液,滴定至蓝色消失;在碘瓶中操作,并将滴定结果用空白试验校正。

学习实例

盐酸半胱氨酸的含量测定

取本品约 0.25 g,精密称定,置碘瓶中,加水 20 ml 与碘化钾 4 g,振摇溶解后,加稀盐酸 5 ml,精密加入碘滴定液(0.05 mol/L)25 ml,于暗处放置 15 min,再置冰浴中冷却 5 min,用硫代硫酸钠滴定液(0.1 mol/L)滴定,至近终点时,加淀粉指示液 2 ml,继续滴定至蓝色消失,并将滴定的结果用空白试验校正。每 1 ml 碘滴定液(0.05 mol/L)相当于 15.76 mg $C_3H_7NO_2S \cdot HCl$。

任务三 亚硝酸钠法的认知与训练

一、亚硝酸钠法

亚硝酸钠法属于氧化还原滴定法,以亚硝酸钠滴定液为该法的滴定液,在盐酸或氢溴酸存在的条件下,测定芳香族伯胺和仲胺类化合物的氧化还原反应。该法适用于具有游离或潜在芳伯氨基(芳香第一胺)的药物的含量测定。

$$Ar-NH_2 + NaNO_2 + 2HCl \longrightarrow Ar-N_2^+Cl^- + NaCl + 2H_2O$$

除另有规定外,亚硝酸钠法的滴定液为亚硝酸钠滴定液(0.1 mol/L);终点用永停滴定法判断,电极采用 Pt-Pt 电极;滴定前加适量催化剂 KBr。《中国药典》(2020 年版)中大多数含有游离芳伯氨基的原料药及其制剂均采用本法测定含量。如大多数磺胺类药物(磺胺甲噁唑及其片剂、磺胺多辛及其片剂、磺胺嘧啶及其膏剂、磺胺嘧啶锌及其软膏剂、磺胺醋酰钠及其滴眼液、磺胺嘧啶钠及其注射剂),盐酸克仑特罗,盐酸普鲁卡因及其粉针剂,盐酸普鲁卡因胺及其片剂、注射液,氨力农、硫酸双肼屈嗪及其片剂等的含量测定。

【知识链接】
亚硝酸钠
滴定液

二、亚硝酸钠法的注意事项

(1) 酸性条件下滴定:胺类药物的盐酸盐较其硫酸盐的溶解度大,反应速度也较快,H^+ 浓度控制在 1 mol/L 为宜。除另有规定外,加入过量盐酸,可加快反应速度,提高重氮盐在酸性溶液中的稳定性,同时防止重氮盐与芳伯氨基生成偶氮化合物。

(2) 加入催化剂:不同的无机酸体系中,重氮化反应速度不同,即氢溴酸>盐酸>硝酸(硫酸),由于氢溴酸昂贵,因此多用盐酸;但为了加快反应速度,往往加入适量的溴化钾,使体系中的溴化钾和盐酸起到氢溴酸的加速作用。由于重氮化反应速度较慢,除另有规定外,一般加入 2 g 溴化钾。

(3) 控制温度:温度过高,可使亚硝酸逸失,重氮盐分解;温度过低,反应又太慢。因此,一般控制在室温(10~30 ℃)下滴定。

(4) 采用"快速滴定法":为了避免滴定过程中亚硝酸挥发和分解,滴定时,将滴定管尖端插入液面下约 2/3 处,一次将大部分亚硝酸钠滴定液在搅拌下迅速加入,使其尽快反应。临近终点时,将滴定管尖端提出液面,用少量水淋洗尖端,洗液并入溶液中,再缓缓滴定至电流计的指针突然偏转并不复位,即为终点。

(5) 亚硝酸钠滴定液需置于带玻璃塞的棕色玻瓶中,密闭保存。

(6) Pt 电极处理方法:电极的清洁状态是滴定成功的关键。污染的电极需插入 10 ml 浓硝酸和 1 滴三氯化铁的溶液内(或洗液内),浸泡数分钟,取出后用水冲洗干净。

(7) 终点的判断:使用永停滴定时,在滴定过程中有时原点会渐进漂移,而滴定终点是突跃的。一般在终点前 1 滴突跃可达满量程的一半以上。可根据指针回零速度判断终点,若回零速度越来越慢,就表示已接近终点。

(8) 搅拌速度:搅拌速度也影响测定结果。

学习实例

盐酸普鲁卡因的含量测定

取本品约 0.6 g,精密称定,照永停滴定法(通则 0701),在 15~25 ℃,用亚硝酸钠滴定液(0.1 mol/L)滴定。每 1 ml 亚硝酸钠滴定液(0.1 mol/L)相当于 27.28 mg $C_{13}H_{20}N_2O_2 \cdot HCl$。

任务四　酸碱滴定法的认知与训练

酸碱滴定法是指以酸碱中和反应为基础的容量分析法，又称中和法。该法在药物检验中的应用十分广泛。该法一般以酸(碱)性滴定液滴定被测物质，以酸碱指示剂或仪器指示终点，根据酸(碱)滴定液的浓度和消耗的体积，计算出被测物质的含量。

最常用的标准溶液是盐酸和氢氧化钠溶液，也可用硫酸、硝酸、氢氧化钾溶液等其他强酸、强碱。浓度一般在 0.01～1 mol/L 之间，最常用的浓度是 0.1 mol/L。通常采用标定法配制。

1. 酸标准溶液　盐酸标准溶液一般用浓盐酸标定法配制。先配制成大致浓度后再用基准物质标定。常用的基准物质是无水碳酸钠。

盐酸滴定液(1 mol/L)的配制：取盐酸 90 ml，加水至 1000 ml，摇匀。

盐酸滴定液(1 mol/L)的标定：取在 270～300 ℃干燥至恒重的基准无水碳酸钠约 15 g，精密称定，加水 50 ml 使溶解，加甲基红-溴甲酚绿混合指示液 10 滴，用本液滴定至溶液由绿色转变为紫红色时，煮沸 2 min，冷却至室温，继续滴定至溶液由绿色变为暗紫色。

2. 碱标准溶液　碱标准溶液一般用氢氧化钠配制，氢氧化钠易吸潮，也易吸收空气中的二氧化碳生成碳酸钠，因此用标定法配制。标定氢氧化钠常用的基准物质有邻苯二甲酸氢钾($KHC_8H_4O_4$，KHP)、草酸等。

氢氧化钠滴定液(1 mol/L)的配制：取氢氧化钠适量，加水振摇使溶解成饱和溶液，冷却后，置聚乙烯塑料瓶中，静置数日，澄清后备用。取澄清的氢氧化钠饱和溶液 56 ml，加新沸过的冷水至 1000 ml，摇匀。

氢氧化钠滴定液(1 mol/L)的标定：取在 105 ℃下干燥至恒重的基准邻苯二甲酸氢钾约 6 g，精密称定，加新沸过的冷水 50 ml，振摇，使其尽量溶解；加酚酞指示液 2 滴，用本液滴定；在接近终点时，应使邻苯二甲酸氢钾完全溶解，滴定至溶液显粉红色。

学习实例

学习实例一　烟酸片的含量测定

取本品(规格：每片 0.1 g)10 片，精密称定为 1.5838 g，研细，精密称取片粉 0.3325 g(约相当于烟酸 0.2 g)，加新沸过的冷蒸馏水 50 ml，置水浴上加热，并时时振摇，使烟酸溶解后，冷却至室温，加酚酞指示剂 3 滴，用氢氧化钠滴定液(0.1002 mol/L)滴定，消耗 16.87 ml。每 1 ml 氢氧化钠滴定液(0.1 mol/L)相当于 12.31 mg $C_6H_5NO_2$。本品的含量是多少？是否符合限度？《中国药典》(2020 年版)规定，本品含烟酸($C_6H_5NO_2$)应为标示量的 95.0%～105.0%。)

学习实例二　氯贝丁酯的含量测定

取本品 2.001 g,置锥形瓶中,加中性乙醇(对酚酞指示剂显中性)10 ml 与酚酞指示剂数滴,滴加氢氧化钠滴定液(0.1 mol/L)至粉红色,再精密加氢氧化钠滴定液(0.5 mol/L)20 ml,加热回流 1 h 至油珠完全消失,放冷,用新沸过的冷水洗涤冷凝管,洗液并入锥形瓶。加酚酞指示剂数滴,用盐酸滴定液(0.5003 mol/L)滴定至红色消失,消耗盐酸滴定液(0.5003 mol/L)2.72 ml,并将滴定的结果用空白试验校正,消耗盐酸滴定液(0.5003 mol/L)19.00 ml。每 1 ml 氢氧化钠滴定液(0.5 mol/L)相当于 121.4 mg $C_{12}H_{15}ClO_3$。本品的含量是多少?是否符合限度?《中国药典》(2020 年版)规定,本品含 $C_{12}H_{15}ClO_3$ 不得少于 98.5%。

知识累积

(1)滴定度是指每 1 ml 规定浓度的滴定液相当于被测药物的质量(mg),用"T"表示,单位是 mg/ml。

(2)容量分析法测定药物含量的方法有氧化还原滴定法、酸碱滴定法、配位滴定法、非水滴定法等;滴定方式有三种,即直接滴定法、间接滴定法和置换滴定法。

(3)课程思政要点:容量分析法作为经典的药物含量测定方法,其准确性和可靠性依赖于严格的试验操作和精确的数据记录。在试验过程中,应做到节约使用化学试剂、妥善处理试验废弃物。思考容量分析法的局限性,并尝试提出改进方法。

项目三 光谱法

任务一 光谱法概述

光谱法是一种基于物质对光的吸收、发射或散射特性进行分析的方法,广泛应用于药物含量的测定。光谱法的基础是物质分子对特征吸收波长光的吸收、发射或散射。不同类型的光谱法,如紫外-可见分光光度法、原子吸收光谱法、荧光分光光度法等,分别利用不同的物理现象进行测定。

一、紫外-可见分光光度法

紫外-可见分光光度法是基于物质分子对紫外-可见光的吸收特性,通过测量样品溶液在特征吸收波长下的吸光度来计算药物含量的一种光谱法。该方法简便易行,灵敏度高,准确度高,但专属性稍差。

二、原子吸收光谱法

原子吸收光谱法是利用原子蒸气对特征吸收波长光的吸收程度进行定量分析的一种光谱法。该方法适用于测定药物中的微量元素,如 Fe、Mn、Zn、Cu 等。原子吸收光谱法具有灵敏度高、选择性好、干扰少等优点。

三、荧光分光光度法

荧光分光光度法基于物质分子在特征吸收波长光的激发下发射荧光的特性,对物质进行定性分析或定量分析的一种光谱法。荧光分光光度法的灵敏度通常比紫外-可见分光光度法更高,但易受干扰,需进行空白试验以消除背景干扰。

光谱法在药物含量测定中具有许多优点,如灵敏度高、准确度高、选择性好等。然而,它也存在一些局限性。例如,对于结构相近的药物或杂质,光谱法可能缺乏足够的专属性;对于某些复杂样品,可能需要烦琐的样品前处理步骤;此外,光谱法的测定结果还可能受到仪器精度、操作条件等因素的影响。

任务二 紫外-可见分光光度法的认知与训练

紫外-可见分光光度法是在 190~800 nm 波长范围内测定物质的吸光度,用于鉴别、杂质检查和定量测定的方法。紫外-可见分光光度法用于定量分析时,采用在最大吸收波长处测量一定浓度样品溶液的吸光度,并与一定浓度的对照品溶液的吸光度进行比较(对照品比较法)或采用吸收系数法,从而求出样品溶液的浓度。

紫外-可见分光光度法常用于结构中含有共轭体系的药物制剂,以及不能用容量分析法且质量标准要求不高于原料药的药物制剂含量测定。有些药物在可见光区本身没有吸收,但在一定条件下加入显色试剂或经过处理显色后,能对可见光产生吸收,也可用本法测定含量。如酸性染料比色法、四氮唑比色法、异烟肼比色法等。紫外-可见分光光度法定量测定时通常用对照品比较法和吸收系数法。

一、基本原理

朗伯-比尔定律是紫外-可见分光光度法定量分析的依据,当单色光平行穿过被测物质溶液时,在一定的浓度范围内,被该物质吸收的量(吸光度)与该物质的浓度和液层的厚度成正比,其关系如下式:

$$A = \lg \frac{1}{T} Ecl$$

式中:A 为吸光度;T 为透光率;E 为吸收系数,通常采用百分吸收系数($E_{1\,cm}^{1\%}$,其物理意义:当被测物质溶液浓度为每 100 ml 中含被测物质 1 g,液层厚度为 1 cm 时,溶液的吸光度)表示;c 为溶液浓度,代表 100 ml 溶液中所含被测物质的重量(按干燥品或无水物计),g/100 ml;l 为液层厚度,cm。如溶液的浓度 c 为摩尔浓度(mol/L),光路长度 l 为 1 cm 时,则相应的吸收系数为摩尔吸收系数,以 ε 表示。

二、方法特点与适用范围

本法主要特点如下。
(1) 简便易行:本法使用的仪器价格较低廉,操作简单,易于普及。
(2) 灵敏度高:本法灵敏度可达 $10^{-7} \sim 10^{-4}$ g/ml,适用于低浓度样品的分析。
(3) 准确度高:相对误差为 2%~5%,能满足微量组分的测定要求。
(4) 专属性较差:不受一般杂质的干扰,对结构相近的物质缺乏选择性,优于容量分析法,但比色谱法差。

由于紫外-可见分光光度法具有以上特点,故本法较少应用于原料药的含量测定,多用于药物制剂的定量检测,如片剂的溶出度检查或含量均匀度检查。

> **课堂活动**
> 　　紫外-可见分光光度法常用于结构中含有共轭体系的药物的含量测定,如果药物中没有共轭体系,可否用此法?

三、测定法

测定时,除另有规定外,应以配制供试品溶液的同批溶剂为空白对照,采用 1 cm 的石英吸收池,在规定的吸收峰波长±2 nm 范围内测试几个点的吸光度,或由仪器在规定波长附近自动扫描测定,以核对供试品的吸收峰波长位置是否正确。除另有规定外,吸收峰波长应在该品种项下规定的波长±2 nm 范围内,并以吸光度最大的波长作为测定波长。一般供试品溶液的吸光度在 0.3~0.7 时误差较小。仪器的狭缝波带宽度应小于供试品吸收带半宽度的十分之一,否则测得的吸光度会偏低;狭缝宽度的选择,应以减小狭缝宽度时供试品的吸光度不再增大为准。由于吸收池和溶剂本身可能有空白吸收,因此测定供试品的吸光度后应减去空白读数,或由仪器自动扣除空白读数后再计算含量。

当溶液的 pH 对测定结果有影响时,应将供试品溶液和对照品溶液的 pH 调成一致。

1. 对照品比较法 本法是在相同条件下,按各品种项下的方法,分别配制供试品溶液和对照品溶液,对照品溶液中所含被测成分的量应为供试品溶液中被测成分规定量的 100%±10%,所用溶剂也应完全一致,在规定的波长处测定供试品溶液和对照品溶液的吸光度,按下式计算供试品中被测溶液的浓度:

$$\frac{A_{供}}{A_{对}} = \frac{c_{供}}{c_{对}}$$

$$c_{供} = \frac{A_{供}}{A_{对}} \times c_{对}$$

式中:$A_{供}$ 为供试品溶液的吸光度,$A_{对}$ 为对照品溶液的吸光度,$c_{供}$ 为供试品溶液的浓度,$c_{对}$ 为对照品溶液的浓度。

(1) 原料药:原料药百分含量计算公式如下:

$$含量(\%) = \frac{c_{供} \times D \times V}{W} \times 100\%$$

式中:$c_{供}$ 为供试品溶液的浓度;D 为稀释倍数;V 为定容体积(ml);W 为供试品取样量;其中稀释倍数 D 需要根据供试品的浓度要求或制备过程计算。

(2) 片剂:片剂标示量百分含量可按下式计算:

$$标示量(\%) = \frac{c_{供} \times D \times V \times \overline{W}}{W \times B} \times 100\%$$

式中:$c_{供}$ 为供试品溶液的浓度;D 为稀释倍数;V 为定容体积(ml);W 为供试品取样量;$\overline{W}$ 为单位制剂的平均重量;W 为供试品取样量(g);B 为每片的标示量。

(3) 注射剂:注射剂标示量百分含量可按下式计算:

$$标示量(\%) = \frac{c_{供} \times D \times V \times \overline{V}}{V_s \times B} \times 100\%$$

式中:$c_{供}$ 为供试品溶液的浓度;D 为稀释倍数;V 为定容体积(ml);W 为供试品取样量;$\overline{V}$ 为注射剂的装量(ml/支);V_s 为供试品取样量(ml);B 为每支注射剂的标示量。

学习实例

学习实例一 贝诺酯的含量测定

测定法:精密称取贝诺酯 37.4 mg,置 250 ml 量瓶中,加无水乙醇溶解并稀释至刻度,摇匀,精密量取 5 ml,置 100 ml 量瓶中,加无水乙醇稀释至刻度,摇匀,照紫外-可见分光光度法,在 240 nm 波长处测定吸光度为 0.518;另精密称取贝诺酯对照品适量,同法配制对照品溶液浓度为 7.40 μg/ml,同法测定,测定吸光度为 0.520。本品的干燥失重为 0.26%。本品按照干燥品计算,含贝诺酯不得少于 98.5%。

测定数据：$W=37.4$ mg，$A_{供}=0.518$，$A_{对}=0.520$，$V=250$ ml，$D=\dfrac{100}{5}$，$c_{对}=7.40$ μg/ml

解析：根据公式，含量(%)$=\dfrac{c_{供}\times V\times D}{W}\times 100\%$，计算贝诺酯的含量：

$$c_{供}=c_{对}\times \dfrac{A_{供}}{A_{对}}=7.40\times \dfrac{0.518}{0.520}=7.37\ \mu g/ml$$

$$含量(\%)=\dfrac{c_{供}\times V\times D}{W\times(1-干燥失重或水分)}\times 100\%$$

$$=\dfrac{7.37\times 250\times \dfrac{100}{5}\times 10^{-3}}{37.4\times(1-0.26\%)}\times 100\%=98.8\%$$

结论：符合规定。

学习实例二　格列喹酮片的含量测定

测定法：取本品（规格：每片 30 mg）10 片，精密称定总重为 3.801 g，研细，精密称取适量（约相当于格列喹酮 50 mg），置 100 ml 量瓶中，加甲醇约 70 ml，置水浴中超声使格列喹酮溶解，放冷，加甲醇稀释至刻度，摇匀，滤过，精密量取续滤液 10 ml，置 50 ml 量瓶中，用甲醇稀释至刻度，摇匀，照紫外-可见分光光度法（通则 0401），在 310 nm 波长处测定吸光度；另取格列喹酮对照品适量，精密称定，加甲醇溶解并定量稀释制成每 1 ml 中约含 0.1 mg 的溶液，同法测定，测得吸光度为 0.562，请计算该样品的含量。本品含格列喹酮（$C_{27}H_{33}N_3O_6S$）应为标示量的 95.0%～105.0%。

测定数据：$W_1=0.6512$ g，$W_2=0.6623$ g，$A_{供1}=0.554$，$A_{供2}=0.567$，$c_{对}=0.1$ mg/ml，$A_{对}=0.562$，$V=100$ ml，$B=30$ mg，$\overline{W}=\dfrac{3.801}{10}$ g，$D=\dfrac{50}{10}=5$

第一份样品的含量：

$$标示量(\%)=\dfrac{c_{供}\times D\times V\times \overline{W}}{W\times B}\times 100\%$$

$$标示量_1(\%)=\dfrac{\dfrac{A_{供1}}{A_{对}}\times c_{对}\times D\times V\times \overline{W}}{W_1\times B}\times 100\%$$

$$标示量_1(\%)=\dfrac{\dfrac{0.554}{0.562}\times 0.1\times 5\times 100\times \dfrac{3.801}{10}}{0.6512\times 30}\times 100\%$$

$$=95.9\%$$

第二份样品的含量：

$$标示量(\%)=\dfrac{c_{供}\times D\times V\times \overline{W}}{W\times B}\times 100\%$$

$$标示量_2(\%)=\dfrac{\dfrac{A_{供2}}{A_{对}}\times c_{对}\times D\times V\times \overline{W}}{W_2\times B}\times 100\%$$

$$标示量_2(\%)=\frac{\frac{0.567}{0.562}\times 0.1\times 5\times 100\times \frac{3.801}{10}}{0.6623\times 30}\times 100\%$$

$$=96.5\%$$

$$平均含量=\frac{96.5\%+95.9\%}{2}=96.2\%$$

$$相对平均偏差=\frac{96.5\%-95.9\%}{96.5\%+95.9\%}\times 100\%=0.3\%$$

结论:符合规定。

学习实例三　盐酸多沙普仑注射液的含量测定

测定法:精密量取本品 5 ml,置 250 ml 量瓶中,加水稀释至刻度,摇匀,在 258 nm 波长处测得吸光度为 0.523;另取盐酸多沙普仑对照品适量,精密称定,加水溶解并定量稀释成浓度为 0.4080 mg/ml 的溶液,测得吸光度为 0.535,盐酸多沙普仑注射液标示量为 100 mg/5 ml。本品含盐酸多沙普仑($C_{24}H_{30}N_2O_2 \cdot HCl \cdot H_2O$)应为标示量的 90.0%～110.0%。

测定数据:$A_{供}=0.523$,$c_{对}=0.4080$ mg/ml,$A_{对}=0.535$,$V=250$ ml,$\overline{B}=100$ mg,$\overline{V}=5$ ml,$D=1$,$V_s=5$ ml

$$标示量(\%)=\frac{c_{供}\times D\times V\times \overline{V}}{V_s\times B}\times 100\%$$

$$标示量(\%)=\frac{\frac{A_{供}}{A_{对}}\times c_{对}\times D\times V\times \overline{V}}{V_s\times B}\times 100\%$$

$$标示量(\%)=\frac{\frac{0.523}{0.535}\times 0.4080\times 250\times 5}{5\times 100}\times 100\%$$

$$=99.7\%$$

结论:符合规定。

2. 吸收系数法　按各品种项下的方法配制供试品溶液,在规定的波长处测定吸光度,再以该品种在规定条件下的吸收系数($E_{1\,cm}^{1\%}$)计算含量。用本法测定时,吸收系数通常应大于 100,并注意仪器的校正和检定。由朗伯-比尔定律,供试品的浓度按照下式计算:

$$c=\frac{A}{E_{1\,cm}^{1\%}\times 100\times l}$$

式中:c 为供试品溶液的浓度,g/ml;A 为供试品溶液吸光度;$E_{1\,cm}^{1\%}$ 为供试品中被测成分的百分吸收系数;100 为浓度换算因数(即 100 g/ml 换算成 g/ml);l 为液层厚度,cm。

(1)原料药。原料药百分含量计算公式如下:

$$含量(\%)=\frac{c_{供}\times D\times V}{W}\times 100\%$$

式中：$c_{供}$为供试品溶液的浓度；D为稀释倍数；V为定容体积，ml；W为供试品取样量；其中稀释倍数D需要根据供试品的浓度要求或制备过程计算。

（2）片剂。片剂标示量百分含量可按下式计算：

$$标示量(\%) = \frac{c_{供} \times D \times V \times \overline{W}}{W \times B} \times 100\%$$

式中：$c_{供}$为供试品溶液的浓度；D为稀释倍数；V为定容体积(ml)；$\overline{W}$为单位制剂的平均重量（或装量）；W为供试品取样量(g)；B为每片的标示量。

学习实例

二羟丙茶碱片(标示量0.1 g)的含量测定

测定法：取本品10片，精密称定总重为5.566 g，研细，精密称取细粉0.8501 g（约相当于二羟丙茶碱0.15 g），置500 ml量瓶中，加水适量，充分振摇使二羟丙茶碱溶解，用水稀释至刻度，摇匀，精密量取续滤液10 ml，置200 ml量瓶中，加水稀释至刻度，摇匀，在273 nm波长处测定吸光度为0.528。按$C_{10}H_{14}N_4O_4$的吸收系数为365计算含量。本品含二羟丙茶碱（$C_{10}H_{14}N_4O_4$）应为标示量的93.0%~107.0%。

测定数据：$A=0.528$，$V=500$ ml，$D=200/10=20$，$\overline{W}=5.566/10=0.5566$ g，$E_{1cm}^{1\%}=365$，$W=0.8501$ g，$B=0.1$ g。

解析：根据下式计算二羟丙茶碱片标示量百分含量：

$$\begin{aligned}标示量(\%) &= \frac{A \times V \times D \times \overline{W}}{E_{1cm}^{1\%} \times 100 \times 1 \times W \times B} \times 100\% \\ &= \frac{0.528 \times 500 \times 20 \times 0.5566}{365 \times 100 \times 1 \times 0.8501 \times 0.1} \times 100\% \\ &= 94.7\%\end{aligned}$$

结论：符合规定。

（3）注射剂。注射剂标示量百分含量可按下式计算：

$$标示量(\%) = \frac{c_{供} \times D \times V \times \overline{V}}{V_s \times B} \times 100\%$$

式中：$c_{供}$为供试品溶液的浓度；D为稀释倍数；V为定容体积(ml)；W为供试品取样量；$\overline{V}$为注射剂的装量(ml/支)；V_s为供试品取样量(ml)；B为每支注射剂的标示量。

学习实例

盐酸异丙嗪注射液的含量测定

测定方法：精密量取本品(规格2 ml∶50 mg)2 ml置100 ml量瓶中，用盐酸(9→1000)稀释至刻度，摇匀；精密量取10 ml，置另一100 ml量瓶中，用水稀释至刻度，摇匀，按照紫外-可见分光光度法，在299 nm波长处测定吸光度为 0.562，盐酸异丙嗪($C_{17}H_{20}N_2S \cdot HCl$)的 $E_{1cm}^{1\%}$ 为 108。本品含盐酸异丙嗪($C_{17}H_{20}N_2S \cdot HCl$)应为标示量的 95.0%～105.0%。

测定数据：$V_s = 2.00$ ml，$A = 0.562$，$\bar{V} = 2$ ml，$D = 100/10 = 10$，$V = 100$ ml，$E_{1cm}^{1\%} = 108$，$B = 50$ mg。

解析：根据下式计算盐酸异丙嗪注射液标示量百分含量：

$$标示量(\%) = \frac{A \times D \times V \times \bar{V}}{E_{1cm}^{1\%} \times 100 \times 1 \times V_s \times B} \times 100\%$$

$$= \frac{0.562 \times 10 \times 100 \times 10^3 \times 2}{108 \times 100 \times 1 \times 2.00 \times 50} \times 100\%$$

$$= 104.1\%$$

结论：符合规定。

3. 计算分光光度法 计算分光光度法有多种，使用时应按各品种项下规定的方法进行。当吸光度处在吸收曲线的陡然上升或下降的位置时，波长的微小变化可能对测定结果造成显著影响，故对照品和供试品的测试条件应尽可能一致。计算分光光度法一般不宜用于含量测定。

4. 比色法 供试品本身在紫外-可见区没有强吸收，或在紫外区虽有吸收但为了避免干扰或提高灵敏度，可加入适当的显色剂，使反应产物的最大吸收移至可见区，这种测定方法称为比色法。

用比色法测定时，由于显色时影响显色深浅的因素较多，应取供试品与对照品或标准品同时操作。除另有规定外，比色法所用的空白是指用同体积的溶剂代替对照品溶液或供试品溶液，然后依次加入等量的相应试剂，并用同样方法处理。在规定的波长处测定对照品和供试品溶液的吸光度后，计算供试品溶液浓度。

当吸光度和浓度关系不呈良好线性关系时，应取数份梯度量的对照品溶液，用溶剂补充至同一体积，显色后测定各份溶液的吸光度，然后以吸光度与相应的浓度绘制标准曲线，再根据供试品的吸光度在标准曲线上查得其浓度，并求出其含量。

知识累积

（1）光谱法是一种基于物质对光的吸收、发射或散射特性进行分析的方法，主要包括紫外-可见分光光度法、原子吸收光谱法、荧光分光光度法等。

（2）紫外-可见分光光度法定量分析的依据是朗伯-比尔定律。

（3）紫外-可见分光光度法测定药物含量的方法有对照品比较法、吸收系数法、计算分光光度法和比色法。

（4）课程思政要点：温故而知新，具备科学思维与求真精神。

项目四 色谱法

任务一 薄层色谱扫描法的认知与训练

薄层色谱扫描法是薄层色谱法用于含量测定的方法。它是按各品种项下规定的方法,制备供试品溶液和对照标准溶液,并按规定的色谱条件点样、展开、扫描测定;或将待测色谱斑点刮下经洗脱后,再用适宜的方法测定。

一、薄层色谱扫描法

本法是指用一定波长的光照射在薄层板上,对薄层色谱中可吸收紫外光或可见光的斑点,或经激发后能发射出荧光的斑点进行扫描,将扫描得到的图谱及积分数据用于鉴别、检查或含量测定。可根据不同薄层色谱扫描仪的结构特点,按照规定方式扫描测定,一般选择反射方式,采用吸收法或荧光法。除另有规定外,含量测定应使用市售薄层板。

二、扫描方法

扫描时可采用单波长扫描法或双波长扫描法。若采用双波长扫描法,应选用待测斑点无吸收或最小吸收的波长作为参比波长,供试品色谱图中待测斑点的比移值(R_f值)、光谱扫描得到的吸收光谱图或测得的光谱最大吸收和最小吸收应与对照标准溶液相符,以保证测定结果的准确性。薄层色谱扫描定量测定应保证供试品斑点的量在线性范围内,必要时可适当调整供试品溶液的点样量,供试品与标准物质同板点样、展开、扫描、测定和计算。

三、计算

通常采用两点法计算,若线性范围很窄,可用多点法校正多项式回归计算。供试品溶液和对照标准溶液应交叉点于同一薄层板上,供试品点样不得少于 2 个,标准物质每一浓度不得少于 2 个。扫描时,应沿展开方向扫描,不可横向扫描。

学习实例

灵宝护心丹的含量测定

取本品适量,研细,取约 0.5 g,精密称定,置具塞锥形瓶中,加石油醚(60~90 ℃)4 ml,浸泡 1 h,滤过,滤渣及滤纸挥去溶剂,放回锥形瓶中,精密加入冰醋酸无水乙醇溶液(1→10)15 ml,摇匀,密塞,称定重量,浸泡 12 h,再称定重量,用冰醋酸无水乙醇溶液(1→10)补足减失的重量,摇匀,滤过,取续滤液作为供试品溶液。另取胆酸对照品适量,精密称定,加冰醋酸无水乙醇溶液(1→10)制成每 1 ml 含 1 mg 的溶液,作为对照品溶液。照薄层色谱法(通则 0502)试验,精密吸取供试品溶液 10 μl、对照品溶液 2 μl 与 4 μl,分别交叉点于同一硅胶 G 薄层板上,以正己烷-醋酸乙酯-甲酸-醋酸(6∶32∶1∶1)为展开剂,展开,取出,晾干,喷 10% 磷钼酸无水乙醇溶液,在 105 ℃ 下加热至斑点显色清晰,放冷,在薄层板上覆盖同样大小的玻璃板,周围用胶布固定,照薄层色谱法(通则 0502)进行扫描,波长:$\lambda_s = 620$ nm,测量供试品吸光度积分值与对照品吸光度积分值,计算,即得。

本品每 1 g 含人工牛黄以胆酸($C_{24}H_{40}O_5$)计,不得少于 2.5 mg。

任务二　高效液相色谱法的认知与训练

高效液相色谱法(HPLC)测定药物含量时,一般采用峰面积法测定参数,用内标法和外标法定量,其中外标法较常用。但栓剂、膏剂由于辅料干扰太多,多用内标法。

一、内标法

采用内标法,可避免样品前处理及进样体积误差对测定结果的影响。可造成样品损失的样品前处理步骤包括反应(如衍生化反应)、滤过、提取、移液等。在样品前处理之前加入合适的内标物质,可以校正前处理过程中样品损失对测定结果准确度的影响,同时也可消除色谱分析时进样量的变化和色谱条件的微小变化对定量结果的影响。

内标法测定主成分含量按各品种项下的规定,精密称(量)取对照品和内标物质,混合配成测定校正因子用的对照溶液。取一定量注入仪器,记录色谱图。测量对照品和内标物质的峰面积,按下式计算校正因子 f。

$$f = \frac{A_{内}/c_{内}}{A_{对}/c_{对}}$$

式中:$A_{内}$ 为内标物质的峰面积;$c_{内}$ 为内标物质的浓度;$A_{对}$ 为对照品峰面积;$c_{对}$ 为对照品溶液的浓度。

再取各品种项下含有内标物质的供试品溶液,注入仪器,记录色谱图,测量供试品中待测成分和内标物质的峰面积(或峰高),按下式计算供试品溶液的浓度。

$$c_{供} = f \times \frac{A_{供}}{A'_{内}/c'_{内}}$$

式中:$A_{供}$ 为供试品的峰面积;$c_{供}$ 为供试品溶液的浓度;$A'_{内}$ 为内标物质的峰面积;$c'_{内}$ 为内标物质的浓度;f 为内标法校正因子。

1. 原料药　原料药百分含量计算公式如下:

$$含量(\%) = \frac{c_{供} \times D \times V}{W \times (1 - 干燥失重或水分)} \times 100\%$$

式中:$c_{供}$ 为供试品溶液的浓度;D 为稀释倍数;V 为定容体积(ml);W 为供试品取样

量;其中稀释倍数 D 需要根据供试品的浓度要求或制备过程计算。

2. 片剂 片剂标示量百分含量可按下式计算:

$$标示量(\%) = \frac{c_{供} \times D \times V \times \overline{W}}{W \times B} \times 100\%$$

式中: $c_{供}$ 为供试品溶液的浓度; D 为稀释倍数; V 为定容体积(ml); W 为供试品取样量; $\overline{W}$ 为单位制剂的平均重量(或装量); W 为供试品取样量(g); B 为每片的标示量。

3. 注射剂 注射剂标示量百分含量可按下式计算:

$$标示量(\%) = \frac{c_{供} \times D \times V \times \overline{V}}{V_s \times B} \times 100\%$$

式中: $c_{供}$ 为供试品溶液的浓度; D 为稀释倍数; V 为定容体积(ml); W 为供试品取样量; $\overline{V}$ 为注射剂的装量(毫升/支), V_s 为供试品取样量(ml), B 为每支注射剂的标示量。

学习实例

学习实例一 十一酸睾酮注射液的含量测定

色谱条件与系统适用性试验:以十八烷基硅烷键合硅胶为填充剂;以乙腈-异丙醇-水(43:43:14)为流动相,流速为 1.5 ml/min;检测波长为 240 nm,理论板数按十一酸睾酮峰计算不低于4000,十一酸睾酮峰和内标物质峰的分离度应符合要求。

内标溶液的制备:精密称取苯丙酸诺龙适量,加甲醇制成浓度为 0.6113 mg/ml 的溶液。

供试品的测定:用内容量移液管精密量取本品(规格 2 ml:0.25 g)1 ml,置 50 ml 量瓶中,用乙醚分数次洗涤移液管内壁,洗液并入量瓶中,加乙醚稀释至刻度,摇匀,精密量取 5 ml,置 10 ml 具塞离心管中,在温水浴中使乙醚挥散;用甲醇振摇提取 4 次(5 ml、5 ml、5 ml、3 ml),每次振摇 10 min 后离心 15 min,合并甲醇提取液,置 25 ml 量瓶中,精密量取内标溶液 5 ml,用甲醇稀释至刻度,摇匀,取 10 μl 注入高效液相色谱仪,记录色谱图;另精密称取十一酸睾酮对照品 61.08 mg,置 25 ml 量瓶中,用甲醇溶解并稀释至刻度,摇匀,精密量取该溶液与内标溶液各 5 ml,置 25 ml 量瓶中,用甲醇稀释至刻度,摇匀,同法测定。本品含十一酸睾酮($C_{30}H_{48}O_3$)应为标示量的 90.0%～110.0%。

测量数据: $V_s = 1.0$ ml, $c_{内} = 0.6113 \times \frac{5}{25} = 0.1223$ (mg/ml), $A_{内} = 6388$, $c_{对} = \frac{61.08}{25} \times \frac{5}{25} = 0.4886$ (mg/ml), $A_{对} = 24305$, $A'_{内} = 6193$, $c'_{内} = 0.1223$ mg/ml, $A_{供} = 25765$, $V = 50$ ml, $B = 0.25$ g/2 ml

解析:

$$f = \frac{A_{内}/c_{内}}{A_{对}/c_{对}} = \frac{6388/0.1223}{24305/0.4886} = 1.05$$

$$c_{供} = f \times \frac{A_{供}}{A'_{内}/c'_{内}} = 1.05 \times \frac{25765}{6193/0.1223} = 0.5088 (\text{mg/ml})$$

$$标示量(\%) = \frac{c_{供} \times D \times V \times \overline{V}}{V_s \times B} \times 100\%$$

$$= \frac{0.5088 \times 10^{-3} \times \frac{25}{5} \times 50 \times 2}{1.0 \times 0.25} \times 100\%$$

$$= 101.8\%$$

结果：符合规定。

学习实例二　丁酸氢化可的松的含量测定

色谱条件与系统适用性试验：用十八烷基硅烷键合硅胶为填充剂；以水-乙腈-冰醋酸（55∶45∶0.5）为流动相；检测波长为240 nm。理论板数按丁酸氢化可的松峰计算不低于1500，丁酸氢化可的松峰与内标物质峰的分离度应符合要求。

内标溶液的制备：取甲睾酮，加甲醇溶解并制成每1 ml中约含0.18 mg的溶液，即得。

测定方法：取本品，精密称定，加甲醇溶解并定量稀释制成每1 ml中约含0.26 mg的溶液，精密量取该溶液与内标溶液各5 ml，置50 ml量瓶中，用甲醇稀释至刻度，摇匀，取20 μl注入高效液相色谱仪，记录色谱图。另取丁酸氢化可的松对照品，同法测定。按内标法以峰面积计算，即得。

二、外标法

按各品种项下的规定，精密称（量）取对照品和供试品，配制成对照品溶液和供试品溶液，分别精密量取一定量，注入高效液相色谱仪，记录色谱图，测量对照品溶液和供试品溶液中待测物质的峰面积（或峰高），按下式计算供试品溶液的浓度：

$$c_{供} = c_{对} \times \frac{A_{供}}{A_{对}}$$

式中：$c_{供}$ 为供试品溶液的浓度；$c_{对}$ 为对照品溶液的浓度；$A_{供}$ 为供试品溶液峰面积；$A_{对}$ 为对照品溶液峰面积。

1. 原料药　原料药的百分含量计算公式如下：

$$含量(\%) = \frac{c_{供} \times D \times V}{W \times (1 - 干燥失重或水分)} \times 100\%$$

式中：$c_{供}$ 为供试品溶液的浓度；D 为稀释倍数；V 为定容体积(ml)；W 为供试品取样量；其中稀释倍数 D 需要根据供试品的浓度要求或制备过程计算。

2. 片剂　片剂标示量百分含量可按下式计算：

$$标示量(\%) = \frac{c_{供} \times D \times V \times \overline{W}}{W \times B} \times 100\%$$

式中：$c_{供}$ 为供试品溶液的浓度；D 为稀释倍数；V 为定容体积(ml)；W 为供试品取样

量;$\overline{W}$为单位制剂的平均重量(或装量);W为供试品取样量(g);B为每片的标示量。

3. 注射剂 注射剂标示量百分含量可按下式计算：

$$标示量(\%) = \frac{c_{供} \times D \times V \times \overline{V}}{V_s \times B} \times 100\%$$

式中：$c_{供}$为供试品溶液的浓度；D为稀释倍数；V为定容体积(ml)；W为供试品取样量；$\overline{V}$为注射剂的装量(毫升/支)；V_s为供试品取样量(ml)；B为每支注射剂的标示量。

学习实例

学习实例一 阿莫西林片(标示量0.125 g)的含量测定

取本品10片,精密称定,总重为7.350 g,研细,精密称取适量(约相当于阿莫西林(按$C_{16}H_{19}N_3O_5S$计)0.125 g),置250 ml量瓶中,加流动相溶解并定量稀释至刻度,摇匀,滤过,取续滤液20 μl注入高效液相色谱仪,测得峰面积为23348;另精密称取阿莫西林对照品25.20 mg,置50 ml量瓶中,加流动相溶解并定量稀释至刻度,摇匀;取20 μl注入高效液相色谱仪,测得峰面积为23280,试计算该样品的含量。本品含阿莫西林应为标示量的90.0%～110.0%。

测量数据：$W = 0.730 \text{ g}, c_{对} = \frac{25.20}{50} = 0.504 (\text{mg/ml}), A_{对} = 23280,$

$A_{供} = 23348, D = 1, V = 250 \text{ ml}, \overline{W} = \frac{7.350}{10} = 0.7350(\text{g}), B = 0.125 \text{ g}$

$$c_{供} = c_{对} \times \frac{A_{供}}{A_{对}} = 0.504 \times \frac{23348}{23280} = 0.505 (\text{mg/ml})$$

$$标示量(\%) = \frac{c_{供} \times D \times V \times \overline{W}}{W \times B} \times 100\%$$

$$= \frac{0.505 \times 1 \times 250 \times 0.7350}{0.730 \times 0.125 \times 10^3} \times 100\% = 101.7\%$$

结果：符合规定。

学习实例二 己酸羟孕酮注射液的含量测定

色谱条件与系统适用性试验：以十八烷基硅烷键合硅胶为填充剂；以甲醇-水(85∶15)为流动相,检测波长为254 nm,取己酸羟孕酮对照品与戊酸雌二醇对照品适量,用甲醇溶解并制成每1 ml中各含20 μg的混合溶液,进行测试,己酸羟孕酮峰和戊酸雌二醇峰的分离度应符合要求。

供试品的测定：用内容量移液管精密量取本品(规格0.25 g∶2 ml)2 ml,置100 ml量瓶中,加甲醇稀释至刻度,摇匀,精密量取1 ml置100 ml量瓶中,加甲醇稀释至刻度,摇匀,取10 μl注入高效液相色谱仪,记录色谱图；另精密称取己酸羟孕酮对照品20.15 mg,用甲醇溶解并定量稀释成20.15 μg/ml的溶液,同法测定。试计算该样品的含量。本品含己酸羟孕酮($C_{27}H_{40}O_4$)应为标示量的90.0%～110.0%。

测定数据：$V_s = 2.00$ ml，$c_{对} = 20.15$ μg/ml，$A_{对} = 3232$，$A_{供} = 3648$，$D = 100/1$，$V = 100$ ml，$\overline{V} = 2$ ml，$B = 0.25$ g。

$$c_{供} = c_{对} \times \frac{A_{供}}{A_{对}} = 20.15 \times \frac{3648}{3232} = 22.74 (\mu g/ml)$$

$$标示量(\%) = \frac{c_{供} \times D \times V \times \overline{V}}{V_s \times B} \times 100\%$$

$$= \frac{22.74 \times 10^{-3} \times 100 \times 100 \times 2}{2.00 \times 0.25 \times 10^3} \times 100\% = 91.0\%$$

结果：符合规定。

学习实例三　苯妥英钠的含量测定

色谱条件与系统适用性试验：以十八烷基硅烷键合硅胶为填充剂；以 0.05 mol/L 磷酸二氢铵溶液(用磷酸调 pH 至 2.5)-乙腈-甲醇(45∶35∶20)为流动相；流速 1.5 ml/min；检测波长为 220 nm；进样体积为 20 μl。系统适用性溶液色谱图中，出峰顺序为苯妥英钠与杂质Ⅰ，两峰之间的分离度应符合要求，理论板数按苯妥英钠峰计算不低于 5000。

供试品的测定：取本品，精密称定，加流动相制成每 1 ml 中约含 50 μg 的溶液，精密量取 20 μl，注入高效液相色谱仪，记录色谱图；另取苯妥英钠对照品，同法测定。按外标法以峰面积计算，即得。

多维液相色谱

任务三　气相色谱法的认知与训练

气相色谱法(gas chromatography，GC)是采用气体作为流动相(载气)流经装有填充剂的色谱柱进行分离测定的色谱方法。物质或其衍生物气化后，被载气带入色谱柱进行分离，各组分先后进入检测器，用数据处理系统记录色谱信号。气相色谱法测定药物含量的方法有内标法、外标法、面积归一化法、标准溶液加入法等。

一、系统适用性试验

除另有规定外，应照高效液相色谱法(通则 0512)项下的规定。

二、测定方法

(1) 内标法。

(2) 外标法。

(3) 面积归一化法。

上述(1)~(3)法的具体内容均同于高效液相色谱法(通则 0512)项下相应的规定。

(4) 标准溶液加入法：精密称(量)取某个杂质或待测组分对照品适量，配制成适当浓度的对照品溶液，取一定量，精密加入供试品溶液中，根据外标法或内标法测定杂质或主成分含量，再扣除加入的对照品溶液含量，即得供试品溶液中某种杂质和主成分含量。也可按下述公式进行计算，加入对照品溶液前后校正因子应相同。

$$\frac{A_{is}}{A_X} = \frac{c_X + \Delta c_X}{c_X}$$

则待测组分的浓度 c_X 可通过如下公式进行计算：

$$c_X = \frac{\Delta c_X}{(A_{is}/A_X) - 1}$$

式中：c_X 为供试品中组分 X 的浓度；A_X 为供试品中组分 X 的色谱峰峰面积；Δc_X 为所加入的已知浓度的待测组分对照品的浓度；A_{is} 为加入对照品后组分 X 的色谱峰峰面积。

由于气相色谱法的进样量一般仅数微升，为减小进样误差，尤其采用手动进样时，由于留针时间和室温等对进样量也有影响，故宜采用内标法定量；当采用自动进样器时，由于进样重复性的提高，在保证分析误差的前提下，也可采用外标法定量。当采用顶空进样时，由于供试品和对照品处于不完全相同的基质中，故可采用标准溶液加入法，以消除基质效应的影响；当标准溶液加入法与其他定量方法结果不一致时，应以标准溶液加入法结果为准。

学习实例

维生素 E 含量测定

内标溶液：取正三十二烷适量，加正己烷溶解并稀释成每 1 ml 中含 1.0 mg 的溶液。

供试品溶液：取本品约 20 mg，精密称定，置棕色具塞锥形瓶中，精密加内标溶液 10 ml，密塞，振摇使溶解。

对照品溶液：取维生素 E 对照品约 20 mg，精密称定，置棕色具塞锥形瓶中，精密加内标溶液 10 ml，密塞，振摇使溶解。

校正因子的测定：另取维生素 E 对照品约 20 mg，精密称定，置棕色具塞锥形瓶中，精密加入内标溶液 10 ml，密塞，振摇使溶解；取 1~3 μl 注入气相色谱仪，计算校正因子。

色谱条件：见有关物质项下。进样体积为 1~3 μl。

系统适用性溶液与系统适用性：用硅酮（OV-17）为固定液，涂布浓度为 2% 的填充柱，或用 100% 二甲基聚硅氧烷为固定液的毛细管柱；柱温为 265 ℃；进样体积为 1 μl。理论板数按维生素 E 峰计算不低于 500（填充柱）或 5000（毛细管柱），维生素 E 峰与正三十二烷峰之间的分离度应符合规定。

测定方法：取本品约 20 mg，精密称定，置棕色具塞锥形瓶中，精密加入内标溶液 10 ml，密塞，振摇使溶解；取 1~3 μl 注入气相色谱仪，测定，计算，即得。

知识累积

（1）薄层色谱扫描法是指用一定波长的光照射在薄层板上，对薄层色谱中可吸收紫外光或可见光的斑点,或经激发后能发射出荧光的斑点进行扫描,将扫描得到的图谱及积分数据用于鉴别、检查或含量测定。

(2)高效液相色谱法测定药物含量的方法主要有内标法和外标法。

(3)气相色谱法测定药物含量的方法有内标法、外标法、面积归一化法和标准溶液加入法等。

(4)课程思政要点:进行薄层色谱扫描法、高效液相色谱法、气相色谱法等试验操作时,不仅要具备高度的耐心和细心,如实地完成药品检验报告和原始记录,还需要不断探索和优化试验方法。

目标检测

扫码看答案

一、单项选择题

1. 原料药的含量表示方法是采用(   )。
A. 百分含量   B. 百分浓度
C. 标示量百分含量   D. mol/L   E. ppm

2. 药物制剂的含量表示方法是采用(   )。
A. 百分含量   B. 百分浓度
C. 标示量百分含量   D. mol/L   E. ppm

3. 紫外-可见分光光度法用于含量测定时,下列哪个 A 值超出了一般要求的范围?(   )
A. 0.4   B. 0.5   C. 0.7   D. 0.9   E. 0.6

4. 色谱系统适用性试验中,除另有规定外,分离度应达到的要求是(   )。
A. ≥1.5   B. >1.5   C. ≤1.5   D. >1   E. ≤1

5. 准确度是指(   )。
A. 测量值与真实值或参考值接近的程度   B. 测量的正确性
C. 测得的测量值与回收率接近的程度
D. 测得的一组测量值彼此符合的程度   E. 测量的准确性

6. 精密度是指(   )。
A. 测量值与真实值或参考值接近的程度   B. 测量的正确性
C. 测得的测量值与回收率接近的程度
D. 测得的一组测量值彼此符合的程度   E. 测量的准确性

7. 维生素C进行含量测定时,终点的现象是(   )。
A. 蓝色消失   B. 溶液显蓝色,并在30 s内不褪色
C. 溶液显持续的微黄色   D. 溶液显粉红色,并在30 s内不褪色
E. 粉红色消失,并在30 s内不再显粉红色

8. 高效液相色谱法最常用的检测器是(   )。
A. 紫外检测器   B. 电化学检测器   C. 荧光检测器
D. 示差折光检测器   E. 二极管阵列检测器

9. 色谱系统适用性试验的内容不包括（　　）。
A. 理论板数　B. 准确度　C. 拖尾因子　D. 分离度　E. 柱效
10. 西药原料药的含量测定首选的分析方法是（　　）。
A. 容量分析法　　　B. 色谱法　　　C. 分光光度法
D. 重量法　　　　　E. 烘干法

二、多项选择题

1. 药物的含量测定方法包括（　　）。
A. 容量分析法　　　B. 光谱法　　　C. 色谱法
D. 比色法　　　　　E. 比浊法
2. 以下哪些属于容量分析法？（　　）
A. 氧化还原滴定法　　B. 高效液相色谱法
C. 紫外-可见分光光度法　D. 酸碱滴定法　E. 碘量法
3. 《中国药典》(2020 年版)四部收载的含量测定方法包括（　　）。
A. 紫外-可见分光光度法　B. 原子吸收光谱法
C. 高效液相色谱法　　D. 酸碱滴定法　E. 电泳法
4. 下列哪种药物可用紫外-可见分光光度法进行分析？（　　）
A. 布洛芬　　　　　B. 对乙酰氨基酚　　C. 青霉素钠
D. 黄体酮　　　　　E. 维生素 B_{12}
5. 紫外-可见分光光度法的主要特点是（　　）。
A. 操作简单　　　　B. 灵敏度低　　　　C. 准确度较好
D. 专属性较差　　　E. 常用于原料药的含量测定
6. 高效液相色谱法用（　　）进行定量测定。
A. 分离度　B. 保留时间　C. 保留体积　D. 峰面积　E. 峰高

三、简答题

1. 药物的定量分析方法主要有哪几大类？
2. 药物的容量分析法有哪些？
3. 紫外-可见分光光度法进行药物含量测定有哪些方法？请举例说明。
4. 简述高效液相色谱法的系统适用性试验的内容及要求。

四、分析题

硫酸双肼屈嗪的含量测定：取本品约 0.3 g，精密称定，加水 50 ml 与盐酸(1→2) 10 ml，微热使溶解，放冷至室温，照永停滴定法（通则 0701），采用快速滴定法进行滴定。滴定液为亚硝酸钠滴定液(0.1 mol/L)。
(1) 含量测定过程中为何要加入过量盐酸？
(2) 滴定中要加入哪种催化剂？目的是什么？
(3) 简述在滴定中采用的快速滴定法。

五、计算题

1. 磷酸可待因片含量测定:取本品 25 片(规格:15 mg),精密称定总重为 2.0000 g,研细,精密称取适量(约相当于磷酸可待因 0.15 g),精密称取粉末的重量范围是多少?

2. 称取硫酸奎宁 0.1512 g,加冰醋酸 7 ml 溶解后,加醋酐 3 ml,结晶紫指示剂 1 滴,用 0.1002 mol/L 的 $HClO_4$ 滴定液滴定至溶液显绿色,消耗 $HClO_4$ 滴定液 6.22 ml,空白试验消耗 $HClO_4$ 滴定液 0.12 ml。已知每 1 ml $HClO_4$ 滴定液(0.1 mol/L)相当于 24.90 mg 的 $(C_{20}H_{24}N_2O_2)_2 \cdot H_2SO_4$。请计算硫酸奎宁的百分含量。

3. 甲苯磺丁脲片(规格:0.5 g)含量测定:取甲苯磺丁脲 10 片,精密称定 5.948 g,研细,精密称取细粉 0.5996 g,加中性乙醇 25 ml,微热,使其溶解,放冷,加酚酞指示剂 3 滴,用氢氧化钠滴定液(0.1008 mol/L)滴定至粉红色,消耗量 18.47 ml。每 1 ml 氢氧化钠滴定液(0.1 mol/L)相当于 27.04 mg 的甲苯磺丁脲。《中国药典》(2020年版)规定本品含甲苯磺丁脲应为标示量的 95.0%～105%。试计算本品的标示量百分含量,并判断是否符合规定。

4. 取标示量为 5 ml:0.5 g 维生素 C 注射液 2 ml,加水 15 ml 与丙酮 2 ml,摇匀,放置 5 min,加稀醋酸 4 ml 与淀粉指示液 1 ml,用碘滴定液(0.1030 mol/L)滴定至终点,消耗体积为 20.76 ml。每 1 ml 碘滴定液(0.1 mol/L)相当于 8.806 mg $C_6H_8O_6$。计算该注射液中维生素 C 占标示量的百分含量。

5. 取维生素 B_1 片(规格:10 mg)15 片,总重量为 1.2156 g,研细,精密称取 0.4082 g,置 100 ml 量瓶中,加盐酸(9→1000)溶解并稀释至刻度,摇匀,滤过,弃去初滤液,精密量取续滤液 1 ml,置另一 50 ml 量瓶中,再加盐酸(9→1000)稀释至刻度,摇匀。照紫外-可见分光光度法在 246 nm 波长处测定吸光度为 0.407。已知 $C_{12}H_{17}ClN_4OS \cdot HCl$ 的吸收系数为 425,求该片剂的含量。

6. 阿苯达唑片(规格:0.5 g)含量测定:本品含阿苯达唑($C_{12}H_{15}N_3O_2S$)应为标示量的 90.0%～110.0%。取本品 20 片,精密称定重量为 12.0820 g,研细,精密称取适量(约相当于阿苯达唑 20 mg),置 100 ml 量瓶中,加冰醋酸 10 ml,振摇使阿苯达唑溶解,用乙醇稀释至刻度,摇匀(必要时,滤过),精密量取续滤液 5 ml,置 100 ml 量瓶中,用乙醇稀释至刻度,摇匀,照紫外-可见分光光度法(通则 0401),在 295 nm 波长处测定吸光度,按 $C_{12}H_{15}N_3O_2S$ 的吸收系数为 444 计算本品的含量。已知测定数据:$m_1 = 0.02426$ g,$A_1 = 0.436$,$m_2 = 0.02432$ g,$A_2 = 0.437$。

7. 地高辛片(规格:0.25 mg)含量测定。照高效液相色谱法(通则 0512)测定。取本品 20 片,精密称定重量为 1.2124 g,研细,精密称取 0.6025 g,置 25 ml 量瓶中,加稀乙醇适量,超声 30 min 使地高辛溶解,放冷,加稀乙醇稀释至刻度,摇匀,经滤膜(孔径不得大于 0.45 μm)滤过,精密量取续滤液 20 μl 注入高效液相色谱仪,记录色谱图,峰面积的平均值为 46750210;另精密称取地高辛对照品适量,用稀乙醇溶解并定量稀释制成每 1 ml 中含 0.104 mg 的溶液,同法测定,峰面积平均值为 48262852。按外标法以峰面积计算其标示百分含量。

模块八　原料药检测技术

项目一　原料药质量标准的查阅
项目二　对乙酰氨基酚的质量检测
项目三　质量检验报告书的书写

扫码看 ppt

素质目标：
1. 养成及时、完整、真实、整洁地记录原始检验数据的习惯；
2. 相互协作，共同解决试验中出现的异常情况，培养团队合作精神；
3. 尝试新的检测方法和技术，培养创新思维。

知识目标：
1. 掌握《中国药典》(2020年版)中原料药对乙酰氨基酚的质量标准；
2. 掌握对乙酰氨基酚性状、鉴别、检查、含量测定的操作方法；
3. 正确记录和处理试验数据，并能书写检验报告书。

能力目标：
1. 能正确查阅原料药对乙酰氨基酚的质量标准；
2. 能规范地对对乙酰氨基酚进行质量检测；
3. 能及时填写质量检测原始记录和报告书。

案例导入

国家药监局关于18批次药品不符合规定的通告(2020年 第73号)

经重庆市食品药品检验检测研究院等9家药品检验机构检验，标示为贵州缔谊健康制药有限公司等11家药品生产企业生产的18批次药品不符合规定。现将相关情况通告如下：

一、经重庆市食品药品检验检测研究院检验，标示为贵州缔谊健康制药有限公司、瑞阳制药有限公司、天圣制药集团股份有限公司生产的5批次复方对乙酰氨基酚片不符合规定，不符合规定项目包括游离水杨酸、崩解时限。

经黑龙江省药品检验研究中心检验，标示为吉林一正药业集团有限公司生产的1批次复方颠茄氢氧化铝片不符合规定，不符合规定项目为微生物限度。

经海南省药品检验所检验，标示为云南植物药业有限公司生产的1批次参麦注射液不符合规定，不符合规定项目为总固体。

经上海市食品药品检验所检验，标示为哈尔滨珍宝制药有限公司生产的1批次注射用奥扎格雷钠不符合规定，不符合规定项目为可见异物。

经安徽省食品药品检验研究院检验，标示为双鹤药业(海南)有限责任公司生产的1批次注射用卡络磺钠不符合规定，不符合规定项目为溶液的澄清度。

经北京市药品检验所检验，标示为吉林恒金药业股份有限公司生产的2批次注射用奈达铂不符合规定，不符合规定项目为溶液的澄清度。

经安徽省食品药品检验研究院检验，标示为安国路路通中药饮片有限公司生产的1批次黄精(酒黄精)不符合规定，不符合规定项目为总灰分。

经大连市药品检验检测院检验,标示为湖北道地药材科技有限公司生产的1批次前胡不符合规定,不符合规定项目为性状。

经深圳市药品检验研究院检验,标示为安徽华鼎堂中药饮片科技有限公司生产的1批次红景天不符合规定,不符合规定项目包括性状、鉴别。

经深圳市药品检验研究院检验,抽取自株洲市医药有限公司的1批次红景天不符合规定,不符合规定项目为性状。

经深圳市药品检验研究院、大连市药品检验检测院、山西省食品药品检验所分别检验,抽取自长春市中和医药药材有限责任公司的红景天、前胡、秦艽各1批次不符合规定,不符合规定项目包括性状、杂质。

二、对上述不符合规定药品,药品监督管理部门已要求相关企业和单位采取暂停销售使用、召回等风险控制措施,对不符合规定原因开展调查并切实进行整改。

三、国家药品监督管理局(国家药监局)要求相关省级药品监督管理部门依据《中华人民共和国药品管理法》,组织对上述企业和单位生产销售假劣药品的违法行为立案调查,并按规定公开查处结果。

特此通告。

讨论:原料药质量与药物制剂质量之间的关系有哪些?原料药质量控制的关键要素有哪些?

项目一 原料药质量标准的查阅

任务一 找出对乙酰氨基酚的质量标准

一、质量标准在药典中的定位

药品质量标准收录于《中国药典》(2020年版)正文,其主要包括性状、鉴别、检查、含量测定等。

二、找出对乙酰氨基酚的质量标准

《中国药典》(2020年版)一部收载凡例、药材和饮片、植物油脂和提取物、成方制剂和单味制剂等;二部收载凡例、化学药品、抗生素、生化药品、放射性药品等;三部收载凡例、生物制品;四部收载凡例、通则、药用辅料等。

对乙酰氨基酚属于化学药品,且属于原料药,查阅《中国药典》(2020年版)二部的正文即可。

> **课堂活动**
> 请总结对乙酰氨基酚质量标准的查阅路径。

任务二 解读对乙酰氨基酚质量标准

对乙酰氨基酚 Paracetamol

$C_8H_9NO_2$　　151.16

本品为 4′-羟基乙酰苯胺。按干燥品计算,含 $C_8H_9NO_2$ 应为 98.0%～102.0%。

【性状】 本品为白色结晶或结晶性粉末;无臭。本品在热水或乙醇中易溶,在丙酮中溶解,在水中略溶。

熔点 本品的熔点(通则0612)为 168～172 ℃。

【鉴别】 (1) 本品的水溶液加三氯化铁试液,即显蓝紫色。

(2) 取本品约 0.1 g,加稀盐酸 5 ml,置水浴中加热 40 min,放冷;取 0.5 ml,滴加亚硝酸钠试液 5 滴,摇匀,用水 3 ml 稀释后,加碱性 β-萘酚试液 2 ml,振摇,即显红色。

(3) 本品的红外光吸收图谱应与对照的图谱(光谱集 131 图)一致。

【检查】 **酸度** 取本品 0.10 g,加水 10 ml 使溶解,依法测定(通则 0631),pH 应为 5.5~6.5。

乙醇溶液的澄清度与颜色 取本品 1.0 g,加乙醇 10 ml 溶解后,溶液应澄清无色;如显浑浊,与 1 号浊度标准液(通则 0902 第一法)比较,不得更浓;如显色,与棕红色 2 号或橙红色 2 号标准比色液(通则 0901 第一法)比较,不得更深。

氯化物 取本品 2.0 g,加水 100 ml,加热溶解后,冷却,滤过,取滤液 25 ml,依法检查(通则 0801),与标准氯化钠溶液 5.0 ml 制成的对照溶液比较,不得更浓(0.01%)。

硫酸盐 取氯化物项下剩余的滤液 25 ml,依法检查(通则 0802),与标准硫酸钾溶液 1.0 ml 制成的对照溶液比较,不得更浓(0.02%)。

对氨基酚及有关物质 临用新制。取本品适量,精密称定,加溶剂[甲醇-水(4:6)]制成每 1 ml 中约含 20 mg 的溶液,作为供试品溶液;取对氨基酚对照品适量,精密称定,加上述溶剂溶解并制成每 1 ml 中约含对氨基酚 0.1 mg 的溶液,作为对照品溶液;精密量取对照品溶液与供试品溶液各 1 ml,置同一 100 ml 量瓶中,用上述溶剂稀释至刻度,摇匀,作为对照溶液。照高效液相色谱法(通则 0512)试验。用辛基硅烷键合硅胶为填充剂;以磷酸盐缓冲液(取磷酸氢二钠 8.95 g,磷酸二氢钠 3.9 g,加水溶解至 1000 ml,加 10% 四丁基氢氧化铵溶液 12 ml)-甲醇(90:10)为流动相;检测波长为 245 nm;柱温为 40 ℃;理论板数按对乙酰氨基酚峰计算不低 2000,对氨基酚峰与对乙酰氨基酚峰的分离度应符合要求。精密量取对照溶液与供试品溶液各 20 μl,分别注入液相色谱仪,记录色谱图至主峰保留时间的 4 倍。供试品溶液色谱图中如有与对氨基酚保留时间一致的色谱峰,按外标法以峰面积计算,含对氨基酚不得过 0.005%,其他单个杂质峰面积不得大于对照溶液中对乙酰氨基酚峰面积的 0.1(0.1%),其他各杂质峰面积的和不得大于对照溶液中对乙酰氨基酸峰面积的 0.5(0.5%)。

对氯苯乙酰胺 临用新制。取对氨基酚及有关物质项下的供试品溶液作为供试品溶液;另取对氯苯乙酰胺对照品与对乙酰氨基酚对照品各适量,精密称定,加溶剂[甲醇-水(4:6)]溶解并制成每 1 ml 中约含对氯苯乙酰胺 1 μg 与对乙酰氨基酚 20 μg 的混合溶液,作为对照品溶液。照高效液相色谱法(通则 0512)试验。用辛基硅烷键合硅胶为填充剂;以磷酸盐缓冲液(取磷酸氢二钠 8.95 g,磷酸二氢钠 3.9 g,加水溶解至 1000 ml,加 10% 四丁基氢氧化铵溶液 12 ml)-甲醇(60:40)为流动相;检测波长为 245 nm;柱温为 40 ℃;理论板数按对乙酰氨基酚峰计算不低 2000,对氯苯乙酰胺峰与对乙酰氨基酚峰的分离度应符合要求。精密量取对照品溶液与供试品溶液各 20 μl,分别注入高效液相色谱仪,记录色谱图。按外标法以峰面积计算,含对氯苯乙酰胺不得过 0.005%。

干燥失重 取本品,在 105 ℃ 下干燥至恒重,减失重量不得过 0.5%(通则 0831)。

炽灼残渣 不得过 0.1%(通则 0841)。

重金属 取本品 1.0 g,加水 20 ml,置水浴中加热使溶解,放冷,滤过,取滤液加醋酸盐缓冲液(pH 3.5)2 ml 与水适量使成 25 ml,依法检查(通则 0821 第一法),含重金属不得过百万分之十。

【含量测定】 取本品约 40 mg,精密称定,置 250 ml 量瓶中,加 0.4%氢氧化钠溶液 50 ml 溶解后,加水稀释至刻度,摇匀,精密量取 5 ml,置 100 ml 量瓶中,加 0.4%氢氧化钠溶液 10 ml,加水稀释至刻度,摇匀,照紫外-可见分光光度法(通则 0401),在 257 nm 波长处测定吸光度,按 $C_8H_9NO_2$ 的吸收系数($E_{1cm}^{1\%}$)为 715 计算,即得。

【类别】 解热镇痛、非甾体抗炎药。

【贮藏】 密封保存。

【制剂】 ①对乙酰氨基酚片;②对乙酰氨基酚咀嚼片;③对乙酰氨基酚泡腾片;④对乙酰氨基酚注射液;⑤对乙酰氨基酚栓;⑥对乙酰氨基酚胶囊;⑦对乙酰氨基酚颗粒;⑧对乙酰氨基酚滴剂;⑨对乙酰氨基酚凝胶。

项目二 对乙酰氨基酚的质量检测

任务一 取 样

原料药取样操作:按照原辅料取样标准操作规程进行。

原辅料取样
标准操作规程

任务二 性 状 检 查

【知识链接】
植物药、
动物药、
矿物药
原料药
取样标准
操作规程

一、检查

1. 外观感官性状检测法 外观是指药物形态、晶型、色泽等;臭、味是指药物本身固有的气、味,而不是指因混入残留有机溶剂等异物而带入的异臭或异味。通过视觉、触觉、听觉、嗅觉、味觉等感官检测技术对物料进行检测。凡不明未知物料、毒、麻类药品,以及药理作用较强的药品,不得采取味觉检查。

2. 溶解度检测法 除另有规定外,称取研成细粉的供试品或量取液体供试品,置于25 ℃±2 ℃一定容量的溶剂中,每隔5 min强力振摇30 s,观察30 min内的溶解情况。如无目视可见的溶质颗粒或液滴时,即视为完全溶解。

> **课堂活动**
> 什么是易溶、溶解、略溶?

3. 熔点测定法 按照熔点测定法检验标准操作规程进行。

熔点测定法检验
标准操作规程

二、填写检验记录

根据性状检查过程,完成对乙酰氨基酚检验记录一(表 8-1)。

表 8-1　对乙酰氨基酚检验记录一

批号		来源	
温度、湿度		检验项目	
开始日期		完成日期	
规格			
检验依据			
试验记录			
检验项目	检验过程及结论		
【性状】	1. 性状 标准规定:本品为白色结晶或结晶性粉末;无臭。本品在热水或乙醇中易溶,在丙酮中溶解,在水中略溶。 检验步骤:取本品观察性状,称取_____ g、_____ g、_____ g,置于 25 ℃±2 ℃的_____、_____、_____溶剂中,每隔 5 min 强力振摇 30 s,观察 30 min 内的溶解情况。如无目视可见的溶质颗粒或液滴时,即视为完全溶解。 检验结果:_____ _____。 结果判定:□符合规定　□不符合规定 检验人:_____　复核人:_____ 2. 熔点 标准规定:本品的熔点(通则 0612 第二法)为 168～172 ℃。 检验步骤:按熔点测定法检验标准操作规程操作。 仪器型号:_____　仪器编号:_____ 升温速度:_____℃/min 第一次读数:初熔:_____;全熔:_____ 第二次读数:初熔:_____;全熔:_____ 第三次读数:初熔:_____;全熔:_____ 读数平均值:初熔:_____;全熔:_____ 检验结果:熔点=_____ 结果判定:□符合规定　□不符合规定 检验人:_____　复核人:_____		

任务三 真伪鉴别

一、鉴别方法

1. 酚羟基鉴别法 取供试品的稀溶液,加三氯化铁试液 1 滴,即显蓝紫色。

$$3 \; \text{HO-C}_6\text{H}_4\text{-NHCOCH}_3 + \text{FeCl}_3 \longrightarrow [\text{CH}_3\text{COHN-C}_6\text{H}_4\text{-O}]_3\text{Fe} + 3\text{HCl}$$

（蓝紫色）

原理:对乙酰氨基酚具有酚羟基,可与三氯化铁发生呈色反应。

2. 芳伯氨基鉴别法 取本品约 0.1 g,加稀盐酸 5 ml,置水浴中加热 40 min,放冷;取 0.5 ml,滴加亚硝酸钠试液 5 滴,摇匀,用水 3 ml 稀释后,加碱性 β-萘酚试液 2 ml,振摇,即显红色。

原理:对乙酰氨基酚分子结构中具有潜在的芳伯氨基,在盐酸或硫酸中加热水解为芳伯氨基后,可用重氮化-偶合反应鉴别。

$$\text{HO-C}_6\text{H}_4\text{-NHCOCH}_3 + \text{HCl} + \text{H}_2\text{O} \longrightarrow \text{HO-C}_6\text{H}_4\text{-NH}_2 \cdot \text{HCl} + \text{CH}_3\text{COOH}$$

$$\text{HO-C}_6\text{H}_4\text{-NH}_2 \cdot \text{HCl} + \text{HNO}_2 \longrightarrow \text{HO-C}_6\text{H}_4\text{-N}_2^+ \cdot \text{Cl}^- + 2\text{H}_2\text{O}$$

$$\text{HO-C}_6\text{H}_4\text{-N}_2^+ \cdot \text{Cl}^- + \text{C}_{10}\text{H}_7\text{OH} \longrightarrow \text{HO-C}_6\text{H}_4\text{-N=N-C}_{10}\text{H}_6\text{-OH} + \text{HCl}$$

（红色）

3. 红外分光光度法 红外分光光度法检验标准操作规程。

红外分光光度法
检验标准操作规程

二、填写检验记录

根据鉴别过程,完成对乙酰氨基酚检验记录二(表 8-2)。

表 8-2 对乙酰氨基酚检验记录二

批号		来源	
温度、湿度		检验项目	
开始日期		完成日期	
规格			
检验依据			
试验记录			
检验项目	检验过程及结论		
【鉴别】	标准规定:1. 本品的水溶液加三氯化铁试液,即显蓝紫色。 2. 取本品约 0.1 g,加稀盐酸 5 ml,置水浴中加热 40 min,放冷;取 0.5 ml,滴加亚硝酸钠试液 5 滴,摇匀,用水 3 ml 稀释后,加碱性 β-萘酚试液 2 ml,振摇,即显红色。 3. 本品的红外光光谱应与对照的图谱(光谱集 131 图)一致。 检验步骤:1. 称取本品_____g,加水_____ml,摇匀,制成本品的水溶液,加三氯化铁试液_____滴,即显_____色。 2. 取本品_____g,加稀盐酸 5 ml,置水浴中加热 40 min,放冷;取_____ml,滴加亚硝酸钠试液_____滴,摇匀,用水 3 ml 稀释后,加碱性 β-萘酚试液 2 ml,振摇,即显_____色。 3. 按红外分光光度法检验标准操作规程进行。 红外分光光度计型号:_____编号:_____ 检验结果:1._____ 2._____ 3._____ 结果判定:□符合规定 □不符合规定 检验人:_____ 复核人:_____		

任务四 杂质检查

一、检查内容

1. 酸度 pH 检查法检验标准操作规程见二维码内容。

pH 检查法检验
标准操作规程

2. 乙醇溶液的澄清度与颜色

（1）乙醇溶液的澄清度：澄清度检查法检验标准操作规程见二维码内容。

澄清度检查法
检验标准操作规程

（2）乙醇溶液的颜色：溶液颜色检查法检验标准操作规程见二维码内容。

溶液颜色检查法
检验标准操作规程

3. 氯化物 氯化物检查法检验标准操作规程见二维码内容。

原理：药物中的微量氯化物在硝酸酸化条件下与硝酸银反应，生成氯化银胶体微粒而显白色浑浊，与一定量的标准氯化钠溶液在相同条件下产生的氯化银浑浊程度比较，判断供试品中氯化物是否符合限量规定。反应式如下：

$$Cl^- + Ag^+ \longrightarrow AgCl\downarrow(白色)$$

氯化物检查法
检验标准操作规程

4. 硫酸盐 硫酸盐检查法检验标准操作规程见二维码内容。

原理：硫酸盐在稀盐酸酸性条件下与氯化钡反应，生成硫酸钡微粒显白色浑浊，与一定量标准硫酸钾溶液在相同条件下产生的硫酸钡浑浊程度比较，判定供试品硫酸盐

是否符合限量规定。反应式如下:

$$SO_4^{2-} + Ba^{2+} \longrightarrow BaSO_4 \downarrow (白色)$$

硫酸盐检查法
检验标准操作规程

5. 对氨基酚及有关物质、对氯苯乙酰胺 高效液相色谱法检验标准操作规程见二维码内容。

高效液相色谱法
检验标准操作规程

6. 干燥失重 干燥失重检查法检验标准操作规程见二维码内容。

干燥失重检查法
检验标准操作规程

7. 炽灼残渣 炽灼残渣检查法检验标准操作规程见二维码内容。

炽灼残渣检查法
检验标准操作规程

8. 重金属 按重金属检查法检验标准操作规程第一法检验,含重金属不得过百万分之十。

重金属检查法
检验标准操作规程

二、填写检验记录

根据检查过程,完成对乙酰氨基酚检验记录三(表 8-3)。

表 8-3　对乙酰氨基酚检验记录三

批号		来源	
温度、湿度		检验项目	
开始日期		完成日期	
规格			
检验依据			

试验记录	
检验项目	检验过程及结论
【检查】	1. 酸度 标准规定：取本品 0.10 g，加水 10 ml 使溶解，依法测定（通则 0631），pH 应为 5.5～6.5。 检验步骤：取本品＿＿＿＿＿g，加水 10 ml 使溶解，按 pH 测定法检验标准操作规程进行。 pH 计型号、编号：＿＿＿＿＿ 标准缓冲液 1：＿＿＿＿＿；标准缓冲液 2：＿＿＿＿＿ pH 读数 1：＿＿＿＿＿；pH 读数 2：＿＿＿＿＿； pH 读数平均值：＿＿＿＿＿ 检验结果： 结果判定：□符合规定　□不符合规定 检验人：＿＿＿＿＿　复核人：＿＿＿＿＿ 2. 乙醇溶液的澄清度与颜色 标准规定：取本品 1.0 g，加乙醇 10 ml 溶解后，溶液应澄清无色；若显浑浊，与 1 号浊度标准液（通则 0902 第一法）比较，不得更浓；若显色，与棕红色 2 号或橙红色 2 号标准比色液（通则 0901 第一法）比较，不得更深。 检验步骤：取本品＿＿＿＿＿g，加乙醇 10 ml 使溶解，溶液呈＿＿＿＿＿，若显浑浊，按照通则 0902 第一法与 1 号浊度标准液比较，＿＿＿＿＿；若显色，按照通则 0901 第一法与棕红色 2 号或橙红色 2 号标准比色液比较，＿＿＿＿＿。 检验结果： 结果判定：□符合规定　□不符合规定 检验人：＿＿＿＿＿　复核人：＿＿＿＿＿ 3. 氯化物 标准规定：取本品 2.0 g，加水 100 ml，加热溶解后，冷却，滤过，取滤液 25 ml，依法检查（通则 0801），与标准氯化钠溶液 5.0 ml 制成的对照液比较，不得更浓（0.01%）。 检验步骤：取本品＿＿＿＿＿g，加水 100 ml，加热溶解，冷却，滤过，取滤液 25 ml，照氯化物检查法检验标准操作规程进行，与标准氯化钠溶液＿＿＿＿＿ml 制成的对照溶液比较，＿＿＿＿＿。

	检验结果： 结果判定：□符合规定　□不符合规定 检验人：_____　复核人：_____ 4. 硫酸盐 标准规定：取氯化物项下剩余的滤液 25 ml，依法检查（通则 0802），与标准硫酸钾溶液 1.0 ml 制成的对照溶液比较，不得更浓（0.02%）。 检验步骤：取氯化物项下剩余的滤液_____ml，按硫酸盐检查法检验标准操作规程进行，与标准硫酸钾溶液_____ml 制成的对照溶液比较，_____。 检验结果： 结果判定：□符合规定　□不符合规定 检验人：_____　复核人：_____ 5. 对氨基酚及有关物质、对氯苯乙酰胺 标准规定：照高效液相色谱法（通则 0512）测定，供试品溶液色谱图中若有与对氨基酚保留时间一致的色谱峰，按外标法以峰面积计算，含对氨基酚不得过 0.005%，其他单个杂质峰面积不得大于对照溶液中对乙酰氨基酚峰面积的 0.1(0.1%)，其他各杂质峰面积的和不得大于对照溶液中对乙酰氨基酸峰面积的 0.5(0.5%)。 对氯苯乙酰胺的含量按外标法以峰面积计算，含对氯苯乙酰胺不得过 0.005%。
【检查】	检验步骤：对氨基酚及有关物质：取本品_____g，精密称定_____g，加溶剂[甲醇-水(4:6)]制成每 1 ml 中约含 20 mg 的溶液，作为供试品溶液；取对氨基酚对照品_____g，精密称定_____g，加上述溶剂溶解并制成每 1 ml 中约含对氨基酚 0.1 mg 的溶液，作为对照品溶液；精密量取对照品溶液与供试品溶液各 1 ml，置同一 100 ml 量瓶中，用上述溶剂稀释至刻度，摇匀，作为对照溶液。按高效液相色谱法检验标准操作规程进行。用辛基硅烷键合硅胶为填充剂；以磷酸盐缓冲液（取磷酸氢二钠 8.95 g，磷酸二氢钠 3.9 g，加水溶解至 1000 ml，加 10% 四丁基氢氧化铵溶液 12 ml）-甲醇（90:10）为流动相；检测波长为 245 nm；柱温为 40 ℃；理论板数按对乙酰氨基酚峰计算不低于 2000，对氨基酚峰与对乙酰氨基酚峰的分离度应符合要求。精密量取对照溶液与供试品溶液各 20 μl，分别注入高效液相色谱仪，记录色谱图至主峰保留时间的 4 倍。 供试品溶液浓度：_____ 对照品溶液浓度：_____ 流速：_____ ml/min 测得数据： 对照品峰面积 A_{r_1} = _____　　对照品峰面积 A_{r_2} = _____ 对照品平均峰面积 A_r = _____　　对照品相对平均偏差 = _____ 供试品 1 峰面积 A_{x_1} = _____　　供试品 2 峰面积 A_{x_2} = _____ 计算：

续表

【检查】	对氯苯乙酰胺:取对氨基酚及有关物质项下的供试品溶液作为供试品溶液;另精密称取对氯苯乙酰胺对照品_____g、对乙酰氨基酚对照品_____g,加溶剂[甲醇-水(4:6)]溶解并制成每 1 ml 中约含对氯苯乙酰胺 1 μg 与对乙酰氨基酚 20 μg 的混合溶液,作为对照品溶液。按高效液相色谱法检验标准操作规程进行。用辛基硅烷键合硅胶为填充剂;以磷酸盐缓冲液(取磷酸氢二钠 8.95 g,磷酸二氢钠 3.9 g,加水溶解至 1000 ml,加 10％四丁基氢氧化铵 12 ml)-甲醇(60:40)为流动相;检测波长为 245 nm;柱温为 40 ℃;理论板数按乙酰氨基酚峰计算不低于 2000。精密量取对照品溶液与供试品溶液各 20 μl,分别注入高效液相色谱仪,记录色谱图。 供试品溶液浓度:_____ 对照品溶液浓度:_____ 流速:_____ ml/min 测得数据: 对照品峰面积 A_{r_1}=_____ 对照品峰面积 A_{r_2}=_____ 对照品平均峰面积 A_r=_____ 对照品相对平均偏差=_____％ 供试品 1 峰面积 A_{x_1}=_____ 供试品 2 峰面积 A_{x_2}=_____ 计算: 检验结果: 结果判定:□符合规定 □不符合规定 检验人:_____ 复核人:_____ 6. 干燥失重 标准规定:取本品,在 105 ℃ 干燥至恒重,减失重量不得过 0.5％(通则 0831)。 检验步骤:取本品_____g,按干燥失重测定法检验标准操作规程进行。 称量瓶重 W_0:_____ g _____ g _____ g 恒重称量瓶重 W:_____ g _____ g _____ g 称量瓶+样品重 W_1:_____ g _____ g _____ g 干燥后称量瓶+样品恒重 W_2:_____ g _____ g _____ g 计算: $$干燥失重(\%)=\frac{W_1-W_2}{W_1-W_0}\times 100\%$$ 干燥失重 1= 干燥失重 2= 干燥失重 3= 干燥失重平均值= 检验结果:

续表

【检查】	结果判定:□符合规定　□不符合规定 检验人:＿＿＿＿＿＿　复核人:＿＿＿＿＿＿ 7. 炽灼残渣 标准规定:照炽灼残渣检查法(通则0841),遗留残渣不得过0.1%。 检验步骤:取本品＿＿＿＿＿g,按炽灼残渣检查法检验标准操作规程进行。 空坩埚重 W:＿＿＿＿g　＿＿＿＿g　＿＿＿＿g 空坩埚恒重 W_0:＿＿＿＿g　＿＿＿＿g　＿＿＿＿g 坩埚+样品重 W_1:＿＿＿＿g　＿＿＿＿g　＿＿＿＿g 坩埚+残渣恒重 W_2:＿＿＿＿g　＿＿＿＿g　＿＿＿＿g 坩埚+残渣重 W_2':＿＿＿＿g　＿＿＿＿g　＿＿＿＿g 遗留残渣1＝ 遗留残渣2＝ 遗留残渣3＝ 遗留残渣平均值＝ 检验结果:遗留残渣平均值＝＿＿＿＿＿＿ 结果判定:□符合规定　□不符合规定 检验人:＿＿＿＿＿＿　复核人:＿＿＿＿＿＿ 8. 重金属 标准规定:取本品1.0 g,加水20 ml,置水浴中加热使溶解,放冷,滤过,取滤液加醋酸盐缓冲液(pH 3.5)2 ml 与水适量使成25 ml,依法检查(通则0821第一法),含重金属不得过百万分之十。 检验步骤:取本品＿＿＿＿＿g,加水20 ml,置水浴中加热使溶解,放冷,滤过,取滤液加醋酸盐缓冲液(pH 3.5)2 ml 与水适量使成25 ml,按重金属检查法检验标准操作规程进行,与标准铅溶液＿＿＿＿＿＿ml制成的对照溶液比较,＿＿＿＿＿＿＿＿＿＿＿＿＿＿＿＿＿＿＿＿＿＿＿＿＿＿＿＿＿＿＿＿＿＿＿＿。 检验结果: 结果判定:□符合规定　□不符合规定 检验人:＿＿＿＿＿＿　复核人:＿＿＿＿＿＿

任务五　含量测定

一、检查方法

照紫外-可见分光光度法检验标准操作规程中吸收系数法检查,按干燥品计算,含 $C_8H_9NO_2$ 应为98.0%～102.0%。

紫外-可见分光光度法
检验标准操作规程

二、填写检验记录

根据含量测定过程,请完成对乙酰氨基酚检验记录四(表8-4)。

表 8-4　对乙酰氨基酚检验记录四

样品名称		批号	
规格		温度、湿度	
开始日期		完成日期	
检验依据			
仪器型号		仪器编号	

试验记录	
检验项目	检验过程及结论
【含量测定】	标准规定:按干燥品计算,含 $C_8H_9NO_2$ 应为 98.0%～102.0%。 检验步骤:取本品约 40 ml,精密称定,置 250 ml 量瓶中,加 0.4%氢氧化钠溶液 50 ml 溶解后,加水至刻度,摇匀,精密量取 5 ml,置 100 ml 量瓶中,加 0.4%氢氧化钠溶液 10 ml,加水至刻度,摇匀,照紫外-可见分光光度法(通则 0401),在 257 nm 波长处测定吸光度,按 $C_8H_9NO_2$ 的吸收系数($E_{1cm}^{1\%}$)为 715 计算,即得。 测定数据:$W_1=$ _____;$W_2=$ _____;$A_1=$ _____;$A_2=$ _____; $D=$ _____;$V=$ _____;$L=$ _____ $E_{1cm}^{1\%}=$ _____。 结果计算: 含量 1(%)= 含量 2(%)= 检验结果:本品含 $C_8H_9NO_2$ _____% 相对平均偏差= 结果判定:□符合规定　□不符合规定 检验人:_____　　　复核人:_____ 日期:____年____月____日　日期:____年____月____日

项目三 质量检验报告书的书写

请根据质量检验原始记录,填写对乙酰氨基酚检验报告书(表 8-5)。

表 8-5　××公司对乙酰氨基酚检验报告书

报告书编号:

检品名称		批量	
批号		规格	
供样单位		包装	
检验目的		检品数量	
检验项目		收检日期	
检验依据		报告日期	
检验项目	标准规定		检验结果

［性状］

［鉴别］

［检查］

［含量测定］

结论:

审核人:　　　　　　　　　　　　　　　　　　　　　　　　　　　批准人:

知识累积

（1）对乙酰氨基酚检测包括性状、鉴别、检查、含量测定四大项目。

（2）课程思政要点：药物检测关乎患者的生命健康，必须秉持求真务实的态度，不得有丝毫马虎；在药物生产和检测过程中，每一步操作都需要严谨、细致，确保数据的准确性和可靠性，同时尽可能减少废弃物的排放，合理利用资源。

目标检测

扫码看答案

一、单项选择题

1. 鉴别对乙酰氨基酚中的酚羟基，最常用的试剂是（　　）。
A. 碘化钾　　　　　　B. 碘化汞钾　　　　　　C. 三氯化铁
D. 硫酸亚铁　　　　　E. 亚铁氰化钾

2. 炽灼残渣不得超过（　　）。
A. 1%　　　B. 0.1%　　　C. 0.01%　　　D. 0.2%　　　E. 0.02%

3. 对乙酰氨基酚含量测定采用的是（　　）。
A. IR　　　B. TLC　　　C. UV-Vis　　　D. HPLC　　　E. GC

4. 西咪替丁含量测定采用的是（　　）。
A. 容量分析法　　　　　B. 紫外-可见分光光度法
C. 红外分光光度法　　　D. 高效液相色谱法　　　E. 气相色谱法

5. 熔点测定时，装样高度为（　　）。
A. 1 mm　　　B. 2 mm　　　C. 3 mm　　　D. 4 mm　　　E. 5 mm

二、多项选择题

1. 鉴别对乙酰氨基酚中的潜在芳伯氨基，最常用的试剂是（　　）。
A. 稀盐酸　　　　　　B. 亚硝酸钠　　　　　　C. 硝酸钠
D. 碱性 β-萘酚　　　　E. 稀硫酸

2. 对乙酰氨基酚的检查项目有（　　）。
A. 酸度　　　　　　　　B. 乙醇溶液的澄清度与颜色
C. 氯化物　　　　　　　D. 硫酸盐　　　　　　　E. 对氯苯乙酰胺

3. 对乙酰氨基酚中一般杂质有（　　）。
A. 氯化物　　　　　　　B. 硫酸盐
C. 对氨基酚及有关物质　D. 对氯苯乙酰胺　　　　E. 重金属

4. 对乙酰氨基酚中特殊杂质有（　　）。
A. 氯化物　　　　　　　B. 硫酸盐
C. 对氨基酚及有关物质　D. 对氯苯乙酰胺　　　　E. 重金属

5. 硫酸盐检查法中，用到了（　　）试剂。

A. 稀盐酸　　B. 氯化钡　　C. 硫酸钾　　D. 氯化钠　　E. 稀硝酸

6. 对乙酰氨基酚的化学性质有（　　）。

A. 可水解产生游离芳伯氨基，因而水解物可发生重氮化反应

B. 水解产生的醋酸可于硫酸介质中与乙醇生成醋酸乙酯并产生香味

C. 可与三氯化铁发生呈色反应

D. 红外光谱特征

E. 紫外光谱特征

三、简答题

1. 如何配制黄色3号标准比色液？
2. 完成对乙酰氨基酚检测后，你有什么感想？

模块九 片剂检测技术

项目一 片剂药品标准的查阅
项目二 维 C 银翘片的质量检测
项目三 质量检验报告书的书写

扫码看 ppt

素质目标：
1. 养成及时、完整、真实、整洁地记录原始检验数据的习惯；
2. 具备耐心、细心、踏实、诚信的工作作风；
3. 思考并探索前沿技术在药物检测中的应用潜力，激发创新思维。

知识目标：
1. 掌握《中国药典》中维C银翘片的质量标准；
2. 掌握对维C银翘片性状、鉴别、检查、含量测定的操作方法；
3. 能正确记录和处理试验数据，以及掌握如何书写检验报告书。

能力目标：
1. 能正确查阅维C银翘片的质量标准；
2. 能规范地对维C银翘片进行质量检测；
3. 能及时填写质量检测原始记录和报告书。

案例导入

国家药监局关于49批次药品不符合规定的通告(2023年第30号)

经甘肃省药品检验研究院等10家药品检验机构检验，标示为北京朗迪制药有限公司等16家企业生产的碳酸钙D3颗粒等49批次药品不符合规定。现将相关情况通告如下：

一、经西藏自治区食品药品检验研究院检验，标示为河北金牛原大药业科技有限公司生产的1批次复方锌布颗粒剂不符合规定，不符合规定项目为含量测定。

经甘肃省药品检验研究院检验，标示为北京振东朗迪制药有限公司、北京振东朗迪制药有限公司委托山西振东制药股份有限公司、北京振东康远制药有限公司委托山西振东制药股份有限公司生产的24批次碳酸钙D3颗粒不符合规定，不符合规定项目均为含量测定。

经甘肃省药品检验研究院检验，标示为北京朗迪制药有限公司委托山西振东制药股份有限公司生产的7批次碳酸钙D3颗粒(Ⅱ)不符合规定，不符合规定项目均为含量测定。

经甘肃省药品检验研究院检验，标示为北京朗迪制药有限公司委托山西振东制药股份有限公司生产的1批次碳酸钙D3片(Ⅱ)不符合规定，不符合规定项目为含量测定。

经广东省药品检验所检验，标示为长春新安药业有限公司生产的1批次双氯芬酸钠肠溶片不符合规定，不符合规定项目为缓冲液中溶出量。

案例导入

经江苏省食品药品监督检验研究院检验,标示为山东益康药业股份有限公司生产的1批次左卡尼汀口服溶液不符合规定,不符合规定项目为苯甲酸钠。

经辽宁省药品检验检测院检验,标示为安徽永生堂药业有限责任公司生产的1批次伤科跌打片不符合规定,不符合规定项目为重量差异。

经山东省食品药品检验研究院检验,标示为湖南金寿制药有限公司生产的2批次麝香镇痛膏不符合规定,不符合规定项目为黏附力测定。

经重庆市食品药品检验检测研究院检验,标示为禹州市天源药业有限公司生产的3批次丹参配方颗粒不符合规定,不符合规定项目为含量测定。

经宁夏回族自治区药品检验研究院检验,标示为泸州百草堂中药饮片有限公司、四川自强中药有限公司、江西和硕药业有限公司生产的3批次地骨皮不符合规定,不符合规定项目包括总灰分、水分。

经安徽省食品药品检验研究院检验,标示为江西信健药业有限公司生产的1批次防己不符合规定,不符合规定项目为水分。

经中国食品药品检定研究院检验,标示为安国润德药业有限公司、河北润华药业有限公司、九洲恒源(安国)药业有限公司、四川同创康能药业有限公司生产的4批次女贞子不符合规定,不符合规定项目为水分。

二、对上述不符合规定药品,药品监督管理部门已要求相关企业和单位采取暂停销售使用、召回等风险控制措施,对不符合规定原因开展调查并切实进行整改。

三、国家药监局要求相关省级药品监督管理部门依据《中华人民共和国药品管理法》,组织对上述企业和单位存在的涉嫌违法行为立案调查,并按规定公开查处结果。

特此通告。

讨论:基于当前案例,你认为未来在药品质量控制、检测技术以及监管体系上有哪些改进的空间?如何将新技术(如人工智能、区块链)应用于药品质量管理?

项目一 片剂药品标准的查阅

> **课堂活动**
>
> 通过查阅《中国药典》(2020年版),请问片剂制剂通则在第几部药典?第几页?维C银翘片的质量标准在第几部药典?第几页?

任务一 找出片剂制剂通则

通过查阅《中国药典》(2020年版)四部,片剂的通则(通则0101)如下:

片剂系指原料药物或与适宜的辅料制成的圆形或异形的片状固体制剂。

中药还有浸膏片、半浸膏片和全粉片等。

片剂以口服普通片为主,另有含片、舌下片、口腔贴片、咀嚼片、分散片、可溶片、泡腾片、阴道片、阴道泡腾片、缓释片、控释片、肠溶片与口崩片等。

含片系指含于口腔中缓慢溶化产生局部或全身作用的片剂。含片中的原料药物一般是易溶性的,主要起局部消炎、杀菌、收敛、止痛或局部麻醉等作用。

舌下片系指置于舌下能迅速溶化,药物经舌下黏膜吸收发挥全身作用的片剂。舌下片中的原料药物应易于直接吸收,主要适用于急症的治疗。

口腔贴片系指粘贴于口腔,经黏膜吸收后起局部或全身作用的片剂。口腔贴片应进行溶出度或释放度(通则0931)检查。

咀嚼片系指于口腔中咀嚼后吞服的片剂。咀嚼片一般应选择甘露醇、山梨醇、蔗糖等水溶性辅料作为填充剂和黏合剂。咀嚼片的硬度应适宜。

分散片系指在水中能迅速崩解并均匀分散的片剂。分散片中的原料药物应是难溶性的。分散片可加水分散后口服,也可将分散片含于口中吮服或吞服。分散片应进行溶出度(通则0931)和分散均匀性检查。

可溶片系指临用前能溶解于水的非包衣片或薄膜包衣片剂。可溶片应溶解于水中,溶液可呈轻微乳光。可供口服、外用、含漱等用。

泡腾片系指含有碳酸氢钠和有机酸,遇水可产生气体而呈泡腾状的片剂。泡腾片中的原料药物应是易溶性的,加水产生气泡后应能溶解。有机酸一般用枸橼酸、酒石酸、富马酸等。

阴道片与阴道泡腾片系指置于阴道内使用的片剂。阴道片和阴道泡腾片的形状应易置于阴道内,可借助器具将阴道片送入阴道。阴道片在阴道内应易溶化、溶散或融化、崩解并释放药物,主要起局部消炎杀菌作用,也可给予性激素类药物。具有局部刺激性的药物,不得制成阴道片。阴道片应进行融变时限检查(通则0922)。阴道泡腾片还应进行发泡量检查。

缓释片系指在规定的释放介质中缓慢地非恒速释放药物的片剂。缓释片应符合缓释制剂的有关要求(指导原则9013)并应进行释放度(通则0931)检查。除说明书标注可掰开服用外,一般应整片吞服。

控释片系指在规定的释放介质中缓慢地恒速释放药物的片剂。控释片应符合控释制剂的有关要求(指导原则9013)并应进行释放度(通则0931)检查。

肠溶片系指用肠溶性包衣材料进行包衣的片剂。为防止原料药物在胃内分解失效、对胃的刺激或控制原料药物在肠道内定位释放,可对片剂包肠溶衣;为治疗结肠部位疾病等,可对片剂包结肠定位肠溶衣。除说明书标注可掰开服用外,一般不得掰开服用。肠溶片除另有规定外,应符合迟释制剂(指导原则9013)的有关要求,应进行释放度(通则0931)检查。

口崩片系指在口腔内不需要用水即能迅速崩解或溶解的片剂。一般适合小剂量原料药物,常用于吞咽困难或不配合服药的患者。可采用直接压片和冷冻干燥法制备。口崩片应在口腔内迅速崩解或溶解、口感良好、容易吞咽,对口腔黏膜无刺激性。除冷冻干燥法制备的口崩片外,口崩片应进行崩解时限检查(通则0921)。对于难溶性原料药物制成的口崩片,还应进行溶出度检查(通则0931)。对于经肠溶材料包衣的颗粒制成的口崩片,还应进行释放度检查(通则0931)。采用冷冻干燥法制备的口崩片可不进行脆碎度检查。

片剂在生产与贮藏期间应符合下列规定。

(1)原料药物与辅料应混合均匀。含药量小或含毒、剧药的片剂,应根据原料药物的性质采用适宜方法使其分散均匀。

(2)凡属挥发性或对光、热不稳定的原料药物,在制片过程中应采取遮光、避热等适宜方法,以避免成分损失或失效。

(3)压片前的物料、颗粒或半成品应控制水分,以适应制片工艺的需要,防止片剂在贮存期间发霉、变质。

(4)片剂通常采用湿法制粒压片、干法制粒压片和粉末直接压片。干法制粒压片和粉末直接压片可避免引入水分,适合对湿热不稳定的药物的片剂制备。

(5)根据依从性需要,片剂中可加入矫味剂、芳香剂和着色剂等,一般指含片、口腔贴片、咀嚼片、分散片、泡腾片、口崩片等。

(6)为增加稳定性、掩盖原料药物不良臭味、改善片剂外观等,可对制成的药片包糖衣或薄膜衣。对一些遇胃液易破坏、刺激胃黏膜或需要在肠道内释放的口服药片,可包肠溶衣。必要时,薄膜包衣片剂应检查残留溶剂。

(7)片剂外观应完整光洁,色泽均匀,有适宜的硬度和耐磨性,以免包装、运输过程中发生磨损或破碎,除另有规定外,非包衣片应符合片剂脆碎度检查法(通则0923)的要求。

(8)片剂的微生物限度应符合要求。

(9)根据原料药和制剂的特性,除来源于动、植物多组分且难以建立测定方法的片剂外,溶出度、释放度、含量均匀度等应符合要求。

(10)片剂应注意贮存环境中温度、湿度以及光照的影响,除另有规定外,片剂应密封贮存。生物制品原液、半成品和成品的生产及质量控制应符合相关品种要求。

除另有规定外,片剂应进行以下相应检查。

【重量差异】 照下述方法检查,应符合规定。

检查法 取供试品20片,精密称定总重量,求得平均片重后,再分别精密称定每片的重量,每片重量与平均片重比较(凡无含量测定的片剂或有标示片重的中药片剂,每片重量应与标示片重比较),按表9-1中的规定,超出重量差异限度的片剂不得多于2片,并不得有1片超出限度1倍。

表9-1 片剂重量差异限度

平均片重或标示片重	重量差异限度
0.30 g 以下	±7.5%
0.30 g 及 0.30 g 以上	±5%

糖衣片的片芯应检查重量差异并符合规定,包糖衣后不再检查重量差异。薄膜衣片应在包薄膜衣后检查重量差异并符合规定。凡规定检查含量均匀度的片剂,一般不再进行重量差异检查。

【崩解时限】 除另有规定外,照崩解时限检查法(通则0921)检查,应符合规定。阴道片照融变时限检查法(通则0922)检查,应符合规定。咀嚼片不进行崩解时限检查。凡规定检查溶出度、释放度的片剂,一般不再进行崩解时限检查。

【发泡量】 阴道泡腾片照下述方法检查,应符合规定。

检查法 除另有规定外,取25 ml具塞刻度试管(内径1.5 cm,若片剂直径较大,可改为内径2.0 cm)10支,按表9-2中规定加入一定量水,置37 ℃±1 ℃水浴中5 min,各管中分别投入供试品1片,20 min内观察最大发泡量的体积,平均发泡体积不得小于6 ml,且小于4 ml的不得超过2片。

表9-2 阴道泡腾片发泡量检查加水量

平均片重	加水量
1.5 g 及 1.5 g 以下	2.0 ml
1.5 g 以上	4.0 ml

【分散均匀性】 分散片照下述方法检查,应符合规定。

检查法 照崩解时限检查法(通则0921)检查,不锈钢丝网的筛孔内径为710 μm,水温为15~25 ℃;取供试品6片,应在3 min内全部崩解并通过筛网,如有少量不能通过筛网,但已软化成轻质上漂且无硬心者,符合要求。

【微生物限度】 以动物、植物、矿物来源的非单体成分制成的片剂,生物制品片剂,以及黏膜或皮肤炎症或腔道等局部用片剂(如口腔贴片、外用可溶片、阴道片、阴道泡腾片等),照非无菌产品微生物限度检查:微生物计数法(通则1105)和控制菌检查法(通则1106)及非无菌药品微生物限度标准(通则1107)检查,应符合规定。规定检查杂菌的生物制品片剂,可不进行微生物限度检查。

任务二 解读维C银翘片的质量标准

维C银翘片
Wei C Yinqiao Pian

【处方】 山银花180 g、连翘180 g、荆芥72 g、淡豆豉90 g、淡竹叶72 g、牛蒡子

108 g、芦根 108 g、桔梗 108 g、甘草 90 g、马来酸氯苯那敏 1.05 g、对乙酰氨基酚 105 g、维生素 C 49.5 g、薄荷素油 1.08 ml。

【制法】 以上十三味,连翘、荆芥、山银花分别提取挥发油,药渣与淡竹叶、淡豆豉、芦根、桔梗、甘草加水煎煮二次,每次 2 h,滤过,合并滤液;牛蒡子用 60% 乙醇加热回流提取二次,每次 4 h,滤过,合并滤液,回收乙醇,加入石蜡使溶解,冷却至石蜡浮于液面,除去石蜡层。合并上述药液,浓缩至适量,干燥成干膏粉,与适量的辅料制成颗粒,加入上述挥发油及薄荷素油混匀;对乙酰氨基酚、马来酸氯苯那敏和维生素 C 与适量的辅料混匀,制成颗粒,与上述颗粒压制成 1000 片(双层片),包薄膜衣。或合并上述药液,浓缩成稠膏,加入适量的辅料,干燥,粉碎,干浸膏粉与对乙酰氨基酚和马来酸氯苯那敏混匀,加入上述挥发油及薄荷素油,混匀,与维生素 C 压制成 1000 片(夹心片或多层片),包糖衣或薄膜衣;或干浸膏粉与对乙酰氨基酚和用辅料包膜制成的维生素 C 微粒混匀,制成颗粒,干燥,加入马来酸氯苯那敏,混匀,加入上述挥发油及薄荷素油,混压制成 1000 片,包糖衣或薄膜衣,即得。

【性状】 本品为糖衣片或薄膜衣片,除去包衣后显灰褐色层与白色层,或显灰褐色夹杂有少许白点;气微,味微苦。

【鉴别】 (1) 取本品 3 片,除去包衣,研细,用水湿润,加乙酸乙酯 20 ml,超声处理 5 min,弃去醋酸乙酯液,残渣再加醋酸乙酯 20 ml 重复处理 1 次,弃去醋酸乙酯液。残渣加入 1 mol/L 盐酸 5 滴,加醋酸乙酯 20 ml,超声处理 5 min,取醋酸乙酯液,残渣再加醋酸乙酯 20 ml 重复处理 2 次,合并醋酸乙酯液,蒸干,残渣加乙醇 2 ml 使溶解,作为供试品溶液。另取山银花对照药材 1 g,同法制成对照药材溶液。再取绿原酸对照品,加乙醇制成每 1 ml 含 0.5 mg 的溶液,作为对照品溶液。照薄层色谱法(通则 0502)试验,吸取上述三种溶液各 1 μl,分别点于同一聚酰胺薄膜上使成条状,以甲苯-醋酸乙酯-甲酸-冰醋酸-水(1∶15∶1∶1∶2)的上层溶液为展开剂,展开,取出,晾干,置紫外灯(365 nm)下检视。供试品色谱中,在与对照药材色谱和对照品色谱相应的位置上,显相同颜色的荧光条斑。

(2) 取本品 3 片,除去包衣,研细,加乙醇 20 ml,加热回流 1 h,滤过,滤液蒸干,残渣加乙醇 2 ml 使溶解,吸取上清液,作为供试品溶液。另取连翘对照药材 1 g,加水 40 ml,沸水浴中浸渍 1 h,滤过,滤液蒸干,残渣加乙醇 20 ml,自"加热回流 1 h"起,同法制成对照药材溶液。照薄层色谱法(通则 0502)试验,吸取上述两种溶液各 5~10 μl,分别点于同一用 1% 氢氧化钠溶液制备的硅胶 G 薄层板上,以二氯甲烷-甲醇(18∶1)为展开剂,展开,取出,晾干,喷以醋酐-硫酸(20∶1)混合溶液,在 110 ℃加热至斑点显色清晰。供试品色谱中,在与对照药材色谱相应的位置上,显相同颜色的斑点。

(3) 取本品 5 片,除去包衣,研细,加三氯甲烷 30 ml,加热回流 1 h,滤过,滤液蒸干,残渣加乙醇 1 ml 使溶解,作为供试品溶液。另取牛蒡子对照药材 0.5 g,同法制成对照药材溶液。再取牛蒡苷对照品,加乙醇制成每 1 ml 含 1 mg 的溶液,作为对照品溶液。照薄层色谱法(通则 0502)试验,吸取上述三种溶液各 2~4 μl,分别点于同一硅胶 G 薄层板上,以三氯甲烷-甲醇(20∶3)为展开剂,展开,取出,晾干,喷以 10% 硫酸乙醇溶液,在 110 ℃加热至斑点显色清晰。供试品色谱中,在与对照药材色谱和对照品色谱相应的位置上,显相同颜色的斑点。

【检查】 应符合片剂项下有关的各项规定(通则0101)。

【含量测定】 **山银花** 照高效液相色谱法(通则0512)测定。

色谱条件与系统适用性试验:以十八烷基硅烷键合硅胶为填充剂;以乙腈-1%冰醋酸溶液(6:94)为流动相;检测波长为327 nm。理论板数按绿原酸峰计算应不低于1500。

对照品溶液的制备:取绿原酸对照品适量,精密称定,加甲醇制成每1 ml含30 μg的溶液,即得。

供试品溶液的制备:取本品10片,除去包衣,精密称定,研细,取约1 g,精密称定,置100 ml量瓶中,加甲醇适量,超声处理(功率300 W,频率40 kHz)45 min,放冷,加甲醇稀释至刻度,摇匀,滤过,取续滤液,即得。

测定方法:分别精密吸取对照品溶液与供试品溶液各10 μl,注入高效液相色谱仪,测定,即得。

本品每片含山银花以绿原酸($C_{16}H_{18}O_9$)计,不得少1.5 mg。

牛蒡子 照高效液相色谱法(通则0512)测定。

色谱条件与系统适用性试验:以十八烷基硅烷键合硅胶为填充剂;以乙腈-1%冰醋酸溶液(20:80)为流动相;检测波长为280 nm。理论板数按牛蒡苷峰计算应不低于1500。

对照品溶液的制备:取牛蒡苷对照品适量,精密称定,加甲醇制成每1 ml含50 μg的溶液,即得。

供试品溶液的制备:取【含量测定】山银花项下的供试品溶液作为供试品溶液。

测定方法:分别精密吸取对照品溶液与供试品溶液各10 μl,注入高效液相色谱仪,测定,即得。

本品每片含牛蒡子以牛蒡苷($C_{27}H_{34}O_{11}$)计,不得少于2.5 mg。

维生素C 照高效液相色谱法(通则0512)测定。

色谱条件与系统适用性试验:以氨基硅烷键合硅胶为填充剂;以乙腈-0.01 mol/L磷酸二氢钾(用磷酸调节pH至2.4)(70:30)为流动相;检测波长为246 nm。理论板数按维生素C峰计算应不低于2000。

对照品溶液的制备:取维生素C对照品适量,精密称定,加0.5%亚硫酸氢钠溶液(用磷酸调节pH至2.4)制成每1 ml含20 μg的溶液,即得。

供试品溶液的制备:取【含量测定】山银花项下的细粉约0.1 g(约相当于维生素C 10 mg),精密称定,置50 ml量瓶中,加入0.5%亚硫酸氢钠溶液(用磷酸调节pH至2.4;下同)40 ml,超声处理(功率300 W,频率40 kHz)5 min,放冷,加0.5%亚硫酸氢钠溶液稀释至刻度,摇匀,滤过,精密吸取续滤液1 ml,置10 ml量瓶中,加0.5%亚硫酸氢钠溶液稀释至刻度,摇匀,即得。

测定方法:分别精密吸取对照品溶液与供试品溶液各10 μl,注入高效液相色谱仪,测定,即得。

本品含维生素C($C_6H_8O_6$)应为标示量的90.0%~110.0%。

对乙酰氨基酚 照高效液相色谱法(通则0512)测定。

色谱条件与系统适用性试验:以十八烷基硅烷键合硅胶为填充剂;以甲醇-0.5%

冰醋酸溶液(20∶80)为流动相;检测波长为 249 nm。理论板数按对乙酰氨基酚峰计算应不低于 1500。

对照品溶液的制备:取对乙酰氨基酚对照品适量,精密称定,加流动相制成每 1 ml 含 80 μg 的溶液,即得。

供试品溶液的制备:取【含量测定】山银花项下的细粉 0.02 g(约相当于对乙酰氨基酚 4 mg),精密称定,置 50 ml 量瓶中,加流动相约 40 ml,超声处理(功率 300 W,频率 40 kHz)1 min,放冷,加流动相至刻度,摇匀,滤过,取续滤液,即得。

测定方法:分别精密吸取对照品溶液与供试品溶液各 10 μl,注入高效液相色谱仪,测定,即得。

本品含对乙酰氨基酸($C_8H_9NO_2$)应为标示量的 90.0%～110.0%。

马来酸氯苯那敏 照高效液相色谱法(通则 0512)测定。

色谱条件与系统适用性试验:以十八烷基硅烷键合硅胶为填充剂;以甲醇-含 1% 三乙胺和 0.05 mol/L 庚烷磺酸钠的 0.05 mol/L 磷酸二氢钾溶液(用磷酸调节 pH 至 3.0)(60∶40)为流动相;检测波长为 264 nm。理论板数按氯苯那敏峰计算应不低于 1000。

对照品溶液的制备:取马来酸氯苯那敏对照品适量,精密称定,加流动相制成每 1 ml 含 40 μg 的溶液,即得。

供试品溶液的制备:取【含量测定】山银花项下的细粉 1 g(约相当于马来酸氯苯那敏 2 mg),精密称定,置 50 ml 量瓶中,加甲醇 15 ml,超声处理(功率 300 W,频率 40 kHz)10 min,加三氯甲烷 30 ml,摇匀,再超声处理 5 min,放冷,加三氯甲烷稀释至刻度,摇匀,滤过,精密量取续滤液 25 ml,蒸干,残渣加 5%氢氧化钠溶液 10 ml 使溶解,置分液漏斗中,蒸发皿用水 10 ml 洗涤,洗液并入分液漏斗中,加 40%氢氧化钠溶液 8 ml,用石油醚(30～60 ℃)振摇提取 4 次,每次 40 ml,合并提取液,加 10%盐酸乙醇溶液 4 ml(或分别于每次提取液中加入 1 ml 10%盐酸乙醇溶液)置水浴上蒸干,残渣加甲醇 3 ml 使溶解,移至 25 ml 量瓶中,用适量流动相洗涤蒸发皿,洗液并入量瓶中,加流动相稀释至刻度,摇匀,滤过,取续滤液,即得。

测定方法:分别精密吸取对照品溶液与供试品溶液各 10 μl,注入高效液相色谱仪,测定,即得。

本品含马来酸氯苯那敏($C_{16}H_{19}ClN_2 \cdot C_4H_4O_4$)应为标示量的 85.0%～115.0%。

【功能与主治】 疏风解表,清热解毒。用于外感风热所致的流行性感冒,症见发热、头痛、咳嗽、口干、咽喉疼痛。

【用法与用量】 口服,一次 2 片,一日 3 次。

【注意】 用药期间不宜驾驶车辆、管理机器及高空作业等。肝肾功能不全者慎用,或遵医嘱。

【规格】 每片含维生素 C 49.5 mg、对乙酰氨基酚 105 mg、马来酸氯苯那敏 1.05 mg。

【贮藏】 遮光,密封。

任务三 片剂检测的特点

由于片剂在生产过程中加入了一定的附加成分,如淀粉、糊精、蔗糖、硬脂酸镁、滑石粉等赋形剂、稀释剂、稳定剂等,附加剂的存在会对主药的分析产生一定的影响,因而片剂的分析与原料药的分析具有不同的特点。

一、要消除附加成分的干扰

1. 糖类的干扰及排除 赋形剂中如含有淀粉、糊精、蔗糖、乳糖等,它们经水解的最终产物均为葡萄糖。葡萄糖为醛糖,可被强氧化剂氧化成葡萄糖酸,因此当用氧化还原滴定法测定药物含量时,葡萄糖的存在会使含量测定结果偏高,此时应选用弱氧化剂做滴定剂或改用其他的方法以避免影响。

2. 硬脂酸镁的干扰及排除 硬脂酸镁为片剂润滑剂,主要干扰配位滴定法或非水滴定法。通常采用掩蔽或提取的方法消除干扰。

3. 滑石粉等的干扰及排除 赋形剂如滑石粉、硫酸钙、淀粉等,因它们在水中不溶解,会使溶液浑浊,从而干扰比色法、比旋法和比浊法等。

4. 分析方法的选择 为消除辅料的干扰,片剂的分析方法一般首选专属性较高的仪器分析方法,比如高效液相色谱法和紫外-可见分光光度法等。

二、分析项目的要求不同

1. 鉴别 一般原料药常用的红外分光光度法,由于片剂的纯度较低且难以提纯,因而很少使用。其他鉴别方法大都同原料药。

2. 杂质检查 一般不需要重复原料药做过的检查项目,只需针对在片剂的生产和贮藏过程中新引入的杂质即可,但对于原料药中已检查过的杂质,如果在片剂的生产过程中会继续引入,则还需再进行检查,且杂质限度要比原料药的杂质限度宽。

3. 常规检查 除另有规定外,片剂的常规检查项目包括重量差异(或含量均匀度)检查、崩解时限(或溶出度、释放度)检查及微生物限度检查,其中凡检查含量均匀度的片剂就不再检查重量差异,凡检查溶出度或释放度的片剂就不再检查崩解时限。

三、含量测定结果的表示方法不同

原料药的含量测定结果一般用百分含量来表示,其结果表示的是药物的纯杂程度。而片剂由于人为加入大量辅料或者共存成分(复方制剂),用百分含量表示药物的纯杂程度已经失去意义,因而片剂的含量测定结果一般用标示百分含量来表示,即每片的实测含量占标示量的百分比。标示量是指每片药物所含有效成分(主成分)的重量,用克(g)或毫克(mg)表示,通常也叫规格。

四、含量限度的要求不同

一般对原料药要求严格(无特殊规定,不低于下限,上限不超过101.0%),片剂的标示量百分含量限度要求相对较宽(一般为90.0%~110.0%,95.0%~105.0%等)。

项目二 维 C 银翘片的质量检测

任务一 取 样

取样按成品取样标准操作规程进行。

成品取样标准操作规程

任务二 性 状 检 查

一、检查方法

取本品,除去包衣后,观察其性状,若显灰褐色层与白色层,或显灰褐色夹杂有少许白点,判定为符合规定;否则,判定为不符合规定。采用嗅觉检查和味觉检查,若气微、味微苦,判定为符合规定;否则,判定为不符合规定。

二、填写检验记录

根据性状检查过程,完成维 C 银翘片检验记录一(表 9-3)。

表 9-3 维 C 银翘片检验记录一

批号		来源	
温度、湿度		检验项目	
开始日期		完成日期	
规格			
检验依据			
试验记录			
检验项目	检验过程及结论		
【性状】	标准规定:本品为糖衣片或薄膜衣片,除去包衣后显灰褐色层与白色层,或显灰褐色夹杂有少许白点;气微,味微苦。 检验结果:_____ _____。 结果判定:□符合规定 □不符合规定 检验人:_____ 复核人:_____		

任务三 真伪鉴别

一、检查方法

薄层色谱法检验标准操作规程见二维码内容。

薄层色谱法
检验标准操作规程

二、填写检验记录

根据鉴别检查过程,完成维 C 银翘片检验记录二(表 9-4)。

表 9-4 维 C 银翘片检验记录二

批号		来源	
温度、湿度		检验项目	
开始日期		完成日期	
规格			
检验依据			
试验记录			
检验项目	检验过程及结论		
【鉴别】	1. 本品与山银花对照药材、绿原酸对照品 标准规定:按薄层色谱法检验标准操作规程检验,本品应与山银花对照药材、绿原酸对照品在薄层色谱图相应的位置上,显相同颜色的斑点。 检验步骤:取本品 3 片,除去包衣,研细,用水湿润,加醋酸乙酯 20 ml,超声处理 5 min,弃去醋酸乙酯液,残渣再加醋酸乙酯 20 ml 重复处理 1 次,弃去醋酸乙酯液。残渣加入 1 mol/L 盐酸 5 滴,加醋酸乙酯 20 ml,超声处理 5 min,取醋酸乙酯液,残渣再加醋酸乙酯 20 ml 重复处理 2 次,合并醋酸乙酯液,蒸干,残渣加乙醇 2 ml 使溶解,作为供试品溶液。另取山银花对照药材 1 g,同法制成对照药材溶液。再取绿原酸对照品,加乙醇制成每 1 ml 含 0.5 mg 的溶液,作为对照品溶液。吸取上述三种溶液各_____μl,分别点于同一聚酰胺薄膜上使成条状,以甲苯-醋酸乙酯-甲酸-冰醋酸-水(1∶15∶1∶1∶2)的上层溶液为展开剂,展开,取出,晾干,置紫外灯(365 nm)下检视。 山银花对照药材来源、批号:_____ 绿原酸对照品来源、批号:_____ 吸附剂:_____ 环境温度、湿度:_____ 检验结果:薄层色谱图如下图所示,本品与山银花对照药材、绿原酸对照品在薄层色谱图_____的位置上,显_____颜色的斑点。		

续表

【鉴别】	[TLC plate diagram: T S₁ S₂] T：供试品； S₁：山银花对照药材； S₂：绿原酸对照品。 结果判定：□符合规定　□不符合规定 检验人：＿＿＿＿＿＿　复核人：＿＿＿＿＿＿ 2. 本品与连翘对照药材 标准规定：按薄层色谱法检验标准操作规程检验，本品应与连翘对照药材在薄层色谱图相应的位置上，显相同颜色的斑点。 检验步骤：取本品 3 片，除去包衣，研细，加乙醇 20 ml，加热回流 1 h，滤过，滤液蒸干，残渣加乙醇 2 ml 使溶解，吸取上清液，作为供试品溶液。另取连翘对照药材 1 g，加水 40 ml，沸水浴中浸渍 1 h，滤过，滤液蒸干，残渣加乙醇 20 ml，自"加热回流 1 h"起，同法制成对照药材溶液。吸取上述两种溶液各＿＿＿＿＿＿μl，分别点于同一用 1% 氢氧化钠溶液制备的硅胶 G 薄层板上，以二氯甲烷-甲醇(18∶1)为展开剂，展开，取出，晾干，喷以醋酐-硫酸(20∶1)混合溶液，在 110 ℃ 下加热至斑点显色清晰。 连翘对照药材来源、批号：＿＿＿＿＿＿ 吸附剂：＿＿＿＿＿＿　环境温度、湿度：＿＿＿＿＿＿ 检验结果：薄层色谱图如下图所示，本品与连翘对照药材在薄层色谱图＿＿＿＿＿＿的位置上，显＿＿＿＿＿＿颜色的斑点。 [TLC plate diagram: T S] T：供试品； S：连翘对照药材。 结果判定：□符合规定　□不符合规定 检验人：＿＿＿＿＿＿　复核人：＿＿＿＿＿＿

【鉴别】	3. 本品与牛蒡子对照药材、牛蒡苷对照品 标准规定:按薄层色谱法检验标准操作规程检验,本品应与牛蒡子对照药材、牛蒡苷对照品在薄层色谱图相应的位置上,显相同颜色的斑点。 检验步骤:取本品 5 片,除去包衣,研细,加三氯甲烷 30 ml,加热回流 1 h,滤过,滤液蒸干,残渣加乙醇 1 ml 使溶解,作为供试品溶液。另取牛蒡子对照药材 0.5 g,同法制成对照药材溶液。再取牛蒡苷对照品,加乙醇制成每 1 ml 含 1 mg 的溶液,作为对照品溶液。吸取上述三种溶液各＿＿＿＿μl,分别点于同一硅胶 G 薄层板上,以三氯甲烷-甲醇(20∶3)为展开剂,展开,取出,晾干,喷以 10%硫酸乙醇溶液,在 110 ℃下加热至斑点显色清晰。 牛蒡子对照药材来源、批号:＿＿＿＿＿＿＿＿＿＿ 牛蒡苷对照品来源、批号:＿＿＿＿＿＿＿＿＿＿ 吸附剂:＿＿＿＿ 环境温度、湿度:＿＿＿＿ 检验结果:薄层色谱图如下图所示,本品与牛蒡子对照药材、牛蒡苷对照品在薄层色谱图＿＿＿＿的位置上,显＿＿＿＿颜色的斑点。 T:供试品; S₁:牛蒡子对照药材; S₂:牛蒡苷对照品。 结果判定:□符合规定 □不符合规定 检验人:＿＿＿＿ 复核人:＿＿＿＿

任务四 制剂检查

一、检查方法

1. 重量差异 重量差异检查法标准操作规程见二维码内容。

重量差异检查法标准操作规程

2. 崩解时限　崩解时限检查法标准操作规程见二维码内容。

崩解时限检查法标准操作规程

3. 微生物限度　照非无菌产品微生物限度检查:微生物计数法(通则1105)和控制菌检查法(通则1106)及非无菌药品微生物限度标准(通则1107)检查,应符合规定。

二、填写检验记录

1. 重量差异　根据鉴别检查过程,完成维C银翘片检验记录三(表9-5)。

表9-5　维C银翘片检验记录三

批号		来源			
温度、湿度		检验项目			
开始日期		完成日期			
规格					
检验依据					
试验记录					
检验项目	检验过程及结论				
【检查】 重量差异	标准规定:重量差异范围=_____~_____,每片重量与平均片重相比较,超出重量差异限度的药片不得多于2片,并不得有1片超出限度的1倍。 检验步骤:取维C银翘片20片,按重量差异检查法标准操作规程检查。 分析天平仪器型号:_____　编号:_____				
	编号	01	02	03	04	05
	片重/g					
	编号	06	07	08	09	10
	片重/g					
	编号	11	12	13	14	15
	片重/g					
	编号	16	17	18	19	20
	片重/g					
	最高片重=_____　最低片重=_____　平均片重=_____ 检验结果:_____ 结果判定:□符合规定　□不符合规定 检验人:_____　复核人:_____				

2. 崩解时限　根据鉴别检查过程,完成维C银翘片检验记录(表9-6)。

表 9-6　维 C 银翘片检验记录

批号		来源	
温度、湿度		检验项目	
开始日期		完成日期	
规格			
检验依据			
试验记录			
检验项目	检验过程及结论		
【检查】崩解时限	标准规定:照崩解时限检查法(通则 0921)检验,应在＿＿＿＿ min 内崩解并通过筛网。 检验步骤:按崩解时限检查法标准操作规程操作,将吊篮通过上端的不锈钢轴悬挂于金属支架上,浸入 1000 ml 烧杯中,并调节吊篮位置使其下降时筛网距烧杯底部 25 mm,烧杯内盛有温度为 37 ℃±1 ℃的水,调节水位高度使吊篮上升至筛网在水面下 15 mm 处。取本品 6 片,分别置于上述装置吊篮的玻璃管中,＿＿＿＿挡板,启动崩解仪进行检查。 崩解仪仪器型号:＿＿＿＿　编号:＿＿＿＿ 崩解介质:＿＿＿＿　温度:＿＿＿＿ ℃ 检验结果:在＿＿＿＿ min 内全部崩解并通过筛网。 结果判定:□符合规定　□不符合规定 检验人:＿＿＿＿　复核人:＿＿＿＿		

任务五　含量测定

一、检查方法

按高效液相色谱法标准操作规程进行。

二、填写检验记录

根据含量测定过程,完成维 C 银翘片检验记录(表 9-7)。

表 9-7　维 C 银翘片检验记录

批号		来源	
温度、湿度		检验项目	
开始日期		完成日期	
规格			
检验依据			
试验记录			

续表

检验项目	检验过程及结论
【含量测定】	1. 山银花 标准规定:照高效液相色谱法(通则 0512)测定,本品每片含山银花以绿原酸($C_{16}H_{18}O_9$)计,不得少于 1.5 mg。 检验步骤:按高效液相色谱法检验标准操作规程操作。 绿原酸对照品来源及批号:_____ 绿原酸流动相溶液名称及批号:_____ 电子分析天平仪器型号及编号:_____ 高效液相色谱仪仪器型号及编号:_____ 色谱柱类型及编号:_____ 供试品①称重(W_1)= _____ g;供试品②称重(W_2)= _____ g。 供试品溶液的制备:取本品 10 片,除去包衣,研细,取约 1 g,精密称定,置 100 ml 量瓶中,加甲醇 70 ml,超声处理(功率 300 W,频率 40 kHz)45 min,放冷,加甲醇稀释至刻度,摇匀,滤过,取续滤液,即得。 绿原酸对照品溶液浓度 c_r = _____ μg/ml 检测波长:327 nm;柱温:_____ ℃;流速:_____ ml/min 对照品溶液进样量:10 μl;供试品溶液进样量:10 μl 测得数据: 对照品峰面积 A_{r_1} = _____ 对照品峰面积 A_{r_2} = _____ 对照品平均峰面积 A_r = _____ 对照品相对平均偏差 = _____ % 供试品①峰面积 A_{x_1} = _____ 供试品②峰面积 A_{x_2} = _____ 计算: $$含量(mg/片) = \frac{A_x \times c_r \times 100 \times M}{A_r \times W \times 1000}$$ 供试品①绿原酸含量(mg/片)= 供试品②绿原酸含量(mg/片)= 绿原酸平均含量(mg/片)= 检验结果:绿原酸平均含量 = _____ mg/片; 含量测定相对平均偏差 = _____ % 结果判定:□符合规定 □不符合规定 检验人:_____ 复核人:_____ 2. 牛蒡子 标准规定:照高效液相色谱法(通则 0512)测定,本品每片含牛蒡子以牛蒡苷($C_{27}H_{34}O_{11}$)计,不得少于 2.5 mg。 检验步骤:按高效液相色谱法检验标准操作规程操作。 牛蒡苷对照品来源及批号:_____ 牛蒡苷流动相溶液名称及批号:_____ 电子分析天平仪器型号及编号:_____

续表

| 【含量测定】 | 高效液相色谱仪仪器型号及编号：_____
色谱柱类型及编号：_____
供试品①称重(W_1)=_____ g；供试品②称重(W_2)=_____ g。
供试品溶液的制备：取"山银花"含量测定项下的供试品溶液作为供试品溶液。
牛蒡苷对照品溶液浓度 c_r=_____ μg/ml
检测波长：280 nm；柱温：_____ ℃；流速：_____ ml/min
对照品溶液进样：10 μl；供试品溶液进样量：10 μl
测得数据：
对照品峰面积 A_{r_1}=_____　对照品峰面积 A_{r_2}=_____
对照品平均峰面积 A_r=_____　对照品相对平均偏差=_____%
供试品①峰面积 A_{x_1}=_____　　供试品②峰面积 A_{x_2}=_____
计算：
$$含量(mg/片)=\frac{A_x \times c_r \times 100 \times M}{A_r \times W \times 1000}$$
供试品①牛蒡苷含量(mg/片)=

供试品②牛蒡苷含量(mg/片)=

牛蒡苷平均含量(mg/片)=
检验结果：牛蒡苷平均含量=_____ mg/片；
含量测定相对平均偏差=_____%
结果判定：□符合规定　□不符合规定
检验人：_____　复核人：_____
3. 维生素 C
标准规定：照高效液相色谱法（通则 0512）测定，本品含维生素 C($C_6H_8O_6$)应为标示量的 90.0%～110.0%。
检验步骤：按高效液相色谱法检验标准操作规程操作。
0.5% 亚硫酸氢钠溶液批号：_____
维生素 C 对照品来源及批号：_____
维生素 C 流动相溶液名称及批号：_____
电子分析天平仪器型号及编号：_____
高效液相色谱仪仪器型号及编号：_____
色谱柱类型及编号：_____
供试品①称重(W_1)=_____ g；供试品②称重(W_2)=_____ g。
供试品溶液的制备：取"山银花"含量测定项下的供试品约 0.1 g，精密称定，置 50 ml 量瓶中，加入 0.5% 亚硫酸氢钠溶液（用磷酸调节 pH 至 2.4；下同）40 ml，超声处理（功率 300 W，频率 40 kHz）5 min，放冷，加 0.5% 亚硫酸氢钠溶液稀释至刻度，摇匀，滤过，精密吸取续滤液 1 ml，置 10 ml 量瓶中，加 0.5% 亚硫酸氢钠溶液稀释至刻度，摇匀，即得。
维生素 C 对照品溶液浓度 c_r=_____ μg/ml |

	检测波长:246 nm;柱温:_____℃;流速:_____ ml/min 对照品溶液进样量:_____μl;供试品溶液进样量:_____μl 测得数据: 对照品峰面积 $A_{r_1}=$ _____　　对照品峰面积 $A_{r_2}=$ _____ 对照品平均峰面积 $A_r=$ _____　　对照品相对平均偏差=_____% 供试品①峰面积 $A_{x_1}=$ _____　　供试品②峰面积 $A_{x_2}=$ _____ 计算: $$标示量(\%)=\frac{A_x \times c_r \times 50 \times 10 \times M}{A_r \times W \times 1 \times 1000 \times 每片标示量(mg)} \times 100\%$$ 供试品①维生素 C 标示量(%)= 供试品②维生素 C 标示量(%)= 维生素 C 平均标示量(%)= 检验结果:维生素 C 平均标示量(%)=_____; 相对平均偏差=_____% 结果判定:□符合规定　□不符合规定 检验人:_____　复核人:_____
【含量测定】	4. 对乙酰氨基酚 标准规定:照高效液相色谱法(通则 0512)测定,本品含对乙酰氨基酚($C_8H_9NO_2$)应为标示量的 90.0%～110.0%。 检验步骤:按高效液相色谱法检验标准操作规程操作。 对乙酰氨基酚对照品来源及批号:_____ 对乙酰氨基酚流动相溶液名称及批号:_____ 电子分析天平仪器型号及编号:_____ 高效液相色谱仪仪器型号及编号:_____ 色谱柱类型及编号:_____ 供试品①称重(W_1)=_____ g;供试品②称重(W_2)=_____ g。 供试品溶液的制备:取"山银花"含量测定项下的细粉 0.02 g,精密称定,置 50 ml量瓶中,加流动相约 40 ml,超声处理(功率 300 W,频率 40 kHz)1 min,放冷,加流动相至刻度,摇匀,滤过,取续滤液,即得。 对乙酰氨基酚对照品溶液浓度 $c_r=$ _____ μg/ml 检测波长:249 nm;柱温:_____℃;流速:_____ ml/min 对照品溶液进样量:10 μl;供试品溶液进样量:10 μl 测得数据: 对照品峰面积 $A_{r_1}=$ _____　　对照品峰面积 $A_{r_2}=$ _____ 对照品平均峰面积 $A_r=$ _____　　对照品相对平均偏差=_____% 供试品①峰面积 $A_{x_1}=$ _____　　供试品②峰面积 $A_{x_2}=$ _____ 计算:

续表

| 【含量测定】 | $$标示量(\%)=\frac{A_x \times c_r \times 50 \times M}{A_r \times W \times 1000 \times 每片标示量(mg)} \times 100\%$$ 供试品①对乙酰氨基酚标示量(%)=

供试品②对乙酰氨基酚标示量(%)=

对乙酰氨基酚平均标示量(%)=
检验结果:对乙酰氨基酚平均标示量(%)=_____;
含量测定相对平均偏差=_____%
结果判定:□符合规定　□不符合规定
检验人:_____　　复核人:_____
5. 马来酸氯苯那敏
标准规定:照高效液相色谱法(通则0512)测定,本品含马来酸氯苯那敏 ($C_{16}H_{19}ClN_2 \cdot C_4H_4O_4$)应为标示量的85.0%～115.0%。
检验步骤:按高效液相色谱法检验标准操作规程操作。
马来酸氯苯那敏对照品来源及批号:_____
马来酸氯苯那敏流动相溶液名称及批号:_____
电子分析天平仪器型号及编号:_____
高效液相色谱仪仪器型号及编号:_____
色谱柱类型及编号:_____
供试品①称重(W_1)=_____g;供试品②称重(W_2)=_____g
供试品溶液的制备:取"山银花"含量测定项下的细粉1g,精密称定,置50 ml量瓶中,加甲醇15 ml,超声处理(功率300 W,频率40 kHz)10 min,加三氯甲烷30 ml,摇匀,再超声处理5 min,放冷,加三氯甲烷稀释至刻度,摇匀,滤过,精密量取续滤液25 ml,蒸干,残渣加5%氢氧化钠溶液10 ml使溶解,置分液漏斗中,蒸发皿用水10 ml洗涤,洗液并入分液漏斗中,加40%氢氧化钠溶液8 ml,用石油醚(30～60 ℃)振摇提取4次,每次40 ml,合并提取液,加10%盐酸乙醇溶液4 ml(或分别于每次提取液中加入1 ml 10%盐酸乙醇溶液)置水浴上蒸干,残渣加甲醇3 ml使溶解,移至25 ml量瓶中,用适量流动相洗涤蒸发皿,洗液并入量瓶中,加流动相稀释至刻度,摇匀,滤过,取续滤液,即得。
马来酸氯苯那敏对照品溶液浓度 c_r=_____ μg/ml
检测波长:264 nm;柱温:_____℃;流速:_____ml/min
对照品溶液进样量:_____μl;供试品溶液进样量:_____μl
测得数据:
对照品峰面积 A_{r_1}=_____　　对照品峰面积 A_{r_2}=_____
对照品平均峰面积 A_r=_____　　对照品相对平均偏差=_____%
供试品①峰面积 A_{x_1}=_____　　供试品②峰面积 A_{x_2}=_____
计算:
$$标示量(\%)=\frac{A_x \times c_r \times 25 \times 50 \times M}{A_r \times W \times 25 \times 1000 \times 每片标示量(mg)} \times 100\%$$ |

续表

【含量测定】	供试品①对马来酸氯苯那敏标示量(%)＝ 供试品②对马来酸氯苯那敏标示量(%)＝ 马来酸氯苯那敏平均标示量(%)＝ 检验结果：马来酸氯苯那敏平均标示量(%)＝_____； 含量测定相对平均偏差＝_____% 结果判定：□符合规定　□不符合规定 检验人：_____　复核人：_____

项目三　质量检验报告书的书写

根据药品检测过程和检测记录表,请填写以下检验报告书。

××公司维 C 银翘片检验报告书

报告书编号:

检品名称		批量	
批号		规格	
供样单位		包装	
检验目的		检品数量	
检验项目		收检日期	
检验依据		报告日期	
检验项目	标准规定		检验结果
[性状]			
[鉴别]			
[检查]			
[含量测定]			
结论:			
审核人:			批准人:

知识累积

（1）维C银翘片质量检查包括性状、鉴别、检查、含量测定四大项目。

（2）课程思政要点：药物检测关乎患者的生命健康，必须秉持求真务实的态度，不得有丝毫马虎；在药品生产和质量检测过程中，每一步操作都要严谨细致，确保数据的准确性和可靠性，同时尽可能减少废弃物的排放，合理利用资源。

目标检测

扫码看答案

一、单项选择题

1. 以下片剂中，不需要检查崩解时限的是（　　）。
   A. 缓释片　　B. 控释片　　C. 舌下片　　D. 咀嚼片　　E. 口崩片

2. 薄层色谱法要求分离度大于（　　）。
   A. 0.1　　B. 0.5　　C. 1.0　　D. 1.5　　E. 2.0

3. 已检查溶出度的片剂，不再要求检查的项目为（　　）。
   A. 重量差异　　　　　B. 活螨　　　　　C. 崩解时限
   D. 溶出度　　　　　　E. 含量均匀度

4. 片剂溶出度检查操作中，加入每个溶出槽内溶出液的温度应为（　　）。
   A. 室温　　　　　　　B. 25 ℃　　　　　C. 30 ℃
   D. 37 ℃±0.1 ℃　　　E. 37 ℃±0.5 ℃

5. 薄膜衣片的崩解时限为（　　）。
   A. 5 min　　B. 15 min　　C. 30 min　　D. 1 h　　E. 2 h

二、多项选择题

1. 片剂质量检查过程中，要排除（　　）的干扰。
   A. 淀粉　　B. 硬脂酸镁　　C. 滑石粉　　D. 糊精　　E. 乳糖

2. 片剂分析的步骤一般包括（　　）。
   A. 外观检查　　B. 鉴别试验　　C. 常规检查　　D. 杂质检查　　E. 含量测定

3. 片剂的常规检查项目有（　　）。
   A. 重量差异　　B. 崩解时限　　C. 溶出度　　D. 含量均度　　E. 硬度

4. 维C银翘片的含量测定项目包括（　　）。
   A. 山银花　　　　　　B. 牛蒡子　　　　　C. 维生素C
   D. 对乙酰氨基酚　　　E. 马来酸氯苯那敏

5. 《中国药典》（2020年版）收载的片剂溶出度测定方法为（　　）。
   A. 比旋度　　B. 吸收系数　　C. 篮法　　D. 桨法　　E. 小杯法

三、简答题

1. 片剂中糖类辅料对哪些分析方法有干扰?如何排除其干扰?
2. 简述高效液相色谱法的操作步骤。

模块十 实训项目

实训项目一　查阅《中国药典》
实训项目二　诺氟沙星的薄层色谱法的鉴别
实训项目三　葡萄糖注射液的 pH 检查
实训项目四　纯化水的质量检查
实训项目五　葡萄糖注射液的特殊杂质检查
实训项目六　葡萄糖注射液的含量测定
实训项目七　片剂重量差异检查
实训项目八　胶囊剂装量差异检查
实训项目九　片剂崩解时限检查
实训项目十　片剂脆碎度检查
实训项目十一　片剂溶出度测定
实训项目十二　可见异物检查
实训项目十三　呋塞米片含量测定
实训项目十四　对乙酰氨基酚片的含量测定
实训项目十五　高效液相色谱仪的使用与维护
　　　　　　　——阿莫西林的含量测定

实训项目一　查阅《中国药典》

一、实训目的

（1）掌握《中国药典》的查阅和使用方法；
（2）熟悉《中国药典》的发展历史；
（3）了解《中国药典》(2020年版)的主要内容。

二、实训指导

药典是一个国家的药品规格和标准法典，由国家组织编纂，政府颁布施行，具有法律约束力。药典中收载的品种为医疗必需、临床常用、疗效确切、副作用小、质量较稳定的常用药物及其制剂。每个品种项下规定了相应的质量标准、制备要求、鉴别、杂质检查、含量测定等作为药品生产、检验、供应和使用的依据与准绳。中华人民共和国成立后，《中国药典》已经颁布1953年版、1963年版、1977年版、1985年版、1990年版、1995年版、2000年版、2005年版、2010年版、2015年版、2020年版11个版本。《中国药典》现行版是2020年版。

三、实训仪器与用具

《中国药典》(2020年版)、记录本等。

四、实训内容

请从《中国药典》(2020年版)中查阅以下项目，并记录查阅结果(表10-1)。

表10-1　查阅《中国药典》(2020年版)项目表

序号	查阅项目
1	片剂的检查项目
2	胶囊剂的装量差异限度标准
3	鼻炎康片的处方
4	花红片的含量测定方法
5	易溶的含义
6	维C银翘片的规格
7	微生物检查法
8	冻干人用狂犬病疫苗的保存条件
9	注射用水的概念
10	胰岛素注射液的贮藏条件

续表

序号	查阅项目
11	热原检查法
12	硬胶囊的崩解时限检查
13	明胶空心胶囊铬含量限度
14	灭菌注射用水的检查项目
15	硬胶囊的概念
16	当归流浸膏的制法
17	光果甘草的性状

五、填写查阅结果记录表

查阅《中国药典》(2020年版)结果记录表见表10-2。

表10-2　查阅《中国药典》(2020年版)结果记录表

序号	项　　目	药典页数	查　阅　结　果
1	片剂的检查项目	部　页	
2	胶囊剂的装量差异限度标准	部　页	
3	鼻炎康片的处方	部　页	
4	花红片的含量测定方法	部　页	
5	易溶的含义	部　页	
6	维C银翘片的规格	部　页	
7	微生物检查法	部　页	
8	冻干人用狂犬病疫苗的保存条件	部　页	
9	注射用水的概念	部　页	
10	胰岛素注射液的贮藏条件	部　页	
11	热原检查法	部　页	
12	硬胶囊的崩解时限检查	部　页	
13	明胶空心胶囊铬含量限度	部　页	
14	灭菌注射用水的检查项目	部　页	
15	硬胶囊的概念	部　页	
16	当归流浸膏的制法	部　页	
17	光果甘草的性状	部　页	

查阅人：_____

日期：___年___月___日

实训项目二　诺氟沙星的薄层色谱法的鉴别

一、实训目的

(1) 掌握薄层色谱法的基本原理及其在药物鉴别中的应用。
(2) 掌握薄层色谱法的操作技术。

二、实训原理

1. 原理　薄层色谱法(thin layer chromatography,TLC)又称薄层层析法,属于固-液吸附色谱法。样品在薄层板上的吸附剂(固定相)和溶剂(移动相)之间进行分离。由于不同化合物的吸附能力各不相同,在展开剂上移时,它们出现不同程度的解吸,从而达到分离的目的。

2. 薄层色谱法的用途

(1) 化合物的定性检验(通过与已知标准物对比的方法进行未知物的鉴定):在条件完全一致的情况下,纯化合物在薄层色谱中呈现一定的移动距离,称比移值(R_f值),所以利用薄层色谱法可以鉴定化合物的纯度或确定两种性质相似的化合物是否为同一物质。影响比移值的因素很多,如薄层的厚度,吸附剂颗粒的大小,酸碱性,活性等级,外界温度和展开剂纯度、组成、挥发性等,要获得重现的比移值较为困难。为此,在测定某一样品时,最好用已知样品进行对照。

$$R_f = \frac{溶质最高浓度中心至原点中心的距离}{溶剂前沿至原点中心的距离}$$

(2) 化合物纯度的检验(只出现一个斑点,且无拖尾现象,为纯物质):此法特别适用于挥发性较小或在较高温度易发生变化而不能用气相色谱法分析的物质。

三、实训试药与仪器

(1) 试药:诺氟沙星对照品、诺氟沙星、三氯甲烷、甲醇、氨水等。
(2) 仪器:暗箱式紫外分析仪、硅胶 G 薄层板(市售)、毛细管、展开缸等。

四、实训内容

1. 薄层板的活化　将薄层板放在烘箱内加热活化,将烘箱渐渐升温,维持在 105～110 ℃下活化 30 min。活化后的薄层板放在干燥器内保存待用。

2. 供试品溶液与对照品溶液的制备

(1) 供试品溶液的制备:取诺氟沙星适量,加三氯甲烷-甲醇(1∶1)制成每 1 ml 中含 2.5 mg 的溶液。
(2) 对照品溶液的制备:取诺氟沙星对照品适量,加三氯甲烷-甲醇(1∶1)制成每 1 ml 中含 2.5 mg 的溶液。

3. 点样 先用铅笔在距薄层板一端 1 cm 处轻轻画一横线作为起始线,然后用毛细管吸取样品,在起始线上小心点样,斑点直径一般不超过 2 mm。若因样品溶液太稀,可重复点样,但应待前次点样的溶剂挥发后方可重新点样,以防样点过大,出现拖尾、扩散等现象,而影响分离效果。若在同一板上点几个样,样点间距离应为 1~1.5 cm,注意点样要轻,不可刺破薄层。

4. 展开 薄层色谱的展开,需要在密闭容器中进行。展开剂:三氯甲烷-甲醇-浓氨溶液(15∶10∶3),为使溶剂蒸气迅速达到平衡,可在展开槽内衬一滤纸。在层析缸中加入配好的展开溶剂,使其高度不超过 1 cm。将点好的薄层板小心放入层析缸中,点样一端朝下,浸入展开剂中,盖好盖子,待展开剂前沿上升到一定高度时取出,尽快在薄层板上标记展开剂前沿位置。将薄层板晾干,观察斑点位置,计算 R_f 值。

五、填写实训记录表

诺氟沙星薄层色谱检查实训记录见表 10-3。

表 10-3 诺氟沙星薄层色谱检查实训记录表

样品名称		批号	
规格		温度、湿度	
检验依据			
实训记录			
检验项目	检验过程及结论		
【检查】	标准规定:供试品溶液所显主斑点的位置与荧光应与对照品溶液主斑点的位置与荧光相同。 检验步骤。 (1) 供试品溶液的制备:取本品适量,加三氯甲烷-甲醇(1∶1)制成每 1 ml 中含 2.5 mg 的溶液。 (2) 对照品溶液的制备:取诺氟沙星对照品适量,加三氯甲烷-甲醇(1∶1)制成每 1 ml 中含 2.5 mg 的溶液。 (3) 色谱条件:采用硅胶 G 薄层板,以三氯甲烷-甲醇-浓氨溶液(15∶10∶3)为展开剂。 (4) 测定法:吸取供试品溶液与对照品溶液各 10 μl,分别点于同一薄层板上,展开,晾干,置紫外灯(365 nm)下检视。 数据记录:薄层色谱图如下。 R_f 值: 结果判定:□符合规定　□不符合规定 检验人:_____　　复核人:_____ 日期:____年____月____日　日期:____年____月____日		

实训项目三 葡萄糖注射液的 pH 检查

一、实训目的

(1) 掌握 pH 计的使用与维护保养的标准操作规程。
(2) 熟悉 pH 计的构造。
(3) 掌握 pH 计测定葡萄糖注射液 pH 的方法。

二、实训原理

pH 是衡量溶液酸碱性强弱的一个数值,是水溶液中氢离子活度的表示方法,溶液的 pH 使用 pH 计(酸度计)测定。水溶液的 pH 通常以玻璃电极为指示电极、饱和甘汞电极或银-氯化银电极为参比电极进行测定。pH 计(酸度计)应定期进行计量检定,并符合国家有关规定。

三、实训试药与仪器

(1) 试药:标准缓冲液、葡萄糖注射液、饱和氯化钾溶液等。
(2) 仪器:pH 计、滤纸片、烧杯、洗瓶等。

四、实训内容

1. 标准缓冲液的配制　按《中国药典》(2020 年版)(通则 0631)进行配制。

2. pH 计的校正　测定前,按各品种项下的规定,选择三种或两种合适的标准缓冲液对仪器进行校正,使供试品溶液的 pH 处于它们之间。先取与供试品溶液 pH 较接近的第一种标准缓冲液对仪器进行校正(定位),使仪器示值与《中国药典》(2020 年版)(通则 0631)表列数值一致;再用第二种标准缓冲液核对仪器示值,与表列数值相差应不大于 0.02 个 pH 单位。

3. 样品的测定　应用纯化水充分洗涤电极,再用所换的供试品溶液洗涤,或用纯化水充分洗涤电极后将水吸尽,测量供试品溶液 pH 并记录。

4. pH 计的维护保养　仪器使用结束后,将电极洗净并吸干水分,把银-氯化银参比电极贮存在饱和氯化钾溶液中。

五、填写实训记录表

葡萄糖注射液的 pH 检查实训记录表见表 10-4。

表 10-4 葡萄糖注射液的 pH 检查实训记录表

样品名称		批号	
规格		温度、湿度	
仪器型号		仪器编号	
检验依据			
实训记录				
检验项目	检验过程及结论		

【检查】

标准规定：pH 应为 3.2～6.5。

检验步骤。

(1) 葡萄糖注射液溶液的配制：取本品或本品适量，用水稀释制成含葡萄糖为 5% 的溶液，每 100 ml 加饱和氯化钾溶液 0.3 ml。

(2) 标定、校正 pH 计：取 pH＝4.00 的邻苯二甲酸盐标准缓冲液、pH＝6.86 的磷酸盐标准缓冲液对 pH 计进行标定。

(3) 测量葡萄糖注射液溶液的 pH。

数据记录

标准缓冲液 1：_____，pH：_____；

标准缓冲液 2：_____，pH：_____；

测量次数	pH	温度 $t/℃$
第一次		
第二次		
第三次		
平均值		

结果判定：□符合规定　□不符合规定

检验人：_____　　复核人：_____

日期：____年____月____日　　日期：____年____月____日

实训项目四　纯化水的质量检查

一、实训目的

(1) 掌握纯化水的质量标准与质量检查方法。
(2) 理解各检查项目的原理及其质量控制的意义。
(3) 培养实训数据处理能力和质量判断能力。

二、实训原理

实训原理见表10-5。

表10-5　实训原理

序号	项目	检查原理
1	酸碱度	指示剂法:测定纯化水的pH
2	硝酸盐	比色法:硝酸盐在酸性条件下与二苯胺反应生成蓝色化合物,通过与标准硝酸盐溶液产生的颜色深浅进行比较(标准:≤0.06 mg/L)
3	亚硝酸盐	比色法:亚硝酸盐与对氨基苯磺酰胺和盐酸萘乙二胺溶液反应生成粉红色的化合物,通过与标准亚硝酸盐溶液产生的颜色深浅进行比较(标准:≤0.02 mg/L)
4	氨	比色法:氨与碱性碘化汞钾反应生成黄色配合物,通过与氯化铵溶液制成的对照液比较(标准:≤0.3 mg/L)
5	电导率	用电导率仪测定,记录测定温度。温度和电导率的限度如下表所示,测定温度对应的电导率值即为限度值。 **温度和电导率的限度** | 温度/℃	电导率/(μS/cm)	温度/℃	电导率/(μS/cm)
---	---	---	---
0	2.4	50	7.1
10	3.6	60	8.1
20	4.3	70	9.1
25	5.1	80	9.7
30	5.4	90	9.7
40	6.5	100	10.2	
6	易氧化物	比色法:酸性条件下与高锰酸钾发生氧化还原反应,观察颜色的变化(标准:粉红色不得完全消失)
7	不挥发物	重量法:100 ml水样蒸发后,称量残渣重量(标准:遗留残渣≤1 mg)
8	重金属	比色法:重金属与硫代乙酰胺反应生成硫化物显色,通过与标准铅溶液所显的颜色比较(标准:≤0.1 mg/L)

三、实训试药与仪器

(1) 试药：纯化水、甲基红指示液、溴麝香草酚蓝指示液、10%氯化钾溶液、0.1%二苯胺硫酸溶液、硫酸、硝酸钾、无硝酸盐的水、无亚硝酸盐的水、无氨水、对氨基苯磺酰胺的稀盐酸(1→100)、盐酸萘乙二胺溶液(0.1→100)、亚硝酸钠、碱性碘化汞钾试液、氯化铵溶液、高锰酸钾滴定液(0.02 mol/L)、醋酸盐缓冲液(pH 3.5)、硫代乙酰胺试液、标准铅溶液等。

(2) 仪器：电导率仪、电热套、水浴锅、干燥箱、干燥器、纳氏比色管、试管、胶头滴管、冰块、容量瓶(50 ml、100 ml)、分析天平、称量纸、药勺、烧杯、玻璃棒、移液管(1 ml、10 ml)、滤纸等。

四、实训内容

1. 酸碱度 取纯化水 10 ml，加甲基红指示液 2 滴，不得显红色；另取 10 ml 纯化水，加溴麝香草酚蓝指示液 5 滴，不得显蓝色。

2. 硝酸盐 取纯化水 5 ml 置试管中，于冰浴中冷却，加 10% 氯化钾溶液 0.4 ml 与 0.1% 二苯胺硫酸溶液 0.1 ml，摇匀，缓缓滴加硫酸 5 ml，摇匀，将试管于 50 ℃ 水浴中放置 15 min，溶液产生的蓝色，与标准硝酸盐溶液[取硝酸钾 0.163 g，加水溶解并稀释至 100 ml，摇匀，精密量取 1 ml，加水稀释成 100 ml，再精密量取 10 ml，加水稀释成 100 ml，摇匀，即得(每 1 ml 相当于 1 μgNO$_3$)]0.3 ml，加无硝酸盐的水 4.7 ml，用同一方法处理后的颜色比较，不得更深。

3. 亚硝酸盐 取纯化水 10 ml，置纳氏比色管中，加对氨基苯磺酰胺的稀盐酸(1→100) 1 ml 与盐酸萘乙二胺溶液(0.1→100) 1 ml，产生的粉红色，与标准亚硝酸盐溶液[取亚硝酸钠 0.750 g(按干燥品计算)，加水溶解，稀释至 100 ml，摇匀，精密量取 1 ml，加水稀释成 100 ml，摇匀，再精密量取 1 ml，加水稀释成 50 ml，摇匀，即得(每 1 ml 相当于 1 μg NO$_2$)]0.2 ml，加无亚硝酸盐的水 9.8 ml，用同一方法处理后的颜色比较，不得更深。

4. 氨 取纯化水 50 ml，加碱性碘化汞钾试液 2 ml，放置 15 min；若显色，与氯化铵溶液(取氯化铵 31.5 mg，加无氨水适量使溶解并稀释成 1000 ml) 1.5 ml，加无氨水 48 ml 与碱性碘化汞钾试液 2 ml 制成的对照液比较，不得更深。

5. 电导率 直接用电导率仪测定纯化水的电导率应符合规定(通则 0681)。

6. 易氧化物 取纯化水 100 ml，加稀硫酸 10 ml，煮沸后，加高锰酸钾滴定液 (0.02 mol/L) 0.10 ml，再煮沸 10 min，粉红色不得完全消失。

7. 不挥发物 取纯化水 100 ml，置 105 ℃ 恒重的蒸发皿中，在水浴上蒸干，并在 105 ℃ 干燥至恒重，计算遗留残渣重量，不得超过 1 mg。

8. 重金属 取纯化水 100 ml，加水 19 ml，蒸至 20 ml，放冷，加醋酸盐缓冲液 (pH 3.5) 2 ml 与水适量使成 25 ml，加硫代乙酰胺试液 2 ml，摇匀，放置 2 min，与标准铅溶液 1.0 ml 加水 19 ml 用同一方法处理后的颜色比较，不得更深。

五、填写实训记录表

纯化水的质量检查实训记录表见表 10-6。

表 10-6 纯化水的质量检查实训记录表

样品名称		批号	
规格		温度、湿度	
检验依据			
实训记录			
检验项目	检验过程及结论		
【性状】	本品为_____的澄清液体;_____臭。 标准规定:本品为无色的澄清液体;无臭。 结果判定:□符合规定　□不符合规定		
【检查】	1.酸碱度　取本品 10 ml,加甲基红指示液 2 滴,_____显红色;另取本品 10 ml,加溴麝香草酚蓝指示液 5 滴,_____显蓝色。 标准规定:加甲基红指示液,不得显红色;加溴麝香草酚蓝指示液,不得显蓝色。 结果判定:□符合规定　□不符合规定 2.硝酸盐　取本品 5 ml 置试管中,于冰浴中冷却,加 10% 氯化钾溶液 0.4 ml 与 0.1% 二苯胺硫酸溶液 0.1 ml,摇匀,缓缓滴加硫酸 5 ml,摇匀,将试管于 50 ℃ 水浴中放置 15 min,溶液产生的蓝色,与标准硝酸盐溶液 0.3 ml,加无硝酸盐的水 4.7 ml,用同一方法处理后的颜色比较,供试品管颜色_____标准品管。 标准规定:不得更深。 结果判定:□符合规定　□不符合规定 3.亚硝酸盐　取本品 10 ml,置纳氏比色管中,加对氨基苯磺酰胺的稀盐酸(1→100)1 ml 与盐酸萘乙二胺溶液(0.1→100)1 ml,产生的粉红色,与标准亚硝酸盐溶液 0.2 ml,加无亚硝酸盐的水 9.8 ml,用同一方法处理后的颜色比较,供试品管颜色_____标准品管。 标准规定:不得更深。 结果判定:□符合规定　□不符合规定 4.氨　取本品 50 ml,加碱性碘化汞钾试液 2 ml,放置 15 min,_____(显色或不显色);若显色,与氯化铵溶液(取氯化铵 31.5 mg,加无氨水适量使溶解并稀释成 1000 ml)1.5 ml,加无氨水 48 ml 与碱性碘化汞钾试液 2 ml 制成的对照液比较,供试品管颜色_____对照液管。 标准规定:不得更深。 结果判定:□符合规定　□不符合规定 5.电导率　温度:_____　电导率值:_____ 标准规定:电导率值不大于限度值,判为符合规定;电导率值大于限度值,则判为不符合规定。 结果判定:□符合规定　□不符合规定 6.易氧化物　取本品 100 ml,加稀硫酸 10 ml,煮沸后,加高锰酸钾滴定液(0.02 mol/L)0.10 ml,再煮沸 10 min,粉红色_____。		

	续表
【检查】	标准规定:粉红色不得完全消失。 结果判定:□符合规定　□不符合规定
【性状】	7.不挥发物　取本品 100 ml,置 105 ℃恒重的蒸发皿中,在水浴上蒸干,并在 105 ℃干燥至恒重。蒸发皿重量=＿＿＿＿,蒸发皿＋遗留残渣重量=＿＿＿＿,遗留残渣重量=＿＿＿＿。 标准规定:遗留残渣≤1 mg。 结果判定:□符合规定　□不符合规定 8.重金属　取本品 100 ml,加水 19 ml,蒸发至 20 ml,放冷,加醋酸盐缓冲液(pH 3.5)2 ml 与水适量使成 25 ml,加硫代乙酰胺试液 2 ml,摇匀,放置 2 min,与标准铅溶液 1.0 ml 加水 19 ml 用同一方法处理后的颜色比较,供试品管颜色＿＿＿＿标准品管。 标准规定:不得更深。 结果判定:□符合规定　□不符合规定 检验人:＿＿＿＿　　　　复核人:＿＿＿＿ 日期:＿＿年＿＿月＿＿日　日期:＿＿年＿＿月＿＿日

实训项目五 葡萄糖注射液的特殊杂质检查

一、实训目的

(1) 了解葡萄糖注射液特殊杂质检查的原理。
(2) 掌握紫外-分光光度法测定葡萄糖注射液特殊杂质的操作要点。

二、实训原理

葡萄糖注射液在高温加热灭菌时,易分解产生 5-羟甲基糠醛,利用 5-羟甲基糠醛在 284 nm 波长处有吸收而葡萄糖无吸收的特点,将样品配制成一定浓度的溶液,在 284 nm 波长处测定,规定吸光度不得大于 0.32,以控制 5-羟甲基糠醛的量。

三、实训试药与仪器

(1) 试药:葡萄糖注射液等。
(2) 仪器:紫外-可见分光光度计、石英比色皿、容量瓶、移液管、洗耳球、胶头滴管等。

四、实训内容与步骤

本品为葡萄糖或无水葡萄糖的灭菌水溶液。

精密量取本品适量(约相当于葡萄糖 1.0 g),置 100 ml 量瓶中,加水稀释至刻度,摇匀,在 284 nm 波长处测定吸收度,吸光度不得大于 0.32。

五、填写实训记录表

葡萄糖注射液的特殊杂质检查实训记录表见表 10-7。

表 10-7 葡萄糖注射液的特殊杂质检查实训记录表

样品名称		批号	
规格		温度、湿度	
检验依据			
仪器型号		仪器编号	
实验记录			
检验项目	检验过程及结论		
【检查】 5-羟甲基糠醛	标准规定:吸光度不得大于 0.32。 检验步骤:精密量取本品____ml(约相当于葡萄糖 1.0 g),置 100 ml 量瓶中,加水稀释至刻度,摇匀,在 284 nm 波长处测定吸收度。		

续表

	检验结果:
【检查】 5-羟甲基糠醛	编号 | 1 | 2 | 3 | 平均值 吸光度 | | | | 结果判定：□符合规定　　□不符合规定 检验人：_____　　　　　复核人：_____ 日期：____年____月____日　　日期：____年____月____日

实训项目六 葡萄糖注射液的含量测定

一、目的要求

(1) 了解旋光仪的构造和旋光度的测定原理。
(2) 掌握葡萄糖注射液的含量测定方法及计算。

二、实训原理

葡萄糖分子结构中有 5 个手性碳原子,具有旋光性,为右旋体,可采用旋光法测定其含量。旋光度与溶液的浓度和偏振光透过溶液的厚度成正比。当偏振光透过长 1 dm 且每 1 ml 中含有旋光性物质 1 g 的溶液,使用钠光谱的 D 线(589.3 nm),测定温度为 20 ℃时,测得的旋光度称为比旋度。即:

$$[\alpha]_D^t = \frac{\alpha}{c \times l}$$

式中:$[\alpha]_D^t$ 为比旋度;α 为旋光度;D 为钠光谱的 D 线;c 为固体供试品的浓度(g/ml);t 为测定时的温度(℃);l 为测定管长度(dm)。

$$\text{无水葡萄糖浓度} c = \frac{100 \times \alpha}{[\alpha]_D^t \times l}$$

$$\text{含水葡萄糖}(C_6H_{12}O_6 \cdot H_2O)\text{浓度} c' = \frac{100 \times \alpha}{[\alpha]_D^{25} \times l} \times \frac{M_{C_6H_{12}O_6 \cdot H_2O}}{M_{C_6H_{12}O_6}}$$

$$= \frac{100 \times \alpha}{52.75} \times \frac{198.17}{180.16}$$

$$= \alpha \times 2.0852$$

$$\text{标示量}(\%) = \frac{c'}{\text{标示量}(g/100\ ml)} \times 100\%$$

三、实训试药与仪器

(1) 试药:葡萄糖注射液、蒸馏水(灭菌注射用水)等。
(2) 仪器:自动旋光仪、旋光管、移液管、容量瓶、胶头滴管、滤纸等。

四、实训内容

(1) 精密量取本品适量(约相当于葡萄糖 10 g),置 100 ml 量瓶中,加氨试液 0.2 ml(促使葡萄糖溶液的变旋现象达到平衡,10%或 10%以下规格的本品可直接取样测定),用水稀释至刻度,摇匀,静置 10 min,依法测定旋光度。

(2) 对照品溶液或空白溶液的制备:按要求配制对照品溶液或空白溶液。

(3) 按旋光法测定供试品的旋光度:将测定管用供试品溶液(取供试品,按各药品项下的方法制成)荡洗数次,缓缓注入供试品溶液适量(注意不要产生气泡),置于自动旋光计内检测读数,即得供试品溶液的旋光度。以"+"符号表示右旋,以"-"符号表示左旋。以相同的方式读数 3 次,取平均值。

(4) 结果计算:计算葡萄糖溶液的含量,按《中国药典》(2020 年版)规定,将测得的旋光度与 2.0852 相乘即得。本品为葡萄糖的灭菌水溶液,含葡萄糖($C_6H_{12}O_6 \cdot H_2O$)应为标示量的 95.0%~105.0%。

五、填写实训记录表

葡萄糖注射液含量测定实训记录表见表 10-8。

表 10-8　葡萄糖注射液含量测定实训记录表

样品名称		批号	
规格		温度、湿度	
仪器型号		仪器编号	
检验依据			
实训记录			
检验项目	检验过程及结论		

| 【含量测定】 | **标准规定**:本品为葡萄糖的灭菌水溶液,含葡萄糖($C_6H_{12}O_6 \cdot H_2O$)应为标示量的 95.0%~105.0%。
检验步骤。
(1) 供试品溶液的制备:精密量取　　　　 ml(约相当于葡萄糖 10 g),置 100 ml 量瓶中,加氨试液 0.2 ml(促使葡萄糖溶液的变旋现象达到平衡,10% 或 10% 以下规格的本品可直接取样测定),用水稀释至刻度,摇匀,静置 10 min。
(2) 空白溶液的制备:取灭菌注射用水作为空白溶液。
(3) 测定:测定管长度:　　　　 dm,依旋光度测定法标准操作规程测定旋光度。以"+"表示右旋,以"-"表示左旋。平行测定 3 次,取平均值。
(4) 结果计算:将测得的旋光度与 2.0852 相乘,即得 $C_6H_{12}O_6 \cdot H_2O$ 的含量。
检验结果:

\| 编号 \| 1 \| 2 \| 3 \| 平均值 $\bar{\alpha}$ \|
\|---\|---\|---\|---\|---\|
\| α \| \| \| \| \|

标示量(%) = $\dfrac{\bar{\alpha} \times 2.0852}{\text{标示量}(g/100\ ml)} \times 100\%$ =
结果判定:□符合规定　□不符合规定
检验人:　　　　　　　复核人:　　　　
日期:　　年　　月　　日　　日期:　　年　　月　　日 |

实训项目七 片剂重量差异检查

一、实训目的

(1) 了解片剂重量差异检查的意义。
(2) 掌握片剂重量差异检查的操作方法。
(3) 掌握分析天平的使用与维护。

二、实训原理

在片剂生产中,颗粒的均匀度和流动性,以及工艺、设备和管理等因素,都会引起片剂重量差异。本项检查的目的在于控制各片重量的一致性,保证用药剂量的准确。

三、实训试药与仪器

(1) 试药:药片等。
(2) 仪器:感量 0.1 mg 的分析天平或感量 1 mg 的分析天平、扁形称量瓶、弯头或平头手术镊子等。

四、操作步骤

(1) 分析天平的选择:分度值不大于 0.1 mg(适用于平均片重 0.30 g 以下的片剂)或分度值不大于 1 mg(适用于平均片重 0.30 g 或 0.30 g 以上的片剂)的分析天平。
(2) 取空称量瓶,精密称定重量(W_1)。再取供试品 20 片,置此称量瓶中,精密称定重量(W_2)。
(3) 计算平均片重:$W_2 - W_1 = W_3$(20 片药片的总重量),$W_3/20$ 得平均片重 $\overline{m}$(保留三位有效数字)。
(4) 从已称定总重量的 20 片药片中,依次用镊子取 1 片,分别精密称定重量,得各片重量(m_i),记录。
(5) 将平均片重修约至两位有效数字,按下表规定,计算允许片重范围(表 10-9)。

表 10-9 片剂重量差异的限度表

平均片重或标示片重	重量差异限度
0.30 g 以下	±7.5%
0.30 g 或 0.30 g 以上	±5%

(6) 记录与计算。
①称量:称量瓶重 $W_1 = $ _____;称量瓶重+20 片重 $W_2 = $ _____。
②平均片重:20 片重 $W_3 = $ _____;$\overline{m} = $ _____。
③允许片重范围:$\overline{m} \pm \overline{m} \times$ 重量差异限度 = _____。

④每片片重填入表10-10。

表10-10 每片片重

编号	01	02	03	04	05
片重/g					
编号	06	07	08	09	10
片重/g					
编号	11	12	13	14	15
片重/g					
编号	16	17	18	19	20
片重/g					

（7）结果判断：所有片重未超出平均片重差异限度范围，或超出重量差异限度范围的药片不多于2片，且未有1片超出限度的1倍，均判定为符合规定。超出重量差异限度范围的药片多于2片，或超出重量差异限度的药片虽不多于2片，但其中1片超出限度的1倍，均判定为不符规定。

五、填写实训记录表

片剂重量差异检查实训记录表见表10-11。

表10-11 片剂重量差异检查实训记录表

样品名称		批号	
规格		温度、湿度	
仪器型号		仪器编号	
检验依据			

实训记录		
检验项目	检验过程及结论	
【检查】重量差异	**标准规定**：每片重量与平均片重相比较（凡无含量测定的片剂，每片重量应与标示片重比较），所有片重均未超出平均片重差异限度范围，或超出重量差异限度范围的药片不多于2片，且均未超出限度的1倍，即判定为符合规定；否则，判定为不符合规定。 **检验步骤**：取药片20片，按重量差异检查法标准操作规程检查。	

编号	称量瓶	称量瓶+20片药片	平均片重		
重量/g					
编号	01	02	03	04	05
片重/g					
编号	06	07	08	09	10
片重/g					
编号	11	12	13	14	15
片重/g					
编号	16	17	18	19	20
片重/g					

续表

【检查】重量差异	允许片重范围＝平均片重±平均片重×重量差异限度 ＝ ＝ 最高片重＝_____ 最低片重＝_____ 检验结果：超出重量差异限度范围的有_____片，超出重量差异限度1倍的有_____片。 结果判定：□符合规定　□不符合规定 检验人：_____　　　　复核人：_____ 日期：____年____月____日　　日期：____年____月____日

实训项目八 胶囊剂装量差异检查

一、实训目的

(1) 掌握胶囊剂装量差异检查的操作方法。
(2) 了解胶囊剂装量差异检查的意义。

二、实训原理

装量差异是指药物制剂以称量法测定每片(粒)每瓶的重量与平均重量(或标示重量)之间的差异程度。

三、实训试药与仪器

(1) 试药:硬胶囊等。
(2) 仪器:分析天平、扁形称量瓶、手术镊、毛刷、手套等。

四、实训操作

(1) 精密称定每粒胶囊重量及囊壳重量:除另有规定外,取供试品 20 粒(中药硬胶囊剂为 10 粒),分别精密称定重量后,依次放于固定位置;分别取开囊帽,硬胶囊囊壳用小刷或其他适宜的用具拭净;软胶囊或内容物为半固体或液体的硬胶囊囊壳用乙醚等易挥发性溶剂洗净,置通风处使溶剂挥尽,并依次精密称定每一囊壳重量,记录数据。

(2) 计算每粒胶囊内容物重量:根据每粒胶囊重量与囊壳重量之差,求算每粒内容物重量。

(3) 计算平均装量:每粒内容物重量之和除以 20(中药硬胶囊剂除以 10),得平均装量($\overline{X}$),精确到万分之一。

(4) 计算允许装量差异范围:按下表规定装量差异限度,依据 $\overline{X} \pm \overline{X} \times$ 装量差异限度,求出允许装量范围(表 10-12)。

表 10-12 胶囊剂装量差异限度规定表

平均装量或标示装量	装量差异限度
0.30 g 以下	±10%
0.30 g 或 0.30 g 以上	±7.5%(中药硬胶囊剂为±10%)

(5) 结果与判定:每粒装量与平均装量比较(有标示装量的胶囊剂,每粒装量应与标示装量比较),均未超过装量差异限度;或超过装量差异限度的胶囊不多于 2 粒,并不得有 1 粒超出限度的 1 倍,则判定为符合规定。

五、填写实训记录表

胶囊剂装量差异检查实训记录表见表10-13。

表10-13 胶囊剂装量差异检查实训记录表

样品名称				批号		
规格				温度、湿度		
仪器型号				仪器编号		
检验依据						
实训记录						
检验项目	检验过程及结论					
【检查】重量差异	**标准规定**:每粒装量与平均装量比较(有标示装量的胶囊剂,每粒装量应与标示装量比较),均未超过装量差异限度;或超过装量差异限度的胶囊不多于2粒,并不得有1粒超出限度的1倍,则判定为符合规定;否则,判定为不符合规定。 **检验步骤**:取供试品20粒(中药硬胶囊剂取为10粒),分别精密称定重量后,倾出内容物(不得损失囊壳),硬胶囊囊壳用小刷或其他适宜的用具拭净;软胶囊或内容物为半固体或液体的硬胶囊囊壳用乙醚等易挥发性溶剂洗净,置通风处使溶剂挥尽,再依次精密称定每一囊壳重量,求出每粒内容物的装量与平均装量。					
	胶囊总重/g		胶囊壳总重/g		平均装量/g	
	编号	01	02	03	04	05
	胶囊总重/g					
	胶囊壳重/g					
	内容物装量/g					
	编号	06	07	08	09	10
	胶囊总重/g					
	胶囊壳重/g					
	内容物装量/g					
	编号	11	12	13	14	15
	胶囊总重/g					
	胶囊壳重/g					
	内容物装量/g					
	编号	16	17	18	19	20
	胶囊总重/g					
	胶囊壳重/g					
	内容物装量/g					
	装量差异限度=_____ 允许装量范围=平均装量±平均装量×装量差异限度 　　　　　= 　　　　　= 最高装量=_____　　最低装量=_____					

	续表
【检查】 重量差异	**检验结果**：超出装量差异限度的胶囊有_____粒，超出限度 1 倍的有_____粒。 **结果判定**：□符合规定　　□不符合规定 检验人：_____　　　　　复核人：_____ 日期：___年___月___日　　日期：___年___月___日

实训项目九　片剂崩解时限检查

一、实训目的

(1) 掌握片剂的崩解时限检查方法。
(2) 掌握升降式崩解仪的使用。

二、实训原理

崩解是指口服固体制剂在检查时限内全部崩解溶散或成碎粒,并通过筛网(不溶性包衣材料或破碎的胶囊壳除外)。崩解时限是指固体制剂在规定的介质中,以规定的方法进行检查全部崩解溶散或成碎粒并通过筛网所需时间的限度。本法用于检查固体制剂在规定条件下的崩解情况。凡规定检查溶出度、释放度或分散均匀性的制剂,不再进行崩解时限检查。

三、实训试药与仪器

(1) 试药:片剂等。
(2) 仪器:升降式崩解仪、镊子等。

四、实训操作步骤

片剂崩解时限检查方法如下。

(1) 口服普通片:将吊篮通过上端的不锈钢轴悬挂于金属支架上,浸入 1000 ml 烧杯中,并调节吊篮位置使其下降至低点时筛网距烧杯底部 25 mm,烧杯内盛有温度 37 ℃±1 ℃的水,调节水位高度使吊篮上升至高点时筛网在水面下 15 mm 处,吊篮顶部不可浸没于溶液中。除另有规定外,取供试药片 6 片,分别置吊篮的玻璃管中,启动崩解仪进行检查,各片均应在 15 min 内全部崩解。如有 1 片不能完全崩解,另取 6 片复试,均应符合规定。

(2) 薄膜衣片:按口服普通片装置和方法检查,并可改在盐酸(9→1000)中进行,化药薄膜衣片应在 30 min 内全部崩解;中药薄膜衣片,则每管加挡板 1 块,各片均应在 1 h 内全部崩解。如有 1 片不能完全崩解,另取 6 片复试,均应符合规定。

(3) 糖衣片:按口服普通片装置和方法检查,化药糖衣片应在 1 h 内全部崩解。如有 1 片不能完全崩解,应另取 6 片复试,均应符合规定。

(4) 肠溶片:按口服普通片装置和方法检查,先在盐酸(9→1000)中检查 2 h,每片均不得有裂缝、崩解或软化等现象;将吊篮取出,用少量水洗涤后,每管加入挡板 1 块,按上述方法在磷酸盐缓冲液(pH 6.8)中进行检查,1 h 内应全部崩解,否则,应另取 6 片复试,均应符合规定。

（5）含片：除另有规定外，按口服普通片装置和方法检查，各片均不应在 10 min 内全部崩解或溶化。如有 1 片不符合规定，应另取 6 片复试，均应符合规定。

五、填写实训记录表

片剂崩解时限检查实训记录表见表 10-14。

表 10-14 片剂崩解时限检查实训记录表

样品名称		批号	
规格		温度、湿度	
崩解仪型号		崩解仪编号	
检验依据			
实训记录			
检验项目	检验过程及结论		
【检查】	崩解时限 **标准规定**：按崩解时限检查法标准操作规程检验，应在_____ min 内崩解并通过筛网。 **检验步骤**：按崩解时限检查法标准操作规程操作，将吊篮通过上端的不锈钢轴悬挂于金属支架上，浸入 1000 ml 烧杯中，并调节吊篮位置使其下降至低点时筛网距烧杯底部 25 mm，烧杯内盛有温度为 37 ℃±1 ℃的水，调节水位高度使吊篮上升至高点时筛网在水面下 15 mm 处，吊篮顶部不可浸没于溶液中。取本品 6 片，分别置于上述装置吊篮的玻璃管中，启动崩解仪进行检查。 **检验结果**：_____片在_____ min 内全部崩解并通过筛网。 **结果判定**：□符合规定 □不符合规定 检验人：_____ 复核人：_____ 日期：____年____月____日 日期：____年____月____日		

胶囊剂
崩解时限检查

实训项目十 片剂脆碎度检查

一、实训目的

(1) 掌握片剂的脆碎度检查方法。
(2) 学习脆碎度检查仪的使用。

二、实训原理

片剂脆碎度检查是指片剂在规定的脆碎度检查仪圆筒中滚动 100 圈后减失重量的百分比,用于检查非包衣片剂的脆碎情况及其他物理强度,如压碎强度等。

三、实训试药与仪器

(1) 试药:未包衣片剂等。
(2) 仪器:脆碎度检查仪、吹风机、药筛、分析天平等。

四、实训操作步骤

(1) 将脆碎度检查仪转速设置为 25 r/min±1 r/min,时间为 4 min,确保圆筒转动的总次数为 100 次。
(2) 用吹风机吹去供试品已脱落的粉末,精密称定其总重量(使供试品约为 6.5 g;平均片重大于 0.65 g 的供试品取 10 片)。
(3) 将供试品置脆碎度检查仪圆筒中,启动仪器转 100 圈后取出供试品,若出现断裂、龟裂或粉碎片,即判定为不符合规定。
(4) 未出现断裂、龟裂或粉碎片的供试品,用吹风机吹去已脱落的粉末后精密称重,根据转动前、后的重量计算减失重量百分比(%)。若减失重量未超过 1%,即判定为符合规定。

五、填写实训记录表

片剂脆碎度检查实训记录表见表 10-15。

表 10-15 片剂脆碎度检查实训记录表

样品名称		批号	
规格		温度、湿度	
脆碎度检查仪型号		脆碎度检查仪编号	
检验依据			

续表

【脆碎度检查】	**标准规定：** (1) 未检出断裂、龟裂或粉碎片，且其减失重量未超过1%时，判定为符合规定。 (2) 减失重量超过1%，但未检出断裂、龟裂或粉碎片的供试品，另取2份供试品复试。3次的平均减失重量未超过1%时，且未检出断裂、龟裂或粉碎片，判定为符合规定。 **检验步骤：** (1) 设定脆碎度检查仪参数，转动次数：_____；转动时间(min)：_____。 (2) 取供试品约为6.5 g；平均片重大于0.65 g的供试品取10片，用吹风机吹去供试品已脱落的粉末，精密称定总重量。 (3) 将供试品置脆碎度检查仪圆筒中，启动仪器转100圈后取出供试品，若出现断裂、龟裂或粉碎片，即判定为不符合规定。 (4) 未出现断裂、龟裂或粉碎片的供试品，用吹风机吹去已脱落的粉末后精密称重，根据转动前、后的重量计算减失重量百分比(%)。 **检验结果：**供试品重量 $m_1=$ _____ g；转动100圈后供试品重量 $m_2=$ _____ g。 减失重量百分比(%)= _____ 。 **结果判定：**□符合规定　□不符合规定 检验人：_____　　　复核人：_____ 日期：____年____月____日　　日期：____年____月____日

实训项目十一 片剂溶出度测定

一、实训目的

(1) 掌握篮法测定片剂溶出度的操作步骤、结果计算和判断。
(2) 掌握溶出度测定仪的使用与维护。
(3) 掌握紫外-可见分光光度计的使用与维护。

二、实训原理

溶出度是指药物在规定条件下从片剂、胶囊剂或颗粒剂等普通制剂在规定条件下溶出的速度和程度。凡检查溶出度的制剂,不再进行崩解时限的检查。

三、实训试药与仪器

(1) 试药:维生素 B_2 片等。
(2) 仪器:溶出度测定仪、紫外-可见分光光度计、超声仪、注射器、微孔滤膜、吸量管、烧杯等。

四、实训内容

(1) 照溶出度与释放度测定法(通则 0931 第一法)测定。避光操作。
(2) 以冰醋酸 3 ml 与 4% 氢氧化钠溶液 18 ml 用水稀释至 600 ml 为溶出介质,转速为 100 r/min。取供试品 6 片,分别投入 6 个转篮内,将转篮降入溶出杯,开始计时,依法操作,经 20 min 时取样。
(3) 测定法:取溶出液 10 ml,滤过,取续滤液,照紫外-可见分光光度法(通则 0401),在 444 nm 波长处测定吸光度,按 $C_{17}H_{20}N_4O_5$ 的吸收系数($E_{1\ cm}^{1\%}$)为 323 计算每片的溶出量。
(4) 结果判断。

符合下列条件之一者,判定为符合规定;否则,判定为不符合规定。
① 6 片中,每片的溶出量按标示量计算,均不低于规定限度(Q)。
② 6 片中,如有 1~2 片低于规定限度 Q,但不低于 $Q-10\%$,且其平均溶出量不低于 Q。
③ 6 片中,有 1~2 片低于 Q,其中仅有 1 片低于 $Q-10\%$,但不低于 $Q-20\%$,且其平均溶出量不低于 Q 时,应另取 6 片复试;初、复试的 12 片中有 1~3 片低于 Q,其中仅有 1 片低于 $Q-10\%$,且不低于 $Q-20\%$,且其平均溶出量不低于 Q。

五、填写实训记录表

维生素 B_2 片溶出度检查实训记录表见表 10-16。

表 10-16　维生素 B_2 片溶出度检查实训记录表

样品名称		批号	
规格		温度、湿度	
仪器型号		仪器编号	
检验依据			

实训记录	
检验项目	检验过程及结论
【检查】	**标准规定**:限度为标示量的 75%。 **检验步骤**:照溶出度与释放度测定法(通则 0931 第一法)测定。避光操作。以冰醋酸 3 ml 与 4% 氢氧化钠溶液 18 ml 用水稀释至 600 ml 为溶出介质,转速为 100 r/min,依法操作,经 20 min 取样。 **测定法**:取溶出液 10 ml,滤过,取续滤液,照紫外-可见分光光度法(通则 0401),在 444 nm 的波长处测定吸光度,按 $C_{17}H_{20}N_4O_5$ 的吸收系数($E_{1\ cm}^{1\%}$)为 323 计算每片的溶出量。 **数据记录**:B(标示量,g)=_____;D(稀释倍数)=_____;V(溶出介质体积,ml)=_____;$E_{1\ cm}^{1\%}$=_____;l(吸收池厚度)=_____ cm;A_1(吸光度)=_____;A_2=_____;A_3=_____;A_4=_____;A_5=_____;A_6=_____。 **数据处理**: $$溶出量(\%)=\frac{A_1 \times D \times V}{E_{1\ cm}^{1\%} \times 100 \times l \times B} \times 100\%$$ 第 1 片溶出量(%)= 第 2 片溶出量(%)= 第 3 片溶出量(%)= 第 4 片溶出量(%)= 第 5 片溶出量(%)= 第 6 片溶出量(%)= **检验结果**:平均溶出量(%)为_____。 **结果判定**:□符合规定　□不符合规定 检验人:_____　　复核人:_____ 日期:____年____月____日　日期:____年____月____日

实训项目十二 可见异物检查

一、实训目的

(1) 掌握可见异物的检查方法。
(2) 掌握澄明度检测仪的使用与维护保养。

二、实训原理

可见异物是指存在于注射剂、眼用液体制剂和无菌原料药中,在规定条件下目视可以观测到的不溶性物质,其粒径或长度通常大于 50 μm。《中国药典》(2020 年版)收录了灯检法和光散射法两种检查方法。

本实训采用灯检法。灯检法为注射剂和滴眼剂可见异物检查的常用方法;灯检法还用于对光散射法检出可见异物的供试品进行复核确认。

三、实训试药与仪器

(1) 试药:注射剂和滴眼剂等。
(2) 仪器:澄明度检测仪等。

四、实训内容

1. 环境、装置与人员

(1) 环境:实验室检测时应避免引入可见异物,供试品溶液的容器(如不透明、不规则形状容器等)不适用于检测时,需转移至专用玻璃容器中时,均应在 B 级的洁净环境(如层流净化台)中操作。

(2) 检查装置。

①光源:采用带遮光板的日光灯光源,光照度在 1000~4000 lx 范围内可以调节。无色注射液或滴眼液检查时的光照度应为 1000~1500 lx;透明塑料容器或有色溶液注射液或滴眼液检查时的光照度应为 2000~3000 lx;混悬型注射液或乳状液在光照度为 4000 lx 条件下检查色块、纤毛等外来污染物。

②背景:正面不反光的黑色面作为检查无色或白色异物的背景;侧面和底面的白色面作为检查有色异物的背景。

(3) 检查人员条件:远距离和近距离视力测验,均应为 4.9 及以上(矫正后视力应为 5.0 及以上);应无色盲。

2. 距离 检查人员调节位置,使供试品位于眼部的明视距离处(指供试品至人眼的清晰观测距离,通常为 25 cm)。

3. 操作方法 取规定量供试品,除去容器标签,擦净容器外壁,必要时将药液转移至洁净透明的适宜容器内。将供试品置遮光板边缘处,在明视距离(指供试品至人眼的清晰观测距离,通常为 25 cm),手持容器颈部,轻轻旋转和翻转容器(避免产生气泡),使药液中可能存在的可见异物悬浮,分别在黑色和白色背景下目视检查,重复观察,总检查时限为 20 s。供试品装量每支(瓶)在 10 ml 及 10 ml 以下的,每次检查可手持 2 支(瓶)。50 ml 或 50 ml 以上大容量注射液按直、横、倒三步法旋转检视。

(1) 注射液:除另有规定外,取供试品 20 支(瓶),按上述方法检查。

(2) 注射用无菌制剂:除另有规定外,取供试品 5 支(瓶),用适宜的溶剂和适当的方法使药粉完全溶解后,按上述方法检查。

(3) 无菌原料药:除另有规定外,按抽样要求称取各品种制剂项下的最大规格量 5 份,分别置洁净透明的适宜容器内,采用适宜的溶剂及适当的方法使药物完全溶解后,按上述方法检查。

(4) 眼用液体制剂:除另有规定外,取供试品 20 支(瓶),按上述方法检查。

4. 记录

(1) 记录光照度,检查供试品的数量,异物存在情况。

(2) 对于不合格的可见异物结果,可以拍照留存图像;无法拍照的,可将样品留存。

5. 结果判定

(1) 供试品中不得检出金属屑、玻璃屑、长度超过 2 mm 的纤维、最大粒径超过 2 mm 的块状物以及静置一定时间后轻轻旋转时肉眼可见的烟雾状微粒沉积物、无法计数的微粒群或摇不散的沉淀,以及在规定时间内较难计数的蛋白质絮状物等明显可见异物。

(2) 供试品中如检出点状物、长度在 2 mm 以下的短纤维和块状物等微细可见异物,生化药品或生物制品若检出半透明的粒径小于 1 mm 的细小蛋白质絮状物或蛋白质颗粒等微细可见异物,除另有规定外,应符合表 10-17 中的规定。

表 10-17 不同剂型细微可见异物限度

类 别	细微可见异物限度	
	初试 20 支(瓶)	初、复试 40 支(瓶)
生物制品注射液	装量 50 ml 及以下,每支(瓶)中微细可见异物不得超过 3 个 装量 50 ml 以上,每支(瓶)中微细可见异物不得超过 5 个	≥3 支(瓶)超出,不符合规定
Ⅱ生物制品滴眼液	如仅有 1 支(瓶)超出,符合规定 如检出 2 支(瓶)超出,复试 如检出 3 支(瓶)及以上超出,不符合规定	≥4 支(瓶)超出,不符合规定
非生物制品静脉用注射液	如 1 支(瓶)检出,复试 如 2 支(瓶)或以上检出,不符合规定	≥2 支(瓶)检出,不符合规定
非生物制品非静脉用注射液	如 1~2 支(瓶)检出,复试 如 2 支(瓶)以上检出,不符合规定	≥3 支(瓶)检出,不符合规定

续表

类　　别	细微可见异物限度	
	初试 20 支(瓶)	初、复试 40 支(瓶)
非生物制品滴眼液	如 1 支(瓶)检出,符合规定 如 2～3 支(瓶)检出,复试 如 3 支(瓶)以上检出,不符合规定	≥4 支(瓶)检出, 不符合规定

（3）既可静脉用也可非静脉用的注射液,以及脑池内、硬膜外、椎管内用的注射液应执行静脉用注射液的标准,混悬液与乳状液仅对明显可见异物进行检查。

（4）注射用无菌制剂:5 支(瓶)检查的供试品中,均不得检出明显可见异物。如检出微细可见异物,每支(瓶)中检出微细可见异物的数量应符合表 10-18 的规定;如有 1 支(瓶)超出下表中限度规定,另取 10 支(瓶)同法复试,均应不超出表 10-18 中限度规定。

表 10-18　注射用无菌制剂结果判定

类　　别		每支(瓶)中细微可见异物限度
生物制品	复溶体积 50 ml 及以下	≤3 个
	复溶体积 50 ml 以上	≤5 个
非生物制品	冻干	≤3 个
	非冻干	≤5 个

（4）无菌原料药:5 份检查的供试品中如检出微细可见异物,每份供试品中检出微细可见异物的数量应符合相应注射用无菌制剂的规定;若有 1 份超出限度规定,另取 10 份同法复试,均应不超出限度规定。

五、填写实训记录表

可见异物检查实训记录表见表 10-19。

表 10-19　可见异物检查实训记录表

样品名称		批号	
规格		温度、湿度	
仪器型号		仪器编号	
检验依据			
实训记录			
检验项目	检验过程及结论		
【可见异物】	**检验步骤:** （1）取供试品 20 支(瓶),擦净容器外壁,必要时将药液转移至洁净透明的适宜容器内。 （2）手持供试品颈部,轻轻旋转和翻转容器(注意不使药液产生气泡),使药液中可能存在的可见异物悬浮,在明视距离(指供试品至人眼的清晰观察距离,通常为 25 cm),分别在黑色和白色背景下,目视检查,重复观察,检查时限为 20 s。 （3）供试品装量在 10 ml 及 10 ml 以下的每次检查拿取 2 支(瓶),10 ml 以上的每次检查拿取 1 支(瓶)。50 ml 或 50 ml 以上的按直、横、倒三步法旋转检视。		

续表

	标准规定：
【可见异物】	(1) 除另有规定外，检查的 20 支（瓶）供试品中，均不得检出金属屑、玻璃屑、长度超过 2 mm 的纤维、最大粒径超过 2 mm 的块状物以及静置一定时间后轻轻旋转时肉眼可见的烟雾状微粒沉积物、无法计数的微粒群或摇不散的沉淀，以及在规定时间内较难计数的蛋白质絮状物等明显可见异物。 (2) 供试品中如检出点状物、长度在 2 mm 以下的短纤维和块状物等微细可见异物，生化药品或生物制品若检出半透明的粒径小于 1 mm 的细小蛋白质絮状物或蛋白质颗粒等微细可见异物，除另有规定外，非生物制品注射液、滴眼剂应符合表 1 中的相关规定。 表 1　非生物制品注射液、滴眼剂结果判定 | 类别		微细可见异物限度	
---	---	---	---
		初试 20 支（瓶）	初、复试 40 支（瓶）
注射液	静脉用	注射液静脉用如 1 支（瓶）检出，复试 如 2 支（瓶）或以上检出，不符合规定	≥2 支（瓶）检出， 不符合规定
	非静脉用	如 1～2 支（瓶）检出，复试 如 2 支（瓶）以上检出，不符合规定	≥3 支（瓶）检出， 不符合规定
滴眼剂		如 1 支（瓶）检出，符合规定 如 2～3 支（瓶）检出，复试 如 3 支（瓶）以上检出，不符合规定	≥4 支（瓶）检出， 不符合规定	 检验结果： 光照度为：_____ lx，初试中有_____支（瓶）中检出微细可见异物；初、复试中有_____支（瓶）中检出微细可见异物。 结果判定： □符合规定　□不符合规定 检验人：_____　　　　复核人：_____ 日期：___年___月___日　　日期：___年___月___日

实训项目十三　呋塞米片含量测定

一、实训目的

(1) 掌握紫外-可见分光光度法测定呋塞米片含量的原理及操作,并能进行有关计算。

(2) 熟练使用和维护紫外-可见分光光度计。

(3) 了解排除片剂中常用辅料干扰的操作。

二、实训原理

根据呋塞米能产生紫外吸收的性质,将本品用氢氧化钠溶液配成稀溶液,在呋塞米的最大吸收波长处测定吸收度,根据朗伯-比尔定律,用吸收系数法计算含量。

三、实训试药与仪器

(1) 试药:呋塞米片等。

(2) 仪器:紫外-可见分光光度计、石英比色皿、容量瓶、移液管、洗耳球、烧杯、玻璃棒、研钵、分析天平、称量纸、擦镜纸等。

四、实训步骤

1. 操作　取本品 20 片,精密称定,研细,精密称取适量(约相当于呋塞米 20 mg),置 100 ml 量瓶中,加 0.4% 氢氧化钠溶液约 60 ml,振摇 10 min 使呋塞米溶解,用 0.4% 氢氧化钠溶液稀释至刻度,摇匀,滤过,精密量取续滤液 5 ml,置另一 100 ml 量瓶中,用 0.4% 氢氧化钠溶液稀释至刻度,摇匀,照紫外-可见分光光度法(通则 0401),在 271 nm 波长处测定吸光度,按 $C_{12}H_{11}ClN_2O_5S$ 吸收系数($E_{1cm}^{1\%}$)为 580 计算,即得。本品含呋塞米($C_{12}H_{11}ClN_2O_5S$)应为标示量的 90.0%~110.0%。

2. 计算　根据片剂含量测定计算公式计算:

$$\frac{A \times V \times D \times \overline{W}}{E_{1cm}^{1\%} \times 100 \times l \times W \times B} \times 100\%$$

式中:A 为吸光度;$E_{1cm}^{1\%}$ 为吸收系数;l 为液层厚度(cm);V 为供试品溶液原始体积;D 为稀释倍数;$\overline{W}$ 为平均片重;W 为称取供试品的量(g);B 为标示量。

五、填写实训记录表

呋塞米片的含量测定实训记录表见表 10-20。

表 10-20　呋塞米片的含量测定实训记录表

样品名称		批号	
规格		温度、湿度	
仪器型号		仪器编号	
检验依据			

实训记录	
检验项目	检验过程及结论
【含量测定】	**标准规定**：本品含呋塞米（$C_{12}H_{11}ClN_2O_5S$）应为标示量的 90.0%～110.0%。 **检验步骤**：取本品 20 片，精密称定，研细，精密称取适量（约相当于呋塞米 20 mg），置 100 ml 量瓶中，加 0.4%氢氧化钠溶液约 60 ml，振摇 10 min 使呋塞米溶解，用 0.4%氢氧化钠溶液稀释至刻度，摇匀，滤过，精密量取续滤液 5 ml，置另一 100 ml 量瓶中，用 0.4%氢氧化钠溶液稀释至刻度，摇匀，照紫外-可见分光光度法（通则 0401），在 271 nm 波长处测定吸光度，按 $C_{12}H_{11}ClN_2O_5S$ 吸收系数（$E_{1\,cm}^{1\%}$）为 580 计算，即得。 **测定数据**：20 片药片重 $m_{20}=$ _____；平均片重 $\overline{W}=$ _____；供试品取样量 $W=$ _____；$A_1=$ _____；$A_2=$ _____；$D=$ _____；$V=$ _____；$B=$ _____。 **结果计算**： 标示量 1(%)＝ 标示量 2(%)＝ **检验结果**：本品含呋塞米（$C_{12}H_{11}ClN_2O_5S$）为标示量的 _____%。 相对平均偏差＝ **结果判定**：□符合规定　□不符合规定 检验人：_____　　　复核人：_____ 日期：____年____月____日　　日期：____年____月____日

实训项目十四 　对乙酰氨基酚片的含量测定

一、实训目的

(1) 掌握紫外-可见分光光度法测定对乙酰氨基酚片含量的原理及操作,并能进行有关计算。

(2) 熟练使用和维护紫外-可见分光光度计。

(3) 了解排除片剂中常用辅料干扰的操作。

二、实训原理

根据对乙酰氨基酚能产生紫外吸收的性质,将本品用氢氧化钠溶液配成稀溶液,在对乙酰氨基酚的最大吸收波长处测定吸收度,根据朗伯-比尔定律,用标准曲线法计算含量。

三、实训试药与仪器

(1) 试药:对乙酰氨基酚片、对乙酰氨基酚标准品等。

(2) 仪器:紫外-可见分光光度计、石英比色皿、容量瓶、移液管、洗耳球、烧杯、玻璃棒、研钵、分析天平、称量纸、擦镜纸等。

四、实训步骤

1. 标准工作曲线制作

(1) 标准溶液的配制:取对乙酰氨基酚对照品适量配成 0.1 g/L 的标准溶液。

(2) 标准系列溶液的配制:精密移取不同体积的上述标准溶液置于 6 个 100 ml 容量瓶中,加 0.4% 氢氧化钠溶液 10 ml,用水稀释至刻度,摇匀,配制成标准系列溶液。

(3) 标准工作曲线的制作:在 257 nm 波长处测定吸光度。以浓度为横坐标,以相应的吸光度为纵坐标绘制标准工作曲线。

2. 对乙酰氨基酚片含量测定

(1) 供试品溶液配制:取重量差异项下对乙酰氨基酚片 20 片,精密称定,研细,精密称取适量(约相当于对乙酰氨基酚 40 mg),置 250 ml 量瓶中,加 0.4% 氢氧化钠溶液 50 ml 与水 50 ml,振摇 15 min,用水稀释至刻度,摇匀,滤过,精密量取续滤液 5.00 ml,置 100 ml 量瓶中,加 0.4% 氢氧化钠溶液 10 ml,用水稀释至刻度,摇匀。平行配制 2 份供试品溶液。

(2) 测定:取供试品溶液,在 257 nm 波长处测定吸光度,由测得吸光度从标准工作曲线查出待测溶液中对乙酰氨基酚的浓度,计算对乙酰氨基酚片标示百分含量。

(3) 对乙酰氨基酚片标示百分含量按下式计算:

$$标示量(\%) = \frac{c_X \times D \times V}{W} \times \frac{平均片重}{标示量} \times 100\%$$

式中：c_X 为供品溶液对乙酰氨酚的浓度(g/ml)；V 为供试品溶液体积(ml)；D 为稀释倍数；W 为供试品取样量，g。

五、填写实训记录表

对乙酰氨基酚片的含量测定实训记录表见表 10-21。

表 10-21　对乙酰氨基酚片的含量测定实训记录表

样品名称		批号	
规格		温度、湿度	
仪器型号		仪器编号	
检验依据			

	实训记录
检验项目	检验过程及结论
【含量测定】	1. 比色皿校正吸收曲线的扫描 波长：_____　比色皿 1：_____　比色皿 2：_____。 2. 标准工作曲线的绘制 测量波长：_____对乙酰氨基酚标准溶液浓度：_____。 |序号|吸取标准溶液体积/ml|浓度/(μg/ml)|吸光度| |---|---|---|---| |0| | | | |1| | | | |2| | | | |3| | | | |4| | | | |5| | | | |6| | | | 标准工作曲线：_____　相关系数：_____ 3. 对乙酰氨基酚片含量测定 **标准规定**：本品含对乙酰氨基酚应为标示量的 95.0%～105.0%。 |平行测定次数|1|2| |---|---|---| |对乙酰氨基酚样品质量/g| | | |定容体积/ml| | | |样品溶液移取体积/ml| | | |样品溶液定容体积/ml| | | |样品溶液吸光度 A| | | |样品溶液浓度/(μg/ml)| | | |标示量百分含量/(%)| | | |标示量百分含量平均值/(%)| | | |相对平均偏差/(%)| | |

续表

【含量测定】	测定数据：20 片药片重 $m_{20}=$_____；平均片重 $\overline{m}=$_____；标示量＝_____。 计算： 标示量 1(％)＝ 标示量 2(％)＝ **检验结果**：本品含对乙酰氨基酚为标示量的_____％。 相对平均偏差＝ **结果判定**：□符合规定　□不符合规定 检验人：_____　　　　复核人：_____ 日期：___年___月___日　　日期：___年___月___日

实训项目十五 高效液相色谱仪的使用与维护——阿莫西林的含量测定

一、实训目的

（1）掌握高效液相色谱仪（HPLC）测定阿莫西林含量的操作，并能进行有关计算。

（2）熟练使用和维护高效液相色谱仪。

二、实训原理

高效液相色谱法是采用高压输液泵将规定的流动相泵入装有填充剂的色谱柱，对供试品进行分离测定的色谱方法。注入的供试品，由流动相带入色谱柱内，各组分在柱内被分离，并进入检测器检测，由积分仪或数据处理系统记录和处理色谱信号。高效液相色谱仪由高压输液泵、进样器、色谱柱、检测器、积分仪或数据处理系统组成。

三、实训试药与仪器

（1）试药：阿莫西林、磷酸二氢钾、乙腈等。

（2）仪器：高效液相色谱仪等。

四、实训步骤

1．仪器操作流程

（1）打开计算机。

（2）打开色谱仪开关，进入在线工作站（红色：未就绪）。

（3）预热 30 min 即可（黄色：未就绪；绿色：已就绪；蓝色：采集数据；红色：报警）。

（4）设置泵。

（5）排气泡；若新换流动相或长时间没开机，应向左旋开排气阀，逐个流动相依次排气泡。

（6）编辑检测方法。

（7）参数设定。

（8）基线调节。

（9）样品信息。

（10）开始进样，进样量一般为 5～25 μl。

（11）停止采样。

（12）峰优化。

（13）打印报告。

(14) 关机步骤:停止检测器和泵,退出色谱工作站,关闭高效液相色谱仪电源,关闭计算机。

2. 阿莫西林含量测定 照高效液相色谱法(通则0512)测定。

(1) 供试品溶液制备:取本品适量(约相当于阿莫西林,按 $C_{16}H_{19}N_3O_5S$ 计 25 mg),精密称定,置 50 ml 量瓶中,加流动相溶解并稀释至刻度,摇匀。

(2) 对照品溶液制备:取阿莫西林对照品适量,精密称定,加流动相溶解并定量稀释制成每 1 ml 中约含阿莫西林(按 $C_{16}H_{19}N_3O_5S$ 计)0.5 mg 的溶液。

(3) 系统适用性溶液:取阿莫西林系统适用性对照品约 25 mg,置 50 ml 量瓶中,加流动相溶解并稀释至刻度,摇匀。

(4) 色谱条件:用十八烷基硅烷键合硅胶为填充剂;以 0.05 mol/L 磷酸二氢钾溶液(用 2 mol/L 氢氧化钾溶液调节 pH 至 5.0)-乙腈(97.5∶2.5)为流动相;检测波长为 254 nm;进样体积为 20 μl。

(5) 系统适用性要求:系统适用性溶液色谱图应与标准图谱一致。

(6) 测定法:精密量取供试品溶液与对照品溶液,分别注入高效液相色谱仪,记录色谱图。按外标法以峰面积计算。

3. 高效液相色谱仪的维护

(1) 走完样品要马上冲洗色谱柱,否则杂质滞留其中,会导致色谱柱性能降低,甚至加快报废。

(2) 用与流动相互溶的溶剂进行冲洗,逐渐过渡。目前常用的 C18 色谱柱,如果流动相含缓冲盐一定要用水相置换一下柱内环境,建议用 10% 异丙醇-水冲洗,再用甲醇-水(80∶20)冲洗,最后用纯甲醇冲洗。如果流动相是有机相-水,先用甲醇-水(80∶20)冲洗,再用纯甲醇冲洗即可。

(3) 冲洗时间一定要够,不可草草了事。一般情况下,流速在 1 ml/min,每换一种液体,要冲洗约 30 min,特殊情况可以冲洗更长时间。

(4) 色谱柱长期不用时,应收藏起来,键合相填料的色谱柱用甲醇冲洗后,从仪器上取下,用随柱所配的封头螺帽将柱两端密封,以防柱内溶剂蒸发。注意不要强烈振荡、碰撞、弯曲色谱柱。

(5) 将色谱柱编号,记录色谱柱使用的历史。有条件的最好使一根柱子只用于分析某一类结构相似的物质,以避免样品对色谱柱的交叉污染,从而延长柱的使用寿命。

(6) 仪器若长期不用,要注意室内通风、防潮,定时开机运行。

五、填写实训记录表

阿莫西林的含量测定实训记录表见表 10-22。

表 10-22 阿莫西林的含量测定实训记录表

样品名称		批号	
规格		温度、湿度	
仪器型号		仪器编号	
检验依据			

	续表
实训记录	
检验项目	检验过程及结论
【含量测定】	**标准规定**：本品含阿莫西林（$C_{16}H_{19}N_3O_5S$）不得少于95.0%。 **检验步骤**：1. 供试品溶液的制备　取本品适量（约相当于阿莫西林，按$C_{16}H_{19}N_3O_5S$计25 mg），精密称定，置50 ml量瓶中，加流动相溶解并稀释至刻度，摇匀。 2. 对照品溶液的制备　取阿莫西林对照品适量，精密称定，加流动相溶解并定量稀释制成每1 ml中约含阿莫西林（按$C_{16}H_{19}N_3O_5S$计）0.5 mg的溶液。 **色谱条件**：色谱柱：＿＿＿＿＿柱，规格：＿＿＿＿＿，检测器：＿＿＿＿＿，流动相：＿＿＿＿＿，乙腈：0.05 mol/L 磷酸二氢钾溶液＝2.5：97.5，柱温：＿＿＿＿＿，进样量：20 μl，流速：＿＿＿＿＿，检测波长：＿＿＿＿＿。 **测定数据**：标样浓度$c_{标}$＝＿＿＿＿＿；标样峰面积$A_{标}$＝＿＿＿＿＿；供试品峰面积$A_{供}$＝＿＿＿＿＿；取样量W＝＿＿＿＿＿。 **结果计算**：$c_{供}$＝ 　　　　标示量(%)＝ **结果判定**：□符合规定　□不符合规定 　　检验人：＿＿＿＿＿　　　　　复核人：＿＿＿＿＿ 　　日期：＿＿年＿＿月＿＿日　　日期：＿＿年＿＿月＿＿日

参考文献

[1] 国家药典委员会.中华人民共和国药典:2020年版[S].北京:中国医药科技出版社,2020.
[2] 中国食品药品检定研究院.中国药品检验标准操作规范:2019年版[M].北京:中国医药科技出版社,2019.
[3] 中国食品药品检定研究院.药品检验仪器操作规程及使用指南:2019年版[M].北京:中国医药科技出版社,2019.
[4] 王金香.药物检测技术[M].2版.北京:人民卫生出版社,2013.
[5] 甄会贤.药物检测技术[M].3版.北京:人民卫生出版社,2018.
[6] 王文洁,张亚红.药物检测技术[M].2版.北京:中国医药科技出版社,2021.
[7] 张健泓.药物制剂技术[M].3版.北京:人民卫生出版社,2018.
[8] 杜秀园.药物制剂技术[M].北京:北京理工大学出版社,2023.
[9] 田友清,张钦德.中药制剂检测技术[M].3版.北京:人民卫生出版社,2018.
[10] 张佳佳.药物质量控制与检测技术[M].北京:化学工业出版社,2016.
[11] 卓菊,宋金玉.中药制剂检测技术[M].3版.北京:中国医药科技出版社,2021.
[12] 吕丽虹,穆春旭.中药制剂检测技术[M].北京:中国医药科技出版社,2021.
[13] 赖菁华.药物检测技术[M].武汉:华中科技大学出版社,2023.
[14] 邹小丽,丁晓红.药物检测技术[M].北京:化学工业出版社,2021.